U0755756

高等法律职业教育系列教材
审定委员会

主　任　　万安中

副主任　　许　冬

委　员　　（按姓氏笔画排序）

　　　　　　王　亮　刘　斌　刘　洁　刘晓晖

　　　　　　李忠源　陈晓明　陆俊松　周静茹

　　　　　　项　琼　顾　伟　盛永彬　黄惠萍

高等法律职业教育系列教材

物证技术实务

WUZHENG JISHU SHIWU

主　编 ○ 李亚可　王　亮
副主编 ○ 周亚萍　曾德梅
撰稿人 ○（以撰写内容先后为序）
　　　　王　亮　周小凤　向　锐
　　　　曾德梅　李亚可　周亚萍
　　　　李　鑫　阳　雁　王秋桐

中国政法大学出版社

2018·北京

声　明　1. 版权所有，侵权必究。

2. 如有缺页、倒装问题，由出版社负责退换。

图书在版编目（ＣＩＰ）数据

物证技术实务/李亚可,王亮主编. —北京:中国政法大学出版社,2018.1（2024.1重印）
ISBN 978-7-5620-8012-1

Ⅰ.①物…　Ⅱ.①李…②王…　Ⅲ.①物证－司法鉴定　Ⅳ.①D919.2

中国版本图书馆CIP数据核字(2018)第008247号

出 版 者　中国政法大学出版社

地　　址　北京市海淀区西土城路25号

邮　　箱　fadapress@163.com

网　　址　http://www.cuplpress.com (网络实名：中国政法大学出版社)

电　　话　010-58908435(第一编辑部) 58908334(邮购部)

承　　印　固安华明印业有限公司

开　　本　787mm×1092mm　1/16

印　　张　18.25

字　　数　378千字

版　　次　2018年1月第1版

印　　次　2024年1月第2次印刷

印　　数　4001～6000册

定　　价　49.00元

总　序
Preface

　　高等法律职业化教育已成为社会的广泛共识。2008 年，由中央政法委等 15 部委联合启动的全国政法干警招录体制改革试点工作，更成为中国法律职业化教育发展的里程碑。这也必将带来高等法律职业教育人才培养机制的深层次变革。顺应时代法治发展需要，培养高素质、技能型的法律职业人才，是高等法律职业教育亟待破解的重大实践课题。

　　目前，受高等职业教育大趋势的牵引、拉动，我国高等法律职业教育开始了教育观念和人才培养模式的重塑。改革传统的理论灌输型学科教学模式，吸收、内化"校企合作、工学结合"的高等职业教育办学理念，从办学"基因"——专业建设、课程设置上"颠覆"教学模式："校警合作"办专业，以"工作过程导向"为基点，设计开发课程，探索出了富有成效的法律职业化教学之路。为积累教学经验、深化教学改革、凝塑教育成果，我们着手推出"基于工作过程导向系统化"的法律职业系列教材。

　　《国家中长期教育改革和发展规划纲要（2010～2020 年）》明确指出，高等教育要注重知行统一，坚持教育教学与生产劳动、社会实践相结合。该系列教材的一个重要出发点就是尝试为高等法律职业教育在"知"与"行"之间搭建平台，努力对法律教育如何职业化这一教育课题进行研究、破解。在编排形式上，打破了传统篇、章、节的体例，以司法行政工作的法律应用过程为学习单元设计体例，以职业岗位的真实任务为基础，突出职业核心技能的培养；在内容设计上，改变传统历史、原则、概念的理论型解读，采取"教、学、练、训"一体化的编写模式。以案例等导出问题，根据内容设计相应的情境训练，将相关原理与实操训练有机地结合，围绕关键知识点引入相关实例，归纳总结理论，分析判断解决问题的途径，充分展现法律职业活动的演进过程和应用法律的流程。

法律的生命不在于逻辑，而在于实践。法律职业化教育之舟只有驶入法律实践的海洋当中，才能激发出勃勃生机。在以高等职业教育实践性教学改革为平台进行法律职业化教育改革的路径探索过程中，有一个不容忽视的现实问题：高等职业教育人才培养模式主要适用于机械工程制造等以"物"作为工作对象的职业领域，而法律职业教育主要针对的是司法机关、行政机关等以"人"作为工作对象的职业领域，这就要求在法律职业教育中对高等职业教育人才培养模式进行"辩证"地吸纳与深化，而不是简单、盲目地照搬照抄。我们所培养的人才不应是"无生命"的执法机器，而是有法律智慧、正义良知、训练有素的有生命的法律职业人员。但愿这套系列教材能为我国高等法律职业化教育改革作出有益的探索，为法律职业人才的培养提供宝贵的经验、借鉴。

2016 年 6 月

前 言

Foreword

　　物证技术实务是刑事侦查技术专业的核心课程，《物证技术实务》是一本围绕刑事侦查技术专业学生学习核心技能而编写的教材，旨在使学生掌握提取、保存和保全各类物证的技术和方法。物证技术学科作为自然学科与法学相交叉的边缘学科，是物证技术发展到一定阶段才产生的。从19世纪中叶起，为同日益增长的犯罪作斗争，欧洲的化学家、物理学家、生物学家相继研究利用科学技术方法发现、记录、提取和检验案件中的物证问题。经过一个多世纪的努力，发现、记录、提取和鉴定各种物证的种种科技方法，终于形成了一个崭新的科学领域，即物证技术领域。本教材的编写使学生能了解和理解物证技术的基本理论和基本知识，掌握刑事照相、痕迹检验的基本技能与方法，了解文件检验、物证的理化检验和生物物证检验等方面的基本知识，帮助学生树立科学的证据意识。

　　本教材的编写以"学以致用"为主导思想，按照一线工作岗位对人员素质的需要，构建适合本专业学生学习的课程内容体系。在内容安排上以任务导向型为主来安排课程体系内容，突出行业标准，根据工作要点来确定教学重点。通过调研发现，监狱狱侦科常用到的物证技术主要集中在传统的物证技术领域，即痕迹检验、文书检验、物证摄像和微量物证等内容。随着科学技术的发展及新型犯罪形式的出现，电子物证及生物物证也日益受到重视。因此，本着以岗位需求开发教材的原则，本教材的内容体系主要涵盖上述几项物证技术领域，并辅以当前新兴领域的内容。在每一章节的内容框架设计上，主要由教学情境、工作任务、拓展阅读、实训项目、参考文献、单元练习等几个环节构成。

本教材在编写的过程中注重对学生分析问题、解决问题能力的培养，使学生不仅能掌握各类物证的基本理论知识，还能够运用基本的理论知识解决实际工作中遇到的问题。同时，书中所涉及的理论知识也尽量用容易理解和接受的语言表达出来。教材中还设置了"拓展阅读"等小专栏，这种知识拓展方式，使教师在备课、学生在阅读时，能更广泛地涉猎相关知识。通过能力训练使学生在生动的训练项目中掌握分析问题、解决问题的基本方法，给学生更多的运用知识的空间，有助于调动学生的学习积极性和主动性。

本书由李亚可、王亮任主编，周亚萍、曾德梅任副主编，周小凤、阳雁、向锐、王秋桐、李鑫参编。具体写作及分工如下（以撰写内容先后为序）：

王亮：项目一（学习任务一）

周小凤：项目一（学习任务二）

向锐：项目二（学习任务一、二）

曾德梅：项目二（学习任务三、四、五）

李亚可：项目三（学习任务一、二、三、四）

周亚萍：项目四（学习任务一、二、三）

李鑫：项目四（学习任务四、五）

阳雁：项目五（学习任务一、二、三）

王秋桐：项目五（学习任务四、五）

李亚可对全书进行了修改、统稿与整理。

应该指出，现代任何一部专著或教材都不可能纯属独家创作，只能说作者有不同程度的创新，本书亦不例外。因此，我们要特别感谢那些为本书提供原始研究成果和参考文献的同行和朋友们。凭借与他们所进行的讨论，或拜读他们的作品，我们的犯罪侦查观念受到了深刻的影响。

　　本书的顺利出版受益于中国政法大学出版社、广东司法警官职业学院的大力支持和密切合作，在此一并表示感谢！欢迎广大读者和专家对本书提出批评和建议。

编　者

2017 年 12 月

项 目 一

物证技术基础知识

学习任务一　认识物证技术

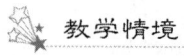 教学情境

证据的科学化演进过程

——从"神证""人证"到"物证"

一、"神证证据时代"

在人类社会发展的早期，由于人们认识能力的局限以及对神灵有盲目的崇拜，在解决生活中面临的纠纷和疑难问题时，常常求助于神灵或先哲的帮助或启示。最简单的形式就是向神灵宣誓，并且按严格的宗教形式向神灵陈述案情，如果某人不敢对神发誓或者陈述的形式上出现错误，或者陈述上出现口吃现象，那就证明他说的假话，法庭可以判定他败诉。即严格按照一定的形式请求神灵裁判或帮助，并用一定的形式把神灵的意旨表现出来，这就是"神证"证据时代。基于当时特定的社会背景，"神意裁判"这种裁判方式在解决纠纷、维护正义和社会稳定方面发挥了重要作用。

这个时代的审判形式多种多样，比如古印度就有八种审判方式，水审法、火审法、秤审法、毒审法、圣水审法、圣浴审法、热油审法和抽签审法。中国古代也有皋陶治狱的审理方式。皋陶，被奉为中国司法鼻祖。传说皋陶使用一种叫獬豸的独角兽来决判决案情。獬豸类似羊，但只有一只角。据说它很有灵性，是神灵的使者，有分辨曲直、确认罪犯的本领。皋陶在判决案件过程中遇到疑难问题时，便将这种神异的动物放出来帮助他进行判案。如果案件中某人有罪，獬豸就会用它的触角顶触某人，如果某人无罪，獬豸则不会顶触某人。这种依靠独角兽的行为来判断案件的方式，开启了司法审判依赖证据的先河。

图 1-1 獬[1]

二、"人证"证据时代

随着社会的发展，当然也有人不信或者不怕神灵，或者认为神灵较遥远所以不接受神灵的惩罚方式。同时，随着向神灵宣誓审判案件使用的普及以及人类认识水平的提高，它的心理威慑作用越来越小，于是越来越多的争诉双方都敢于面对神灵说谎，信誓旦旦，令人真伪难辨，同时越来越多的人不愿意将主宰自己命运的时刻听天由命。于是人们不得不去寻找其他处理争端的解决方法，神明裁判逐渐退出历史舞台的时候，人们理性的证明方法开始走上历史舞台。

中国司法审判源远流长，早在周朝的司法官在总结前人审判经验和自身司法实践基础上，总结出切实可行的"三刺"（即裁决案件前需要分别征求群臣、群吏和万民等三类人的意见，然后裁决案件纠纷）、"五听"（一是辞听，观其出言，不直则烦；二是色听，观其颜色，不直则赧；三是气听，观其气息，不直则喘；四是耳听，观其听聆，不直则惑；五是目听，观其眸子，不直则眊）等裁判依据。后来，孔子的"仁恕论刑"、董仲舒的"春秋决狱"、狄仁杰的"断狱如流"（速裁）等裁判方式不仅顺利实现了对当时纠纷的处理，对中国法律的发展更有不可低估的作用，这就是人证时代。这种审判方式将神意裁判演进到对诉讼当事人的察言观色，熟练地引入并运用社会心理学为司法裁判服务，是一个司法裁判方法论上质的进步。

三、"物证"证据时代

随着一定科学技术的产生和发展，司法证明方法摒弃了人证时期一些人为因素的干扰，开始向物证证据时代进步。比如，宋慈的实证检验裁判方法就是物证时代的铁证。宋慈出身司法官世家，凭贤能被荐任提刑官。宋慈为司法官数十年，处理狱讼，特别重视实证检验，从不轻信诉讼当事人陈言、口供。宋慈认为"告状切不可信，须

---

〔1〕 通"廌"（zhì），即獬豸（獬廌），古代传说中的异兽（一说独角兽），能辩是非曲直，古代法庭上用它来辨别罪犯。

是详细检验，务要从实"，对疑难案件"须是多方体访，务令参会归一，切不可凭一、二人口说，便以为信"。他还提出司法检验官必须亲临现场、尸检必须由其亲自填写的检验原则，对疑难狱讼，须充分调查取证，经深思熟虑后才能裁决。由于宋慈采取科学实证的裁判方法论，其一生裁断疑狱无数，而无冤诉，名重朝野。宋慈善于总结审判经验，勤于钻研疑难问题，对当时传世的尸伤检验著作详加整理、核定，并结合自己丰富的司法实践经验，著成《洗冤集录》这部中国乃至世界最早、最系统的法医及裁判方法论名著。

随后，出现人体测量法、指纹鉴定法、笔迹鉴定，足迹鉴定、牙齿鉴定、声纹鉴定等不断发挥着司法证明的证据作用。物证已在各种司法证明手段中占据首要地位，成为科学证据时代的"证据之王"。

工作任务

1. 认识物证的概念、特点、种类。
2. 认识物证技术的概念及种类。
3. 了解物证技术、刑事技术、法庭科学的联系与区别。

一、物证

（一）物证的概念

1. 概念：物证是依法收集的且与案件有联系的，能以其外形特征、所载字迹、符号、图像、声纹特征或物质属性证明其与受审查的人、事、物、时、空存在联系，从而能证明案件真实情况的各种物质性客体。依照证据种类，物证技术学研究领域的物证是广义的概念，不仅包括物质、物品，还包括书证、痕迹物证、文书物证、音像物证、电子物证等，而诉讼法中所规定的物证是狭义的物证概念，仅指诉讼证据之一的物证。

物证必须具有双联性，即一方面物证必须与案件的人、事、物、时、空存在联系；另一方面物证又必须与受审查的人、事、物、时、空存在联系。只有当这两方面的联系确实存在时，某物质性客体才能作为认定事实或裁判的依据。如图 1－2。

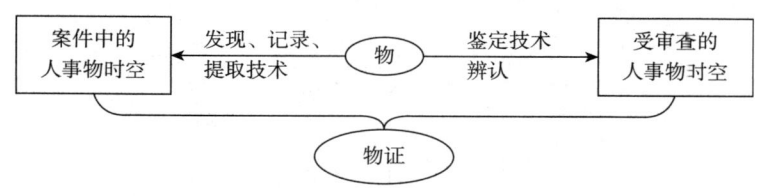

图 1－2　物证双联性示意图

2. 物证的特性。

（1）物证的合法性。物证应当是依法收集的，即符合法律关于收集方法和程序等的相关规定。只有符合法律的相关规定，才能保证物证来源的可靠性，否则可能不能起到证明案件事实的作用，造成"疑罪从无"。实践中，往往存在狡猾犯罪分子伪装犯罪现场，伪造物证，一些物证技术人员非法取证等主客观方面的影响难以确保物证来源的合法性。著名的"世纪审判案"——辛普森杀妻案中，对现场的物质性客体进行提取时因提取方法、提取程序不合法，以至于不能在案件事实证明方面起到证据作用。

（2）物证的客观可靠性。物证是客观存在的物质性客体，能以其自身性质对案件真实情况进行证明。其区别于证人证言、被告人陈述、犯罪嫌疑人供述等易受主观或客观因素的影响而使其证明的内容与事实情况存在失真或者变化。客观存在的物证并不以人的意志为转移，其本身就能如实反映或再现案件中的某一情形或结果，这就是所谓的"唯有物证不会说谎"。

（3）物证对科学技术的依赖性。物证本身是一种"无言的证据""哑证"，物证不能自己证明案件事实，它必须依靠专业技术人员去发现、提取，依靠具有专门知识的专家去检验、鉴定，并以此来证明案件事实。这些发现、记录、提取、检验、鉴定物证过程都离不开现代科学技术，所以物证对科学技术具有强烈的依赖性。例如犯罪现场的生物物证，如血液、DNA 物证、精斑、唾液等的提取方法必须讲究科学，否则容易造成物证的损坏或者污染。同时，物证的鉴定也必须依照科学的方法，否则在证明案件时不能起到良好的证明效果。另外，譬如电子证据、声像证据等物证在本质上必须依靠电子学、计算机等现代技术的支撑，物证的产生离不开现代科学技术，物证的发展更依托于现代科学技术。

（4）物证的不可替代性。即物证不可用其他同类客体或相似客体进行替换。从物证的"双联性"可知，物证一方面是采用符合法律规范的方式记录并固定的与案件中的人、事、物、时、空存在联系的物质，另一方面又是与受审查的人、事、物、时、空相联系的物质，这种特定性决定了物证本身的唯一性，不能用相同种类或者类似物品来代替。从哲学的角度来讲，世界上没有完全相同的两个物体，物证只能与其自身等同，因此能证明案件事实的物证也不具有可替代性。如图 1－3。

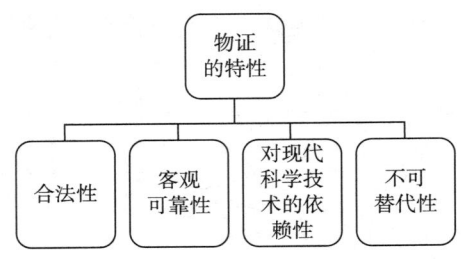

图 1－3 物证的特性图

（二）物证的种类

物证的种类繁多，依照不同分类的标准也各不相同，本节仅介绍常见的两类分类方法：

1. 依照物证的客观存在形式和特性，可分为：

（1）物品。物品的种类繁多，形态各异，但凡与案件有一定关联的物品都有可能成为案件的物证，常见的有作案工具、文书、银行卡等物品能以其自身的功能、存在形式等证明与案件的关系。

（2）物质。其实物品的本质是物质，但是作为物证时还是有区别的。作为物证的物品是以其外观、外形、结构特征、功能等证明案件事实；而作为物证的物质，不需要考察其形式或外观存在，只需要以特定的本质属性证明相关的案件事实，比如血液、生物检材、海洛因、砒霜等反映体能以其自身具有的特定属性来证明案件事实。

（3）痕迹物证。多指反映形象的痕迹，是人或物与另一客体相接触后，在另一客体表面遗留下反映其自身接触面外形特点的痕迹，如指印、足迹、笔迹、枪弹痕迹，棍棒撬压痕迹，车轮刹车痕迹等。

（4）文书物证。文书是由文字、图像、符号等附着在纸质客体上形成的一种承载着字迹、符号特征的书面材料，如合同、推荐信、证明、公证书等。通常作为文书的物证是根据文书所承载的内容来证明案件事实，这区别于以文书本身性质来认定案件真实情况，后者往往被认定为物证。

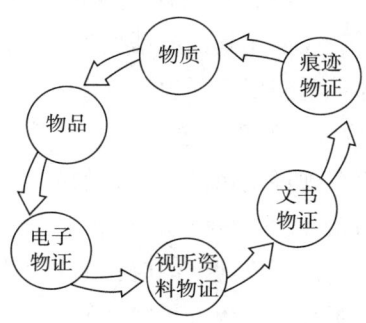

图 1-4 物证的种类图（一）

（5）视听资料物证。视听资料物证是指以录音磁带、录像带、电影胶片或电子计算机相关设备存储的，作为证明案件事实的音响、活动影像和图形的证据材料，如人像照片（静态物证），录像带（动态物证）和录音带（声纹）等。这类声像资料往往需要借助专门的物证技术，解决其是否完整、有无增删、改动等情形来识别语音、人像、图像等。

（6）电子物证。电子物证是指以存储于介质载体中的电磁记录或光电记录对案件事实起证明作用的电子信息数据及其附属物。如存储于计算机硬盘、软盘、光盘、磁带等设备及介质中的由文本、图形、图像、动画、音频、视频等多和信息形成的证据材料。电子物证需要依赖特殊的载体，需要借助相关设备，才能确保证据的发现、提取并运用。

2. 依照对物证的检验方法进行分类，可分为物理物证、化学物证和生物物证，如图 1-5。下面通过对各类物证进行简单罗列帮助理解。

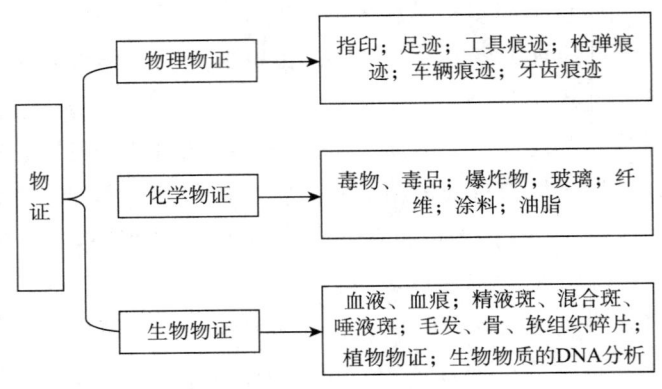

图 1-5 物证的种类图 (二)

（三）物证的作用与证明形式

1. 物证的作用。物证作为诉讼证据的一种，其使用频率和证明价值都很高。首先，在刑事案件、民事案件中的任何案件都与物证相联系，物证是普遍客观存在的，所以其采集和使用频率非常高。其次，物证中储存着各种与案件事实有关的信息且具有较强的稳定性和反应性，所以物证往往比其他证据更为可靠，具有较高的证明价值。

在案件调查和审判中，物证的作用主要表现在以下三个方面：

（1）在刑事诉讼的侦查阶段，有助于查明案件线索，为案件定性提供客观依据。侦查人员可以根据作案人在犯罪现场遗留的痕迹、物品等分析作案工具、时间、地点、作案动机和作案人数，作案人的生理特点、籍贯、文化水平等帮助侦查人员确定侦查方向和范围，为侦查理清线索，指明方向。同时，侦查人员对物证的现场勘验过程中，可以结合现场的血迹、笔迹、工具痕迹等分析案件的性质，决定是否予以立案。

（2）在案件审查起诉阶段，物证作为三大诉讼活动中较为常见的证据之一，在查明案件事实、认定案件性质方面起着无可替代的作用。侦查技术人员对现场遗留的手印、脚印、生物类证据的鉴定，可以直接认定遗留痕迹物证的人；对现场痕迹的工具痕迹、枪弹痕迹的鉴定可以直接认定形成痕迹物证的工具。物证的这种直接认定作案人或作案工具的性质，有利于诉讼当事人认清诉讼性质，决定采取何种诉讼方式。

（3）在审判阶段，物证不仅自身能证明案件的真实情况，同时有助于印证案件中的其他证据。实践中，一些言辞证据（犯罪嫌疑人及被告人的供述与辩解、被害人陈述、证人证言等）往往因为主观意识、理解力偏差、记忆模糊等使其证明内容与事实情况存在差异。可以通过物证来对其他证据进行印证，判明证据之间是否一致或存在矛盾，从而有效地检验其他证据的真实可靠性。同时，物证不能单独证明案件的主要事实，必须与其他来证据相结合形成证据链锁系统，共同为查明案件事实提供依据。

2. 物证的证明形式。物证的证明形式，即物证以什么形式证明证据其与案件主要事实之间的关系。证据分为直接证据和间接证据。直接证据，就是能单独直接证明案件主要事实的证据。间接证据又称旁证，就是不能直接证明案件主要事实的证据，必须与其他证据联系起来才能证明案件主要事实的证据。由于物证是通过其形态、结构、属性等特征来证明案件事实的，它具有依赖性，不能自己去证明案件事实、完成证明任务，必须依靠一定人员的行为或活动才能证明案件事实，其中最重要的形式就是物证技术人员的检验和鉴定。所以，物证，就证明的形式而言，一般属于间接证据的范畴。

二、物证技术

（一）物证技术的概念

"自古以来，只要有案件就可能有物证。而物证技术（Physical Evidence Techniques）并非自古就有，它是科学技术发展到一定阶段的产物，并随着科学技术的发展而不断发展。"美国法庭科学学会对物证技术的界定：物证技术乃是对物证进行分析、比较、鉴定并解释，主要通过客观地运用自然科学技术去检验物证，从而证明案件事实或确定某些存在的关联。由此可见，物证技术是适用于解决所有案件中有关物证专门性问题的一项司法性技术活动，是指对案件中各种物证进行发现、记录、提取、检验和鉴定所应用的科学技术的总称。物证技术可以从纵向和横向进行分类：从纵向来看，物证技术可分为发现物证的技术、记录物证的技术、提取物证的技术、检验（或鉴定）物证的技术。从横向来看，物证技术可分为形象痕迹技术、文书物证技术、化学物证技术、生物物证技术、声像物证技术、电子物证技术等。

（二）物证技术与相关概念的区别

在我国目前的法学教育和司法实践中，与司法鉴定相关的学科或习惯名称有：物证技术、刑事科学技术、检察科学技术、司法鉴定技术、法医技术、法庭科学技术等。这些相关的学科及其实践都还存在概念的混淆运用，因此有必要进一步了解各自的概念及其与物证技术的关系。如图1-6。

图1-6　物证技术与相关概念的关系图

1. 物证技术与刑事科学技术。刑事科学技术是以发现、揭露和证实各类犯罪活动为目标的技术，是我国公安工作的重要组成部分。狭义的刑事技术是以解决人身或工具同一认定问题为中心任务的一类专门技术，包括痕迹检验、文书检验、枪弹检验、指纹检验、人像识别等。广义还包括不以解决同一认定为目的的其他技术检验，如法医学检验、司法化学检验、司法物理检验、警犬技术、测谎技术、情报信息技术等。而物证技术适用于诉讼过程中所有的侦查、审查起诉、审判等过程中与物证有关的技术，它通常是指对物质、物品、物体、文书等有形物及其反应形象的鉴定。物证技术与刑事科学技术在对象和适用范围上有交叉，也有区别。物证技术单从字面理解，物证的重点是突出了，但它不能全面概括刑事科学技术的全面功能，尤其是现场勘查和现场分析的功能，更不用说不能包括明显不在物证技术范畴的警犬技术、犯罪预防技术、情报信息技术等。

2. 物证技术与刑事侦查技术。刑事侦查技术也被称为刑侦技术，是公安机关、国家安全机关、人民检察院按照相关法律的规定，运用哲学、自然科学和社会科学的相关原理、方法和成果，勘验、调查、揭露和证实与犯罪所采用的科学技术手段的总称。它包括刑事科学技术、秘密侦查技术（又称技术侦查）、视频技术和网侦技术。这样一来，刑事科学技术是刑事侦查技术的一部分，但刑事侦查技术贯穿于整个刑事案件侦查过程中，并没有包括在起诉和审判阶段使用的刑事科学技术中。由此可见，在刑事侦查过程中的物证技术属于刑侦技术，但是起诉和审判阶段的物证技术又区别于刑侦技术。

3. 物证技术与司法鉴定技术。根据 2005 年 2 月全国人民代表大会常务委员会通过的《全国人民代表大会常务委员会关于司法鉴定管理问题的决定》（已修改）第 1 条规定："司法鉴定是指在诉讼活动中鉴定人运用科学技术或者专门知识对诉讼涉及的专门性问题进行鉴别和判断并提供鉴定意见的活动。"该规定还指出，国家对从事下列司法鉴定业务的鉴定人和鉴定机构实行登记管理制度：①法医类鉴定；②物证类鉴定；③声像资料鉴定；④根据诉讼需要由国务院司法行政部门商最高人民法院、最高人民检察院确定的其他应当对鉴定人和鉴定机构实行登记管理的鉴定事项。由此可见，在诉讼阶段上，司法鉴定主要集中在鉴定这一工作环节，通常不包括现成勘查和犯罪证据的发现、记录、提取和预防犯罪等前期工作。司法鉴定包括法医类鉴定、物证类鉴定、精神病鉴定、会计鉴定等只涉及鉴定，而物证技术不仅包括物证鉴定，还包括所有与物证的发现、提取、保存、检验、鉴定相关的工作。这样一来，物证技术就不等同于司法鉴定技术。

4. 物证技术与法庭科学技术。法庭科学，是英语"forensic science"的意译。它是运用自然科学和社会科学的原理和方法，研究查明事件法律性质、发现犯罪、揭露犯罪、证实犯罪及预防犯罪的科学技术手段与方法的一门综合性应用学科。法庭科学是自然科学和法学相交叉的边缘学科，源于法律的需要，法庭科学的内容范畴有广义和狭义之分。广义的包括现场勘查、取证、各种痕迹物证检验、毒物和毒品检验、各种法医学检验（尸体、临床和物证）以及精神病学鉴定等，即指运用一切医学、自然科学的理论和技术，研究并解决刑事侦查、审判以及民事纠纷中有关专门性问题的一门自然科学。狭义的则不包括法医学尸体检验、临床检验和精神病学检验，指刑事技术。我们所熟悉的美国电视连续剧《CSI》（《犯罪现场调查》）中所运用的就是广义法庭科学的知识。包括法医学、物证技术学、司法精神病学、司法会计学。物证技术学是一门研究物证技术基本理论和基础方法的学科，目的是研究如何在物证技术基本理论的指导下，将现有的科学技术应用于解决诉讼中与物证有关的各种专门问题，为工作处理案件提供可靠依据。由此可见，物证技术学也是一门独立的、综合性学科，但它不包括法医学。所以，物证技术与法庭科学的关系是包含关系，即物证技术学是法庭科学的重要组成部分。

三、物证技术学及其发展状况

物证技术学是以物证和物证技术为研究对象，以查明案件事实、为公正实施法律提供科学证据为目的，研究应用科学技术解决案件中有关物证的专门性问题的一门学科。物证技术学是由于法律的需要和自然科学发展而产生和发展的一门学科。"物证技术学这门学科具有技术和法律双重性：物证技术学是直接为实现法律任务服务的学科，具有法律的性质；物证技术学要研究发现、记录、提取、鉴定物证的技术方法，具有技术的性质。""物证技术学是化学、物理学、生物学等自然科学多门学科与法学相交叉的边缘学科。"[1]

（一）物证技术学概念

物证技术学是一门自然科学技术与法学相结合而形成的交叉性法学学科，所涉专业涵盖法学、工学、理学、物理学、化学、计算机学、生物学等众多领域。主要研究如何在物证技术基础理论的指导下，将科学技术应用于解决诉讼中与物证有关的各类专门性问题。现代法治社会已全面步入物证证明时代，案件事实的认定必须依赖于物证证明，尤其是通过科学手段揭示物证背后蕴藏的重要信息。司法实践证明，物证技术已成为当前执法、司法机关正确履行职能的重要手段，为科学、公正处理案件提供了可靠依据。根据物证技术学的学科体系及课程教学的实际需要，全部课程教学内容共分为 5 个项目，23 个任务。其中，项目一是物证技术学的基本概念、基本理论、基本原理的概述；任务二至项目五，则涉及具体的物证及物证技术，见图 1 - 7。

---

[1] 徐立根主编：《物证技术学》，中国人民大学出版社 2008 年版，第 5、8 页。

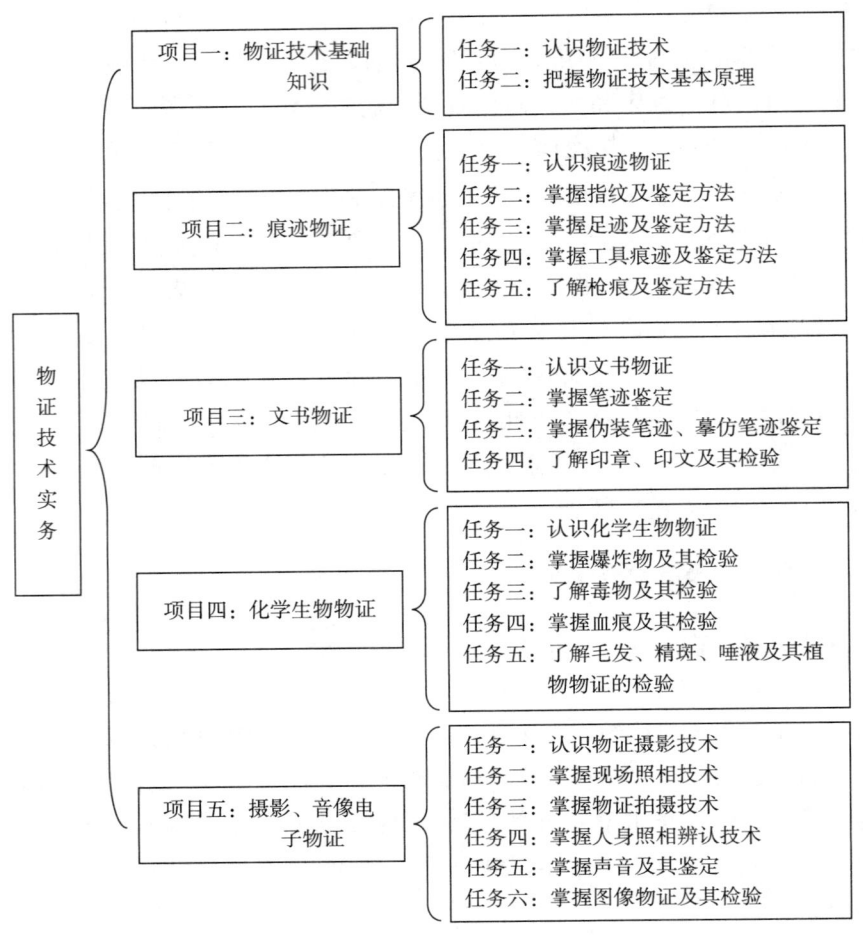

图1-7 物证技术实务体系图

（二）物证技术学与其他学科的关系

1. 物证技术学与侦查学的关系。奥地利人汉斯·格罗斯（1947～1915）于1893年出版的《检察官手册》可谓世界上第一部真正意义的侦查学教材，也可以称为物证技术学教材。早期的侦查学论著包含了物证技术学及侦查方法两部分内容。苏联的侦查教材体系也将物证技术作为侦查教材的组成部分，即"大侦查学体系"。随着物证技术的不断发展，世界诸多国家都逐渐将物证技术独立于侦查学体系，即"小侦查学体系"，将物证技术学与侦查学作为两门独立的学科进行研究。由此可以看出，物证技术学与侦查学有密切的联系。由于物证在侦查中的重要作用，当侦查活动中遇到涉及某项专门知识的物证需要鉴定时，就必须委托具有专业知识的专家或鉴定人进行识别，因此物证技术学有隶属于侦查学并为其服务的性质。但从研究对象来讲，物证技术学有其独立的研究价值，物证技术学研究的对象不仅仅包括刑事案件侦查过程中的物证，还包括民事、行政案件的相关物证的发现、提取、检验与鉴定。

2. 物证技术学与法医学的关系。在中国古代侦查学与物证技术学没有成为一门独立的学科之前，手印、足迹、枪弹、笔迹等往往被纳入法医学的组成范畴。例如，宋慈在《洗冤集录》中记载着对案件现场涉及的痕迹物证的研究。随着生物学的发展及学科分工的日益精细，物证技术学与法医学有各自的研究对象。在枪击、凶杀等命案现场，法医学主要研究确定死因、鉴别损伤、推断致伤工具、尸体及人体血液（痕）、精液（斑）、毛发、组织、排泄物等，而物证技术学主要研究现场物证的发现、提取和物证的同一认定、种属认定以及其他技术性问题。但是两者在生物物证技术上存在某些交叉领域，比如唾液、精斑、毛发、血液等不仅存在于有人身伤亡的现场，也存在于无人身伤亡的各类案件现场中。

3. 物证技术学与部门法学的关系。部门法学包括实体法和程序法。实体法包括刑法学、民法学、行政法学、经济法学等，程序法包括刑事诉讼法、民事诉讼法、行政诉讼法等。当部门法学中涉及某个物证在内的各项证据需要审查时，需要委托具有专门知识的专家进行分析判断。因此，物证技术能通过对物证的分析鉴别从而认定犯罪事实、认定犯罪嫌疑人是否实施犯罪行为以及确定某种因果关系，这些都能为部门法的实体法如刑法、民法等服务，为准确、及时处理各类案件提供有效保障。而物证技术中委托鉴定的程序、委托主体、鉴定人资格、鉴定制度及鉴定意见能否作为法定证据等都需要具体规定。诉讼法中规定的某些程序是物证技术中各类物质、物品、痕迹、文书等能否成为物证的法律依据。由此可见，物证技术学必须以程序法作为其行为规范，而程序法又需要物证技术学的研究成果来不断丰富其程序内涵。

4. 物证技术学与自然科学学科的关系。物证技术的发展必须依靠自然科学技术的发展，物证技术专家在实践中不断进行科学实验、开展创造性的科研活动，同时利用现代科研成果开发新的物证技术检验方法。比如亲子鉴定，由于人类社会发展早期自然科学技术相对落后，对于辨别孩子与其父亲的亲属关系只能通过相貌对比，随着人类认识水平的提高，逐渐出现了滴血验亲、滴骨验亲，这种认识方法相较之前有巨大的进步。之后，在医学、生物学、遗传学理论及技术的支撑下，能通过 DNA 鉴定认定亲权关系，这种 DNA 亲子鉴定，否定亲子关系的准确率几近 100%，肯定亲子关系的准确率可达到 99.99%。

（三）物证技术学发展状况

物证技术学本身是一个年轻的学科，但就物证技术来说，却有着悠久的历史。物证技术散见于国内外有关的历史记载和学术专著：中国夏商时期制作的陶器上已有捺印的指纹，这些指纹应是制作者有意捺印作为个人款铭的标记。在西周时期，指纹技术被广泛应用于契约文书上起证明的作用。在 1975 年出土的距今 2000 多年的云梦竹简中，具体记载了秦朝官方颁布的有关案件勘验、调查、检验及审理的规范性条款。在宋代的《折狱龟鉴》《洗冤集录》中均包括了物证技术相关内容。而在欧洲也有相关的痕迹、文书、毒物类记载。天文学、地理学专家弗朗西斯·高尔顿在1982年出版了世界上第一部指纹学专著《指纹》，较为全面地阐述了指纹的解剖学特性、指纹分类方法以及指纹捺印技术。20世纪初期，英国苏格兰警察开始在案件中运用粉末法显示潜在手印。20世纪50年代后，茚三酮法、502胶法、真空镀膜法等新型指纹显现技术不断涌现。

现代物证技术学产生于19世纪中叶的欧洲，20世纪初传入中国。新中国成立后一段时间内，物证技术学的相关专门技术多隶属于法医学、刑事技术及侦查学等范畴，但有关主管部门重视物证技术的业务建设：20世纪50年代起，中国开始在全国范围内设立从事物证技术业务的专门机构，培养了大批专业技术人员；1950年，主管刑侦的公安部治安行政局在刑事侦查处设立了刑事科学技术机构；1956年，单设刑事科学技术处，同时司法部建立了司法鉴定科学技术研究所，培养了新中国第一批物证技术研究生。纵观这近40年的历史，除"文革"期间发展缓慢外，我国物证技术无论在实际工作方面还是在物证技术教学和科研方面都得到较大的发展。

20世纪80年代末，为了对普通高等院校法学专业中的犯罪侦查学课程进行改革，国家教委决定将物证技术学从侦查学中独立出来，使犯罪侦查学划分为两个相互独立的学科——物证技术学与侦查学，由此，物证技术学的课程教学也相应成为我国高等学校法学教育的基本组成部分。

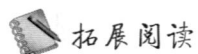 拓展阅读

物证能"说话"，物证也能"说谎"

美国著名物证技术学家赫伯特·麦克唐奈先生说："在审判过程中……唯有物证不会说谎。物证不怕恫吓，物证不会遗忘，物证不会像人那样受外界影响而情绪激动。物证总是耐心地等待着真正识货的人去发现和提取，然后再接受内行人的检验和判断，这就是物证的性格。"但是，实践中物证往往也会"说谎"，造成一些冤假错案。概括起来有以下几个方面的原因：

1. 证据确实充分，但逻辑推理错误；证据材料错误或不充实，但结论合乎逻辑。证据材料真实可靠，但由于推理和判断的失误导致裁判错误。例如，法官常常被人说服认为被盗物的买主不会不知道其卖主的丑恶经历。在正当防卫案件中，法官也总是谴责被告人不了解侵犯他的人是没有犯过罪的。另外，证据材料错误或者不充实，但出于种种原因而形成了合乎逻辑的结论，就容易造成大多数裁判错误。

2. 高仿的文书、印章类物证，难以识别。例如，经过长时间练习模仿他人笔迹和签名的伪造者模仿了他人的笔迹和签名，制造了虚假内容的文件或合同，这一般能够借助技术鉴定和科学分析予以揭穿，但是伪造者盗用已经签过名的空白证书再补充合

同内容，却很难识破。在印章印文检验过程中，伪造者采用高科技手段制造的原子印章，因伪造手段高、特征识别难度大，给印章识别工作带来一定压力，容易造成错误鉴定结论。

3. 虚假的言辞类证据，如虚假的"被害人"、证人欺骗或被告欺骗，无法排除。"经验证明，各种人都有可能有意无意地欺骗法庭。"首先，"一个虚构出来的'受害者'去控告无辜者，司法部门往往把无辜者错判。"其次，如果说被告人常常会把司法机关引入歧途的话，那么，证人们有意无意地使法庭受骗，也是经常存在的。所以假的证言和错误的证言也会造成错误裁判。另外，语言不通、翻译错误，也会掩盖案件真实事实。不论是证人、被害人或者是被告人，如果是聋哑人或是语言不通晓的人，譬如外国人，少数民族语言者等，他们的证词容易被误解，或者被翻译错误，往往无法查清与案件事实有关的证明材料。

4. 鉴定报告方面的错误导致的严重错误。鉴定报告是绝大多数鉴定人凭着技能和良心完成鉴定的，所以在很多情况下得出的鉴定结论是公正合理的。但是鉴定过程中往往会因为鉴定人的资质、鉴定程序、错误的鉴定方法等问题而出错，而造成依据定罪的关键证据材料错误，导致裁判必定错误。

5. 辨认错误。辨认错误发生的原因主要有：刻意为之而必然造成错误、辨认人缺乏责任感支配下的错误指认及难以识别的错误。弗朗索瓦·戈尔夫说过，识别上的错误难以计算，一本书也不足以揭露和发现全部的识别错误。

6. 被告人的不良品格证据引起法官对被告的偏见。一个人多次被起诉或者追究，汇集起来对他不利的那些证据，容易给法官留下不好的印象，影响公正的裁判。

【参考文献】

1. 邹明理：《司法鉴定教程》，法律出版社 1995 年版。

2. 徐立根主编：《物证技术学》，中国人民大学出版社 2008 年版。

3. 王成荣主编：《痕迹学教程》，法律出版社 2002 年版。

4. 贾治辉主编：《司法鉴定学》，法律出版社 2015 年版。

5. 许爱东主编：《物证技术学》，法律出版社 2012 年版。

6. 李文：《司法物证鉴定学》，法律出版社 2011 年版。

7. 何家弘："神证·人证·物证——试论司法证明社会的进化"，载《中国刑事法杂志》1999 年第 4 期。

【单元练习】

1. 理解并掌握什么是物证，列举你所了解的事物哪些是物证，分别属于什么类型的物证？

2. 理解什么是物证技术，分析物证技术与科学技术的关系，比较物证技术与法庭科学、刑事技术、刑侦技术等的区别。

3. 了解什么是物证技术学，了解其发展渊源。

学习任务二　掌握物证技术的基本原理

教学情境

同一认定的科学发展历程
——从亲权鉴定说起

在中国的传统礼教中，对女性的要求比较苛刻，要求女性必须讲究"三从""四德"，所以在男女关系上妇女比较遵守妇道，相对来讲父亲怀疑孩子不是自己的情况比较少。但是，仍存在有些妇女私下与自己丈夫之外的男性发生性关系，而在夫妻关系存续期间生育一个不属于自己和自己丈夫的孩子。于是人们开始寻求方法来判断孩子究竟是不是自己亲生的。据记载，主要有以下几种判别亲子关系的方法：外貌对比、滴骨验亲、滴血验亲等。

一、外貌对比

受遗传因素的影响，父子、母子、兄弟姐妹之间的长相、肤色等一般都会有某些相似的地方。通过外貌长相的对比来确定亲子关系恐怕是最原始的方法，由于人们受当时的认识水平和科学技术所限，这种方法虽然一定程度上能辨别一些亲权关系，但由于遗传过程中可能会有基因变异以至于具有亲权关系的父子的相貌仍然会有较大差异，因此通过相貌相似性来做出判断的方法只是一种猜测、判断，只能作为一种参考。

二、滴骨验亲

滴骨验亲法就是将生者的血液滴在死人的骨骸上，若血液能渗透入骨则断定生者与死者有血缘关系，否则就没有。三国时期的吴国人谢承所撰的《会稽先贤传》就记载有以弟血滴兄骨骸之上认领长兄尸骨的事例；《南史·豫章王综传》也记载有以子之血滴于父骨之上验亲的事例；至宋代，著名法医学家宋慈将滴骨验亲法收入《洗冤集录》中。从现代的科学原理得知，无论是不是有血缘关系，血液滴在骨骼上都会渗入，因此这种方法并不科学，但开创了用血型鉴别血缘关系的先河。

三、滴血验亲

滴血验亲法又称合血验亲法，就是将小孩的血与大人的血液放在一起，如果能融合，就是父母亲生的，否则就不是亲生的。这种认亲方法曾在中国宋代的法医著作里

图1-8 滴血验亲图

记载过。这种方法没有科学依据，亲子关系的血液不一定能融合，而非亲子关系的血倒有可能融合。

以上这些判别方式基本能满足古代人们对确定亲子关系的需求，但是仍存在一些不合理性。进入现代社会，家庭观念不断发生改变，人们对性的开放和接受相对自由化、对伦理的轻视以及对生活方式的追求等变化，容易引起许多夫妻结婚后夫妻双方对个人行为不注重约束，与自己配偶以外的人发生性关系，所以有些丈夫就开始怀疑孩子是否亲生，他们为了搞清孩子的真正父亲是谁，有些甚至在孩子还处于孕育状态就提出鉴定要求，这就对科学鉴别亲子关系提出了新的要求。目前，常见的亲子鉴定是利用法医学、生物学和遗传学的理论和技术，从子代和亲代的形态构造生理机能方面的相似特点，分析遗传特征，判断父母与子女之间是不是亲生关系。简单来说，就是通过血型或DNA测试等方法鉴定父母与子女之间的亲缘关系。

1. 血型测试。血型是以A、B、O三种遗传因子的组合而决定的，根据父母的血型即可判断出以后出生的小孩可能出现的血型。血型的遗传规律如图可知，如果O血型的父亲和A血型的母亲所生育的小孩有可能是O血型、A血型，但不可能是B血型或者AB血型。

表1-1 ABO血型的一般遗传

父亲和母亲的血型	孩子可能的血型	孩子不可能的血型
O * A	O，A	E，AB
O * B	O，B	A，AB
O * AB	A，B	C，AB
O * O	O	A，B，AB
A * B	AB，A，B，O	—
A * A	A，O	AB，B
A * AB	A，AB，B	O

续表

父亲和母亲的血型	孩子可能的血型	孩子不可能的血型
B * B	B，O	A，AB
B * AB	A，B，AB	O
AB * AB	A，B，AB	O

2. DNA 鉴定。依据是孟德尔遗传学的分离定律，精、卵细胞受精形成子代，孩子的两个基因组一个来自母亲，另一个来自父亲；同一对染色体同一位置上的一对基因称为等位基因，因此同对的等位基因也就是一个来自母亲，另一个来自父亲。在检测到某个 DNA 位点的等位基因时，首先分析该基因类型，然后分别取母亲和父亲在该位点的基因，通过比对，孩子的等位基因一个与母亲相同，另一个就应与父亲相同，否则就存在疑问（变异情况除外）。DNA 亲子鉴定，否定亲子关系的准确率几近100%，肯定亲子关系的准确率可达到99.99%。这就是通过比对孩子和父亲的等位基因是否同一来进行认定的亲子鉴定方法。

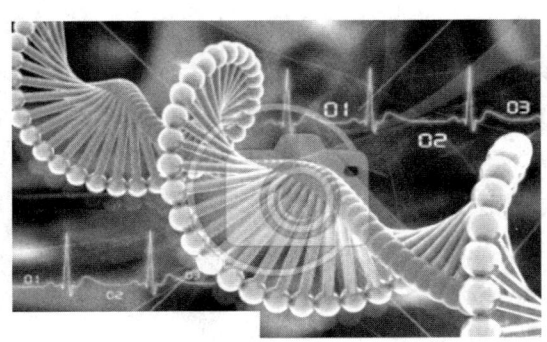

图 1-8　鉴定演示图

📝 工作任务

1. 理解物质交换原理。
2. 理解同一认定原理及种属认定原理。

一、物质交换原理

物质交换原理，又称为"洛卡德物质交换原理"。这一理论最早是20世纪初由法国著名侦查学家艾德蒙·洛卡德在其编著的《犯罪侦查学教程》提出的，他认为任何物质性客体在外力作用下发生接触时，即会发生物质成分之间的相互交换。"每一次接触都会留下痕迹"，他指出犯罪的过程实际上是一个物质交换的过程。作案人在实施犯罪的过程中总是跟各种各样的物质实体发生接触和互换关系。因此，犯罪案件中物质交换是广泛存在的，是不以人的意志为转移的规律。随着现代物证技术学理论与实践的不断发展和完善，物质交换理论固有的局限性正在凸显。例如，近年来电子技术与信息技术的迅猛发展，如果物质转移理论研究有形实物、痕迹类物证的形成机理，则无法解释电子证据及信息证据的形成机理，难免有失偏颇。因此，有学者指出证据从本质上也是一种信息，信息是物质的一种表现，而物质同时又往往是信息的载体。信息转移是物质转移的一种方式。因此，现代意义上的物质转移理论涉及的物质交换是广义上的，可分为三种类型：

1. 痕迹性物质交换，即由于机械力、理化作用或自然变化的原因使实物类物质的外表结构形态或其组成部分在特定载体上形成的痕迹。例如，人体的手、足等部位与物体接触后留下的反映手足的表面形态的手印、足迹类痕迹物证；撬压、打击类工具接触承受客体后在承受客体表面留下的反映作案工具的撬压、打击类痕迹；因搏斗造成的咬痕、抓痕以及被动物撕咬等痕迹。

2. 实物性物质交换具有一定的外形，能通过肉眼、仪器设备来观察、分析物质性客体，确定其结构、成分或特性。其可分为有形物体的物质交换和无形物体的物质交换。前者包括微观物体的互换和宏观物体的互换，微观物体的互换指在犯罪过程中出现的微粒脱落、微粒粘走，如纤维、生物细胞的转移，宏观物体的互换指作案人遗留物品于现场或者从现场带走物品等；后者主要指不同气体的互换，如有毒气体与无毒气体的互换、刺激性气味的遗留等。

3. 信息类物质交换，随着电子技术、信息技术的不断发展，包含着声音、光电的信息可以通过声电转换、光电转化、电磁转化、光化学转化等方式存储于磁盘、硬盘、光盘、录音带、录像带这些媒体上。例如，计算机信息转移、电子数据信息转移以及语音习惯转化为声纹等。

物质交换原理有着深厚的科学基础，它反映了客观事物的因果制约规律，体现了能量转换和物质守恒定律。这一原理对物证技术学有十分重要的指导作用，它是研究微量物证、细致取证的基础。

二、同一认定理论和种属认定理论

（一）同一认定原理

1. 同一认定概念。辩证唯物主义认为，事物之间的差异性是绝对的，相似性是相对的，但二者都是普遍存在的。而物证之间的个体差异性是对物证进行同一认定的客观依据；物证之间的种类差异性以及各种物证之间的相似性则是人们对物证进行种属认定的客观依据。学术界对同一认定有多重定义，我国刑事鉴定专家邹明理教授认为：同一认定是在诉讼过程中，由鉴定人对客体是否同一的问题所作出的科学判断。徐立根教授认为：在物证技术领域中，同一认定就是对先后出现的客体留下的特征反映体进行检验，是解决先后出现的客体是否同一的问题的一种方法。贾治辉教授认为：同一认定是对运动中的客体的反映形象及物的部分是否源自客体自身所作出的科学判断。

笔者认为，定义同一认定需要注意以下几点：

（1）认真理解同一认定理论中的"同一"。从哲学的角度讲，"同一"是指被认定的对象是否源自同一个客体，是客体自身与自身的等同，不是指一个客体与另一个客体相同或相似。表示事物或现象同其自身相等同的范畴。在不同的个体之间，无论两个个体多么相似，他们依然是两个个体。

（2）同一认定的对象，是客体的反映形象及物的部分，即特征反映体。它是来源于客体、能如实反映客体特征并能被人感知和认识的实体。特征反映体有些是具体的特征，有些是特征的组合。因此，有的特征反映体只与唯一的客体相对应，例如，指纹、DNA；有的对应多个客体，例如，ABO 血型。前者可以进行同一认定，具体得确定客体与客体之间是否等同，后者只能进行种属认定，认定该客体是否源自同类客体。

（3）同一认定是依据客体特征来判断两次或多次出现的客体是否为同一个客体的认识活动，即同一认定的客体要在人们的认识过程中出现过两次或两次以上。就物证鉴定而言，客体的第一次出现往往是与所要认定的案件事实相联系，且留下可供检验的特征反映体。所谓特征反映体，就是以一定形式反映客体特征的实体。客体的第二次出现一般是某种侦察或调查活动的结果。第一次出现的客体被称为"被寻找客体"，第二次出现的客体被称为"受审查客体"。若某客体仅在人们的认识过程中出现一次，那么同一认定就无法进行。

（4）通过比较反映体以确定两种（以上）的特征反映体是否源自同一客体的一种判断性认识方法；是具有专门知识的人通过对被寻找客体的特征反映体与受审查客体的特征反映体进行比较检验，确定被寻找客体与受审查客体是否同一的科学活动。

2. 同一认定的模式。

（1）完整体同一认定，即通过对被寻找客体与受审查客体的比较从而认定是否为同一客体。从客体的种类来分，可以分为对人的同一认定和对物的同一认定。

例如，通过将犯罪现场提取到的指印（检材）与从犯罪嫌疑人捺印的指印（样本）进行分析比较，从而认定犯罪嫌疑人（受审查客体）是否是案件所要找寻的罪犯（被寻找客体）。如图 1－9。

（2）分离体的同一认定，是指几个分离体是否原属于同一整体，不是指几个分离体是否同一，这里往往指物的同一认定。例如，杀人犯罪现场留下了一块金属碎片，刑事技术人员按照物证的要求，发现、收集、提取、送检，经过具有专门知识的刑侦鉴定专家鉴定，该碎片与已经掌握的缺刃的菜刀是否能完全拼合、对接，从而认定该缺刃的菜刀是否是本案的杀人凶器。如图 1－10。

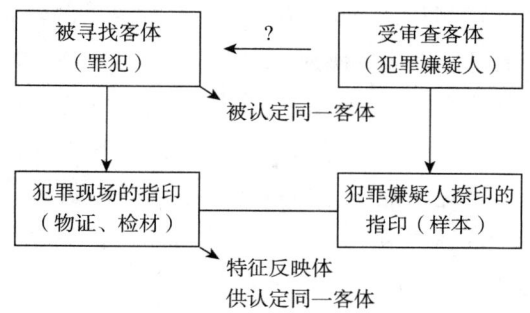

图 1 - 9　同一认定示意图（一）

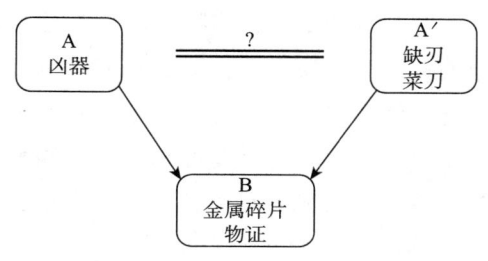

图 1 - 10　同一认定示意图（二）

3. 同一认定的条件。物证是由一定数量的特征组合而成的特征反映体，这些特征组合之间存在着个体差异。这是物证同一认定的客观依据。同一认定必须通过对个体一定数量特征组合的个体差异进行识别才能实现。研究同一认定的问题时，必须具体考察这个特征组合的特定性、稳定性和反映性。

（1）特定性。根据"莱布尼茨定律"，世界上的两个事物不可能共同具有所有相关的性质，如世界上不可能存在两片完全相同的树叶，因此事物只能与其自身同一。但这是辩证的同一，而不是僵化的同一，"真正的具体的同一，包含着差异"。所以同一认定所依据的特征组合必须考虑相同特征、不同特征的数、质量及同类客体的数量：

第一，特征的数量。在考察特征数量时，既要考察该类客体所具有的特征种类数量，也要考察具体特征反映体上出现的特征数量。特征数量与该特征组合的特定性成正比，即特征数量越多，越能反映客体的特定性。例如，在认定两枚指纹是否同一人同一指所留时，不同的国家和地区规定了不同的数量要求，我国司法实践中一般规定需要有 8 个及以上相同特征才能认定指纹是否同一人同一指所留。

第二，特征的质量。特征的质量与其特定性价值成正比；在特征组合的特定性不变的情况下，特征的质量与特定性所要求的特征数量成反比，特征的特定性价值是由其出现率决定的，而且与其出现率成反比。

第三，同类客体的数量。同类客体的数量，是指该特征组合可能出现重复的客体范围。特征组合出现重复的范围大小，与同一认定所要求的特征数量和质量成正比，与该特征组合出现重复的可能性成反比。

（2）稳定性。同一认定所要求的特征稳定性是指客体特征在进行同一认定的必要时间内保持基本不变的属性。同一认定的"必要时间"是由具体案件中被寻找客体留下特征反映体到办案人员发现嫌疑客体并进行鉴定的时间长短所决定的。同一认定所要求的特征"基本不变"有两层含义：①对一个特征组合来说，是指其中的主要特征保持不变。②对一个具体特征来说，是指保持该特征的质基本不变。

（3）反映性。客体特征的反映性是指客体的特征能够在其他客体上得到反映的一种属性。首先，同一认定要求客体特征比较容易在其他客体上反映。其次，同一认定要求客体特征的反映具有较高的清晰度。客体特征的反映性与人类的认识能力和特征识别能力之间有着密切的关系。客体属性、特征反映的深度广度，取决于科技进步和专业人员的业务水平，是一个渐进的过程。例如，通过认识血滴血液洒落的形状，能了解血滴落下时的许多情况。图1－11圆形的形态表明血滴是垂直落到平面上的。同时，血滴形状受下落高度的影响而表现不同形态，从左往右表面血滴落下的高度越来越高。左下血滴形态表面血滴的运动方向，是由于在空中飞行后落到了一个斜面上，具有感叹号特征的形状表明了它们的运动方向。如图1－11。

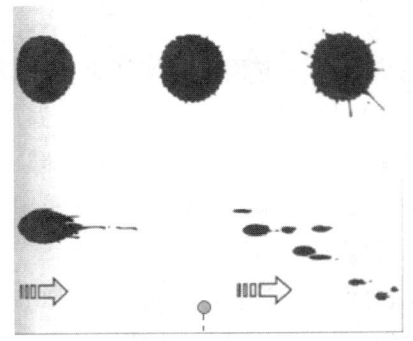

图1－11 物证的反映性示意图

4. 同一认定的种类。同一认定的对象繁多，按照不同的分类有不同的分类方法：

（1）按同一认定客体来源分类，可分为人身同一认定和物体同一认定：

第一，人身同一认定，即通过识别特征反映体来认定来侦查、审判所要证实的具体的人。如笔迹、DNA、血型、指纹、足迹、牙齿、面貌、声音等同一认定，可以直接肯定犯罪嫌疑人、被告人、当事人的某种行为。但是多数情况下仅能证明被认定同一的人与案件或特定事件一定的时空关系或与案件或事件中特定物的关系。

第二，物体同一认定，即通过先后出现的客体进行认定从而确定案件中所需要寻找的具体的物体（客体），如证明该物为作案工具、证明在案件现场或者事件发生地使用过、证明该物是在实施某种行为时所留。这种鉴定结论一般只能证明物与案件或事件的关系，要进一步证明"物"和人与案件或事件的关系，就需要进行多方面的证据收集和证据核查工作才能达到目的。

（2）按供同一认定客体（特征反映体）的检验依据分类：

第一，根据形态结构特征：如对大小、外形、表面结构进行同一认定。

第二，根据人动作习惯特征：如步伐、笔迹等的同一认定。

第三，根据特征反映体的化学或生物学特性：生物检材、血型、DNA 等通过物证属性、性能识别的同一认定。

第四，根据整体物分离特征：从同一物体上分离出来的客体的认定，如断裂的两物体是否源自同一客体；从嵌压痕迹特征分析两客体物是否为异质客体。

第五，根据人体（物体）气味、声纹：声纹鉴定、面相识别等。

5. 同一认定的基本步骤。

（1）了解案情。首先，了解案件的基本情况、检材基本情况、样本基本情况、同类客体基本情况，以便在鉴别的过程中找到某些特征形成的原因。例如，实践中生物检材常常因为保存条件不好引起检材的霉变，这就需要区别于检材自身的生物性状。

（2）分别检验。分别检验的任务是通过分别考察和研究被寻找客体的特征反映体与受审查客体的特征反映体来认识他们各自的特征和特性。发现和确定受审查客体的特征应以客体特征分类标准为依据，先从一般特征（种类特征）开始，然后涉及细节特征（特殊特征），本着先易后难、先中心后外围、以明显特征为起点逐步向外围扩展、由局部到整体的顺序和方法，直到发现和确定全部特征及其特征间的相互关系，并根据特征的可靠性，确定各个特征的质量。

第一，从客体来说，分别检验的顺序一般是先检验被寻找客体的特征反映体，然后再检验受审查客体或其特征反映体。先从检材客体上寻找突出的特征，这有利于从样本中发现相应的可比对特征。

第二，从客体特征来说，先检验一般特征，后检验细节特征。即先找寻同类客体的特征，再找到受检客体的自身特有特征。一般特征主要在物品生产、使用和修理过程中形成。

一般特征：同类客体所共有的特征，是说明客体总体特点的特征。

细节特征：客体局部的细小特征。

（3）比较检验。比较检验的任务是通过比较被寻找客体的受审查客体的特征来找出二者之间的特征符合点（相同点）和差异点，从而为肯定同一或否定同一提供依据。比较检验的顺序是先一般特征，后细节特征。比较客体特征时，既要比较每一个特征的质的规定性，也要比较该特征与其他特征的相互关系，而且要根据客体的具体情况选用适当的特征比较方法。

目的：确定被寻找客体和受审查客体存在哪些符合点和差异点。

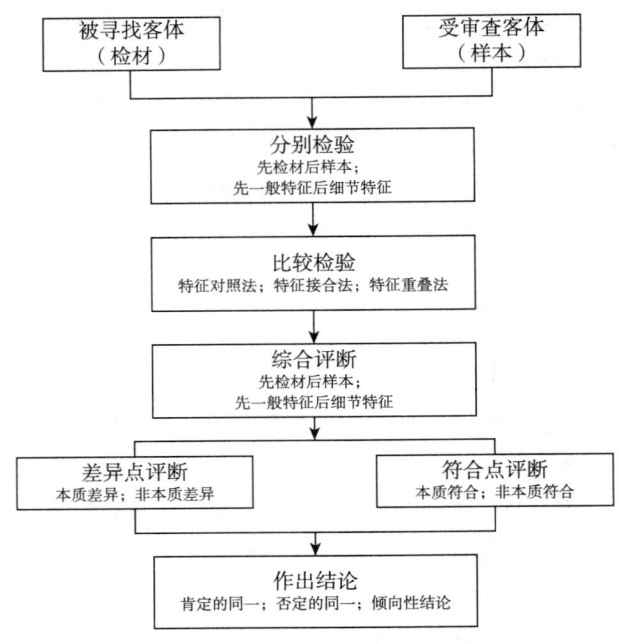

图 1 – 12　同一认定过程示意图

对象：具体包括现成痕迹与嫌疑客体痕迹、现场痕迹模型与嫌疑客体、现场痕迹模型与嫌疑客体样本、现场痕迹与嫌疑客体样本、现场痕迹照片与嫌疑客体样本照片。

顺序：先比较种类特征（一般特征），然后比较细节特征（特殊特征）。通过特征的比较，对于有种属划分的客体，如果痕迹的检材与样本的种属特征根本不同，则可作出否定结论，无需进一步比较其细节特征；如果痕迹的检材与样本的种属特征一致，则必须进一步比较其细节特征。

内容：比较检验主要比较各个特征的形态、大小、位置、相互关系等。

方法：①特征对照法，一般是将检材和样本置于同一视野下，借助专门的投影仪或比对仪观察特征与特征之间的相互关系；②特征接合法，一般在检验动态痕迹或印文时，通过将检材、样本剪成同倍率照片，然后用投影仪或比对显微镜进行观察比对；③特征重叠法，适用于特征反映体形象比较固定，将检材和样本分别制成幻灯片进行重叠比对。

（4）综合评断。综合评断的任务是分析在比较检验阶段中找定的特征符合点和差异点，确定两者之间特征符合点和特征差异点总和的性质、原因，在此基础上做出受审查客体是否就是被寻找客体的结论。综合评断顺序一般为先差异点，后符合点。在具体的物证鉴定中，对特征符合点和差异点的评断要结合起来进行，二者不可偏废。

第一，差异点的评断：

本质差异：来源于两个不同客体的特征反映体之间的差异。

非本质差异：同一客体的特征反映体之间在客观因素影响下形成的差异点；形成

条件不同而导致的特征变化；提取方法不当而导致特征的变化；客体本身发生变化；犯罪分子故意伪装而使特征发生变化等。

第二，符合点的评断：

目的：通过审查特征组合作为一个总体是否可能在其他客体上重复出现，如果这些符合点总体上不可能在其他客体上重复出现，则可以作为肯定同一的依据。对符合点的评断需从符合点的质量和数量两方面进行考察。

符合点的质量，与特征出现率的高低成反比，特征出现率越高，相应的特征质量越低。考察特征时可以从特征的类型出发，即客体的一般特征和细节特征两方面分析。而分析特征出现的频率，一方面可以凭借鉴定人的经验，另一方面则可以依靠社会调查来分析。

符合点的数量，两个特征反映体，符合点数量越多，其在其他客体上出现的可能越小。

（5）作出结论。

第一，肯定同一。肯定同一结论是指痕迹的检材和样本为同一客体所形成或同一客体的组成部分，即受审查的客体就是被寻找的客体。通过比对符合点和差异点，只有当受审查的客体与被寻找的客体的相同特征总和构成本质的符合，两者的差异点属于非本质的差异，认定两特征反映体的符合是本质的符合，差异是非本质的差异，则可以认定两特征反映体是同一客体或是出自于同一客体。

第二，否定同一。否定同一结论是指痕迹的检材和样本不是同一客体所形成或同一客体的组成部分，即受审查的客体不是被寻找的客体。只有当受审查的客体与被寻找客体的符合点仅是相似性的非本质的符合，而差异点又是本质的差异时，可以认定两特征反映体不是同一客体或不是同一客体所留的否定的结论。

第三，倾向性结论。由于痕迹检材的条件较差，客体的特征反应不太充分，但又有一定的相似特征可供鉴定。通过痕迹鉴定得出的"可能同一"和"可能不同一"的推断性结论。当两者种属特征相符合，特殊特征有一定符合，但有明显的重大差异时，可得出"可能同一"的结论；当两者种属特征相符合，特殊特征多数不符合，但有少数重要特征符合时，可得出"可能不同一"的结论。

（二）种属认定原理及与同一认定原理的关系

1. 种属认定的概念：具有专门知识的人依据特征反映体的特征组合推断被寻找客体的种类属性或者依据特征反映体的特征组合对先后出现的客体的种类是否相同作出判断的科学活动。种属认定的实质是就客体的相似或相同的问题作出判断。种属认定一般包括人的种属认定、物体的种属范围、动植物的种属范围。例如，轮胎痕迹—车辆的种类，工具撬压痕迹—作案工具的种类。

2. 种属认定与同一认定的关系。种属认定与同一认定有严格区别。最根本的区别是解决问题的范围不一样，其次是两者鉴定依据特征的数量、质量总和不同。同时，种属认定与同一认定有密切的关系，对某客体进行种属认定，实际上就是依据该客体的特征把它限定在一定的客体范围之内。当这个范围缩小到里边只能有一个客体的时候，种属认定就转化为同一认定了。

（1）客体之间十分相似，但同一认定所依据的必须是能够使客体特定化的特征组合，而种属认定所依据的只是能够将其限定在一定范围之内的特征，因此同一认定对特征数量和质量的要求高于种属认定。

（2）种属认定是同一认定的前提。种属认定要求部分排除，只要求识别客体之间的种类差异。同一认定要求完全排除，要求识别客体之间的个体差异。同一认定的识别精确度要高于种属认定。因此，在进行同一认定时可以对同类客体进行识别并进行种属认定排除。

（3）同一认定与种属认定可以相互转化，种属认定可以被视为同一认定的一个认识阶段。很多同一认定都是从种属认定发展而来的。在具体的同一认定中包含着由种属认定向同一认定的转化，即随着特征增加，种属认定转化为同一认定。

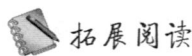 拓展阅读

指纹同一认定的科学基础

指纹，也称为手印，有广义狭义之分。广义的指纹包括指头纹、指节纹和掌纹，狭义的指纹是指人的手指第一节手掌面皮肤上的乳突线花纹。指纹被称为"物证之首"，主要是由指纹的特定性和稳定性决定的。由于每个人的遗传基因不同，所以指纹也不同，尚未发现有不同的人拥有相同的指纹，所以每个人的指纹是独一无二的。

虽说世上没有两枚完全相同的指纹，但是同卵双胞胎的指纹比较相似。而且，同一个人不同手指的纹形也有相似之处。研究发现，出现率高的指纹类型存在性别差异和人种差异。例如，中国人、日本人的指纹中，斗形纹和箕形纹的出现率大致相当，共占整体的90%以上；欧洲人的指纹中，箕形纹出现率较高；美国人的指纹中，则是弓形纹的出现率较高。

因为同卵双胞胎或同一人种的指纹具有相似性，所以也可以说指纹是能够"遗传"的。然而，指纹的形成不仅受遗传基因的影响，同时还受环境等因素的影响。日本北海道大学的井上馨教授长期以来从事解剖学研究，他介绍说："人类的身体细节也是因人而异。由于指纹使用起来非常方便，所以被广泛用于鉴别身份。"由于指纹是每个人独有的标记，近几百年来，罪犯在犯案现场留下的指纹，均成为警方追捕疑犯的重要线索。现今鉴别指纹方法已经电脑化，使指纹同一认定鉴别程序更快更准。

【参考文献】

1. 贾治辉、孔令勇："同一认定理论的广义与狭义探析"，载《铁道警官高等专科学院学报》2013年第6期。

2. 郝宏奎、杨立云："同一认定理论地位新探"，载《中国人民公安大学学报（社会科学版）》2010 年第 4 期。

3. 何家弘："司法证明同一论"，载《中国刑事法杂志》2001 年第 1 期。

4. 胡卫平："同一认定理论及其逻辑分析"，载《贵州警官职业学院学报》2003 年第 5 期。

5. 刘静坤："同一认定理论定位的反思"，载《上海政法学院学报》2006 第 6 期。

6. 刘昊阳："论同一认定的理论标准"，载《山东公安专科学校学报》2004 第 1 期。

【单元练习】

1. 请通过分析下面《收到条（一）》的第六行、第七行和第八行的笔迹与两份《收到条》的其他笔迹，熟练掌握同一认定的分析比对方法。

2. 试用同一认定程序认定两份《收到条》的落款日期"2006.3.3"是否由"2006.2.3"更改的？

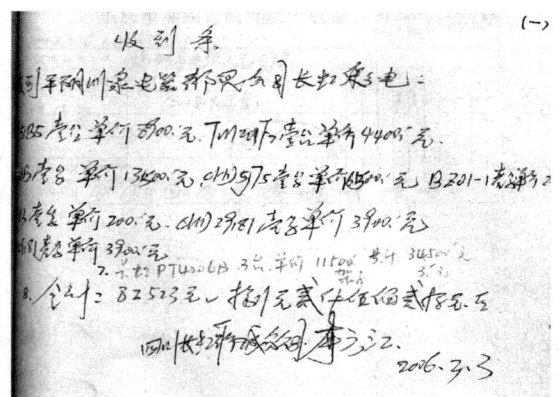

图 1－13　《收到条（一）》

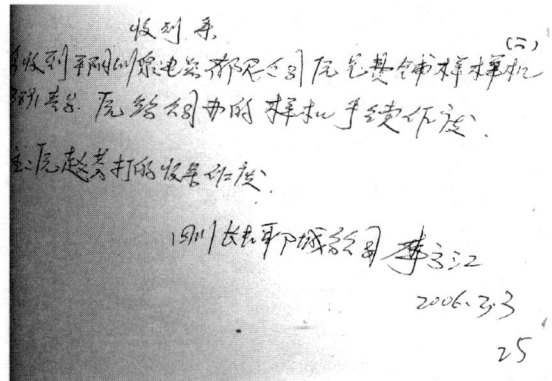

图 1－14　《收到条（二）》

项 目 二

痕迹物证

学习任务一　认识痕迹物证

教学情境

2001 年 7 月 28 日，某小区楼内发生一起强奸杀人案。技术人员对现场进行勘查时发现，犯罪嫌疑人将门边对应锁舌的位置扣开，然后拨开暗锁进入室内。由于现场是空房，地面上灰尘较多，所以技术人员可以清晰地观察，提取了犯罪嫌疑人遗留在现场的足迹，并且根据足迹分布情况，确定了犯罪嫌疑人在现场的活动规律。随后，侦查人员又沿着足迹活动方向进行勘查，并在一下水管内提取到一枚犯罪嫌疑人遗留的"七匹狼"牌香烟烟蒂。此外，侦查技术人员还在被害人东侧地面上发现一个装有半瓶水的"娃哈哈"牌矿泉水瓶，并在被犯罪嫌疑人撕断的胶带纸上提取到一枚指纹。随后，技术人员将现场提取的"七匹狼"牌香烟烟蒂、"娃哈哈"牌矿泉水瓶以及捆绑被害人的绳子全部送到省厅刑科所 DNA 实验室进行检验，结果在上述三种检材上检验出相同的 DNA 数据，并且确定是犯罪嫌疑人所遗留。同时，侦查员根据现场提取的足迹开始在市内商场及鞋店排查，最终查出犯罪嫌疑人所穿的鞋为"安踏"牌旅游鞋。侦查员又对市内所有的洗浴中心进行布控，9 月 11 日在市内某洗浴中心内排查到犯罪嫌疑人杨某。技术人员首先捺印了杨某的十指指纹，然后与现场上提取到的指纹进行比对，结果确定现场遗留在胶带纸断头上的指纹是犯罪嫌疑人杨某右手拇指所留。接着，提取杨某血样送至省公安厅与现场提取的"七匹狼"牌香烟烟蒂、"娃哈哈"牌矿泉水瓶以及捆绑被害人的绳子进行 DNA 比对，鉴定结论同一。在大量证据面前，杨某对犯罪事实供认不讳。[1]

工作任务

面对日益严峻的犯罪局势及猖狂的犯罪分子，刑事科学技术在侦查破案中的重要

---

〔1〕　由明文："痕迹物证在命案现场勘查中的分析与运用"，载《辽宁警专学报》2012 年第 1 期。

作用越来越明显，特别是痕迹物证的发现、提取及鉴定已成为决定侦查破案的关键。因此，正确地认识痕迹物证，准确掌握指纹、足迹、工具痕迹、枪弹痕迹及其他常见痕迹的鉴定方法，是一名刑事科学技术人员应具备的基本要求。在对具体痕迹物证进行学习之前，我们首先要了解什么是痕迹物证？痕迹物证的构成要素有哪些？在处理痕迹物证时应遵循哪些基本规则？

痕迹，从哲学的角度讲是由于事物运动和发展留下的能为人们所认识的种种形态。事物的这种运动和发展每时每刻都在发生，有有意识的行为也有无意识的行为。例如，在客观环境中留下的相关印迹（足迹、指纹或摩擦的痕迹），留下相应的固态的、液态的或气态的物质或物体，由于某种需要在客体上留下的破坏或移动的痕迹等。在刑事案件的侦破过程中，可以根据刑事案件现场所遗留的痕迹来推断犯罪嫌疑人在现场的行为过程，即还原整个犯罪过程。同时，侦查人员还可以利用技术手段对遗留在现场的痕迹进行分析、鉴定，以解决破案过程中需要解决的种属认定或同一认定的问题。后者这类能为确定人或物与事件是否存在联系提供依据的痕迹，在实践当中被统称为痕迹物证。

一、痕迹物证的概念

痕迹物证是物证技术学的研究对象，是指犯罪嫌疑人由于实施犯罪行为而遗留在案件现场的据其结构特征可进行同一认定的物质反映形式，如指纹、足迹、工具痕迹、枪弹痕迹、牙齿痕迹、车轮痕迹、整体分离痕迹等。据此可以看出痕迹物证应具备以下条件：

1. 有一定的外部结构形态，如表面的凹凸状、花纹的结构形态、物体的大小及轮廓等。

2. 这种外部结构形态是某个客体物外部结构的反映，如指纹是人的乳突花纹结构的反映，鞋印是对鞋底花纹的反映等。

3. 可以依据此外部结构形态对客体进行同一认定，如通过指纹比对鉴定可以认定是某人所留；根据对子弹痕迹的鉴定可以认定发射枪支或某些子弹是否由同一枪支射出；根据鞋印可以认定留下此鞋印的那只鞋；通过对成趟足迹的分析可以判断其行走习惯，进而对人作出同一认定。

二、痕迹物证的构成要素

痕迹物证的形成由三个因素共同决定，即造型体、承受体和作用力。

（一）造型体

造型体，即把自身的外部结构特征反映、遗留在承受体上的客本，如手、脚、鞋、各类工具等客体。因此，造型体必须要具备比较稳定的形状、体积和相对大于承受体的硬度等特性，具有把自己的外部结构反映在承受体上，或把自身的分泌物、附着物分离在承受体上或把承受体表面附着物粘走的属性。

（二）承受体

承受体，即保留痕迹的客体，又称为载体。承受体必须为固体或半固体，且其表面结构应比造型体细腻，具有一定的光洁度，具备吸附、渗透、可塑、变形等特性。各种物体的表面，以及人体皮肤表面都可能成为承受体。

（三）作用力

作用力是造型体与承受体接触时不可缺少的动力。主要有机械力，如人手的肌力、脚的压力、工具的打击力，以及理化作用形成的力，如射击过程中发射药燃烧产生的动力等。在痕迹的形成过程中，作用力的大小决定了痕迹呈现的深浅及清晰程度；作用力的方向和角度对形成痕迹的形状和特征也有密切关系。

三、痕迹物证的分类

对痕迹物证进行科学的分类，有助于我们准确认识痕迹物证的特征，为痕迹鉴定提供条件。根据痕迹物证的特点，可按以下条件对痕迹物证进行分类：

（一）按造型体的类型可分为人体印迹、物体印迹和动物印迹

1. 人体印迹。如手印、脚印、牙印等。

2. 物体印迹。如鞋印、工具痕迹、轮胎痕迹等。

3. 动物印迹。如鸡爪印、羊蹄印、动物的咬痕等。

（二）按痕迹形成时作用力的方向不同可分为静态痕迹和动态痕迹

1. 静态痕迹。当造型体与承受体在接触的过程中，作用力的方向呈90度或趋于90度，此时两客体之间就为静态印压接触，形成静态痕迹。静态痕迹在形成时，客体间的接触面不发生移动，故痕迹一般保留完整、清晰。如手指按压物体形成的指印、工具打击客体时留下的痕底、脚踩踏客体时形成的脚印等。

2. 动态痕迹。当造型体与承受体在接触的过程中，作用力的方向大于或小于90°时，此时两客体之间表面滑动所形成的痕迹为动态痕迹，如擦划痕迹、剪切痕迹、射击弹头上的膛线痕迹等。动态痕迹的形成并非是一一对应地反映造型体接触面的特征，而是将造型体接触面的凹凸特征以动态痕迹的方式反映在承受体上，如点状特征在印迹上就呈线状、线状特征就可能呈面状等。

（三）按痕迹形成时承受体表面的变化可分为平面痕迹和立体痕迹

1. 平面痕迹。平面痕迹，是指当造型体与承受体相接触时承受体表面未发生形变的痕迹。平面痕迹的形成仅导致承受体表面增加或减少某种介质，据此来反映造型体的外部结构特征。由于造型体表面介质脱落或被承受体表面粘附，使承受体表面增加

某种介质而形成的痕迹称为平面加层痕迹；由于造型体表面的粘附作用使承受体表面减少某种介质而形成的痕迹称为平面减层痕迹。

2. 立体痕迹。立体痕迹，是指当造型体与具有可塑性的承受体相接触时承受体表面发生形变，形成能反映出造型体接触面外部结构特征的三维状态的痕迹。立体痕迹的形成，要求造型体的硬度要大于承受体表面的硬度，承受体必须具有一定的可塑性，且作用力的大小必须超过承受客体表面的弹性限度。

（四）按肉眼的可见程度分为能见痕迹和潜在痕迹

1. 能见痕迹。不需要借助技术手段就可见的痕迹，一般在现场表现为平面加层痕迹或减层痕迹及立体痕迹。

2. 潜在痕迹。需要借助技术手段才可见的痕迹，如汗液、指纹。

四、痕迹物证的作用

教学情境案例中，指纹与脚印在侦破案件中起到了的重要作用，同时痕迹物证中的某类物证，如笔迹、指纹等在民事案件和经济纠纷中的作用也不可小觑。在此，重点介绍痕迹物证在刑事案件中的作用：

1. 科学分析案情，为立案、侦查提供科学依据。根据犯罪嫌疑人在现场遗留的痕迹分析，可以还原犯罪嫌疑人在现场的行动路线及作案情况，甚至可以清晰刻画犯罪嫌疑人的个人特点。

2. 可以为确定犯罪嫌疑人提供有力证据。通过对案发现场犯罪嫌疑人或犯罪遗留物的痕迹进行比对分析，可以进行同一认定。

3. 可以为全国犯罪信息资源库提供资料，有助于日后打击犯罪分子流窜作案，也可以为区域间的协查通报和串并案件提供资料和依据。

五、处理痕迹物证的基本规则

痕迹物证的处理关系到案件是否能够顺利被侦破，因此，在实践中发现痕迹物证时应按要求对其进行处理：

1. 首先应判明发现的痕迹是否与案件有关，如果暂时难以判明，就先归为与案件有关的一类痕迹处理，避免痕迹的损毁。

2. 对痕迹物证进行处理时应遵守一定的顺序：先静后动、先上后下、先外后内、先易遭损后不易遭损的顺序进行勘验。

3. 详细记录案发现场可能有物证意义的各类痕迹及其所在物体，一般应先采用物证摄影的方法对其进行拍照固定，将其与案件的联系固定下来。

4. 提取相关痕迹物证时应小心注意，防止损毁，尽可能地连同痕迹载体一道提取，以保持其原始状态。

5. 痕迹物证提取后应妥善包装，防止包装物与痕迹直接接触。包装物上还应贴上标签并编号。

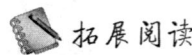 **拓展阅读**

痕迹的形成机理

1. 立体痕迹的形成机理。承受体受到外力作用后，引起正常排列的微粒或拉伸或压缩，当外力足够大，客体内部应力超过其屈服极限时，外力即使释去，因其微粒受到的拉伸或压缩所产生的形变仍不能恢复承受体的原来面貌，就产生了塑性形变，从而形成了立体痕迹。

2. 平面痕迹的形成机理。平面痕迹主要由中介质于造型体和承受体之间流动或转移的结果所形成。若中介质是由造型体携带，在发生作用时，中介质由造型客体表面部分转移到承受客体表面，在承受客体表面就形成了加层平面痕迹。反之，若承受客体表面附着有中介质，在发生作用时中介质由承受客体部分转移到造型客体表面，则在承受客体表面就形成了减层平面痕迹。

3. 整体分离痕迹的形成机理。整体分离开来的各个部分原属一个整体，当该整体受到外力或一些物理、化学等因素的影响产生变化，从而分离成若干个部分时，其分离面或分离缘以及物质的属性能反映出整体与部分的分离关系。整体分离痕迹的形成取决于被分离物本身的属性以及分离的方式方法，被分离物的属性多种多样，但常见的分立方式主要有徒手分离、器械分离、化学分离、震动分离等。

4. 动作习惯痕迹的形成机理。动作习惯是人的高级神经活动的一种动力定型，是长期运动、反复刺激大脑皮层的结果。动作习惯痕迹则是动力定型在相同条件的刺激下，运动器官自动再现习惯动作，由运动器官自身或经由他物与承受体接触所形成的印记。人行走遗留的步伐特征、写字时形成的书写特点等都属于动作习惯痕迹。动作习惯痕迹具有一定的稳定性和连续性，它通常蕴含在立体或平面的形象痕迹之中。[1]

【参考文献】

1. 徐立根主编：《物证技术学》，中国人民大学出版社 2011 年版。
2. 程军伟编著：《痕迹检验技术研究》，中国检察出版社 2008 年版。
3. 张书杰主编：《痕迹检验学》，中国人民公安大学出版社 2007 年版。
4. 傅政华主编：《物证技术学》，中国人民公安大学出版社 2003 年版。
5. 孙言文：《物证技术学》，中国人民大学出版社 2000 年版。
6. 邹明理主编：《痕迹学》，法律出版社 2000 年版。

---

〔1〕 韩均良：《痕迹检验》法律出版社 2015 年版，第 4 页。

学习任务二　掌握指纹及其鉴定方法

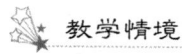 教学情境

2004 年 2 月 23 日，在云南某大学学生公寓发生 4 名大学生被杀的特大杀人案。现场发现一把带血的榔头，在其柄部提取一枚带血的指纹，经比对，该指纹是该公寓唯一下落不明的学生马某所留。这一鉴定结论为确定重点嫌疑人马某赢得了宝贵时间，给迅速破案奠定了坚实基础。3 月 15 日，海南三亚警方抓获了一名为马某的犯罪嫌疑人，通过对该人与公安部网上通缉的马某的指纹进行比对，作出同一认定结论，确认所抓获人员正是公安部 A 级通缉犯马某，才将这一喜报电传公安部。

"2·23" 特大杀人案之所以能够成功告破，正是应用了指纹人各不同、终身不变的特点。在现代司法实践中，公安、司法部门在侦查、起诉、审判实践中借助指纹鉴定可以证实犯罪和某些犯罪方式，通过指纹档案还可以查处犯罪分子的犯罪事实。指纹作为最古老的"身份证"，指纹鉴定作为识别个人最为可靠的方法之一，如何对指纹进行发现、提取、分析是物证技术学习过程中的一个重要内容。

工作任务

一、指纹的特性、结构及分类

（一）指纹的特性

指纹在人体胚胎发育的第三至第四个月开始生长，第六个月完全形成。在长期的司法实践中，指纹鉴定结论被认为是"证据之首"。这一美誉的由来主要源于指纹固有的特性，即人各不同且终生基本不变。指纹的基本特性不仅是指纹学的核心和精髓，也是指纹同一认定的重要理论依据。

1. 人各不同。指纹人各不同，是指每个人每个手指的乳突花纹结构形态、特征数量以及相互之间的关系所反映出来的指纹的一般结构和细节特征的总和具有特定性。至今，世界上找不到两个指纹相同的人，甚至同一个人不同手指的指纹亦不完全相同，即便是相貌极为相似的双胞胎，其指纹也有着本质差异（图 2 - 1）。

2. 终生基本不变。指纹终生基本不变，是指指纹的纹线形态结构、细节特征具有相对的稳定性，这是利用指纹进行人身同一认定不可缺少的前提条件。虽然在人的成长过程中，指纹面积由小变大，乳突纹线的密度也由密到疏、由细到粗，但乳突花纹的形态、分布范围、细节特征的总体布局等，直到人体死亡真皮层溃烂之时基本保持不变。只有突发病理变化或外伤伤及真皮乳突层，才会使指纹发生根本变化（图 2 - 2）。

图 2 – 1　女性四胞胎指纹各不相同

图 2 – 2　外伤引起指纹的变化

（二）指纹的形态、结构

人体皮肤主要由表皮、真皮和皮下组织构成，手掌面的表皮层较厚，约为 1 毫米 ~ 2 毫米，由外到内分为角质层、透明层、颗粒层和生发层。真皮层是由纤维组成的结缔组织，其表层有规律排列的乳头状突起，故被称为真皮乳头层。真皮之下是皮下组织，分布着许多汗腺，汗腺分泌的汗液经导管由汗孔排出体外，附着在皮肤表面的乳突纹线上（图 2 – 3）。

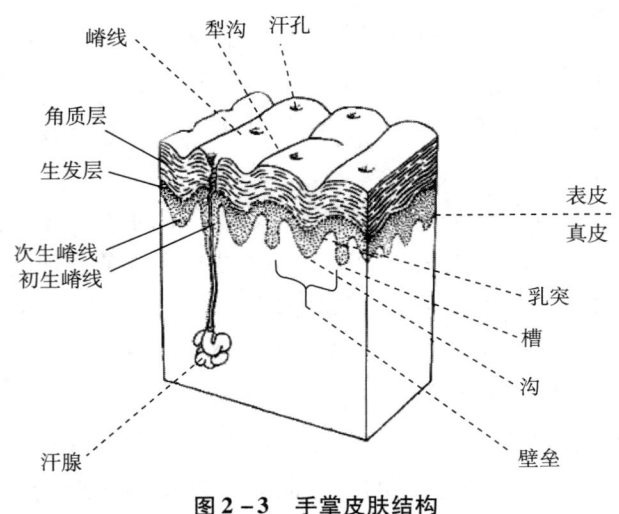

图 2 – 3　手掌皮肤结构

1. 乳突纹线。真皮层上由许多小乳头状突起组成的一条一条纹线，称为乳头状突

32

起纹线，简称乳突纹线，其状犹如山脊，因此也称"脊线"。两条乳突纹线之间的凹线称为小犁沟。乳突纹线是构成乳突花纹最基本的单元，根据形态的不同，可将其分为弓形线、箕形线、环形线、螺形线、曲形线、直形线（图2－4）。

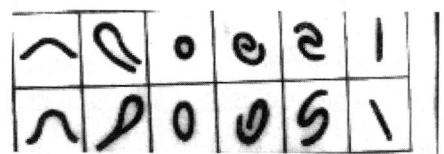

（从左至右依次是弓形线、箕形线、环形线、螺形线、曲形线、直形线）

图2－4 单一纹线形态

弓形线，是指从一方流向另一方，中途弯曲呈弓状，不返回原方向的纹线。

箕形线，是指从一方流向另一方，中途弯曲回转，不折不断，并返回原方向的纹线。

环形线，是指围绕自身的起点旋转一周以上呈封闭的圆圈的纹线。

螺形线，是指围绕自身的起点旋转一周以上呈螺旋形的纹线。

曲形线，是指在流程中以相反的方向弯曲两次，形成两个完整的箕头，并呈"S"或"Z"状的纹线。

2. 乳突纹线的细节特征。乳突纹线的细节特征是指乳突纹线局部细小结构的特征，细节特征的形状、大小、方向、种类及分布关系等是区分各个人之间不同的根本标志，是进行指纹鉴定的主要依据。常见的纹线细节特征有九种：纹线起点、纹线终点、纹线分歧、纹线结合、小勾、小眼、小桥、短棒、小点（图2－5）。

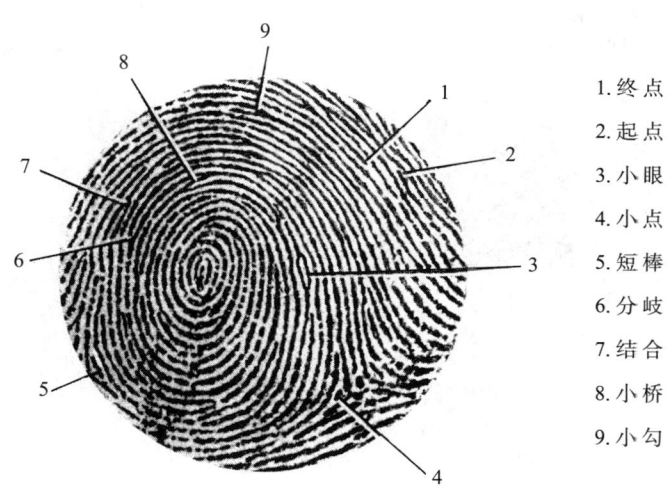

1. 终点
2. 起点
3. 小眼
4. 小点
5. 短棒
6. 分歧
7. 结合
8. 小桥
9. 小勾

图2－5 乳突纹线的细节特征

纹线起点，是指纹线的起始端。

纹线终点，是指纹线的末端。

纹线分歧，是指一条纹线分成两条或多条纹线的分叉部位。

纹线结合，是指两条或多条纹线汇聚成一条纹线的部位。

小勾，是指一条纹线上分出另一条长度不超过 2 毫米、形状类似勾状或树权状的部位。

小眼，是指一条纹线分成两条纹线又汇聚成一条纹线的类似眼状的局部形态结构，小眼中分歧点与结合点的距离不超过 2 毫米。

小桥，是指连接相邻两条纹线的短线所构成的长度不超过 5 毫米的桥状形态结构。

短棒，也称为小棒，是指独立存在于乳突纹线之间呈棒状形态或横直形的短线，其长度在 1~5 毫米之间。

小点，是指长度在 1 毫米以内独立存在的点状纹线结构。

上述细节特征中，纹线起点、终点、分歧点、结合点的划分，以从左至右、由上至下或顺时针方向为依据。在实际应用中，起点、终点、分歧点和结合点的出现率最高，被称为常见细节特征，在鉴定中的价值也就相对较低；相反，小勾、小眼、小桥、短棒和小点出现的概率较低，被称为不常见细节特征，鉴定价值相对较高。

3. 纹线系统和三角。许多相同形态和流向的乳突纹线排列在一起则构成纹线系统，不同的纹线系统组合在一起称为乳突花纹，即指纹。大多指纹都具有三个系统，即位于指纹中心部位的中心花纹系统（又称内部系统）、位于指纹上部及左右两侧的外围系统和位于指纹下部的根基系统（图 2-6）。三个系统中，中心花纹系统的纹线最复杂，指纹的分类也主要由中心花纹系统的基础纹线决定。三个系统的汇合处构成三角，当然也有少数指纹只存在外围系统和根基系统，而没有中心花纹系统，这种只有两个纹线系统的指纹就没有三角。

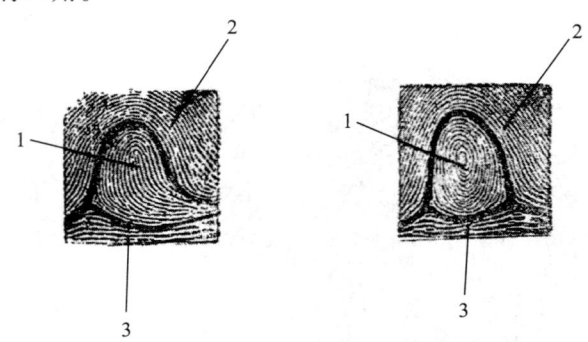

1. 中心花纹系统　2. 外围系统　3. 根基系统

图 2-6　指纹的三个纹线系统

（三）指纹的分类

根据中心花纹系统的具体乳突纹线情况把指纹分为三大类：弓型纹、箕型纹和斗型文。

1. 弓型纹。弓型纹只有外部系统和根基系统，而无中心花纹系统。整个指纹由弓形线和横直线组成，纹线从一侧流向另一侧不返回。按照内部形态的不同，弓型纹又可以分为弧形纹和帐形纹。

弧形纹：上部由弧度较小的弓形线，下部由横直线或波浪线层叠组成的一种结构简单的花纹形式（图2-7）。

图2-7 弧形纹

帐形纹：上部由比较陡峭的弓形线，下部由横直线或波浪线上下层叠构成，但在花纹中部有垂直或倾斜的纹线将上部弓形线撑起呈帐篷状的一种花纹形式（图2-8）。

图2-8 帐形纹

在我国的人口当中，弓型纹约占2.5%，且弧多帐少。从指位上看，拇指、食指出现弓型纹居多，中指次之，环指和小指极少。

2. 箕型纹。箕型纹有三个系统，一个三角，其中心花纹系统至少有一条完整的不折不断的箕形线，且其箕头部分或靠近三角的箕枝部分不能与一条引向外围系统的纹线相连（图2-9）。

图2-9 箕型纹

箕型纹根据箕头朝向可分为左箕和右箕。从手指上看，箕口朝向小指的为正箕，箕口朝向拇指的为反箕（图2-10）。根据箕口形状的不同，还可分为开口箕和闭口箕。箕型纹在我国的出现率较高，约占我国人口的47.5%，其中正箕占45%，反箕占2.5%。十指中，小指多箕型纹，中指次之，食指又次之。

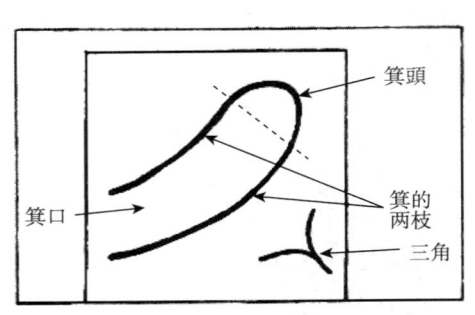 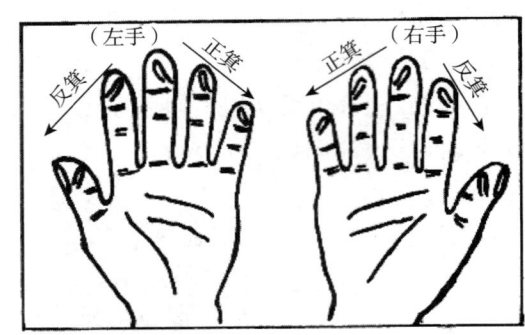

图 2-10 箕形纹的正箕与反箕

3. 斗型纹。斗型纹有 3 个系统，2 个三角，个别斗型纹会出现 3 个三角。斗型纹的中心花纹系统由一条以上的环形线、螺形线或曲形线组成，上部及两侧由较多的弓形线包绕，下部由波浪线或横直线构成。

斗型纹根据中心花纹系统的形态，分为环形斗、螺形斗、绞形斗、曲线斗、双箕斗、囊形斗和杂形斗（图 2-11）：

环形斗：中心由一条以上独立圆滑的环形线组成。

螺形斗：中心由一条以上起点方向一直旋转的螺形线组成。

绞形斗：中心由两条以上起点不同、方向不同的螺形线组成。

曲形斗：中心仅有一条完整的曲形线。

双箕斗：中心由两条以上的独立、圆滑、顺势的曲形线组成。

囊形斗：中心由一条以上的闭口箕形线，其内部有一条以上的弧形线，弧形线的凸面朝向闭口处，组成三角。

杂形斗：中心花纹由两种以上纹线混合组成，或因结构杂乱而无法归入其他斗型纹的纹型。

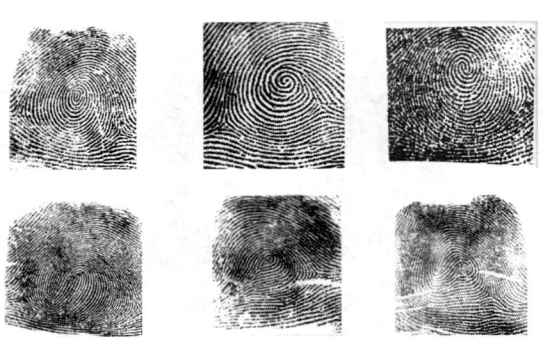

（从左到右，从上到下依次是环形斗、螺形斗、绞形斗、双箕斗、囊形斗和杂形斗）

图 2-11 斗型纹

斗型纹在我国人口中约占一半，其中环指较多出现斗型纹、拇指次之、食指又次之，中小指最少。

二、现场指纹的寻找与发现

现场指纹的寻找和发现是一项非常艰苦细致的工作，是现场指纹勘验的第一步。及时、全面地从犯罪现场发现嫌疑犯所遗留的指纹，对于案件的侦破具有重要的意义。当然，在寻找与发现的过程中运用何种方法，还要根据具体案件、具体现场而有重点地进行具体分析。

（一）寻找现场指纹的重点部位

1. 现场进出口及来往通道。对于一个相对封闭的现场而言，现场出入口是作案人容易遗留指纹的部位。作案人为了进入现场，往往会采取破门、爬窗、挖洞等方式，因而容易在相关物体上留下指纹。

对于进出口相对不明显的现场或者在进出口处未发现指纹的现场，应将寻找的重点部位放在来往通道及其周围的物体上，比如楼梯扶手、下水管道和可能的障碍物等。

2. 现场中心部位。现场的中心部位往往是犯罪活动指向的目标所在之处，是犯罪嫌疑人实施犯罪活动时间最长、破坏较为严重的地方。因此，勘查人员可结合案件性质，根据中心现场被翻动、破坏的情况寻找指纹。

3. 作案工具和现场遗留物。犯罪嫌疑人在借助工具进行犯罪时，常在作案后将作案工具或其他物品遗留在现场，而这些物体上极有可能留下犯罪嫌疑人的指纹，勘查人员应注意查找。另外现场的遗留物也有可能是受害人所留，在此类物品上寻找到的指纹也可以给确定侦查范围和方向提供相应的依据。

4. 其他可能与犯罪活动有关的设备和物品。这些设备和物品主要指嫌疑人在实施犯罪活动过程中可能会接触到的一些物体，如照明设备、餐具、脸盆、纸片、烟具等。

（二）发现指纹的方法

由于指纹的种类和承受体的属性不同，发现指纹的方法也应有所不同。

1. 直接观察法。对于平面有色指纹和立体指纹，由于其自身的色彩或本身具有的立体感，通过普通光、打侧光、改变光的强度、调整视线等方式即可用肉眼观察发现。对于表面光滑、吸水性差的承受体还可以用哈气的方法发现指纹。

2. 显色观察法。对于遗留在类似纸张、本色木、纺织品等表面既无光泽又不透明且吸收性和扩散性较强的物体上的指纹，可以通过物理或化学显色的方法来加大指纹与承受体之间的色差以便发现、观察。

3. 激光照射法。对于背景无荧光的承受体上的指纹，可使用激光对其进行技能型扫描，使留有指纹的地方发出荧光进而发现指纹。

三、现场潜在指纹的显现

潜在指纹有的是无色的，有的是由于指纹与承受体表面之间的色差太小导致指纹的存在不容易被发现的。因此，在介绍潜在指纹的显现方法之前，有必要了解形成潜在指纹的物质的属性。

形成潜在指纹的物质主要是汗液和油脂。人体汗液通常情况下呈无色，由大部分的水和少量的其他物质组成，其中少量的其他物质组成比较复杂，主要包括2/3的有机物和1/3的无机物。有机物的主要成分是氨基酸，无机物的成分主要由阳离子（钠和钾含量最高）和阴离子（氯根为主）组成，由此氯化钾、氯化钠便成为汗液的主要化合物。另外，形成潜在指纹的物质中还有脂类物质，可见潜在指纹所含成分太复杂，这也决定了对其显现方法的多样性。此处重点介绍潜在指纹的物理显现法与化学显现法。

（一）物理显现法

物理显现法是利用潜在指纹的形成物质中具有吸附能力的物理属性使指纹的纹线染色或发光，从而显现出指纹。

1. 粉末显现法。粉末显现法是物理方法中显现潜在指纹最常见的一种方法，具有简便且效果好的优点，被世界各国广泛采用。但在用粉末法显现指纹时，必须要考虑粉末的干燥度、细腻度，粉末的附着力和渗透力的大小以及粉末的颜色，以达到最佳的粉末显现效果。常见的粉末有以下几种：

（1）铝粉。铝粉是呈银灰色的轻金属粉末，所以又称"银粉"。铝粉质地轻盈、附着力强，主要用于显现油漆木、玻璃、搪瓷、陶瓷以及一些塑料制品等光滑客体上的汗潜指纹。但由于铝粉的粘性较大，容易受潮成团。因此，在检查受潮客体时，应对客体进行干燥处理后再进行显现。

（2）青铜粉。青铜粉是呈金黄色的重金属粉末，所以又称"金粉"。青铜粉附着能力强、粉末细腻，粘性小于铝粉，适用客体范围与铝粉相同。

（3）石墨粉。石墨粉是黑色的非金属单一粉末，俗称"碳粉"。石墨粉质地较轻，附着力一般，常用于纸张、瓷器、平滑塑料等客体上的新鲜指纹显现。

（4）磁性粉末。磁性粉末是由能感应磁性的铁粉等为主体和起显色作用的颜料粉末按一定比例混合成的粉末。磁性粉末附着力强，显现效果好，适用范围广。主要用于显现玻璃、电镀制品、搪瓷、陶瓷、塑料制品、油漆木等光滑客体上的指纹，也可用于光滑皮革、人造革、竹器、各种光滑纸张、纸币等客体上的指纹显现。根据颜料粉末的颜色，磁性粉有黑、红、蓝、白等多种颜色，可根据具体客体的颜色而选配。

（5）荧光粉末。荧光粉末是一种在紫外线照射下能发出不同荧光效果的粉末，主要适用于显现各种彩色客体上的潜在指纹。常使用的荧光粉有罗丹明B、QZ－1指纹显现粉、荧光胺和美国的WOP荧光粉等。

粉末显现法所使用的刷粉工具通常是一种用马毛、骆驼毛或玻璃纤维制成的毛刷。磁性粉末专门配有磁性刷，是以一根磁棒为主体的刷粉工具。磁棒吸起磁性粉末，状如刷子，在进行指纹刷显时既不会损坏纹线，也不会使粉末飞扬，是实践中较为常用的刷显方式。此外，对于纸张、证券以及软塑料等客体上的指纹显现还可以采用抖粉显现法。对于垂直或倾斜客体上遗留的指纹，不适宜采用刷显法时亦可以采用喷粉毛刷法进行显现。

在使用粉末刷显法时，还应注意以下几点：

（1）选用的粉末颜色应该与客体颜色形成对比；

（2）显现前应注意客体表面情况，如有微量痕迹，应防止将其污染；如潮湿或有油，则应先行处置后再用粉末显现，否则不能使用粉末显现法显现；

（3）显现所使用的粉末、毛刷必须干净、干燥；

（4）进行显现操作时，粉末的覆盖要均匀。应顺着指纹纹线的流向小心轻刷，避免与纹线垂直接触。

2. 碘熏法。碘熏法是利用碘在常温下易升华的性质，通过碘的气态分子与指纹纹线的附着作用，使指纹被染成棕色而显现。碘熏法主要适用于各种普通浅色纸张、白墙、蜡纸、塑料、本色木、竹器、复写纸、人体皮肤等非金属客体表面的新鲜或陈旧指纹的显现。在操作的过程中，可根据实际情况采取自然熏染、加热熏染或喷碘熏染的方法。但由于碘能自然升华，因此显现的指纹应立即固定，防止其因碘升华而消失。常用于固定碘熏显现的指纹的方法有拍照固定法、淀粉固定法和氯化钯溶液固定法等。

3. 真空金属镀膜显现法。真空金属镀膜显现指纹是利用真空涂层技术，使金属蒸发后沉淀在疑有指纹的客体表面，形成金属薄膜，由于反差而显现出潜在指纹，经真空镀膜法显现出的指纹纹线清晰，效果好。此法适用于显现塑料、皮革、胶片、玻璃、金属等非渗透性客体表面的指纹。还能重复处理经粉末显现后效果不理想的潜在指纹。

真空镀膜法显现指纹时要根据检材，选用不同的镀膜材料，常用的有金、锌、碳、铝、铜等。

4. 激光显现法。激光显现法是利用纹线中固有的荧光剂发出荧光，或激发经某种方式附着于指纹纹线上的荧光剂、磷光剂等发出荧光而显现指纹纹线的方法。一般可选用波长为514微米连续波激光器、激光目镜和激光照相机器材来完成潜在指纹的显现、固定和提取工作。此法适用于显现纸张、塑料、玻璃、不锈钢、木材、纺织品以及人体皮肤上的新鲜或陈旧指纹。

（二）化学显现法

化学显现法是利用各种试剂与潜在指纹中的有机物或无机物发生化学反应生成有色沉淀物，从而显现指纹的方法。常用的有以下几种：

1. 硝酸银显现法。硝酸银显现法的原理是利用硝酸银与潜在汗液指纹中的氯化钾、氯化钠发生离子反应，生成氯化银，氯化银在光的作用下容易分解出黑灰色银粒子沉淀而显出棕褐色指纹。该方法适用于显现各种浅色纸张、纸币、竹器、本色木、纺织品等客体上的汗液指纹。

硝酸银溶液的常用配方有两种：一种是硝酸银酒精溶液，硝酸银 1 克～3 克，乙醇 100 毫升；另一种是硝酸银水溶液，硝酸银 1 克～5 克，蒸馏水 100 毫升。

使用硝酸银溶液显现指纹时，一般用脱脂棉蘸少许溶液均匀地涂在有指纹的部位，待阴干后再光解、氧化，当观察到文件开始出现棕褐色时便立即避光、避氧，并及时拍照固定。

2. 茚三酮显现法。茚三酮又称宁西特林，可以促使汗液中的氨基酸氧化脱羧产生二氧化碳、氨、醛等，同时茚三酮被还原。还原的茚三酮及未参加反应的原型茚三酮与氨等缩合，生成蓝紫色化合物，显现出指纹纹线。茚三酮溶液显现法适用于各种纸张、证券、浅色棉纺织品及本色木等客体上的汗潜指纹。需要注意的是，茚三酮对鼻腔和呼吸道有刺激性，内服会引起中毒。

用于显现指纹的茚三酮溶液的常用配方有：茚三酮丙酮溶液，茚三酮 1 克～5 克，丙酮 100 毫升；茚三酮乙醇溶液，茚三酮 1 克～5 克，乙醇 100 毫升。

在使用茚三酮溶液对潜在指纹进行显现时可使用涂抹、浸泡或喷雾等操作方法进行，当需要消退还原时，根据需要可用盐酸甲醇溶液和过氧化氢溶液对茚三酮指纹进行消退处理。如需固定显现出的指纹，可用脱脂棉蘸少许硫酸铜饱和水溶液挤干后接触指纹部位进行固定，此法固定指纹的时间可达数年之久。

3. DFO 显现法。DFO 是检测氨基酸的一种新试剂，呈淡黄色，其灵敏度优于传统的氨基酸检测试剂茚三酮。它主要与汗液潜在指纹中的氨基酸发生反应，生成一种浅紫色化合物以显现指纹。在适当光源的激发照射下还能观察到很强的黄色荧光，可拍照提取固定。该法主要适用于具有渗透性客体上的新鲜和陈旧指纹的显现，如纸张、本色木、灰泥板以及涂有乳胶漆的表面和墙壁装饰材料等，也可以用来显示大多数客体表面上的血潜指纹。但需注意的是，DFO 溶液显现法必须在茚三酮溶液显现法之前使用。

DFO 溶液的配方为：DFO 0.4 克，甲醇 40 毫升，冰乙酸 20 毫升，三氯三氟乙烷 940 毫升。

在使用 DFO 溶液显现指纹的操作过程中，需先将被显客体浸泡半分钟，取出晾干。如需加快反应，还可将被显客体放进 80～100 摄氏度的恒温箱中 20～30 分钟，取出后在自然光下用肉眼即可观察到显出的浅紫色指纹。

4. "502" 胶显现法。"502" 胶是一种以 α－氰基丙烯酸乙酯为主体的强黏合剂，由于 α－氰基丙烯酸乙酯单体容易在水或氨基酸等引发下进行阴离子聚合，从而显现出乳白色的指纹纹线。如需加强与背景的反差，还可以通过粉末刷显、荧光染色等方法进行处理。

"502" 胶显现的操作方法主要有加热熏显、自然熏显和滤纸贴附法：

（1）加热熏显，是将待熏显的客体置于熏显箱，将 "502" 黏合剂滴入电热槽内，接通电源，密闭熏显箱即可。

（2）自然熏显，是在熏显罩的铝箔上滴入"502"，使其自然升华，直到显出指纹为止。

（3）滤纸贴附法，将"502"原液或稀释液均匀地涂于滤纸上，待其干至不粘手时贴附于被显部位上。

四、现场指纹的分析

（一）分析现场指纹是否为作案人所留

现场指纹有可能是犯罪人所留，也有可能是受害人、当事人、报案人、现场勘察人员或其他接触过现场的人所留。指纹的形成反映了行为人的行为动机、行为方式、行为过程等因素。因此，明确现场指纹是否为作案人所留是现场指纹分析的首要任务。

1. 研究现场指纹遗留的位置与作案行为的关系。作案人的行为在现场特定的环境下是由一种特殊的心理支配而完成的。指纹在承受客体上分布的位置、指尖方向、痕迹面积的大小和形态等特点就是对该特殊心理的反映。分析人员可以以此来分析客体上遗留指纹与作案行为的关系。

2. 研究现场指纹本身的情况与作案行为的关系。例如，形成现场指纹的物质为何，它与作案行为的关系；指纹遗留的时间与作案时间的关系等。

3. 通过交叉比对和查找指纹档案可以分析确定指纹是否为作案人所留，亦可为串并案件提供依据。

4. 通过排除事主和无关人员的指纹来分析判断作案人的指纹。

（二）分析现场指纹的手别、指别

1. 分析手别。通常情况下对现场遗留指纹手别的分析可以通过指尖的朝向及指纹纹线的倾斜方向和流向来加以判断，如在指尖朝上的情况下，箕形纹、囊形斗、螺形斗的纹线流向左手多朝左流，右手多朝右流；弧形纹纹线左手多向左倾斜，右手多向右倾斜；螺形纹纹线旋转方向左手多顺时针方向，右手多逆时针方向（图 2 - 12）。与此同时，还可以观察指尖朝上时各指尖的长度分布来确定手别（图 2 - 13）。

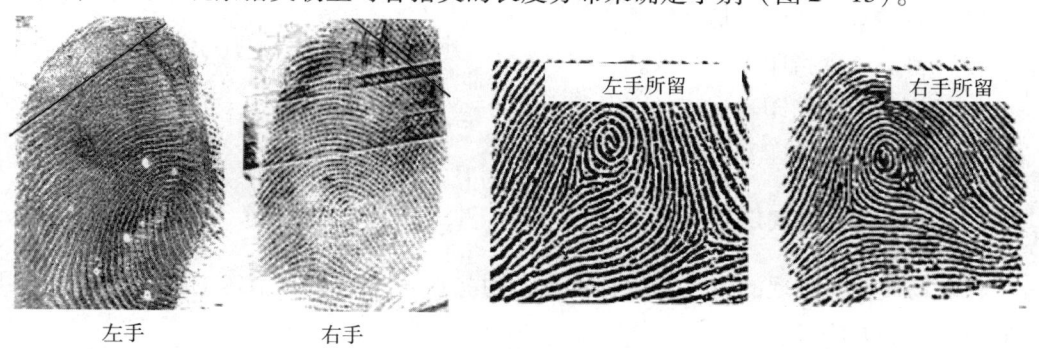

图 2 - 12　利用指尖纹线流向和螺形纹线旋转方向分析手别

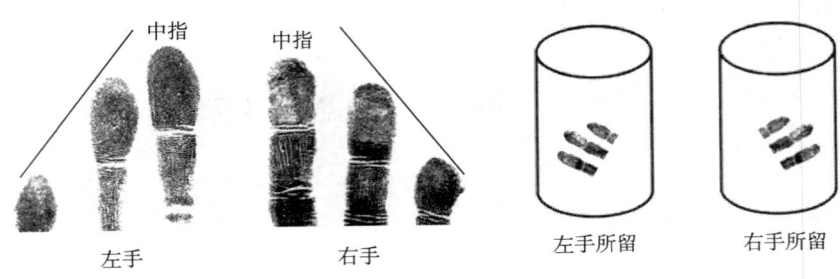

图2-13　根据各指尖长度分析手别

2. 分析指别。识别指纹为何指所留时，可以利用指纹的大小形状、取拿物时五指接触物体的规律，以及不同类型指纹在五指上的出现率来加以分析。例如，拇指遗留的痕迹面积最大，有明显的指肚，且斗型纹在拇指上出现的概率最大；食指常与拇指处于一种配合的状态，因此食指正面印痕朝向拇指那一侧的指尖部位总是缺失，印痕右上角缺失为左手食指所留、左上角缺失则为右手食指所留（图2-14）。

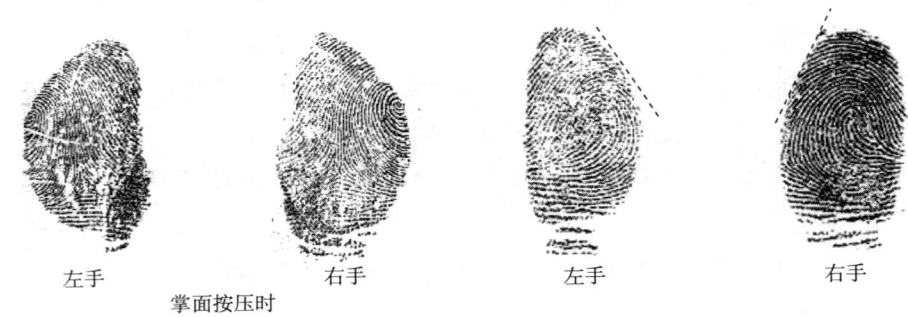

图2-14　拇指指肚、食指印痕的缺失形态

3. 分析作案人的人身特点。通过对现场指纹的形态特点进行分析，在某些情况下可以分析作案人的大致身高、体态等。如手印的各部位尺寸与人体身高之间存在一定的比例关系：

（1）身高＝手印全长×9.75。

（2）身高＝手掌印全长×17.8。

（3）身高＝食指印长×24.2。

（4）身高＝中指印长×21.1。

（5）身高＝手掌印宽×23.1。

五、现场指纹的固定与提取

将现场发现并显现的指纹加以提取，是对指纹进行检验和鉴定的前提条件。常用的固定、提取方法有：

（一）照相固定提取法

照相是固定、提取现场指纹的首选方法，可以有效地防止现场指纹的细微特征受损，保证鉴定顺利开展。在进行照相固定提取时，一般采用原物放大拍照技术，在保证指纹不变形的同时能清晰地呈现其纹线的结构特征。

（二）实物提取法

实物提取不仅可以客观、准确地反映出指纹的真实情况，也有利于长期保存原物证。因此，在条件允许的情况下，征得物主同意后，尽量提取原物。如是贵重物品，在提取时应办理相关手续，用后归还。

（三）透明胶带提取法

此法主要用于经粉末、烟熏显现出的指纹，使用的工具是指纹胶。在操作时要注意保持指纹胶的干净，避免粘贴时产生气泡，并且要选用干净的、反差明显的衬纸作为垫底背景。

（四）制模提取法

对立体指纹，可以采取制作模型的方法加以提取。

六、样本指纹的提取

提取样本指纹是对指纹进行鉴定的基础，样本指纹的质量直接关系到接下来分析、比对、存储和鉴定的准确性。因此，一方面要保证样本指纹来源的真实、可靠，另一方面则要求样本指纹尽量准确、清晰和完整。

样本指纹分为捺印样本、自然样本和实验样本三种。捺印样本，是指按一定的规格、要求，使用印泥在固定的指纹捺印卡片上按捺的指纹；自然样本，是指在日常生活与工作中，接触物体时无意识遗留下的指纹；实验样本，是指为了正确分析、判断遗留指纹的动作及验证检验中发现的某种差异，而模拟现场的原始条件，按照一定的动作、程序触摸物体而获得的指纹样本。

样本指纹的提取方式主要有两种：公开提取和秘密提取。侦查活动中，针对重点嫌疑人，采取秘密提取指纹的方式较多；而鉴定实践中，大多数的指纹样本是通过捺印公开取得。对于秘密取得的指纹样本，经鉴定确认后，一定要公开提取指纹样本。

（一）捺印样本的提取

捺印样本的提取方法因活体和尸体的条件不同而有所不同。活体手指较柔，有弹性，且当事人可以配合捺印人员完成捺印工作；而尸体的手指则会因为尸僵变得僵硬，或因为腐烂而使指纹变得模糊。因此针对活体和尸体的特点，对其指纹的提取应采用不同的捺印方法。

1. 活体指纹样本的捺取。活体指纹样本捺印的对象有两种：一是经逮捕、拘留、拘传的人员和正在服刑及受到治安处罚的人员，为了存档备查而捺取样本指纹；二是为了甄别事主或在现场对相关物体有过接触的人员与作案人而捺取的样本指纹。前者可依法捺取，后者应征得本人同意后公开捺取。

捺印的方式一般有三种：三面捺印、平面捺印和局部捺印。

（1）三面捺印。三面捺印指通过滚动手指180度的方法将指头的正面、左面和右面三个面的纹线完整印出的捺印方式。捺印时应按照拇、食、中、环、小的顺序进行，上端印到靠近指尖部位、下端印到手指第一屈肌褶纹，左右要印到手指两侧的边缘，并且用力要均匀，避免手指在滚动过程中停顿、挪动、重复和倒退的现象出现，以保证捺印出的纹线清晰、完整、不变形。

（2）平面捺印。平面捺印是指捺取手指正面纹线的捺印方式。捺印时要求将食、中、环、小指并拢，再将拇指补印在食指旁边。平面捺印比较简单，但切忌用力过大，以免造成捺印效果模糊。

（3）局部捺印。局部捺印是在侦查中按现场指纹的遗留条件和检验、鉴定的需要而专门捺取特定部分纹线的捺印方式。局部捺印时一定要按照现场指纹遗留的情况进行。

2. 尸体指纹样本的捺取。

（1）早期尸体指纹的捺取。早期尸体呈僵直状态，指关节僵直或勾缩且指肚皱缩、干瘪，因此在捺印时应先用酒精擦洗手指、温水浸泡或皮下注射填充液等方法，以缓解僵硬的现象，再滚沾油墨进行捺印。

对于表皮脱落的尸体，特别是表皮呈"手套式"脱落时，在捺印前可先用酒精分别脱水处理数次，待皮肤水分正常后捺印，或对"手套"填充胶泥或将其戴在捺印人手上进行捺印。此法用于水泡尸体居多。

（2）晚期尸体指纹的捺取。晚期尸体可能存在腐烂现象，但对于真皮乳突层保留完好的尸体，可采用一定方法除去腐烂的表皮，如机油或猪油加热法。此法是我国指纹工作者经过反复试验收效最好的方法。待机油或猪油加热到120~130摄氏度时，把浸过冷猪油（机油）的真皮指头放入油中2~3分钟（油保持恒温），取出后用乙醚洗掉指头上的油脂，再放入清水中除去乙醚，使真皮乳头层突起。再将滑石粉均匀撒在指头上，用毛刷刷去多余粉末，纹线即被显出，此时再用照相法固定提取。

（二）自然样本的提取

在实践中，自然样本的提取方式主要为密取，分为计划性密取和搜查性密取两种。

1. 计划性密取。在进行计划性密取之前，要事先研究现场指纹遗留的情况和部位，以明确密取的目标和要求，还要充分了解密取对象的经历、职业和习惯，平常活动中经常接触的物品，以提供恰当的方法和密取条件。除此之外，在不惊动嫌疑人的前提下，选择适当的场地和方式，既能方便取得样本，又能符合样本完整、清晰、不变形的要求。

2. 搜查性密取。搜查性密取是在分析现场指纹的基础上，通过对嫌疑人工作、学习和生活的场所进行秘密搜查，以获得指纹。在搜查密取时应注意需找质量高的样本指纹。

（三）实验样本的提取

实验样本是为了解释指纹比对中的差异点而有意模仿接触行为而提取的样本。在提取实验样本的过程中要注意分析指纹的留痕部位，当分析结果不唯一时，要对其形态进行比较，应随实验样本制作的同时进行分析和形态比较，以便制作出合乎鉴定要求的指纹样本。另一方面还要分析承痕体的形状和光滑程度，在仅仅是指纹变形的情况下，应尽量使用光滑的浅色客体或表面铺垫纸卡，使用将手上涂染油墨的方法进行。而对于丢失或增多纹线特征的指纹，应尽量选用同样光滑程度的浅色客体，手上涂染油墨进行实验，必要时也可采用手上不沾油墨的同样客体进行实验。

七、指纹登记与指纹档案自动化识别

（一）指纹登记

指纹登记是根据乳突花纹的类型和纹线特征进行的一种主要的刑事登记，是识别个人登记的主要方法，在刑事侦查工作中具有重要的作用，主要包括十指指纹登记、单指指纹登记和掌纹登记。在我国，指纹登记所涉及的人是有范围限制的，主要包括以下几种：查获的现行犯罪行为嫌疑人；被依法拘留、逮捕、判刑的刑事犯罪人；按照刑事诉讼法规定的被拘传、取保候审或被监视居住的犯罪嫌疑人；无名尸体等。

1. 十指指纹登记。十指指纹登记是将被登记人的十个手指的指纹，按照一定的要求和顺序捺印在特制的指纹卡上，再予以分类编码、登记存档的方式。目的在于全面存储被登记人的指纹，以便在侦查、审判中更好地识别人身，为鉴定提供比对样本。

十指指纹登记的主要内容是对十指指纹的初步分析和二步分析。将初步分析和二步分析的数值写在十指指纹卡片右上方规定的位置上，便构成了十指指纹分析数值，然后按照从小到大的顺序排列归档即构成十指指纹档案。

（1）初步分析。初步分析是按照十指指纹分析法的要求，将出现在不同指位上的不同花纹类型分别给予不同的数值。具体规定数值为：弓型纹和箕型纹不管出现在哪个手指，其数值均为0；斗型纹按其指位的不同规定了不同的数值：拇指为16，食指为8，中指为4，环指为2，小指为1。然后将左右五指的数值之和再加1分别代表分母和分子，形成一种分数式的代号，即初步分析的数值（表2-1）。

（2）二步分析。二步分析是在初步分析的基础上根据指纹纹型和纹线规定每枚指纹的数值。每一枚指纹都有其特定的数值，左手各值的分析值按照拇、食、中、环、小的顺序排列在分母位置，右手则按此顺序排列在分子位置。各手指数值规定如下：弓型纹为0。反箕为1。正箕从中心点至外角点之间计算线数，6条以下的规定为2，7条至10条的规定为3，11条至14条的规定为4，15条以上的规定为5。斗型纹一律从左三角点向右三角点三角方向追迹，追迹线在右三角上方通过的，做右三角外角的角平分线，计算该角平分线自右外角点至追迹线间纹线数，8条以上者为6，7条以下者为7；追迹线在右三角下方通过的，做自右三角外角点向下方的垂线，计算该垂线自右外角点至垂线与追迹线交点间通过的纹线数目，3条以下的为8，4条以上者为9。除此，如遇残缺、留有伤疤或模糊不清的指纹则以 X 为代号（表2-2）。

表2-1　初步分析纹型指别计算表

纹型＼数值代号＼指别	左拇指右	左食指右	左中指右	左环指右	左小指右
弓箕型	0	0	0	0	0
斗型	16	8	4	2	1

表2-2　二步分析纹型代号表

纹型	弓型	反箕	正箕				斗型				模糊伤疤
纹线数			6条以下	7至10条	11至14条	15条以上	上8以上	上0至下7条	中0至下3	下4条以上	
代号	0	1	2	3	4	5	6	7	8	9	X

2. 单指指纹登记。单指指纹登记是指将被登记人的每个手指的指纹分别捺印在单指纹卡上，再分别予以分类编码登记存档的方式（图2-15）。其目的是及时查对现场指印，为侦查提供线索和证据，同时也为查明无名尸体、在押犯罪嫌疑人的真实身份和犯罪前科提供帮助。较之于十指指纹登记，单指指纹登记的针对性更强，目的也更明确。但随着现代化指纹自动识别系统的推广与普及，单指指纹登记已逐渐被淘汰。

单 指 卡 片

左·右

卡片号码 ＿＿＿＿＿＿
分析 ＿＿＿ ＿＿
公式 ＿＿＿
＿＿＿ ＿＿＿

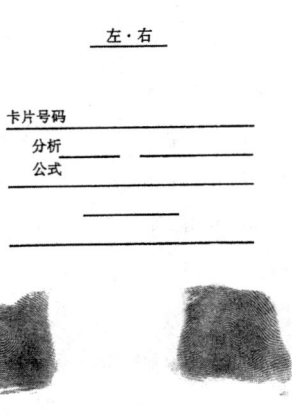

图2-15　单指指纹登记卡

（二）指纹档案的自动化识别

1. 指纹档案的作用。指纹档案的作用是通过做好指纹档案的收集、整理、统计、保管、检索等具体工作来实现的。作用主要表现在以下几点：

（1）为揭露、证实犯罪提供依据。

（2）为查明身份提供依据。

（3）为串并案件提供依据。

（4）为进行科学研究提供条件。

2. 指纹档案的自动化识别。随着计算机技术的蓬勃发展，从20世纪60年代开始，一些发达国家就已经着手研究如何在指纹登记中利用电子计算机技术建立指纹自动化识别系统的问题。指纹自动化识别系统，也称为AFIS系统，其目的是将指纹的纹形分类、特征提取、图像存储以及检索、图像对比、细节特征的匹配等工作都由计算机自动完成。该系统主要由硬件和软件两大部分组成：硬件包括服务器、比对器、工作站、磁盘阵列以及其他设备；软件主要包括操作系统软件和指纹应用软件。北京大学的Delta-s系统是我国自动化程度较高的一套AFIS系统，其主要特点是自动定位率高。

指纹自动识别的步骤方法如下：

（1）计算机对输入的指纹图像进行处理，以实现指纹的分类定位、提取形态和细节特征。

（2）细节匹配、图像检索，以实现特征的比对和识别。

（3）输出匹配结果以供鉴定人进行是否同一的认定。

八、指纹鉴定

指纹鉴定属于同一认定鉴定的范畴，其主要任务是通过将现场提取的指纹检材和样本指纹进行分别检验、比较检验和综合评断后最终做出的关于现场指纹是否为嫌疑人所留的结论。

指纹鉴定的程序：

1. 分别检验。分别检验是指纹鉴定的第一步，主要任务是对现场检材指纹和样本指纹分别进行检验，以确定各自的特征。分别检验的顺序一般是先检验研究检材指纹，再检验研究样本指纹；先检验研究指纹的形成情况，再检验研究指纹纹线的一般特征，判断指纹是否重叠变形，确定指纹的手位、指位及花纹形态，再深入检验指纹纹线的细节特征。值得注意的是，在检验指纹纹线细节特征时要注意正确区分现场指纹的乳突线是黑线还是白线，一般可根据汗孔分布或褶皱纹分布来进行分析。

2. 比较检验。比较检验是在分别检验的基础上，以分析、比较检材指纹与样本指纹的一般特征和细节特征的符合点和差异点为目的的一种检验阶段。当在分别检验中已经判断出指纹类型不同，则无须再对指纹作进一步的检验而直接得出否定同一的结论；但当在检材与样本的指纹类型相同的情况下，则需要对检材指纹与样本指纹的细节特征作进一步的比较检验。

比较检验的方法主要有：特征比照法、特征点连线构图法和特征重叠法。

（1）特征比照法。特征比照法是指纹鉴定中最常用的一种方法，是将检材指纹和样本指纹每个相对应的特征点直接进行比对的方法。在比对时，应将检材指纹照片与样本指纹照片处于同倍大小，然后在检材指纹和样本指纹相同部位选出一二个明显可靠、位置确切的特征作为定点，逐渐向四周扩散，对特征的形态、大小、角度、特征点之间的关系等一一观察比较，对符合点和差异点分别进行标注，常用红色标注符合点，蓝色标注差异点，并按顺时针方向进行编号。在作线时要注意各标线呈放射状分布，线条不得掩盖特征，要保持画面清晰、整洁（图2-16）。

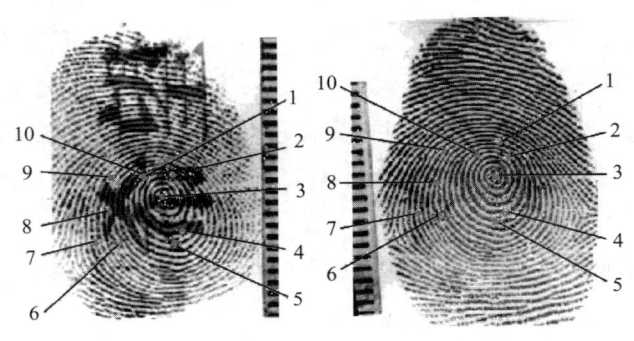

图2-16 利用特征比照法对检材指纹和样本指纹进行比较检验

（2）特征连线比对法。特征连线比对法是指在同倍大的检材指纹和样本指纹的照片中，在相同部位以一定方式将确切、清晰的特征点用直线连接成一定的图形，在对照各特征的基础上，比对两个图形的轮廓、面积、边长、角度等，以判断两者是否同一的方法。需要注意的是，这种方法主要适用于纹线特征少且清晰的指纹检验，该法不适用变形的指纹检验。

（3）特征重叠法。特征重叠法是一种相对客观的比较方法，是指将检材指纹与样本指纹重叠起来比较特征异同的方法。该法对于变形极小、纹线清晰的指纹效果较好，对于变形较大、纹线模糊的指纹效果较差。

3. 综合判断。综合判断是指将比较检验中的符合点和差异点进行全面、细致的分析，判断符合点和差异点是否是本质的检验过程。如果符合点是本质的，且差异点可以得到合理解释，那么可以得出同一认定的结论；但如果差异点是本质的，符合点纯属偶然，即可得出否定同一认定的结论。

4. 制作指纹鉴定书。指纹鉴定书是记录指纹检验全过程和结论并被编入案件卷宗的司法文书，具有规范的制作格式。通常由文字部分和图片部分组成：文字部分包括标题、制作日期、编号、绪言、检验过程、论证过程、结论和落款；图片部分包括现场指纹的位置图片、现场指纹全貌照片和检材与样本的特征比对照。最后必须由鉴定人签名，并加盖鉴定机构公章。

 实训项目

【实训项目一】捺取指纹样本

一、实训目的与要求

1. 了解捺取指纹样本的种类、明确捺取指纹的要求。

2. 掌握捺取指纹样本的操作方法。

二、操作原理

捺取指纹是以油墨为介质，将油墨均匀涂于指纹表面，在一定的动作条件下，将指纹形象地反映在捺印卡片上，从而获得指纹样本。

三、实训内容

完成三面捺印、平面捺印和局部捺印。

四、实训器材

1. 捺印台和专用指纹捺印盒。

2. 捺印卡，包括十指指纹捺印卡、单指指纹捺印卡。

3. 清洗用品，包括肥皂、洗涤剂、餐巾纸、毛巾等。

五、实训步骤与方式

两人一组，每人依次担任捺印人和被捺印人身份，相互捺取对方的指纹样本。

1. 捺印准备。

（1）清洗被捺印人的手掌面，使皮肤纹线清晰。

（2）按捺印卡的格式填写捺印卡上相关的基本信息

（3）将捺印卡平铺在捺印桌上，并保持平整。

（4）打开指纹捺印盒，直接捺印。

2. 三面捺印。

（1）使被捺印人面向捺印台自然站立，捺印人站在被捺印人的左前侧。

（2）捺印人用右手握住被捺印人的右手背，右手拇指、食指捏住被捺印人欲捺印的右手拇指第二关节的左右两侧，左手拇指和食指捏住被捺印人右手拇指指尖，控制住整个手背和手指。

（3）将被捺印人右手拇指在捺印盒上从一侧到另一侧用滚动的方式粘取油墨。

（4）将被捺印人粘取油墨的右手拇指从一侧指甲边缘处开始，在捺印卡上滚动180°进行捺印。

（5）其他各指的捺印采用同样的方法，先右手、后左手，按拇、食、中、环、小的顺序依次进行捺印。

3. 平面捺印。

（1）让被捺印人面向捺印台自然站立，捺印人站在被捺印人的左前侧。

（2）捺印人的右手握住被捺印人的右手手背，左手捏住被捺印人右手的食、中、环、小四指的指尖。

（3）以食、中、环、小四指指尖至第三屈肌褶纹的部位在捺印盒上垂直接触以粘取油墨。

（4）将右手粘墨的四指移至指纹卡片的指定位置上进行捺印。

（5）捺印人两手分别捏住被捺印人右手拇指的指尖和指根两侧，在捺印盒垂直粘取油墨，在捺印卡食指一侧进行拇指捺印。

（6）以同样方法进行左手五指的平面捺印。

4. 局部捺印。

（1）让被捺印人面向捺印台自然站立，捺印人站在被捺印人的左前侧。

（2）捺印人的手分别握住被捺印人的右手或左手指尖的某个特点部位。

（3）将被捺印人的手欲捺印的部位接触捺印盒，均匀粘墨。

（4）将粘墨的手的特定部位在指纹卡上的特定位置进行捺印。

六、注意事项

1. 捺印时油墨要均匀、适度，在滚动粘墨过程中不要停顿、挪动、倒退、重复。

2. 被捺印人两手放松，由捺印人操作，滚动捺印时保持平稳连续、用力均匀、一次完成。

3. 捺印所用的油墨要新鲜，捺印工具要洁净，同一手指重复捺印时应先将残留油墨擦干净。

4. 三面捺印的范围，包括各指头的正面和两个侧面，要求上至指尖、下至第一屈肌褶纹、两侧至指甲边。

5. 捺印卡片一定要干净整洁，保证捺印质量。

6. 遇到多指、缺指等特殊情况时要注明。

七、实训作业

完成指纹捺印卡的捺印项目并上交。

八、拓展思考

1. 如何在捺印时使指纹纹线更加清晰？

2. 总结捺印过程中的经验、教训和体会。

【实训项目二】粉末法显现潜在汗液指纹

一、实训目的

了解粉末法显现物色潜汗液指纹的基本原理，明确粉末法适用的显现范围，掌握显现、提取潜汗液指纹的方法。

二、操作原理

1. 粉末法显现潜汗液指纹是利用粉末与无色汗液指纹之间的亲和力，将粉末附着在无色汗液指纹上，因亲和力的作用使得无色汗液指纹粘附粉末，从而显现出有色指纹。

2. 粉末显现法适用于显现玻璃、瓷器、油漆物、竹器、纸张等光滑物体表面上的新鲜汗液指纹。

三、实训内容

1. 普通粉末显现潜在指纹。

2. 磁性粉末显现潜在指纹。

四、实训器材

1. 普通粉末显现使用器材。

（1）粉末器材：铝粉、青铜粉、石墨粉等。

（2）实训器具：毛刷、喷粉器、衬纸、白纸、剪刀、指纹专用提取胶、油脂等。

（3）承受客体：玻璃、瓷器、各种油漆物品、竹器、纸张等。

2. 磁性粉末显现使用器材。

（1）粉末材料：磁性粉。

（2）实训器具：磁性笔、剪刀、衬纸、指纹专用提取胶、油脂等。

（3）承受客体：本色木、皮革、陶瓷器、硬质塑料、各种纸张等。

五、实训步骤与方式

二人一组，在指导老师指导下于实训室完成。

（一）普通粉末显现法

1. 选用适用的粉末和客体。

（1）铝粉，俗称"银粉"，附着力强，适用于显现光滑物体表面较新鲜的指纹。

（2）青铜粉，俗称"金粉"，附着力强，适用于显现光滑物体表面较新鲜的指纹。

（3）石墨粉，质地较轻，附着力适中，宜采用抖显法刷显光滑物面和光滑纸张上新鲜的汗液指纹。

实训所选客体为：玻璃、搪瓷、陶瓷、油漆木、塑料制品、光滑纸张等。

2. 普通粉末显现法的操作。

（1）制作指纹样本：分别在玻璃、瓷器、纸张、油漆木等不同客体上制作潜汗液指纹样本。如汗液分泌不够，可适当在手指上涂抹油脂，以加强粉末的附着力。

（2）运用粘粉刷显法显现：用毛刷尖部粘取少许粉末直接在疑有指纹的物体表面轻刷，当指纹纹线出现后再顺着纹线的流向刷显直至指纹全部显出，然后清除指纹周围的多余粉末。

（3）运用撒粉抖显法显现：将少量粉末直接撒在纸张、薄膜等疑有潜在指纹的轻小物体表面上，然后手持物体两端上下左右来回抖动，让粉末滑过疑有指纹的物面上，指纹即可显出。显出指纹后将多余粉末弹掉或回收瓶中。注意抖动法显现指纹后不可再用毛刷去刷显。

（4）普通粉末显现指纹后的提取方法。

照相固定：按痕迹物证的拍照要求对显现出的指纹进行拍照。

原物提取：对于体积较小、方便提取的客体，在客观条件允许的情况下，取得有关方面同意后，可以直接将客体原物提取，用后归还。

指纹胶粘取：从指纹胶上匀速揭开适当长度的透明胶纸，胶面对着粉末指纹，先将一端固定，然后从背面用拇指向前推压胶带纸背面，再用手指面用力推压数次即可。注意在推压过程中防止打折、起泡；然后反向匀速揭下胶纸，指纹即转印到指纹胶上；最后再将胶带纸粘贴在与指纹反差较大的衬纸上，并连同衬纸一起剪贴于作业纸上。

（二）磁性粉末显现潜在指纹

1. 选用磁性粉末和客体。黑色磁性粉末和彩色磁性荧光粉末，适用于显现塑料、皮革、瓷器、各色纸张、本色木、石灰墙等客体表面的汗液指纹。

2. 磁性粉末显现的操作。

（1）将磁性笔刷头置于所选择的磁性粉中，刷头由于磁力作用吸住磁性粉，形成扫帚状磁力线粉穗。

（2）用粉穗在疑有指纹的客体表面上轻轻扫动至指纹显出。

（3）将多余的粉末回收粉瓶中，轻轻弹击被显客体上的少许遗留粉末，使纹线清晰可见。

3. 磁性粉末显现提取的方法与普通粉末提取的方法相同。

六、注意事项

1. 选用的粉末必须干燥细腻、色差大。

2. 选用的毛刷必须干燥柔软、松散舒展。

3. 显现物面必须干燥平滑、无油污。

4. 撒粉和粘粉要适当，不宜过多。

5. 用磁性粉刷显时，要防止磁性刷与物面接触，以防损坏纹线。

6. 磁性粉刷显不适宜在不锈钢、搪瓷等含有铁的客体上进行，以防影响刷显效果。

7. 处于低温环境下的物体，粉末极易因冷热相遇而受潮，应将该类物体暖化干燥后，再用粉末进行刷显。

8. 用指纹胶提取指纹时一定要匀速，不能停顿，以防留下停顿线影响指纹质量。

七、实训作业

选用铝粉、青铜粉、磁性粉，分别在不同客体上用不同方法显现出指纹，固定提取后剪贴在实训表格中上交。

八、拓展思考

1. 比较几种粉末显现法的优缺点。

2. 明确各粉末的显现范围。

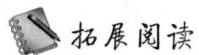拓展阅读

不同遗留客体表面、不同物质手印的显现方法适用分类[1]

手印物质	承受客体表面属性	显现方法类别
汗液	非渗透性客体	光学检验法、粉末显现法、碘熏显现法、烟熏显现法、502熏染法、真空镀膜显现法、小颗粒悬浮液显现法、湿粉显现法、JX－2荧光血、汗手印联显法
	渗透性客体	光学检验法、真空镀膜显现法、茚三酮显现法、DFO显现法、茚二酮显现法、硝酸银显现法、物理显影液显现法、JX－2纸张手印显现法
	半渗透性客体	碘熏显现法、502熏显法、小颗汗手印联现法粒悬浮液显现法、湿粉显现法、JX－2荧光血
	胶带黏面	光学检验法、502熏显法、碳素墨水法、龙胆紫法、黏性表面粉末法、小颗粒悬浮液显现法、湿粉显现法、JX－2胶带黏面手印显现法
血液	非渗透性及半渗透性客体	光学检验法、真空镀膜显现法、考马斯亮蓝显现法、氨基黑10B显现法、固绿FCF显现法、水溶染色剂显现法、JX系列血手印显现法、JX－2荧光血、汗手印联显法、JX－2荧光微晶小颗粒析出显现法
	渗透性客体	真空镀膜显现法、四甲基联苯胺法、高灵敏显现法、茚三酮显现法、DFO显现法、茚二酮显现法、JX系列血手印显现法
灰尘	非渗透性及半渗透性客体	光学检验法、真空镀膜显现法、静电提取法、黏面粘取法、转印染色法、502熏显染色法、硫氰酸显现法、溴酚蓝显现法、JX－2灰尘手印显现法
	渗透性客体	转印染色法、真空镀膜显现法
油	非渗透性及半渗透性客体	光学检验法、荧光试剂气、雾化显现法、澳711沙若染色法、粉末显现法、熏染显现法、真空镀膜显现法、小颗粒悬浮液显现法、湿粉显现法、JX－2涉油手印显现法
	渗透性客体	光学检验法、DFO显现法、茚三酮显现法
蛋白类	非渗透性及半渗透性客体	氨基黑10B显现法、水溶染色剂显现法、考马斯亮蓝显现法、固绿FCF显现法、丽春红显现法、JX－2荧光血、汗手印联现法
	渗透性客体	茚三酮显现法、DFO显现法、茚二酮显现法

【参考文献】

7. 徐立根主编：《物证技术学》，中国人民大学出版社2011年版

2. 傅政华主编：《物证技术学》，中国人民公安大学出版社2003年版。

3. 赵向欣主编：《中华指纹学》，群众出版社1997年版。

4. 张书杰、王立军主编：《痕迹检验与侦查破案》，警官教育出版社1997年版。

5. 刘少聪主编：《手印学》，警官教育出版社1994年版。

6. 张晓梅：《现场手印显现技术规范》，中国人民公安大学出版社2012年版。

---

[1] 张晓梅：《现场手印显现技术规范》，中国人民公安大学出版社2012年版，第25页。

【单元练习】

1. 指纹的特性有哪些？分别在刑事案件和民事案件的分析中有何应用？
2. 乳突花纹的常见细节特征分别有哪些？
3. 简述指纹的分类及依据。
4. 如何寻找现场的指纹？
5. 指纹的显现方法有哪些？
6. 简述指纹鉴定的步骤。

学习任务三　掌握足迹及其鉴定方法

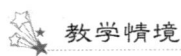 教学情境

2004 年 2 月 27 日清晨，山西省洪洞县公安局的 110 指挥中心接到了一个急促的报警电话。有群众报案，在洞河滩的一个小水塘里发现尸体。接到报警后，洪洞县公安局的民警迅速赶往现场进行勘察。公安人员在水中发现一具裸体女尸，经检验该女子是被强奸后抛尸现场。

从现场的勘察中，警方除了找到死者的一个头花，以及现场地面上的拖痕之外，其他一无所获。警方迅速展开了调查走访，证实死者是洪洞县郊区农民李某的女儿。洪洞县公安局迅速成立了"2·21"专案组。

由于死者被发现的地方不是案发第一现场，再加上抛尸在小洞里，现场也没有留下任何有用的线索。就在侦破工作陷入困境时，专案组民警在案发现场周围发现多处可疑足印，这一发现让案情有了转机。

为了从脚印中提取侦破线索，洪洞县公安局从山西省公安厅请来了足迹鉴定专家，对现场遗留下的可疑足迹进行综合分析。根据鞋印的大小、模子的长度、压力的分布以及足迹的纵性轨迹分析，足迹鉴定专家判断犯罪嫌疑人身高在 1.75 米到 1.82 米之间，年龄在 30 岁左右。有了足迹鉴定专家对犯罪嫌疑人体态的描绘，洪洞县公安局迅速调整了侦查方向，把专案组的民警分成三组，按照足迹专家刻画的犯罪嫌疑人体态，分片展开地毯式排查。

2004 年 7 月 16 日，案情终于有了重大突破。在多天的调查过程中，公安人员发现另一起强奸案的被害人姜某描述的嫌疑人作案手法与"2·21"案件极为相似：歹徒也是企图作案后勒颈将其杀害。民警迅速提取了被害人手机里嫌疑人的电话号码，通过技侦手段，找到了一名叫栗某华的可疑人员。通过被害人辨听指认，当时作案的就是栗某华。警方虽然确定了 2004 年 7 月 13 日栗某华对被害人姜某实施了强奸，甚至经过调查后还确定了栗某华在 2013 年 12 月也曾实施过强奸行为，但没有证据证明栗某华和"2·21"强奸杀人案有直接的关系，为了不放过任何线索，洪洞县警方再次请来了足

迹专家，对犯罪嫌疑人栗某华的脚印进行模拟实验，得出了惊人的结论。

根据足迹分布，以及足迹运动的中性轨线等，可以确认，虽然嫌疑人在三起案件中穿的不是同一双鞋，但是三起案件足迹的脚型结构、身体的体态特征、身高特征一致，并与栗某华的特征吻合，因此可以认定现场足迹就是嫌疑人栗某华所留。

在专家认定的基础上，专案组民警再次对栗某华进行了突审，7 月 29 日凌晨，犯罪嫌疑人栗某华终于交代了强奸并杀害李某女儿的犯罪过程。

在侦查实践中，利用足迹分析进行破案的例子很多，足迹同指纹一样，是现场最为常见的一类痕迹。希望通过本任务的学习，可以使同学们掌握足迹及其鉴定方法，为侦查破案提供依据。

工作任务

一、足迹的形成与分类

足迹，又称脚印、足印，是人的赤脚或穿鞋、穿袜的脚在客体物上站立、踏蹬或行走时形成的痕迹（图 2 - 17）。人的行走活动是一项复杂的生理活动过程，它是在大脑支配下，以骨骼为杠杆，以关节为枢纽，以肌肉收缩力为动力，通过两脚和地面的相互接触作用来完成的。每个人因各自的习惯不同，其迈步方向、高低、力的大小、行走的速度快慢等各有差异。因此在司法实践中，常常可以利用足迹的特点来进行人的同一认定和物的同一认定。

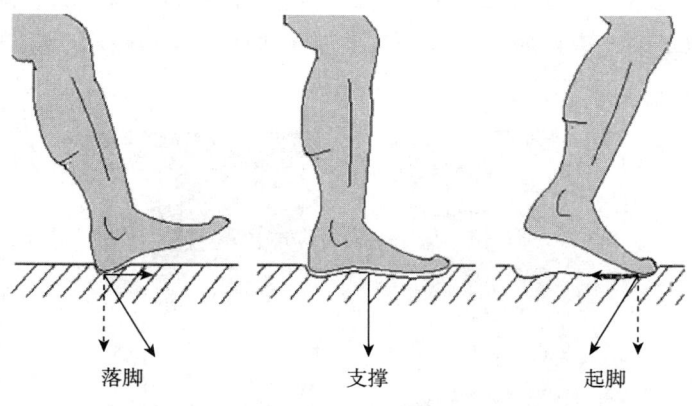

落脚　　　　　支撑　　　　　起脚

图 2 - 17　足迹的形成

足迹可以从不同角度进行分类：

（一）按造型客体不同可以分为赤脚足迹、穿鞋足迹和穿袜足迹

赤脚足迹可以反映脚掌外部结构的特点，包括脚掌皮肤的乳突花纹，据此可以进行人身同一认定。

穿鞋足迹，即鞋印，可以反映鞋底花纹形态结构、鞋的磨损特征以及脚型和行走运动特征，据此可以进行鞋的同一认定。

穿袜足迹一般可以反映出当事人的脚底轮廓，当穿着较薄的丝袜时还有可能呈现一部分的脚掌乳突纹线。

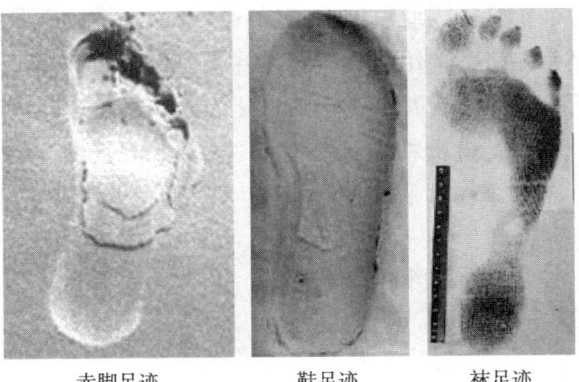

赤脚足迹　　　　鞋足迹　　　　袜足迹

图 2 - 18　赤脚足迹、穿鞋足迹和穿袜足迹

（二）按承受体表面发生的变化可分为立体足迹和平面足迹

立体足迹是指足迹造型体在承受体表面上形成的能够反映造型体表面凹凸结构形态的，具有明显立体感的足迹。立体足迹的清晰度主要取决于承受体的可塑性大小和颗粒结构。立体足迹一般比赤脚和鞋的实际大小略大。

平面足迹是指足迹造型体和承受体表面之间因物质转移所形成的只反映造型体表面凸起结构的，无明显立体感的足迹。这一类足迹是现场最常见的痕迹之一，平面的赤脚足迹还可以反映出清晰的乳突纹线。平面足迹的长度一般小于穿鞋足迹、穿袜足迹或赤脚长度。

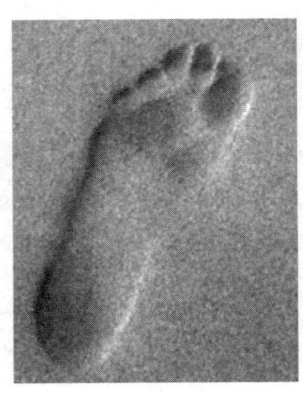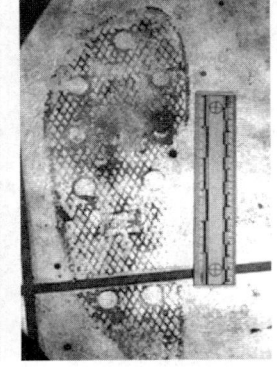

平面足迹　　　　　　　　　　　立体足迹

图 2 - 19　平面足迹与立体足迹

（三）按遗留足迹的数量可以分为单个足迹和成趟足迹

单个足迹在现场的出现率较高，它能够反映脚掌、鞋底或袜底的外表形态特征及步态特征。

　　成趟足迹是指能够直接、完整地反映双脚连续的搭配关系或双脚的周期性运动的4个以上连续足迹。成趟足迹不仅能反映赤脚或鞋袜的外部特征，还能反映遗留人的行走规律特点。

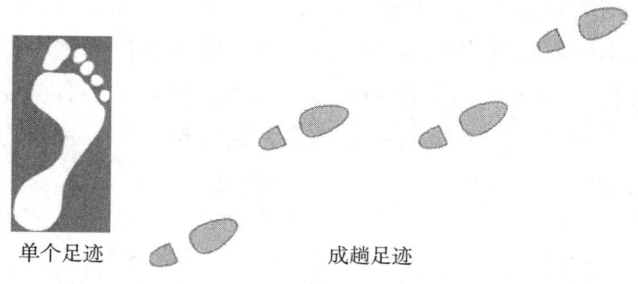

单个足迹　　　　　　　　　成趟足迹

图2-20　单个足迹和成趟足迹

二、足迹的特征

　　足迹的形成既是造型体和承痕体相互作用的结果，也受行走动作习惯的制约。因此，足迹反映的特征有两类：一类是反映造型客体接触部位表面形态结构的形态特征，另一类是反映行走人行走习惯的步法特征。

　　（一）足迹的形态特征

　　1. 赤脚足迹的形态特征。

　　（1）脚的结构及赤脚足迹各部位的名称。一个正常人的脚由26块足骨组成，由外部肌肉、皮肤等软组织包裹着。除趾骨外，足骨在总体上呈弓状结构，称为足弓。足弓分为外纵弓、内纵弓和横弓（图2-21）。这三个弓状结构形成了稳定的支撑，对于缓冲人体受力具有重要作用。足弓疲劳、先天不良或骨折损伤，都可能使得脚部外形发生不同程度的改变。

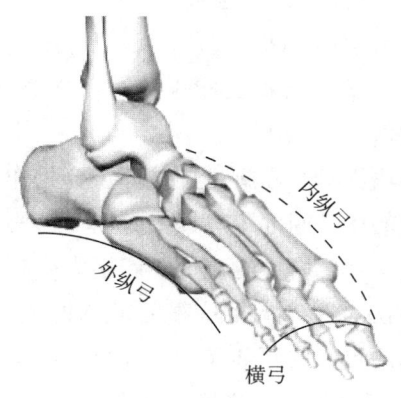

内纵弓

外纵弓

横弓

图2-21　足弓

由于形成足迹的主要部位是足底，为研究和描述的方便，一般将足底分为四个区域，分别是足趾区、足掌（跖）区、足弓区和足跟区（图2-22）。

（2）赤脚足迹的大小及测量。赤脚足迹的大小既包括足迹的全长和宽，还包括足迹各部位脚掌、脚弓和脚跟的长宽。这些测量值是足迹的重要种类特征的反映。

赤脚足迹全长的测量方法为：通过第二趾球的中心点和脚跟突出点作中心线，再在最长趾的前缘和脚跟后缘突出点各作一条与中心线垂直的切线，两切线之间的距离即为赤脚足迹的全长（图2-23）。脚的长度一般与人体身高、体重成正比，同时脚的长度与性别、地区、年龄、职业也有一定关系。通常情况下，成年男性脚长大于成年女性，农村大于城市，立体赤脚足迹大于平面赤脚足迹。

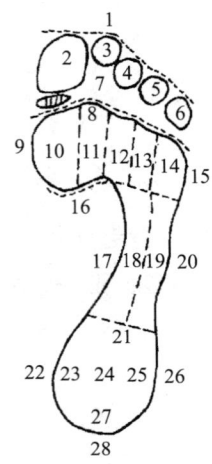

足趾区（1-7）足掌区（8-16）
足弓区（17-20）足跟区（21-28）

图2-22 赤脚掌面部位名称

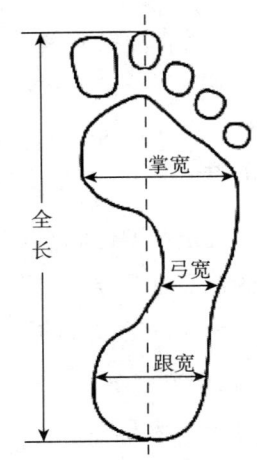

图2-23 赤脚足迹的测量

赤脚足迹掌宽的测量方法为：在脚掌最宽处作一条与足迹中心线垂直的线，这条线与脚掌的内、外缘相交的两点间的距离即为赤脚足迹掌宽（图2-23）。赤脚足迹根据掌宽分为瘦窄型（8.3厘米）、中等型（9.4厘米）、肥宽型（10厘米）和特宽型（11.2厘米）四种类型。赤脚足迹的掌宽与脚长成正比，脚全长一般为掌宽的2.5倍，为特宽型的2倍，为瘦窄型的3倍左右。

赤脚足迹弓宽的测量方法为：在赤脚足迹弓部最窄处作一条与中心线相垂直的线，这条线与脚弓内、外缘相交的两点间的距离即为赤脚足迹弓宽（图2-23）。根据脚弓印的宽窄可推断赤脚足迹遗留者的脚弓的高度，印窄则弓高，印宽则弓低。

赤脚足迹跟宽的测量方法：在赤脚足迹跟部最宽处做一条与中心线垂直的线，这条线与脚跟内、外缘相交的两点间的距离即为赤脚足迹跟宽（图2-23）。

（3）赤脚足迹各部位的形态特征。赤脚足迹各部位形态特征包括趾区、掌区、弓区和跟区的形态特征。

趾区形态特征：通常情况下拇趾痕迹最大，小趾痕迹最小。脚趾的形状分布各不相同，有倒三角、锥形体、椭圆形、角形、不规则形等。各趾的排列从总体上可分为放射、并拢、平直和重叠四种类型（图2-24）。

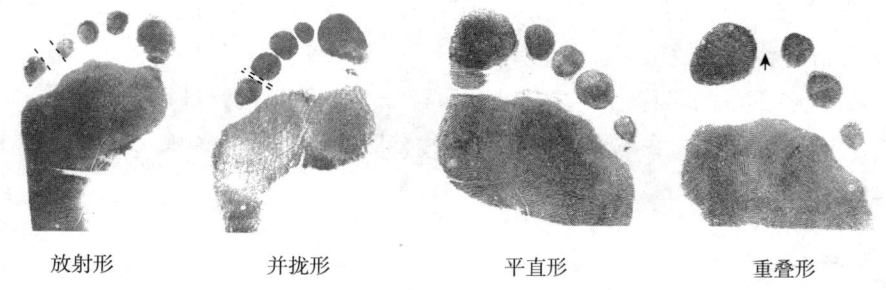

放射形　　　　　　并拢形　　　　　　平直形　　　　　　重叠形

图2-24　趾区形态特征

掌区形态特征：掌区形态特征主要通过脚掌的前缘、内缘、外缘和后缘形态反映出来，可用平直线、角形、弧形和波浪形进行描述，其具体的曲线形态是比较鉴定的重要依据。

弓区形态特征：弓区形态特征主要通过赤脚痕迹中脚弓内外两个边缘的形态特征所反映出来。在平面足迹中，高脚弓所反映的弓区较窄甚至会出现中断现象，而扁平足所反映的弓区则较宽。（图2-25）

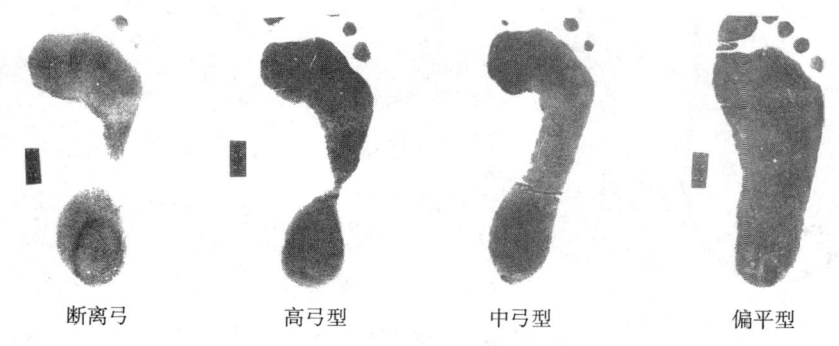

断离弓　　　　　　高弓型　　　　　　中弓型　　　　　　偏平型

图2-25　弓区形态特征

跟区形态特征：跟区的面积较小，其形态有圆形、椭圆形、圆锥性、方形和不规则形等。一般其形状与年龄相关，青壮年人的跟区比中老年人饱满。

（4）赤脚足迹乳突纹线的特征。赤脚的脚掌面与手掌面一样有规律地分布着各种乳突纹线，其纹线较手掌面的乳突花纹较粗，且组合成弓型、箕型、斗型和杂型的纹型，同样具有起点、终点、分歧、结合、小勾、小眼、小桥、小棒和小点等细节特征。对于现场足迹中反映出来的乳突纹线，只要有足够的细节特征，同样可以作为人身同一认定的依据。

（5）赤脚足迹的其他特征。赤脚足迹中除了脚的形态和乳突纹线特征外，有的足迹还能反映出伤疤、鸡眼、老茧及附着物等其他特征。伤疤的形成位置及形态与乳突花纹线的关系是很好的细节特征。鸡眼和老茧虽稳定性不高，但在实践中也具有重要的参考价值。赤脚足迹的附着物除了本身可作为微量物证的作用外，还可以分析其与赤脚的附着方式与形态。

2. 穿鞋足迹的形态特征。穿鞋足迹所反映的主要是鞋底的特征，在立体足迹中，也可能将鞋帮的特征反映出来。

（1）鞋底各部位的名称。为方便对鞋印特征所在部位进行准确描述，痕迹学上将鞋底划分为鞋底尖区、鞋底掌区、鞋底弓区和鞋底跟区，每一区域又划分成若干部位。（图2-26）

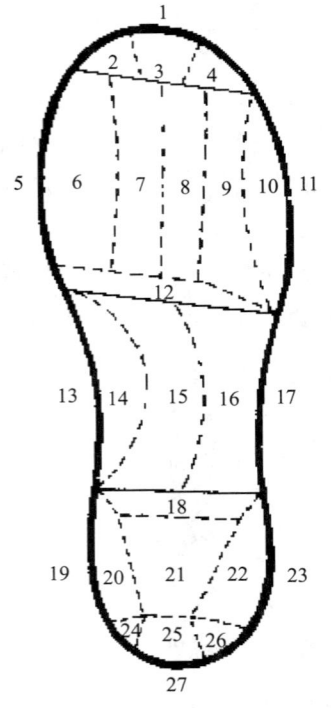

a.鞋底尖区：1.前缘　2.前掌偏内侧　3.正前侧　4.前掌偏外侧
b.鞋底掌区：5.内缘　6.第一拓趾区　7.第二拓趾区　8.第三拓趾区
　　　　　　9.第四拓趾区　10.第五拓趾区　11.外缘　12.前掌后侧
c.鞋底弓区：13.弓内缘　14.弓内侧　15.弓中区　16.弓外侧　17.弓外缘
d.鞋底跟区：18.跟前侧　19.跟内缘　20.跟内侧　21.弓外侧　22.跟外侧
　　　　　　23.跟外缘　24.后跟缘内侧　25.正后侧　26.后跟偏外侧
　　　　　　27.后缘

图2-26　鞋底各部位名称

（2）穿鞋足迹的全长及测量。准确测量穿鞋足迹各部位的大小是进行足迹鉴定和足迹分析的前提。将足迹前掌及后跟最宽处的中心点连线作为足迹中心线，再在鞋尖前缘和鞋跟后缘处各作一条与中心线垂直的切线，两切线之间的垂直距离就是穿鞋足迹的全长；以掌内缘最突出点做一条与足迹中心线垂直并延长交于掌外侧源的直线，其长度为掌宽；以弓部最窄处的内外缘间的距离为弓宽；以通过跟部的足迹中心线段的中心作垂直于该线的直线，并延长交于内外侧缘，其长度即为跟宽。

（3）鞋底的原料及加工工艺。鞋底用料较为广泛，一般有塑料、皮革、人造革、橡胶、布料、木材或动植物纤维等。因材料不同和鞋的种类不同，鞋底的加工工艺也有所不同，主要有模压和冲切两种工艺，制成的鞋底也会在外形上有各自的特征。

（4）鞋底结构特征及花纹特征。鞋底通常有带跟、带掌和平底之分，鞋跟按高度划分为无跟、平跟（3 厘米以下）、坡跟（3~4 厘米）、高跟（5~7 厘米）和特高跟（8 厘米以上）。为了增加鞋底的摩擦力以防滑，一般会在鞋底设计有花纹图案，如横条形、交织形、波浪形、火焰形（图 2－27）等。根据这些花纹可以对鞋进行编码、存档，形成鞋底花纹档案，为侦查提供线索。

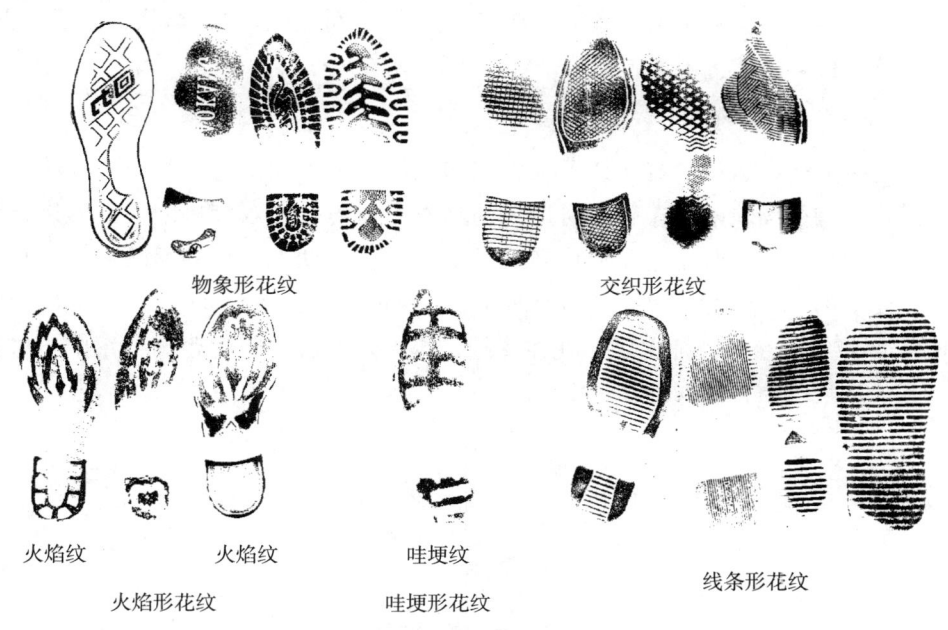

物象形花纹　　　　　　　　　交织形花纹

火焰纹　　　火焰纹　　　哇埂纹　　　　　　　线条形花纹

火焰形花纹　　　　哇埂形花纹

图 2－27　鞋底花纹特征

（5）鞋底的磨损和修理特征。鞋底在穿用的过程中由于摩擦、踩登等作用，往往会在一定部位形成磨损、孔洞、断裂和龟裂等特定性的细节特征（图 2－28）。这些细节特征不仅对鞋的认定具有重要意义，也可以反映出穿鞋人的行走特点。

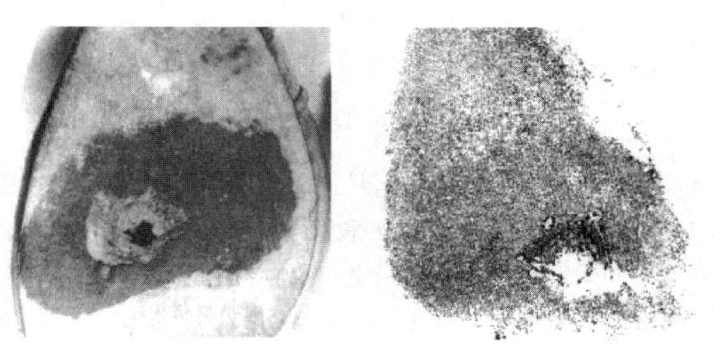

鞋底磨损孔洞　　　　　　　鞋底磨损孔洞痕迹

图 2－28　鞋底磨损特征

另外，鞋底在修补过程中也会形成具有特定性的细节特征，如补丁、钉钉、钉掌等，这些特征是由于人为操作形成的，在痕迹检验中的价值很高。

（6）其他特征。其他特征主要是指鞋底粘附的较为稳定的物质特征，如嵌入的图钉、铁屑、煤渣、石块、泥土；粘附的沥青、油漆所形成的特征等。

3. 穿袜足迹的形态特征。穿袜足迹在现场中较为少见，其一般特征主要有：袜底原料、编制方法、织线密度和粗细、花纹类型和袜底标记等。细节特征主要有：编制中的断线、跳线，接头的位置、数量及其相互关系；磨损、破洞的形状、位置；织补、补丁的形状、位置及工艺习惯特点等。

（二）足迹的步法特征

步法是指人行走运动的规律或习惯，它与人的身体解剖结构、生理机能状态有密切关系。步法特征反映了脚在触地时形成的动作习惯痕迹和双脚搭配关系痕迹，是人经过长期练习和反复实践而逐渐形成和巩固下来的行走动力定型的反映，是人身同一认定的重要依据。步法特征包括步幅特征和步态特征两个方面。

1. 步幅特征。步幅特征主要体现在成趟足迹中左右脚之间的距离关系中，包括步长、步宽、步角三项特征（图2－29）。

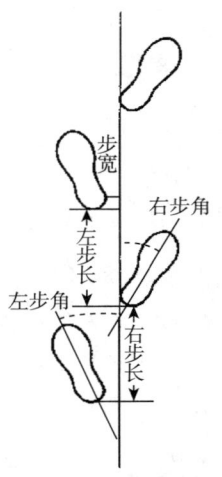

图2－29　步幅特征

步长是指相邻的两个左右脚前后两个足迹之间的垂直距离。根据其长短可分为长步（80厘米以上）、中步（70～80厘米）和短步（70厘米以下）。测量步长的方法是将成趟足迹中相邻的同侧足迹后跟内缘最突出点连线作为该侧足迹的步行线。以步行线方向为基准，再在左右两脚同一对应点（一般为脚跟后缘）各划一条与步行线相垂直的横切线，两切线之间的距离则为步长。左脚在前的为左步长，右脚在前则叫右步长（图2－29）。

步宽是指在成趟足迹中，足迹后跟内侧最突出点到对侧步行线的垂直距离。根据左右足迹与步行线的位置关系可以将步宽分为分离步、并跟步、搭跟步、直线步、交错步、搭尖步和并尖步（图 2 - 30）。分离步是指左右足迹的内缘最突出点之间有距离，且呈分离状态；并跟步是指左右足迹的跟内缘最突出点并拢在一条步行线上；搭跟步是指左右足迹的跟内侧重叠在同一条步行线上；直线步是指左右足迹的跟中心点位于同一条步行线上；交错步是指左右足迹的跟中心点相互交错，处于司一步行线的两侧；并尖步是指左右足迹的脚尖内缘最突出点同在一条步行线上，而后跟内缘最突出点分别处于同一步行线的两侧；搭尖步是指左右足迹的脚尖内侧重叠在同一条步行线上，而后跟中心点分别处于同一步行线的两侧。

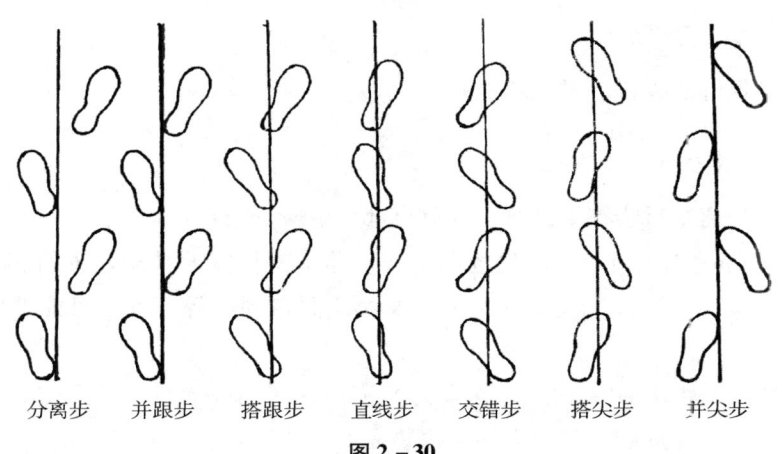

分离步　　并跟步　　搭跟步　　直线步　　交错步　　搭尖步　　并尖步

图 2 - 30

步角是指左右足迹各自的中心线与同侧步行线相交所构成的角度。步角可分为外展角、内收角、直行角和不对称角四种。外展角也称外八字脚，其脚尖朝外，左右足迹的中心线与步行线的夹角为 6 度以上；内收角俗称内八字脚，其脚尖朝内，左右足迹的中心线在步行线内侧；直行角，即指足迹中心线与步行线的夹角在 0 度到 5 度的角；不对称角是指左右步角相差 5 度以上，一般左右足迹中有一直行一外展、一直行一内收或一外展一内收。

由于步长、步宽、步角的搭配关系不同，构成了不同的步幅类型，而每一种步幅类型便形成了每一个人不同的步幅特点。但值得注意的是，在确定步幅类型之前，应尽可能多测几组数据，然后通过求平均值来找出稳定的步幅特征，以免因为地面条件、负重、心理压力大或伪装等因素造成误差。

2. 步态特征。步态，即人行走的姿态。而步态特征是指人在行走时反映出的步行姿势和各种习惯动作特点。人的行走是一种周期性的运动。每只脚在起脚、碾脚和落脚的过程中，因为作用力大小、方向和作用点不同，而形成了特定的和稳定的步态特征。

（1）起脚特征。起脚特征是指人在行走时，脚掌后蹬使脚离开地面，进而向前迈步留下的痕迹特征。起脚动作各有不同，有起脚高低、快慢和轻重之分。起脚阶段留下的主要痕迹是蹬痕、挖痕和抠痕，同时还常出现伴生痕迹，如起脚高时的抬痕，起脚低时的挑痕、扫痕和划痕等。对于这些痕迹要注意其形状、大小、位置、起缘和止点。

（2）碾脚特征。碾脚特征又称支撑特征，是指人在行走时脚跟与脚掌都着地以支撑体重时形成的痕迹特征。碾脚阶段留下的痕迹主要是压痕，同时也伴有坐痕、拧痕和迫痕等伴生痕迹。由于人的足部结构不同，其受力点也有所差异，因此压痕的部位、大小、轻重等也有所不同，而这些可以用来作为分析人的性别、年龄、体态等人身特点的重要依据。

（3）落脚特征。落脚特征是指人在行走时脚跟下落接触和踩踏地面留下的痕迹特征。这些痕迹主要为踏痕，还常伴有磕痕、擦痕、推痕和跄痕。这些痕迹能反映落脚部位、方向和轻重。

三、现场足迹的寻找、发现和提取

（一）寻找足迹的重点部位

足迹的寻找需要有步骤地进行，其重点部位一般分布在：

1. 犯罪现场的出入口。犯罪现场的出入口通常是作案人进出现场的必经之路，如门、窗、房屋周围、阳台、气窗、天窗以及挖的洞口周围等，都有可能遗留下作案人的足迹。

2. 犯罪中心现场。中心现场是作案人实施犯罪活动较为集中、逗留时间最长的地方，如凶杀案的尸体周围、盗窃案的失窃物品原存放地点、纵火案的起火点附近等。

3. 作案来去的路线。有时案件中心现场留下的足迹残缺不全、模糊不清，此时可以根据现场情况扩大寻找范围至作案人不易伪造的来去路线周围进行寻找，但应注意将无关足迹进行区分。

4. 现场被踩踏的物品。作案人借助攀登的物品如墙头、梯子、窗框、桌椅、沙发、纸张、织物等都有可能遗留下足迹。

5. 抛尸藏赃的地方。作案人一般为了毁灭或隐藏证据选择抛弃掩埋尸体、隐藏赃物，而地点的选择一般会选择常人不去的地方，因此在该处极易留下清晰的足迹。

6. 作案人的藏身之处。作案人的藏身之处一般包括作案前"踩点"地点和作案后藏身地点，因此也极易在这些地点发现作案人的足迹。

7. 作案人遗留物或遗弃物的周围。当案发现场发现有作案人的遗留物或遗弃物时，应注意在其周围寻找作案人的足迹。

（二）足迹的发现方法

足迹的发现过程必须有顺序有步骤地进行，可以由外围到中心，或由中心到外围；由室内到室外，或由室外到室内。且采取的具体方法应根据足迹的种类、承受体的特点及光照情况因时因地制宜。

1. 利用自然光观察。当自然光条件较好时，可以站在光线对面或侧面，俯视或侧视，并适当调整视角或改变观察位置直至可以观察到清晰足迹。

2. 配光观察。在夜间或室内自然光条件不理想的情况下，可以配以人造光进行观察，如手电筒、电灯、蜡烛等，也可以使用多波段光源进行观察。常用的配光方式有两种，一种是将配光垂直照射在地面，另一种是低角度照射，人在侧面进行俯视观察。

3. 采用静电吸附仪寻找发现。在平面足迹的发现中，如足迹与承痕体的颜色反差不大，不利于观察时，可结合案情，采用静电吸附仪加以复印观察。

4. 物理或化学方法显现。对于潜在的汗液足迹可以利用与指纹显现相同的物理或化学方法进行显现处理，然后进行观察。

（三）作案人足迹的确定

现场上经发现的足迹除是作案人遗留外，还极有可能来自于被害人或其他无关人员。因此，正确判断现场足迹，对侦查工作的开展及深入起着非常关键的作用。在分析确定作案人足迹时，一定要结合案情和现场具体问题具体分析。

1. 依据足迹遗留的部位来确定。足迹所在的位置、方向、分布及数量是由其具体的活动方式和活动范围决定的。现场上遗留的足迹是作案人在现场活动的真实记录，根据足迹遗留的部位，结合案件性质，判断足迹分布是否与作案活动一致，从而确定足迹是否为作案人所留。例如，凶杀案现场尸体周围或尸体下方等；盗窃案现场被盗物品周围及被翻动物品周围的地面及踩踏物；纵火案起火点周围等。

2. 依据足迹的新旧程度来确定。足迹的遗留时间需通过结合被害人、报案人、知情人反映的情况及当时的气候变化情况或现场实验来具体分析，从而判断是否为案发时作案人所留。

3. 依据步法特征来确定。步法特征反映了作案人实施犯罪活动时的心理状态、动作特点及作案手段。如在踩点、潜伏的场所经常会留下蹑脚、踮脚、时走时停、时快时慢等无规律的足迹；进入现场后又一般会直奔作案目标或寻找目标，快手快脚，足迹多表现为碎步，且分布紊乱、有重叠；在逃离现场时往往会出现慌不择路、大步快跑的足迹。

4. 依据足迹与其他痕迹的关系来确定。通过足迹与其他痕迹的关系来确定是否为作案人足迹，一般可以从以下四个方面来进行判断：一是足迹与交通工具的关系，如在足迹旁发现车轮痕迹和牲畜蹄迹等；二是足迹与指纹、工具痕迹、枪弹痕迹、外围痕迹、微量物证等的关系；三是足迹与遗留物、分泌物的关系；四是足迹与形成足迹的物质之间的关系，如血足迹、灰尘足迹等。

5. 依据足迹有无伪装或反常现象来确定。伪装足迹和反常足迹都体现了作案人的特殊心理状态。如现场上出现倒走足迹、大脚穿小鞋、小脚穿大鞋等现象，即可在较大程度上判断为作案人所留。

6. 逐个甄别排除来确定。如果经过上述方法仍无法确定现场足迹是否为作案人所留，可按规定依法捺取被害人和出入过现场的人员的足迹，逐个进行甄别。排除其他人员遗留的足迹后，剩下的足迹往往就为作案人所留。

（四）现场足迹的提取

现场足迹的提取必须根据足迹的种类，采取不同的方法加以提取。提取时不仅要提取清晰完整的，还要提取残缺的、模糊的足迹，以便在足迹的检验中，清晰观察、互相印证。实践中，现场足迹的提取方法主要有以下几种：

1. 照相法。照相法是提取足迹最常见的方法，也是现场记录必不可少的手段。不管是平面足迹还是立体足迹，不管是哪种方法提取足迹，在显现后提取前都要进行照相加以固定。

对单个足迹进行拍照时，必须要在足迹边缘水平放置比例尺；将相机的镜头光轴与足迹平面保持垂直，以免足迹发生变形；如足迹有伴生痕迹，也要一并将其进行拍照；在对立体足迹进行拍照时，对于较深的足迹不能保证拍照时足迹的上下表面都清晰的情况下，应对足迹的上表面和下表面分别进行拍照。

对成趟足迹进行拍照时，除了对单个足迹分别拍照外，还必须对其进行直线连续比例拍照。方法是在成趟足迹的一侧平直地放一个2米以上的皮尺，相机镜头光轴与足迹平面保持垂直。分段拍照时，每段之间的距离、曝光时间、光照条件和景深应保持一致。

2. 实物提取法。现场足迹如遗留在体积小、重量轻的承痕体上，为保证足迹的原始状态，得出准确的鉴定结论，可将原物提取。但注意在提取前应依法办理相关手续，用完后及时归还物主。

3. 粘附提取法。

（1）复写纸提取灰尘足迹。灰尘足迹是极易在现场被发现的一类足迹，通常会在现场的地板、桌子、椅子、陶瓷地板等遗留。复写纸对灰尘具有较强的粘附能力，针对此足迹可以采用复写纸加以提取。提取的方法是：将一张新的复写纸覆盖在灰尘足迹上，用左手压住覆盖的纸，不要移动。再用右手掌在纸背面适当用力，顺着同一方向按压数次，即可提取灰尘足迹，然后进行拍照固定。

（2）胶带粘取法。用专用的足迹提取胶带或较宽的胶带纸直接粘取较为清晰的粉尘足迹或经过粉末显现的潜在汗液足迹，然后将其固定在衬纸上。注意在提取的过程中要防止产生气泡和皱褶。

（3）平绒按压发。平绒按压法主要适用在圆柱体、弧形和表面凹凸不平的客体上形成的灰尘足迹的提取。平绒毛密集、均匀，具有弹性好、耐磨性强、粘附力好等特点。提取方法是：将平绒粘在相应大小3厘米厚的泡沫塑料块上，并将平绒一面压盖在足迹上，再盖一层塑料硬板并对塑料块施加一定的外力，使得夹层中的气体被排出呈负压状态。当除去外力后平绒内的气压上升产生吸附作用，致使灰尘足迹在平绒上反映出来。

4. 静电吸附法。静电吸附法主要适用于水泥、油漆、地板等干燥地面上的平面足迹的提取，也可以用于纺织品、塑料、金属、玻璃等客体上的灰尘足迹提取。静电吸附的方法一般有两种：

（1）手工摩擦提取法。可用皮革、毛革、丝绸或毛巾等摩擦有机玻璃、塑料板等硬物或塑料薄膜，使之产生静电，进而完成足迹提取。此法有直接摩擦提取和间接摩擦提取之分。直接摩擦提取是指将提取板盖在灰尘足迹上直接进行摩擦，30秒后轻轻揭下即可提取灰尘足迹。间接摩擦提取是指将提取板先进行摩擦1分钟后再盖在灰尘足迹上，20秒后轻轻揭下即可提取灰尘足迹。

（2）静电吸附仪提取法。利用静电吸附仪提取现场足迹的方法已在实践中广为运用，其方法是：将镀有金属膜的聚氯乙烯软片贴在留有灰尘足迹的承受体上，金属面向上，静电吸附仪接地端，另一端接在金属面上，通电即可提取出清晰的足迹。但需注意的是，此法只能在干燥客体上使用，操作时软片必须与足迹保持贴压平实，不能移动，以免出现模糊、重叠的足迹，最后要进行拍照固定。

5. 制模法。对于立体足迹的提取，通常选用石膏制模法。其成本低廉，且特征反映清晰、完整。但在石膏粉的选用上一般要注意选取干燥、颗粒细腻、凝结力强的石膏粉。利用石膏制模应按照一定步骤进行：

（1）准备工作。准备"骨架"和"围墙"。"骨架"可以用树枝、木棍、竹条或铁丝制成，长宽要比足迹略小，安放在模型中央，以防其断裂。"围墙"可以用泥土、硬纸板或皮带制成，将足迹及其伴生痕迹围住，以防浇灌时石膏液流出。

清理足迹内的杂物。足迹形成后可能会有树叶、沙石、纸片等杂物掉落其中，在不损坏足迹的情况下应提前将其清理干净，以防影响制模效果。

准备好石膏粉、清水、盛装容器及浇筑容器。

（2）调制石膏液。石膏和水的比例为5∶3。先将所需的水盛入容器中，再将相应分量的石膏粉均匀撒入水中，边撒边匀速搅拌，但应避免搅出气泡。注意调制石膏液的时间越短越好，以防止其凝固。

（3）灌注石膏液。将调制好的石膏液从足迹的最低处进行浇灌。当石膏液覆盖整个足迹底部平均厚度约1厘米的时候，迅速将"骨架"轻轻置入其中，然后继续倒入石膏液。直到灌满整个足迹为止。

（4）取模。灌注10分钟左右，石膏模开始慢慢凝固，用手轻按模型表面看其是否渗水，如无，则在石膏模上注明制模时间、地点、编号、案由等内容。等到石膏模完全凝固之后，松开围墙，将石膏模从一侧轻轻起出，然后用清水轻轻冲洗模型底部的泥沙，切勿用手抠或刷子刷洗，以免不小心弄掉特征。冲洗后将模型放在通风处晾干再进行妥善保存。

四、足迹分析

发现、提取现场足迹后，接下来的工作就是要根据足迹，结合现场其他痕迹物品及当地环境气候等情况来分析判断作案人的相关特征，为确定侦查方向提供重要证据。

（一）根据穿鞋足迹分析鞋号

我国现在使用的鞋号是以脚长为基础，以厘米为计算单位的，一个鞋号为1厘米，半个鞋号为0.5厘米。

在鞋的制作过程中，为了保证脚能在鞋内有一定的活动余地，一般都会增加一定的"放余量"，其数值根据制鞋的原料和结构特点不同而不同。如解放胶鞋为14毫米，皮鞋为20毫米，满帮塑料凉鞋为15厘米。

不同种类、样式的鞋前后帮有一定的厚度，大部分皮、布、塑料鞋鞋底前、后边与鞋前、后帮有一定的宽度，这个厚度和宽度被称为内外差。不同种类、式样的鞋子其内外差是不同的。塑料、橡胶底小型花纹的约为5毫米~15毫米，大型花纹的约为15毫米~30毫米，布底约为10毫米~20毫米，女士模压底鞋和半高跟鞋的底面往往等于内长，甚至小于内长。

因此，根据穿鞋足迹求鞋号的公式为：鞋号 = 穿鞋足迹长 - 放余量 - 内外差。

（二）分析遗留足迹者的人身特点

1. 判断男女性别。男性与女性由于生理功能、解剖结构以及生活和劳动条件不同，他们在足迹中所反映出的一般特征和行走习惯特征也有所不同。男性较女性而言，身材较高大、魁梧、骨骼粗壮，因此赤脚脚长一般在240毫米~260毫米之间，而女性由于身材娇小，脚窄而短，赤脚长度一般在220毫米~245毫米之间。在行走习惯特征的表现上，男性步子长而窄，压痕重，蹬挖痕明显，而女性步子短而宽，压痕也较均匀，蹬挖痕不明显。但在实践中要注意区分是否有男女混穿鞋的现象。

2. 判断年龄。人的生长过程一般可分为五个年龄阶段：少年、青年、壮年、中年、老年。由于身体机能会随着年龄的变化而变化，因此在每个年龄阶段所呈现的足迹特点也有所不同。

少年，年龄段为8~17岁。其脚小步短、运步不规律，足迹前压痕重，后压痕轻，多蹬挖痕，后跟边缘常伴有擦痕。

青年，年龄段为18~28岁。其脚大步长，足迹前掌压痕重，后跟压痕较轻，蹬挖痕加大，常伴有甩土痕迹。

壮年，年龄段为29~39岁。运步规律，足迹前掌和后跟压痕基本一致，步角开始增大，蹬挖痕不明显，开始出现擦痕、挑痕。

中年，年龄段为40~49岁。运步稳重，步长变短，步宽加宽，步角加大，足迹后跟压痕比前掌重。蹬挖抬痕减少，擦痕、挑痕增多。

老年，年龄段为50岁以上。运步缓慢无力，起落脚低，步长变短，步宽变宽，步角加大，足迹后跟压痕比前掌更重，擦痕、挑痕突出。

3. 判断身高。一个人的身高大致是赤脚足迹全长的7倍，通常在计算时，为了更加精确，采用赤脚足迹全长乘以系数6.876，得出的数值即为遗留足迹者的身高。

根据穿鞋足迹测算身高的公式即为：身高 =（穿鞋足迹长 – 放余量 – 内外差）× 系数。

4. 判断体态。人的体态可以分为三种类型：胖、中、瘦。

胖的人由于其体重重，脂肪多，故其脚弓较低，脚掌宽厚肥大。在行走时，步长较短、步宽较宽、步角大，足迹重压面较大，足迹边缘明显完整。立体足迹相对较深，且由于起脚低而常伴有擦痕、挑痕，蹬痕、挖痕较少。

中等体态的人其特征则介于胖、瘦体态的人之间。

瘦的人由于体重轻，故脚弓较高，脚型较瘦。行走时运步灵活、轻快，步长较长、步宽较窄、步角较小，压力面不均匀，足迹偏浅。由于起落脚较高，所以蹬痕和踏痕较明显，擦痕、挑痕少见。

（三）分辨真伪足迹

作案人在实施犯罪活动时为了逃避侦查，往往会在现场采取各种手段伪装自己的足迹，主要表现在改变步法特征、倒退行走、反穿鞋和混穿鞋等。

故意改变步法特征所呈现的足迹会出现动作不协调、速度慢等特点，且持续时间不长；倒退行走则会出现步行线不直、步幅短而宽、脚掌压痕重且向后推土等现象；反穿鞋行走出现的步态特征与正穿鞋相反，多数出现拖痕和鞋帮的痕迹；混穿鞋虽然改变了鞋底特征，但依然保留了其步法特征。

五、足迹样本提取

为了查明现场足迹为谁所留，应对重点嫌疑人员或事主及有可能接触现场的其他人员的足迹样本进行提取。

提取足迹样本时要尽可能地接近现场条件，如足迹的种类和形状、现场环境、地面条件、行走速度等。若检材足迹是平面赤足迹或平面鞋足迹，应提取受审查对象正常行走时形成的平面赤足迹或平面鞋足迹，也可以设置条件在白纸上进行油墨捺印；若检材足迹是立体足迹，除了要按要求对其平面足迹进行提取外，还要提取其立体足迹。如果按检材立体足迹的条件提取样本有困难，可利用制模法提取立体赤足迹或穿鞋足迹模型，若检材足迹为袜印足迹，除提取被审查对象的赤足迹外，还应提取被审查对象的袜子，或令被审查对象穿着袜子在光滑物面上行走或站立，以提取穿袜足迹样本。

与此同时，由于可疑鞋、袜自身的特征也可供鉴定，特别是在确定鞋、袜与人的关系的鉴定中，仅凭足迹样本尚不能满足鉴定要求时，可提取被审查对象的鞋、袜实物以作比对。在收取实物时，应注意妥善保管，用完归还。

六、足迹鉴定

足迹鉴定是根据足迹特征的特殊性和稳定性，对作案人现场遗留的足迹与犯罪嫌疑人的足迹进行同一认定的一项鉴定工作，其鉴定结论是法定的证据之一，对揭露和证实犯罪具有重要意义。

足迹鉴定的步骤和方法：

（一）预备检验

1. 了解鉴定的有关案情，主要包括了解现场足迹和受审查人的情况。例如，了解案情；了解鉴定的目的和要求；了解现场足迹的遗留、发现、提取、包装、运送情况；了解受审查人的年龄、职业、健康及案后继续穿用鞋袜和修补鞋袜的情况。

2. 对检材和样本足迹进行审查，以确定是否符合鉴定要求。主要包括审查检材足迹的种类、形成条件、数量、清晰度以及与其他痕迹的关系；审查样本足迹的来源及收取方法，以及样本足迹的数量、质量。若不符合鉴定要求，还需要求相关部门补充鉴定材料。

3. 准备鉴定所需要的仪器和设备。

（二）分别检验

分别检验是对现场和嫌疑人足迹分别进行观察、检验，以确定各自的特征，为下一步的比较检验做准备。分别检验应严格按照"先检材、后样本，先一般、后细节"的顺序进行。

（三）比较检验

比较检验是在分别检验的基础上对检材足迹和样本足迹的一般特征和细节特征进行对照比较，以确定两者的符合点和差异点。比较检验的方法一般有直观对照法、重叠法、测量比较法、画线构图法和比较显微镜比较法等。

（四）综合评断

综合评断的主要内容就是对比较检验中的符合点和差异点进行综合分析，在此基础上，对检材足迹和样本足迹是否同一的问题作出正确的结论。

1. 符合点的性质分析。当反映赤足迹、穿鞋足迹和穿袜足迹的一般特征和细节特征与样本足迹的特征都符合时，是认定结论的可靠依据。如果只是局部或少部分特征的偶然符合，并且不能反映足迹的本质属性的时候，则不能作为认定结论的依据。

2. 差异点的性质分析。足迹鉴定中的差异点来源较为复杂，一般有本质上的差异和偶然性差异之分。本质性的差异比如不同脚、鞋、袜同一部位的不同特征或同脚、鞋、袜但不同部位所留下的不同特征。偶然性差异主要表现在检材遗留时与样本提取时不同的环境因素、心理状态造成的差异，以及发现、提取、保管、运输过程中受外界因素影响而产生的差异。经过综合分析，可以判断检材与样本上的差异点是属于本质性差异时即可做出否定的结论，若差异点是非本质的，是由其他因素所影响导致的，那就不能成为否定结论的依据。

综上，综合评断的结论一般有两种：

当检材足迹与样本足迹一般特征与细节特征相同，少量差异点能得到科学解释时，即可做出肯定同一结论。

当检材足迹与样本足迹一般特征不同或一般特征相同但细节特征不符，且少量符合点能得到科学证实时，可以做出否定同一结论。

（五）制作鉴定书

足迹鉴定书的格式与指纹鉴定书的格式相同，也由文字部分和照片部分组成，最后必须由鉴定人签名，并加盖鉴定机构公章。

 实训项目

【实训项目一】捺取足迹样本并测量足迹

一、实训目的

1. 掌握捺取足迹样本的操作方法。

2. 掌握测量赤足足迹和穿鞋足迹的方法与步骤。

二、操作原理

利用油墨作为介质，捺取样本足迹。

三、实训内容

1. 捺取赤脚足迹和穿鞋足迹。

2. 测量赤脚足迹的足长、掌宽、弓宽和跟宽。

3. 测量穿鞋足迹的全长及各部的长、宽。

四、实训器材

足迹捺印盒、白纸、直尺、铅笔。

五、实训步骤与方式

1. 各自操作，捺取自己的足迹。将赤脚或穿鞋的脚轻轻踩踏在足迹捺印盒上使脚底或鞋底均匀粘上油墨。若捺印站立时的足迹，脚应垂直踩在白纸上，再垂直提起；若捺印行走时的足迹，跟后和脚趾顶端都要粘上油墨，再以行走的方式在白纸上留下足迹。

2. 测量赤脚足迹。

全长：在第二趾球的中心点和脚跟突出点作中心线，再在最长趾的前缘和脚跟后缘突出点各作一条与中心线垂直的切线，两切线之间的垂直距离即为赤脚足迹的全长。

掌宽：在脚掌最宽处作一条与足迹中心线垂直的线，这条线与脚掌的内、外缘相交的两点间的距离即为赤脚足迹掌宽。

弓宽：在赤脚足迹弓部最窄处作一条与中心线垂直的线，这条线与脚弓内、外缘相交的两点间的距离即为赤脚足迹弓宽。

跟宽：在赤脚足迹跟部最宽处做一条与中心线垂直的线，这条线与脚跟内、外缘相交的两点间的距离即为赤脚足迹跟宽。

3. 测量穿鞋足迹。

全长：将足迹前掌及后跟最宽处的中心点连线作为足迹中心线，再在鞋尖前缘和鞋跟后缘处各作一条与中心线垂直的切线，两切线之间的垂直距离就是穿鞋足迹的全长。

掌宽：以掌内缘最突出点做一条与足迹中心线垂直并延长交于掌外侧缘的直线，其长度即为掌宽。

弓宽：以弓部最窄处的内外缘间的距离为弓宽。

跟宽：以通过跟部的足迹中心线段的中心作垂直于该线的直线，并延长交于内外侧缘，其长度即为跟宽。

六、注意事项

1. 白纸的铺设不能有褶皱，且应处于干净平整的地方。

2. 捺取足迹时应尽量在白纸中央进行。

3. 整个足迹的油墨浓淡应均匀，纹线、图案清晰，特征明显。

4. 赤脚足迹和穿鞋足迹应按照站立和行走的方式分别捺印。

5. 操作时应自然，不要刻意用力，以免发生重叠现象，影响特征显现。

6. 数据应在捺印的足迹周围进行标注，不能标注在足迹内部。

七、实训作业

1. 每人以站立和行走的方式分别捺取左右脚赤脚足迹和穿鞋足迹各两份。

2. 对赤脚足迹及穿鞋足迹的全长和各部位的大小进行测量，并上交测量数据。

八、拓展思考

1. 站立时的足迹与行走时的足迹有何不同？

2. 总结足迹提取过程中的经验和教训。

【实训项目二】 制作立体足迹的石膏模型

一、实训目的

1. 明确用石膏制模的步骤。

2. 熟练掌握利用石膏粉制模提取立体足迹的操作方法。

二、操作原理

石膏粉在配备一定比例的清水下呈液状，并在一定时间内凝固，利用此原理可以对立体足迹进行制模提取。

三、实训内容

制作石膏模型，提取立体足迹。

四、实训器材

石膏粉、清水、容器、木棍（铁丝）、"围墙"。

五、实训步骤和方法

1. 准备工作。准备"骨架"和"围墙"。"骨架"可以用树枝、木棍、竹条或铁丝制成，长宽要比足迹略小，安放在模型中央，以防其断裂。"围墙"可以用泥土、硬纸板或皮带制成，将足迹及其伴生痕迹围住，以防浇灌时石膏液流出。

清理足迹内的杂物。足迹形成后可能会有树叶、沙石、纸片等杂物掉落其中，在不损坏足迹的情况下应提前将其清理干净，以防影响制模效果。

准备好石膏粉、清水、盛装容器及浇筑容器。

2. 调制石膏液。石膏和水的比例为 5 : 3。现将所需的水盛入容器中，再将相应比例的石膏粉均匀撒入水中，边撒边匀速搅拌，避免搅出气泡。注意调制石膏液的时间越短越好，以防止其凝固。

3. 灌注石膏液。将调制好的石膏液从足迹的最低处进行浇灌。当石膏液覆盖整个足迹底部平均约 1 厘米的时候，迅速将"骨架"轻轻置入其中，然后继续倒入石膏液，直到灌满整个足迹为止。

4. 取模。灌注完成后 10 分钟左右，石膏模开始慢慢凝固，用手轻按模型表面看其是否渗水，如无，则在石膏模上注明制模时间、地点、编号、案由等内容；等到石膏模完全凝固之后，松开"围墙"，将石膏模从一侧轻轻起出。然后用清水轻轻冲洗模型底部的泥沙，切勿用手抠或刷子刷洗，以免不小心弄掉特征；冲洗后将模型放于通风处晾干再进行妥善保存。

六、注意事项

1. 制作石膏模型前必须先将立体足迹进行拍照固定。

2. 制作模型的过程中操作力度要适当，要保持痕迹质量，避免特征被损坏。

3. 石膏液调制的稀稠要视承痕体和气候情况而定，不能太稀也不能太稠。在搅拌的时候要匀速，避免产生气泡。

4. 制作"围墙"时避免破坏足迹形态及其伴生痕迹。

5. 石膏液浇筑完成后要待其完全凝固才能进行提取，以避免其扩断或损坏。

6. 清洗石膏模型时应用水自然冲洗，避免接触硬物而破坏特征。

七、实训作业

每位同学上交一枚自己制作的足迹石膏模型。

八、拓展思考

1. 雪地上遗留的立体足迹该如何提取？

2. 总结石膏制模提取立体足迹过程中的经验和教训。

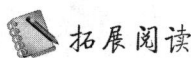 拓展阅读

不同地带判断足迹去向的要点

在对足迹进行追踪的过程中，会遇到不同样貌的地带，常见的有草地、石子路、森林地带、河岸、水田、坡地、沙地等，不掌握追踪的要点，往往会造成断踪的结果，

所以必须充分利用各种物质变化的痕迹来进行综合分析，以判断足迹的去向。

1. 草地。在草地上进行追踪，主要是根据草倒伏的方向并结合地面痕迹进行判断，具体要根据草的高低及干枯形状来进行分析。

通过高草以后，草茎向前进的方向倒伏或折断，以俯视的角度发现成趟向左右侧倒伏的痕迹。

通过低草以后，足掌尖部向前压倒草，且有滑动的痕迹。足跟部的草也向前倒伏，草尖向前折断，草叶下方会发现因蹬踩而粘上的泥土。在有露水且阳光照射的情况下，人走过的地方会呈现深绿色的成趟足迹；无露水时，草叶因为被踩过，因而留下一趟发白的足迹。

通过干枯的草地以后，草茎向前进的方向折断或倒伏。粗茎草下的地面上会发现草茎的压痕，有压痕的一面指向前进的方向。

通过焚烧后的草地以后，由于重力踩踏，草灰被压实，风吹过后，足迹部分遗留下来，进而反映出足迹的步法特征。

2. 石子路。在石子路上对足迹进行追踪，主要是依据石子移动的裂缝特点确定行走的方向。人行走在石子路上时，石子向后移动，裂缝的一面指向前进的方向；如果足跟踩在石子上，石子多向前移动，裂缝的一面指向前进方向的反向。

3. 森林地带。在森林地带进行追踪要注意林中树木的倒伏、折断情况以及落叶被踩踏的情况。人通过时，倒伏的草木会形成灰白色的足迹，而被踩踏过的树叶则会呈现黑绿色，没有落叶的地方则会留下明显的足迹。

4. 河岸。在河岸附近追踪足迹时，要注意几种常见的情况，过河、绕道上岸以及顺水行走又返回原岸等。要特别注意脱鞋、脱袜和蹲坐的痕迹，进而分析有无过河的可能性。如果两岸都没有足迹，就要沿河寻找嫌疑人入河或上岸的足迹。在河中行走的足迹一般不会太远，只要细心寻找，还是比较容易找到足迹的。

5. 水田。水田里的蓄水一般比河沟浅，但其地面形态较为松软泥泞，由于水的流动幅度较小，脚踩下去的足迹轮廓较容易被反映。在水田里对足迹进行追踪，首先要在可疑的足迹周围筑起一道"堤坝"，然后将内围的水慢慢地吸净，使足迹能够完整地保存下来。仔细对足迹进行观察，特别是起脚、落脚点作用力的方向和部位，能够分析足迹前进的方向。

6. 坡地。由于重力的作用，上坡的足迹掌区用力较大，蹬痕明显，足跟压较轻，甚至有时不会出现足跟压。下坡时由于跟压较重，常会出现足尖不实、足迹滑痕向前的现象。

7. 沙地。由于沙地的质地松软，人走过后很容易留下痕迹，但也存在特征反映条件差的情况。在深沙里形成的足迹呈圆形或椭圆形的坑状，前宽后窄，前深后浅，有时能够反映出前进的方向。而浅沙里形成的足迹相对清晰，但容易受外界影响，如容易被风吹平，保留的时间较短。雨后或河岸上的浅沙含有水分，此时足迹中可以反映出较明显的步伐特征和形象特征。

【参考文献】

1. 徐立根主编：《物证技术学》，中国人民大学出版社 2011 年版。

2. 傅政华主编：《物证技术学》，中国人民公安大学出版社 2003 年版。

3. 吴旭芸、高以群主编：《足迹学》，警官教育出版社 1996 年版。

4. 邹明理主编：《痕迹学》，法律出版社 2000 年版。

5. 史力民主编：《足迹检验技术规范》，中国人民公安大学出版社 2012 年版。

【单元练习】

1. 现场寻找足迹的重点部位有哪些？

2. 请分析为什么鞋既是造痕体也是承痕体？

3. 如何确定足迹为作案人所留？

4. 如何根据足迹来判断人身特点？

5. 青年、壮年、中年、老年人行走足迹的特点分别是怎样的？

学习任务四　掌握工具痕迹及其鉴定方法

 教学情境

　　某甲报案说自己家中被盗，他帮别人保管的现金丢失了，而现金的主人出面也证实了现金确实是当着他的面放进柜子里的。难道现金会不翼而飞？侦查人员在现场勘查时发现，被撬的翻板柜上留下了异常的痕迹。按照常理，想把锁好的柜门撬开，那么至少应该留下两处必要的痕迹，一个是翻板和上横梁之间，另一个就是暗锁的锁芯附近。但是在这个案子中，两处痕迹都没有出现，这么奇怪的现象引起了侦查人员的怀疑。经过仔细调查盘问，报案人最终承认了是自己报了假案，目的就是为了私吞这笔巨款，而这个犯罪现场就是自己精心布置的，本想蒙骗过关，没想到却给警方留下了这么大的破绽。本案中，侦查人员根据工具痕迹形成的自然规律和现场痕迹反映出来的矛盾现象，发现经过伪装的现场，从而侦破了案件。

　　2005 年 2~3 月，在南翔、马陆地区连续发生多起日闯居民住宅的盗窃案件。在对上述几起盗窃案件的现场勘查中，当地警方发现犯罪分子都使用以下两种工具撬门入室，一种是头部宽 0.6 厘米、呈一字状、两边向外倾斜的工具；另一种是头部宽 1.2 厘米、带弧形状的工具。撬门方式和过程都是从离地 10 厘米处开始，间隔 10 厘米~15厘米依次往上撬，至门锁部位均有 9~10 次的撬痕。在小工具的撬痕上面覆盖有使用大工具的痕迹。大工具的支撑点位于门上，头部至支撑点为 8 厘米。在室内现场的五斗橱、写字台、大橱内小抽屉上均有两种工具的撬痕，撬压方式和过程与上述相同，大工具痕迹覆盖于小工具痕迹之上。同时在两起现场发现门的附着物及木质颗粒出现在五斗橱抽屉撬痕上，在一起现场发现失主新刷在五斗橱抽屉上的油漆出现在写字台抽屉的撬痕上，五斗橱抽屉内的钥匙位于写字台抽屉内，其中一起现场上的写字台抽屉上的油漆碎片出现在大橱内的小抽屉的撬痕上。根据以上几起案件现场工具的留痕方式和过程，警方进行了分析。根据撬门痕迹，小工具撬痕上覆盖大工具撬痕的现象应该是小工具撬痕形成在先，大工具撬痕形成在后。因此，警方认为应该是犯罪分子先用小工具做扩缝撬压，然后使用大工具将门撬开。室内现场中五斗橱、写字台、大橱内小抽屉上的撬痕与上述撬痕方式和过程相同。另外，根据五斗橱、写字台、大橱内小抽屉上撬痕上的附着物、油漆及木质颗粒分布情况分析，撬抽屉的过程应该是先撬五斗橱抽屉，然后再撬写字台抽屉，最后撬大橱内小抽屉。根据以上及其案件现场上工具痕迹形成的方式和过程，警方将上述多起案件进行了串并。经过认真细致的排查、守候，最后抓获了犯罪嫌疑人，并在其身上搜查到了头宽 0.6 厘米的螺丝刀一把和头宽 1.2 厘米的"7"字形撬棒一根。

在上述案件的侦破过程中，工具痕迹的检验发挥了至关重要的作用。

📖 工作任务

一、工具痕迹的形成及分类

工具痕迹是指运用工具破坏或侵害某种物体时所留下的反映该工具外表结构的反映形象。工具痕迹是犯罪现场尤其是盗窃案件现场最常见的痕迹之一。

（一）工具痕迹的形成

工具痕迹的形成是作用力、工具（造痕体）和被破坏客体（承痕体）三个基本因素共同作用的结果（图 2 - 31）。

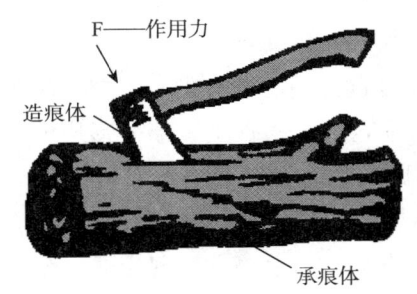

图 2 - 31　工具痕迹形成的三个基本因素

作用力，一般为人体肌肉收缩、伸张所产生的力。在工具痕迹的形成过程中，作用力通过工具转移于被破坏客体，进而导致客体外表发生变形或运动状态发生改变。

工具（造痕体）是指人们为了达到某种目的而使用的物质和手段。在刑事案件侦查的过程中所研究的形成工具的痕迹一般是指具有破坏功能，能使客体产生形变或破坏的器械，如锤类和斧类等打击工具、螺丝刀和钢钎等撬压工具以及剪类和钳类等剪切工具。

被破坏客体（承痕体），是工具痕迹的载体，其自身的物理属性如硬度、塑性、强度、脆性等直接影响其是否能准确反映造痕客体的外表结构形态特征。在刑事案件现场较为常见的承痕体如门、窗、锁头、保险柜、人体等。

（二）工具痕迹的分类

工具痕迹的分类主要有三种：

1. 根据造型体和承痕体的接触方式，可以分为动态工具痕迹和静态工具痕迹。常见的擦划、剪切、切割等痕迹属于动态工具痕迹，打击、撬压等痕迹属于静态工具痕迹。

2. 根据工具痕迹的形态可以分为凹陷痕迹、线形痕迹、断裂痕迹和孔洞痕迹。

3. 根据工具痕迹的作用方式可以分为打击痕迹、撬压痕迹、擦划痕迹、剪切痕迹、切割痕迹及割削类痕迹。

二、常见的几类工具痕迹及其特征

在刑事案件现场中，较为常见的痕迹主要有以打击痕迹和撬压痕迹为主的凹陷痕迹以及以擦划、剪切和割削痕迹为主的线形痕迹。

（一）凹陷痕迹

凹陷痕迹是印压作用形成的，是指工具与承痕体接触点不发生改变时在承痕体表面所形成的凹凸坑丘状的变形，此时形成的痕迹与工具凹凸相反。凹陷痕迹的结构包括痕起缘、痕止缘、痕壁和痕底（图 2 – 32）。

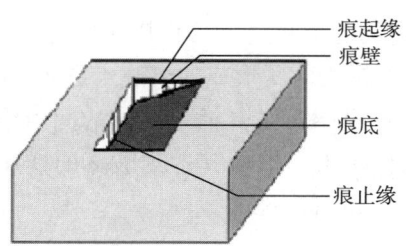

图 2 – 32　凹陷痕迹的结构

痕起缘是指工具与承痕体开始接触形成的痕迹边缘。

痕止缘是指工具与承痕体结束接触作用时瞬间形成的痕迹边缘。

痕壁是指在形成痕迹的过程中由于印压变形在承痕体上产生的新的表面。

痕底是指在形成痕迹的过程中由于压缩变形而发生了位移的承痕体原来的部分表面。

1. 撬压痕迹。撬压痕迹是盗窃案件现场较为常见的一类工具痕迹，是指作案人持工具利用杠杆原理对客体进行破坏时所留下的痕迹。因此，在撬压过程中会形成三点：

支点、重点和力点，也由此形成了撬压痕迹固有的特征，即一次撬压将在客体上形成对应的撬痕和压痕，这两处痕迹位置对应，相距不远，但方向相反（图2-33）。

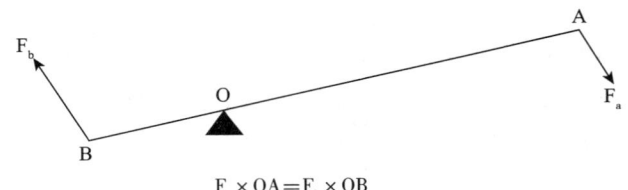

$$F_a \times OA = F_b \times OB$$

A. 力点　O. 支点　B. 重点

图2-33　撬压痕迹体现的杠杆原理

作案人采取撬压方法对客体进行破坏时，在承痕体的表面或断面会引起压缩、弯曲、扭转变形，从而形成凹陷、弯曲、断裂等痕迹。常见的撬压方法有扩缝撬压、拆离撬压、扭转撬压和夹持撬压四种。

（1）扩缝撬压。扩缝撬压是将工具插入客体的缝隙中，利用杠杆原理进行上下或左右的撬压，使客体的缝隙扩大或局部破坏。扩缝撬压的痕迹多反映工具端部两个侧面或工具边楞的形状（图2-34）。

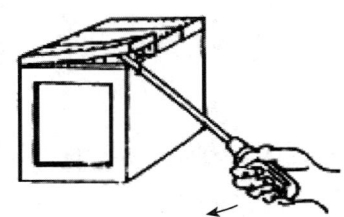

图2-34　扩缝撬压

（2）拆离撬压。拆离撬压是指通过工具作用于客体，以达到将客体分离的目的。两个分离的客体上都分别留有拆离时所形成的痕迹（图2-35）。

（3）扭转撬压。扭转撬压是指将工具插入客体的间隙中，以旋转工具的方式，针对客体的某一局部或某一部件用力，以使其达到破坏的撬压方式。扭转撬压所形成的痕迹多反映工具杆部的形状（如图2-36）。

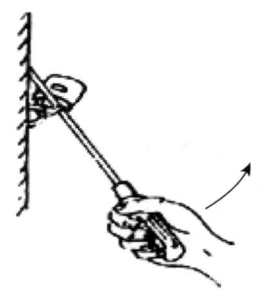

图2-35　拆离撬压　　　　　**图2-36　扭转撬压**

（4）夹持撬压。夹持撬压是指利用工具的夹持部位，夹住客体的某一部位，使其上下或左右活动，以达到破坏的目的。利用夹持撬压方法所形成的痕迹常出现在被夹持客体的正、反面或对应的位置上，通常可以反映出工具夹持部位的结构形状（图 2 – 37）。

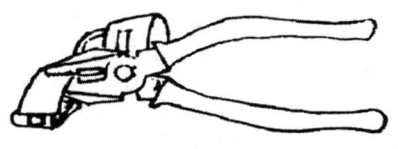

图 2 – 37　夹持撬压

2. 打击痕迹。打击痕迹是用冲力的形式作用于客体，使客体发生反映工具接触部位外表结构特点的塑性变形的一类痕迹（图 2 – 38）。常见的打击工具有斧类和锤类等专用打击工具以及棍棒、锹等代用打击工具。

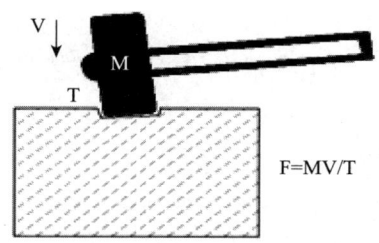

F 为冲力，M 为工具的质量，V 为打击作用的瞬时速度，T 为作用时间

图 2 – 38　打击痕迹

（1）斧类工具。斧类工具多为木工斧、消防斧和家用斧等。斧头分为工作面和刃面，工作面多为正方形和长方形两种。在打击过程中，通常容易在客体上留下打击面局部或边缘的凹陷状痕迹，有时也会留下打击面完整的痕迹，如打击面的形状、角度等特征，痕壁上通常也会留下打击面缺损、卷边以及磨损形态等细节特征（图 2 – 39）。

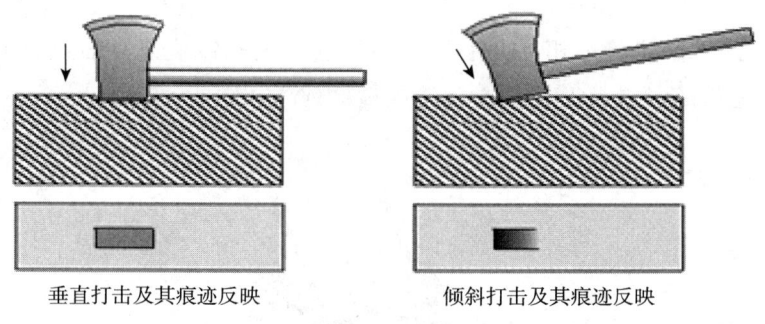

垂直打击及其痕迹反映　　　　倾斜打击及其痕迹反映

图 2 – 39　垂直与倾斜打击时的痕迹反映

（2）锤类工具。锤类工具有锻工锤、钳工锤和木工锤等，其工作面的形态较多，常见的有圆形、球形、正方形、长方形和多角形。利用锤类工具打击客体时，常在痕底反映出工具的边角特征，其特征反映与斧类工具的痕迹特征相似（图 2 – 40）。

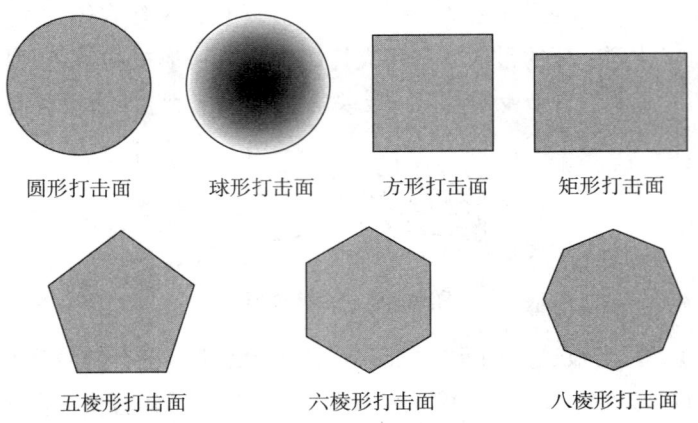

圆形打击面　　球形打击面　　方形打击面　　矩形打击面

五棱形打击面　　　六棱形打击面　　　八棱形打击面

图 2 - 40　锤类工具在客体面所反映的痕迹形态

（3）棍棒类工具。棍棒类工具较多，如铁棍、木棍、扁担、铁钎等，其形状不统一，有圆形、菱形、空心管形及不规则形状等。用棍棒类工具打击客体时，一般能较好地在客体上反映出棍棒接触部位的形态特点（图 2 - 41）。如果棍棒打击的客体较为坚硬导致棍棒发生断裂或剥离，那么在现场还可以寻找到遗留的相关残渣碎屑。

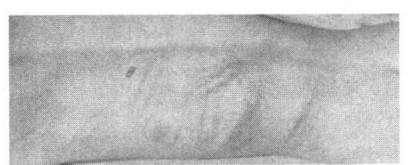

图 2 - 41

（二）线形痕迹

线形痕迹是指客体在工具的切划作用下，与工具相接触的部位发生相对位移而在客体表面或断面上所形成的凹凸线形痕迹。线条的形状、位置、尺寸都与工具上相应的特征对应一致，起伏状态相反。工具上的凹点形成凸线痕迹，凸点形成凹陷痕迹，凹凸点之间的差别越大，形成的线形痕迹质量就越高（图 2 - 42）。

图 2 - 42　线形痕迹

线形痕迹的结构由三部分组成，即痕起缘、痕止缘和痕迹面（图 2 - 43）。痕起缘处一般较为光滑、无颗粒堆积物，痕迹整齐且由浅入深；痕止缘处一般有停顿和按压现象，常存在物体表面刮擦下的颗粒残渣堆积物。若不存在停顿现象，线形痕迹接近终点时其颜色则由深变浅，大小由宽变窄。

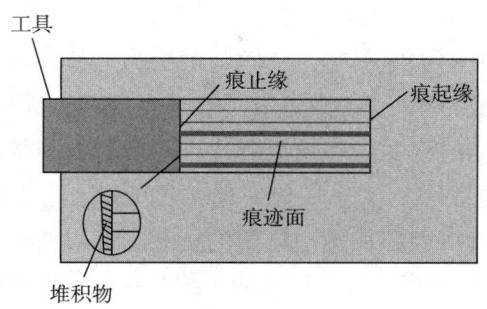

图 2 - 43 线形痕迹的结构

常见的线形痕迹有工具在客体上沿一定的方向滑动所产生的擦划线形痕迹；利用钳、剪类工具的上下两刃将客体剪断时所形成的剪切线形痕迹；利用刀刃、斧刃等切割客体时形成的切割线形痕迹；利用锯、锉、钻类工具割削客体时形成的割削线形痕迹。

1. 擦划线形痕迹。擦划痕迹是工具在客体表面进行滑动和挤压作用时，形成的一种凸凹线条状痕迹。线条的深浅与压力的大小成正比，与客体的硬度成反比。擦划痕迹一般遗留在表面光滑的金属或木质客体上。

擦划痕迹的形成主要受作用力的大小、工具与客体表面状况、工具接触部位的状态、工具接触部位与客体表面构成的角度等因素的影响，并随着上述因素的变化而变化。

（1）作用力大小的影响。当工具对客体施加的作用力小时，工具只是部分突出部位与客体接触，因而线形痕迹中只反映出工具突出部分的特征；当工具对客体施加的作用力较大时，工具接触面的突出部位与凹陷部位均能与客体相接触，因而在线形痕迹中能将接触部位的特征全部反映出来，且痕迹深、数量多。通常在案发现场，作用力的大小是不均匀的，时大时小，进而导致同一组线形痕迹中线痕的数量、特征也会发生变化，前后不完全一致。因此，必须在变化了的特征中找出相对稳定的特征，如粗大、明显、连贯的线条。

（2）工具与客体接触部位的影响。工具与客体接触的部位有点、线、面三种。点接触一般是指带尖端的工具或工具的棱角顶端在客体表面的接触擦划，其形态一般为圆锥状或各种角形，因此形成的痕迹为线条状。线接触是指工具的刃口、边棱与客体表面相接触。由于刃口、边棱的形状不同，在同一方向、角度下形成的擦划痕迹形态均不一致。面接触是指工具的某一面与客体表面相接触，形成的擦痕为面状形态。而且在面接触的过程中，工具前部在客体上形成的线形痕迹容易被工具后部形成的线条痕迹所掩盖或部分被改变。

（3）工具与客体接触角度的影响。当工具与客体的接触角度发生改变时，会引起线形痕迹的变化。工具与客体接触所构成的角有前角、侧角和偏角。

前角是指工具前切削面与客体表面构成的角。无论工具的作用力是向前还是向后，都需要对前角进行分析，因为前角不管是加大还是变小都会直接造成工具与客体表面接触点、接触线的改变，从而引起线条数量及线条凹凸结构的改变。

侧角是指工具向左或向右倾斜时，其倾斜侧面与客体表面所夹的角。侧角决定着工具与客体接触的长度或面积，进而影响擦划痕迹的宽窄、数量及深浅的变化。

偏角是指工具与客体的接触线和线形痕迹中心线所构成的夹角。偏角的大小是以工具的前进方向为准进行测量，大小在 $0° \sim 180°$ 之间变化。当偏角为 $90°$ 时，凹凸线条状特征能真实地反映工具接触部位凹凸结构的特征，此时线形痕迹最宽。当偏角小于 $90°$ 时，整个线形痕迹就会变窄，凹凸线条的粗细及线条间的间距也会变窄。

2. 剪切线形痕迹。剪切线形痕迹是指利用钳剪类工具的刃口对客体进行剪切作用时，使客体接触部位出现变形和分离而形成的痕迹。在剪切线形痕迹的形成过程中，作用力垂直于客体的轴线方向上，大小相等、方向相反。当钳剪类工具作用于一定厚度的客体时，将形成两个断口，四个截面。同时每个断口常出现两个斜截面和立顶；每个斜截面上的线条状痕迹的方向从两侧指向中心，断口还反映出咬合角和刃口角形态特征（图 2 - 44）。

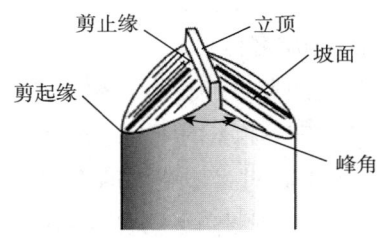

图 2 - 44　剪切线形痕迹

3. 切割线形痕迹。切割线形痕迹是指利用具有锋利刃口的工具及其他切割工具，劈切破坏客体时所形成的一种切划痕迹。常见的切割工具有刀、斧、锹、凿、铲等。切割线形痕迹为动态立体痕迹，客体在切割作用下形成两个断口、两个截面，每个断口上的断面多呈向一侧倾斜的形状。当切割较厚的金属制品时，切壁和切出口常出现线条状痕迹。

4. 割削线形痕迹。割削线形痕迹是指利用锯、锉、钻类工具，对客体进行层次剥削作用时形成的痕迹。切削面会留下线形痕迹外，切割时所产生的金属碎屑也留有反映工具特征的线形痕迹。

三、工具痕迹的发现、判定和提取

（一）现场工具痕迹的发现

利用工具对客体进行破坏的现场，一般都必然会引起客体相应的形变。该形变具有立体性，容易被发现，并且不容易被破坏。因此，在现场勘查的过程中只要认真细致，一般都不难发现工具痕迹的遗留之处。发现工具痕迹的重点部位主要从以下几方面进行：作案人选择的入口；作案的侵害对象；现场遗留物；作案人的逃跑路线等。寻找工具痕迹要正确运用自然光和其他光源，从不同角度和方向去观察，必要的时候可以以小角度侧光照明的方式以增强反差。

（二）现场工具痕迹的判定

有时，并不是所有在案件现场上发现的工具痕迹都是由作案工具所留。因此，在勘查现场时要注意将有关和无关的工具痕迹加以区分，以免对案件性质、作案手段、作案人数等造成错误判断。确定犯罪工具痕迹时要重点解决三个问题：一是该痕迹是不是工具形成的，要区别其是否为动物撕咬而成或是否为自然造成的破坏；二是该痕迹是不是作案时形成，要与案前留痕相区别；三是该痕迹是不是作案工具直接形成的。在实际的勘查过程中，有时在现场既会发现工具痕迹，也会发现如手印、脚印等其他痕迹。此时就应该将发现的工具痕迹与其他痕迹相互印证，以判别工具痕迹与犯罪行为的关系。当然，作案人的心理和作案过程都很复杂，需要结合全部案情和现场客观条件进行更为深入细致地分析，才能正确地排除无关的工具痕迹。

（三）现场工具痕迹的提取

当确认现场遗留的工具痕迹为作案工具所留后，就要及时采取有效措施对工具痕迹进行提取。提取之前应采取拍照或摄像的方式将痕迹所在的位置、原始形态和特征进行固定和纪录。一般较为常用的现场工具痕迹的提取方法有如下几种：

1. 原物提取法。对于小件客体或容易分割、拆离的客体上的工具痕迹，应尽量提取原物，以便较好地观察其细节特征。但在提取后要注意保存条件，以免损坏。

2. 制模法。在某些大件客体或不易拆离的客体上遗留的工具痕迹，可以采取制模的方法加以提取。常用于工具痕迹制模的材料有硅橡胶、醋酸纤维素和硬塑料等。

硅橡胶是硅元素有机化合物，呈白色粘稠状，塑性细腻，固化后可反映工具痕迹的细小特征，有较强的弹性和韧性，不易断裂，可适用于深浅不同、大小不等、形状各异的工具痕迹。制模时，将硅橡胶注入痕迹中，约1小时干涸后从边缘轻轻掀起，取下模型。

醋酸纤维素又称AC纸，市面上有售。在制模时取稍大于工具痕迹的AC纸一片，用镊子夹住浸泡在丙酮中3~5秒，浸软后即刻去处贴在工具痕迹上，表面再加盖一层干AC纸，压紧一分钟，使两张AC纸粘合在一起。待20分钟后，将干透的AC纸取下，工具痕迹即在纸上印制成模。此法较常用于金属制品上表浅痕迹的提取，不适用较深的凹陷痕迹及表面粗糙的客体。

硬塑料又称打样膏，是一种牙科制模材料。用硬塑料提取工具痕迹非常简便易行，先将硬塑料放入热水中软化，然后压入痕迹中，待20~30分钟冷却后取模即可。此法能较好地反映痕迹特征、稳定性强，常用于大面积工具痕迹的提取。

四、工具痕迹的分析

在对现场工具痕迹进行判定和提取之后，要对工具痕迹进行分析，以判断分析案情以及分析作案人的人身和行为特点，从而为缩小和确定侦查范围采取必要的侦查措施提供依据。

（一）分析案情

通过侦查人员对案件现场工具痕迹的分析，可以推断作案人所使用的作案工具、作案人数，分析作案的具体手段甚至作案过程，为分析案情提供材料并缩小侦查范围。

（二）分析作案人的人身和行为特点

通过对现场工具痕迹的分析，通常可以根据工具的种类判断出作案人的职业特点、体力等。从事某种职业的人在某些动作中具有一定的技巧和熟练性，这些人在进行犯罪活动时一般都能找准要害部位加以破坏，动作准确利落且娴熟。在使用工具对客体进行破坏的过程中，还可以通过工具痕迹的留痕位置判断作案人的身高、体型，若现场还留有手印或足迹，还应将其结合起来，相互印证。通过现场工具痕迹的分布情况，还可以判断作案人是否为惯犯。一般惯犯作案时心理比较稳定，动作熟练，工具痕迹遗留也不会太混乱；而相比之下初犯则心理慌张，现场会遗留下杂乱无章的工具痕迹。

五、工具痕迹的鉴定

工具痕迹的鉴定任务是为了确认工具痕迹是否为某一工具或某类工具所留。和前文其他痕迹鉴定一样，工具痕迹的鉴定也分为预备检验、分别检验、比较检验和综合评断四个步骤。

（一）预备检验

预备检验的主要任务是：熟悉案件情况，明确鉴定的目的和要求，查验送检材料，了解现场痕迹所在位置、方向、处理方法，以及样本痕迹的收取时间、地点、处理方法，对能否实现鉴定要求作出初步判断，对送检的材料要进行清查并登记。对于符合鉴定要求的，要准备好鉴定用的相关设备和材料。

（二）分别检验

分别检验的任务是对检材工具痕迹和可疑工具分别进行观察和测量，分析、发现和确定其特征，为比较检验做准备。

在对检材工具痕迹进行检验时，应分析痕迹形成时工具和客体所处的位置、状态、作用力的方向和角度，并选择较为稳定和突出的痕迹及特征，供随后的比较检验使用。接下来要全面观察嫌疑工具，并制作实验样本，观察样本痕迹，寻找确定种类特征，并在此基础上寻找细节特征。重点要分析嫌疑工具是否具备形成现场痕迹的条件，哪个部位或哪几个部位有可能形成现场痕迹，选择出供下一步比较检验的重点痕迹及特征。

（三）比较检验

比较检验是将分别检验中在检材痕迹和嫌疑工具上寻找的各个特征加以比较，确定两者特征的符合点与差异点，再加以评断以鉴别其异同。

比较检验中比较的内容是检材痕迹与样本痕迹的总体类型，各个特征的形态、尺寸、位置、相互距离与构成的角度。比较的顺序是先比较种类特征，再比较细节特征；先比较特征出现的部位方向，再比较特征的具体形态、结构。如在比较的过程中，首先发现两者的种类特征不同，则可以作出否定同一的结论；如种类特征相符则需进一步比较细节特征。常用的比较检验的方法有特征对照法、特征重叠法、线痕接合法等。

（四）综合评断

综合评断的任务是对已发现的相符点和差异点进行综合分析，为鉴定结论提供依据。首先应分析差异点产生的原因，分析其是由于非同一客体形成的痕迹还是由于痕迹形成时的内外原因导致两者出现差异；接下来是对符合点的评断，主要分析特征是真正符合还是偶然性符合。通过分析与实验，在差异点是偶然的、符合点是本质性的情况下，即可做出认定同一的结论。反之，当差异点是必然的、符合点是偶然形成的情况下，即可做出否定同一的结论。

 实训项目

【实训项目】提取工具痕迹

一、实训目的

通过本实训，使学生了解和掌握提取工具痕迹的一般步骤和方法，并能对案件现场常见的工具痕迹进行提取保存。

二、实训原理

工具痕迹的制模材料一般具有良好的塑性和弹性，不易断裂，易保存，其所提取的痕迹模型特征反映清晰。

三、实训内容

利用制模法对工具痕迹进行提取。

四、实训器材

1. 立体显微镜。

2. 硅橡胶、硬塑料、醋酸纤维素薄膜、丙酮、甘油、棉球。

3. 镊子、玻璃板、螺丝刀、铁锤、木板、小刀、铝片。

五、实训步骤与方法

1. 硅橡胶制模法。

（1）利用螺丝刀或铁锤在木板上形成撬压痕迹或打击痕迹。

（2）取适量成品硅橡胶，用小刀将其涂抹于痕迹处，为了便于脱膜，可事先在痕迹表面涂少许甘油。待硅橡胶固化后，即可取下成模。

2. 硬塑料制模法。

（1）用螺丝刀或铁锤在木板上形成撬压痕迹或打击痕迹。

（2）用镊子夹棉球蘸少量甘油涂于痕迹表面。

（3）将适量的硬塑料置于热水中浸泡，一边浸泡一边揉搓，使其充分均匀地变软。然后将其放在玻璃板上压出一光滑无沟痕的平面，而后将其置于痕迹部位用力下压，使其和痕迹充分接触。等塑料重新变硬后，即可取出。

3. 醋酸纤维素薄膜法。

（1）在铝片上用螺丝刀形成擦划痕迹。

（2）根据痕迹大小取醋酸纤维素薄膜一片，用镊子将其夹住在丙酮中浸泡3～5分钟。然后将其拿出覆盖在痕迹上，再在上面加盖一片干醋酸纤维素薄膜，而后用力压紧1分钟。待醋酸纤维素薄膜干透取下即可。

（3）将模型置于立体显微镜下观察其痕迹特征。

六、注意事项

1. 提取工具痕迹时，要根据承痕客体的材质选取相应的提取方法。

2. 保持室内通风良好。

3. 若采取硅橡胶制模，在取模时应从四周逐渐剥脱，对较深的痕迹模型不可重拉，以防其断裂。

4. 针对痕迹深、表面粗糙的工具痕迹，利用硅橡胶进行制模时，一般不宜用加速剂加速固化。

七、拓展思考

1. 比较各种提取方法的优缺点。

2. 区分各种提取方法分别适用的客体与痕迹。

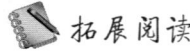 拓展阅读

撬压痕迹与打击痕迹的区别

1. 撬压痕迹与打击痕迹的含义。撬压痕迹是加载客体[1]依据杠杆原理在承载客体法线方向压划用力，并在承载客体所接触部位产生的凹陷变形。撬压具有一次动作两

---

〔1〕 刘瑜："探讨撬压痕迹与打击痕迹的区别"，载《法制博览》，2017年第2期。

处痕迹、痕迹位置关系受工具结构约束等特征。常见的撬压方法包括扩缝撬压、拆离撬压、扭转撬压、夹持撬压。

打击痕迹是承载客体在法线方向受冲击载荷作用后，在与工具接触部位产生的凹陷变形。常见的有斧、锤、棍、棒、镐等工具形成的凹陷痕迹。打击的实质是两个客体的相互碰撞，具有一次动作一处痕迹、同方向受力、打击面有变换等特征。

2. 撬压痕迹与打击痕迹的区别方法。

（1）根据痕迹的形态区别。在一定条件下，从痕迹的形态结构可以分析区别出是撬压痕迹还是打击痕迹。当撬压为拆离撬压时，拆离撬压工具的头部形状会反映在承痕客体上，往往形成不规则痕迹。而打击工具产生的打击面通常都是规则的、均匀的，例如，斧头和锤子形成的痕迹面多为圆形、椭圆形、四边形或者正多边形。一般情况下，打击痕迹的面积要大于撬压痕迹的面积。

拆离撬压或扩缝撬压产生的痕迹底部是倾斜的，形成的痕迹面积相对较小，并且在该痕迹对应位置会有另一处痕迹与之呼应；打击痕迹则是单独出现的，形成倾斜痕迹时其多为倾斜打击动作所产生。若凹陷状痕迹痕底部位较平，凹陷程度一致，则可判断该处痕迹为垂直打击所产生。但是，如果存在另一相对位置痕迹与之呼应，则该凹陷状痕迹多为撬压动作所形成，并且可以分析出该撬压工具在支点和阻力点之间具有弯曲状结构部分。

（2）根据痕迹的深度区别。痕迹的深度是相对承痕客体表面而言的，在凹陷状痕迹中，拆离撬压和扩缝撬压产生的痕迹存在一定相似之处，工具头部形成的痕迹是倾斜状的，凹陷部位会有深浅区别，可通过测量痕迹的最深部位和倾斜角度对痕迹进行分析区别。打击痕迹的深度往往较浅，垂直打击动作形成的凹陷状痕迹的各处深度基本一致；倾斜打击痕迹一般会多痕迹同时存在且各处深度不均匀，承痕客体表面光滑、作用力较小时往往形成擦划痕迹。

（3）根据痕迹的位置区别。撬压痕迹与打击痕迹形成时往往会受到现场空间环境的制约。使用工具本身具有一定的外形尺寸，形成痕迹时还需要一定的工具运转空间。例如，从市售撬杠的撬杠头部大边或小边尺寸可以推导出工具的全长、杆部的粗细等大致的数据，结合现场运转工具的空间，尤其是在特定的狭小空间内可以区分撬压或打击痕迹。再如，拆离撬压与扩缝撬压动作形成的阻力点或支点痕迹经常出现在被破坏物体或其附近的边缘处，而打击痕迹则较少出现在被破坏物体的边缘处。

【参考文献】

1. 徐立根主编：《物证技术学》，中国人民大学出版社 2011 年版。

2. 傅政华主编：《物证技术学》，中国人民公安大学出版社 2003 年版。

3. 张书杰：《工具痕迹学》，中国人民大学出版社 2002 年版。

4. 邹明理主编：《痕迹学》，法律出版社 2000 年版。

5. 赵新民：《工具痕迹检验技术》，辽宁人民出版社 1989 年版。

6. 王震：《常见承痕客体上工具痕迹检验技术规范》，中国人民公安大学出版社 2012 年版。

【单元练习】

1. 承受体的哪些性质与工具痕迹的形成有关？

2. 如何判定现场所留痕迹为工具痕迹？

3. 工具痕迹的分类及其特征。

4. 试论述擦划线条变化的原因。

学习任务五　了解枪弹痕迹及其鉴定方法

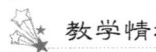 教学情境

2010 年 1 月 28 日，惠东县某停车场内一部凯美瑞小轿车被砸破右前窗玻璃，车内一个手提包被抢走，现场提取弹壳、弹头各 2 枚；1 月 29 日，事主饶某在惠阳区某网吧门口被两名男子持枪抢走一条价值 13 000 元的金项链，现场提取弹壳一枚。警方从可疑的制式枪支建档痕迹发现"1·28""1·29"案件的共同特征，随即将两案合并侦查。

"1·28"案件中提取的两枚现场弹壳均为六四式手枪弹弹壳，两枚现场弹头均是用铜披甲和铅实心自制而成的弹头，两枚现场弹壳底部均有制式枪支建档痕迹，底火帽周边都有蜡状物。乍一看，很容易让人误以为是制式手枪发射。通过对这两枚现场弹壳底部的建档痕迹特征比对，发现两枚弹壳的建档痕迹特征不同。进一步检验发现，两枚现场弹壳除了建档痕迹外，还有自制枪支射击的痕迹。两枚弹壳壳体的变形、弹壳底部印压痕迹及擦划线条、弹壳底部边缘擦痕的形态以及抛壳挺等痕迹特征均互相吻合。同时发现抛壳挺的线条粗大明显，有比对价值，在比对显微镜下将线条对接可以确认两枚现场弹壳是同一支自制手枪发射。将之与以往缴获的有建档痕迹的改制子弹辨别比较发现，两枚现场弹壳是制式手枪击发过的废弃弹壳被重新装填底火、火药而自制成的弹头所留下的，制作中采用了蜡固封改制而成的新型加工工艺。

"1·29"案件提取的一枚现场弹壳是六四式手枪弹弹壳，其弹壳底部同样有制式枪支建档痕迹，底火帽周边有蜡状物。经检验，"1·29"案件现场弹壳的建档痕迹与"1·28"案件两枚现场弹壳的建档痕迹均不一致，而且除了制式枪支的建档痕迹外，同样还有自制枪支的射击痕迹。"1·29"案件使用的子弹与"1·28"案件使用的子弹加工工艺相同，"1·29"案件中的现场弹壳壳体的变形、弹壳底部的印压痕及擦划线条、弹壳底部边缘擦痕的形态以及抛壳挺等痕迹特征均与"1·28"案件现场弹壳痕迹特征相互吻合。据此可以确认两宗案件现场弹壳为同一支制式手枪发出。

工作任务

一、枪支、子弹的种类与结构

（一）枪支的种类与结构

枪支是指利用火药气体的压力发射弹头或弹丸以达到杀伤毁坏目的的一种口径小于20毫米的轻型射击武器。

1. 枪支的种类。枪支的分类标准有很多，一般按枪支的性能、用途、枪管的构造和枪支口径大小等进行分类。

（1）按枪支性能分类。按枪支的发射性能，可以将枪支分为自动枪支、非自动枪支和转轮枪支。

自动枪支是指依靠火药压力作用，使子弹自动上膛、发射、退壳的枪支。按照自动化程度，自动枪支还分为全自动枪支、半自动枪支。扣住扳机能连续射弹的称为全自动枪支，如机枪、冲锋枪等；扣一次扳机只能击发一枚子弹的为半自动枪支，如六四式手枪等。

非自动枪支是指以火药气体为能量发射弹丸，但进弹、退弹等动作只能由手动完成的枪支。如五三式步枪、小口径步枪等。

转轮枪支是一种特殊的枪支，有一个内装有子弹的鼓形弹轮，扣动扳机时，枪支发射子弹，同时带动弹轮向左或向右转动。转轮手枪可连续发射子弹，但需手动将鼓轮移出后进行排壳和装弹。

（2）按枪支用途分类。按枪支的用途可将枪支分为军警用枪、民用枪支和特殊枪支。

军警用枪，包括手枪、步枪、机枪和冲锋枪。这类枪支威力大、射程远、命中率高且结构精密、性能良好。手枪是单人使用的武器，有效射程通常为50米。我国目前广泛配用的手枪是五一式、五四式、六四式和七七式等手枪；步枪的长度在1米左右，一般有效射程为400米；冲锋枪是单人使用的自动武器，有效射程在100米~200米或300米~400米。

民用枪支的种类很多，包括猎用枪支、运动枪支、教学枪支。猎用枪支是狩猎用枪，多用散弹，有工厂制造和土造两种；运动枪支指专供体育比赛、练习射击、打靶等用的枪支，具有一定的威力；教学枪支是外形同一般军警用枪、拆解后用于教学、能直观形象地看到枪支结构和发射程序的一类枪支。

特殊枪支，是指专供完成特殊任务使用的、形状较为奇特的一类特种枪支。其外形与一般物品如钢笔、雨伞、手杖等近似。

（3）按枪支的枪管构造分类。按枪支的枪管构造可将枪支分为平滑枪管枪支和膛线枪管枪支（图 2 - 45）。

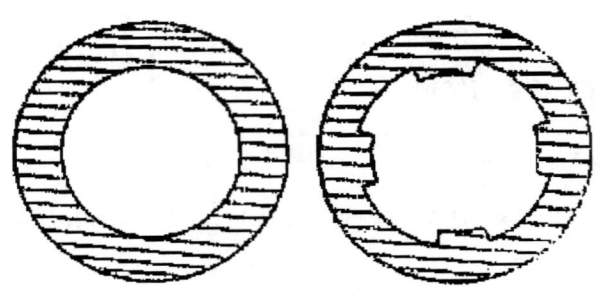

1. 平滑枪枪管（横切面）　　2. 膛线枪枪管（横切面）

图 2 - 45　平滑枪管与膛线枪管横切面

平滑枪管枪支是指枪管内壁没有膛线，呈平滑状的枪支。常见于猎枪、信号枪、土枪、特种枪等。此类枪支射程近、命中率低。

膛线枪管枪支，因膛线又称来复线，所以又叫来复枪。其枪管内壁有数量不等、平行的螺旋槽，即膛线（来复线）。凹下去的为阴膛线，凸起来的为阳膛线。膛线的作用是促使弹头飞行稳定、增加射程、提高命中率。各类军警用枪支即为膛线枪管枪支。

（4）按枪支口径分类。枪支口径是指枪管内径的大小。按枪支口径大小可将枪支分为小口径枪（3 毫米~6.5 毫米）、中口径枪（7 毫米~11 毫米）和大口径枪（11 毫米~14.5 毫米）。其测量方法根据枪管内壁结构的不同而不同：平滑枪管直接测量枪管内径大小即可；膛线枪管的测量根据膛线的数量而定，偶数膛线枪管测量相对阳膛线之间的距离，奇数膛线枪管则测量一端阳膛线通过圆心到另一端阴膛线之间的距离。

值得注意的是，散弹猎枪枪管口径的计算方式不同，其大小以"号"来计算。以一磅纯铅制成同等大小的若干个铅球，铅球数量的多少为号数，铅球的直径即为枪管的口径。号数越大，枪支口径越小；反之就越大。

2. 枪支的结构。枪支的机件很多，构造较为复杂，与枪弹痕迹检验相关的主要有枪管、枪机和枪机匣三部分。

图 2 - 46　手枪剖面图

（1）枪管部分。枪管位于枪支前部，是枪支的基本部件，由无缝钢管制成，是子弹发射的依托，也是在弹头上留下痕迹的主要机件。枪管的作用是赋予弹头一定的飞行方向和发射速度，使弹头平稳飞行。枪管的内表面称为枪膛，整个枪膛又分为弹膛、坡膛和线膛三个区域（图2－47）。

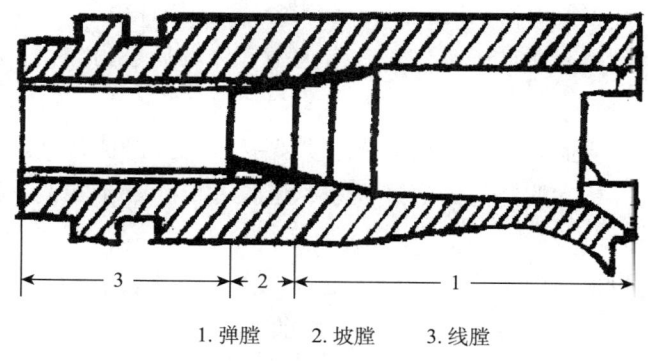

1. 弹膛　　2. 坡膛　　3. 线膛

图2－47　枪膛结构

弹膛，位于枪管的后部，是子弹待击发时所在的部位，其形状可分为瓶形和圆柱形，与子弹相适应。瓶形弹膛主要以子弹斜肩部位或底缘部位使子弹在膛内定位；圆柱形弹膛则主要是靠子弹壳口或底座的底缘在膛内定位。

坡膛，位于枪管的中部，前有线膛，后有弹膛，呈锥体状，由后向前直径略有缩小。弹头在坡膛内拔弹，还没旋转，在击发后脱离弹壳进入线膛的同时开始旋转，即坡膛的作用就是引导弹头脱离弹壳时能顺利平稳地进入线膛。

线膛，位于枪管的前部，内部有膛线。射击时，线膛区域的内部直接与弹头发生摩擦作用，使弹头开始旋转，并在弹头上形成膛线痕迹。线膛内的膛线有阳线和阴线之分，膛线的旋转有左旋和右旋两种。从枪管弹膛向枪口看，膛线呈顺时针旋转的为右旋，呈逆时针旋转的为左旋。我国的枪支多为右旋。

（2）枪机部分。枪机装在弹膛后部，由闭锁器、击发和抛壳等机件构成。枪机的主要作用是使枪支在发射时把子弹闭锁在膛内，防止弹壳移动和火药气体外溢。枪机可前后滑动，以便把子弹推入弹膛并排除弹壳。

第一，闭锁机件由弹底窝、复进簧和推弹突笋等机件组成。

弹底窝又叫后膛，位于枪机的前切面，其主要作用是把子弹推进弹膛。子弹发射时，弹底窝紧贴弹壳底部，防止其滑动，因此在弹壳底部会留有弹底窝的痕迹。

复进簧作用是使枪机在发射时，能前后移动，不断形成开锁、闭锁，便于连续发射。

推弹突笋也叫拔弹机，位于弹底窝下部，其作用主要是推顶子弹上膛。

第二，击发机件由击针、击锤、击发阻铁等机件组成。

击针位于弹底窝中心部位，其头部较尖，故被称为击针头。击针的作用是击发子弹底火引起发射。容易在弹壳底部留下击针头的痕迹。

击锤，它和扳机都是击发的机件。扣动扳机，通过枪机框和击发阻铁导引击锤打击击针，达到击发的目的。

击发阻铁，是控制击锤，造成击发或形成保险的一种专门装置。它通过扳机簧牵动击发阻铁，控制击锤打击击针。

第三，抛壳机件主要由拉壳钩、抛壳挺合抛壳口等机件组成。

拉壳钩的作用是用来抓住子弹底座，借火药气体的后坐力作用，抽拉抛壳的钩状机件。

抛壳挺是专为抛壳而设置的突起装置。其直接作用于弹壳底部，并在弹壳底部留下抛壳挺痕迹，不同枪支的抛壳挺痕迹大小、位置、形状都不相同，因此可以据此来判别枪种。

抛壳口是在枪机上专门为排壳而设置的一个洞孔，呈长椭圆形。发射后的弹壳在拉壳钩的作用下后坐至抛壳口处抛出枪体外，此时弹壳会与抛壳口发生碰撞而在弹壳上留下抛壳口的痕迹。

（3）枪机匣部分。枪机匣位于枪底把上，主要包括扳机和弹匣。弹匣和弹仓是专供装放子弹的部件，弹匣内装有托弹簧和托弹板，将子弹托起上膛。转轮手枪则以鼓轮代替弹匣供弹。扳机是导引打击击针的机件，子弹上膛后扣动扳机即可发射。

（二）子弹的种类与结构

1. 子弹的种类。

（1）按照子弹配用的枪种可将子弹分为手枪弹、步枪弹、冲锋枪弹、猎枪弹和信号枪弹等。手枪弹口径在 6.35 毫米～11.43 毫米之间，长度通常不超过 35 毫米；步枪弹口径多为 6.5 毫米～7.9 毫米，长度多在 55 毫米～90 毫米之间；冲锋枪弹一般同手枪弹和步枪弹相同，也有专供冲锋枪发射的子弹；猎枪弹多为散弹；信号枪弹的口径较大，一般在 20 毫米以上。

（2）按照用途可将子弹分为战斗用枪弹和辅助用枪弹。战斗用枪弹又可依其构成材料、性能、用途的不同分为普通弹和特种弹两类。普通弹主要用于射杀有生目标，特种弹则具有特殊用途，如穿甲弹、燃烧弹、爆炸弹等。辅助用枪弹不用于军事战斗使用，而是供教学、操练使用的子弹，如空包弹、教练弹等。

（3）按照不同发火部位可将子弹分为中心发火子弹、边缘发火子弹和针状发火子弹。中心发火子弹常见于军用子弹，其起爆药装在弹壳底部中心部位的底火里，击针击发底火中心，就能引起发射。边缘发火子弹的起爆药放在弹底座的四周边缘。针状发火子弹在壳体底座上有一个突起的小针，针的一端与起爆药相连接，击中小针，就能引起发射，该种子弹适用于古老枪支和特种手枪。

（4）按照形状可将子弹分为瓶形子弹和柱形子弹。瓶形子弹有斜肩，一般供步枪、部分手枪、冲锋枪使用；柱形子弹则没有斜肩，一般供手枪、转轮手枪和部分冲锋枪使用。

2. 子弹的结构。子弹由弹头、弹壳、发射药和底火四个部分构成（图 2－48）。

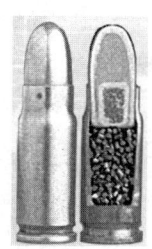

图 2 - 48 子弹的结构

（1）弹头。弹头呈尖头或圆头流线型，从头到尾分为三个部分：头部、导引部和尾锥部。其目的是直接杀伤和破坏目标物。头部为尖头状或圆头状，以便在发射过程中减少空气摩擦，并易于侵入目标物。导引部为圆柱形，嵌入膛线中，以保证弹头沿枪管轴线向前旋转运动，并保持稳定方向。这也是膛线痕迹容易残留的地方。尾锥部为圆锥形，其目的是便于减少空气对弹头的阻力。

弹头从外向里依次由披甲、铅套和弹心组成。披甲是弹头的外表面，一般多由铜锌合金或复铜钢组成，其作用是保证弹头的完整性。披甲往里则是铅套，一般由铝合金制成，它在披甲与弹心之间起着缓冲的作用。弹头最里层为弹心，由于制成材料不同又分为钢芯弹和铅芯弹。

（2）弹壳。弹壳是用来联结弹头、底火，并用来盛装和保护发射药的部分，其形状有瓶形和圆柱形两种，材料多用铜锌合金、复铜钢和低碳钢等几种金属。

（3）发射药。发射药是使弹头获得能量，使其产生射速的药剂，也是自动枪支自动循环过程中向各个自动结构提供能量的能源。发射药有有烟火药和无烟火药之分，过去常用的黑火药即有烟火药。而目前较为常用的是无烟火药，在燃烧时，能产生大量的高温高压气体，几乎不发烟。各种子弹的火药，除重量、质量不同外，其形状、大小、颜色也有所不同。

（4）底火。底火是点燃发射药的引燃装置，底火中的起爆药对机械摩擦、电和热的冲击十分敏感，爆炸速度快，能引发发射药的爆炸或速燃。底火由火帽、击发剂和锡箔片组成。火帽由铜锌合金制成，置于弹壳底面的中间部位，其内部装有击发剂。锡箔片的作用是密封防潮，底火装入弹壳底面后，一般涂有虫胶和防潮漆加固防潮。

二、枪弹痕迹及其鉴定

枪弹痕迹的形成与射击过程和射击原理有着密切的联系。当子弹被推进弹膛后，射击者扣动扳机，击针就以一定的动能击燃子弹底火，底火再点燃发射药，使火药迅速燃烧，瞬间产生大量气体，通过火药气体膨胀，迫使弹头高速通过枪管向前飞行；同时推动枪机后退、抛壳，再次推子弹上膛，使枪支处于待发状态。而枪弹的痕迹正是在这种复杂的能量变换和受力运动中产生的。

枪弹痕迹具有很强的特定性和稳定性，并且反映清晰度好，是枪弹痕迹鉴定的重要科学依据。枪弹痕迹主要包括射击弹头上的痕迹、射击弹壳上的痕迹、弹着痕迹和射击附带痕迹四种。此处重点介绍前两种。

（一）射击弹头上的痕迹特征

射击弹头上的痕迹主要是由于子弹经击发后产生了强大的气体压力，这种压力作用于弹头底部，使弹头脱离弹壳后，经坡膛进入线膛区域，弹头在迅速推进的过程中，其外层的披甲与枪管内壁发生了剧烈的摩擦而形成的。由于枪管内壁因有无膛线的区别而被分为膛线枪管和平滑枪管，因此射击弹头上的痕迹特征也有所区别（图2－49）。

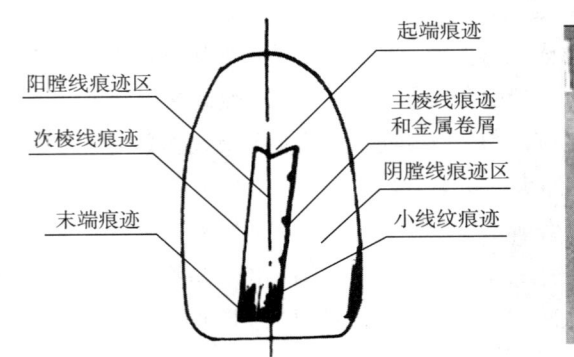

图2－49　射击弹头上的痕迹特征

1. 经膛线枪管射击的弹头痕迹特征。弹头在火药气体的压力作用下进入膛线区域时，受枪管内壁的挤压及阳膛线侧面剪切力的作用，会在弹头披甲上形成膛线痕迹，且此痕迹与弹轴有一定的角度。由于膛线枪管内分布着凸出来的阳膛线和凹进去的阴膛线，因此，对弹头表面进行观察，弹头导引部被擦刮的表面凹陷的条带状痕迹为阳膛线痕迹，表面没有什么磨损或磨擦不严重部位是阴膛线区域。膛线痕迹的特征主要有：

（1）阳膛线的棱线痕迹。每条阳膛线都有两个边棱，射击时，弹头进入线膛后随着膛线转动，膛线导转侧作用于弹头使该侧磨擦力加大，形成比较粗大且清晰可见的沟槽，被称为主棱线。另一侧不太明显的则被称为次棱线。主、次棱线是阳膛线痕迹与阴膛线痕迹的边界，也是膛线痕迹比对时定位的依据。

（2）阳膛线的起、末端痕迹。弹头尖端部分的痕迹叫起端痕迹，弹头尾部的痕迹叫末端痕迹。每支枪枪管的枪口部分以及线膛内膛线形态结构都有所不同，所以其在弹头上形成的起、末端痕迹特征也不相同。一般存在平直、倾斜、弯曲和波浪形等形态。弹头上线痕的状况与枪管的磨损、锈蚀程度及弹头与口径的关系等有直接联系。正常的阳膛线在射击弹头上形成的起、末端痕迹多为平直状，而在磨损、锈蚀严重或弹头与口径不符的情况下，起、末端痕迹则多为圆弧形。一般膛线起端痕迹是与线膛里的膛线起始方向的形状特点相吻合，末端痕迹由枪口的阳膛线的边沿特点决定。

（3）膛线痕迹中的小纹线。膛线痕迹中的小纹线是反映枪管内壁特点的重要特征之一，是弹头挤进膛线和在膛内旋转运动的过程中，因挤压、磨损而形成的，是每支枪支固有的特征。因此，小纹线的具体数量、位置、分布、面积、宽度以及其相互关系，常被用来作为认定或否定枪支的依据。

（4）金属卷屑特征。当弹头与枪管内壁紧贴时，常会在主、次棱线的边沿刮起一堆金属屑。这些金属屑经过磨损与翻压被压在棱线沟痕的两侧，形成了金属卷屑特征。不同枪支发射弹头所表现出来的这些特征的形状、数量、位置等各不相同，具有一定的鉴定价值。

（5）阳膛线的磨损特征。在枪支的使用过程中，由于火药气体的压力和高温作用、枪管与弹头的摩擦以及保管不善、擦拭不干净等原因，会使枪管出现磨损、腐蚀、脱屑等特征，而这些特征在射击时也会在弹头上反映出来，按照枪管的磨损程度，大致可将磨损特征分为轻度、中度和严重磨损。

枪管轻度磨损一般不影响阳膛线主、次棱线的反映，在阴膛线痕迹部位，一般看不到线条状痕迹，因此鉴定价值不大；枪管中度磨损常能较清晰地反映出阳膛线主棱线的痕迹特征，对于次棱线痕迹特征的反映则不明显，且阳膛线中能反映出的小纹线较多，阴膛线中也能反映少量的小纹线痕迹，起、末端痕迹形态较为清晰，有一定的鉴定价值；枪管严重磨损可能会导致阳膛线的主、次棱线痕迹较难分辨，有时可见少量片断的主棱线痕迹，线条多平行于弹头轴线。阳膛线及阴膛线部位的小线条痕迹密集。

2. 经平滑枪管射击的弹头痕迹特征。平滑枪管类枪支常见于自制土枪、老式枪支和特种枪支等，其口径大小不一，子弹有正规厂家生产的，也有自制的或改造的。由于平滑枪管内无膛线，因此，在其射击的弹头上痕迹特征也有所不同。

一般平滑枪管采用钢管制成，没有膛线，故在弹头上不会形成膛线痕迹，但可以看到分布不均匀的擦痕。其擦痕长短不一，没有主、次棱线痕迹。并且土造枪管多与使用的枪弹口径不吻合，弹头在枪管内运动有摇摆，常在不易出现擦痕的弹头的头部和底部边沿会出现撞擦的痕迹特征，弹头也容易发生变形。

（二）射击弹壳上的痕迹特征

射击弹壳上的痕迹，指枪支发射时，在弹壳上遗留下反映枪支的有关作用机件表面结构特点的痕迹。这些痕迹分布在弹壳的壳底面、底槽、壳体、斜肩等不同部位，大多属于印压痕迹，也有一部分是由于擦划作用而形成的线条状痕迹。在发射的三个阶段，即装弹、击发和排壳中，射击弹壳上都会留下相应的痕迹，形成不同的痕迹特征。

1. 装弹过程中留下的痕迹特征。

（1）弹匣口痕迹。子弹在被装入弹匣时，弹壳体表面必然会与弹匣口两侧棱边发生摩擦，因此会在壳体和底座棱边上留下两条相互平行且间隔常与弹匣口宽度一致的擦痕。有时弹匣口痕迹在弹壳上的反映并不明显，有时可能会因为多次装弹，壳体上留下多条弹匣口痕迹。

（2）枪机下表面痕迹。子弹上膛时，枪机后退，弹匣内的子弹受到托弹板的上顶力作用，弹壳体与枪机下表面发生摩擦。由于枪机下表面多呈平面，而弹壳体是弧形的，所以弹壳体表面常会留下一定宽度的带状擦痕，其位置在弹匣口痕迹的中间部位。如果弹匣装弹多，弹力大，那么形成的擦痕就很明显。

（3）推弹突笋痕迹。子弹上膛时，枪机后退到一定位置，子弹在弹匣中被顶起来，此时枪机受到复进簧的作用向前复进，推弹突笋就推动弹匣内被顶起的最上端的子弹上膛，进而在弹壳底面的上部或左右两侧留下"一"字形或角状、点状的推弹突笋痕迹（图2-50）。

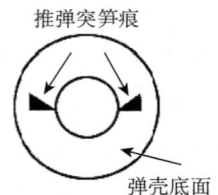

图2-50　推弹突笋痕迹

（4）弹膛后切口痕迹。弹膛后切口是枪管后部弹膛口沿上开设的切口，其作用是在子弹上膛闭锁时能很好密封和防止子弹移动。子弹被推入弹膛时发生碰擦，会在壳口、壳体的近底槽处及底座棱边留下弹膛后切口的痕迹。

（5）指示杆痕迹。在某些装有指示杆的枪支（如六四式、五二式手枪）中，当子弹上膛后，弹壳底面就会与指示杆端顶相抵，此时就会在弹壳底面击针头痕迹的正上方留下指示杆痕迹。当在火药气体压力作用下枪机后坐时，指示杆痕迹会更加明显。

2. 发射过程中留下的痕迹特征。在发射过程中，由于作用力大，接触面广，且多是印压痕迹，所以痕迹特征反映明显、稳定、可靠，对于枪弹痕迹鉴定的价值极高。

（1）击针头痕迹。子弹发射的能源是由击针头撞击底火，引起底火燃烧而来的。因此在每一枚射出的弹壳上必然会留下击针头在弹壳底火中心留下的反映击针针端特点的凹陷痕迹。由于击针比较坚硬，而底火壳材料较软，加上打击力度较大，因此反映出的击针头的痕迹也比较深凹和清晰。各种枪支的击针头形状、位置、大小、粗细及固定在弹底窝表面的方式等各不相同，其痕迹特征也各不相同，且其痕迹具有很强的稳定性，因此鉴定价值较大（图2-51）。

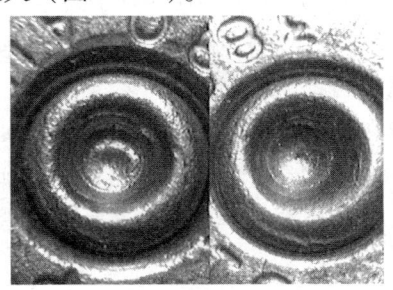

图2-51　击针头特征

（2）弹底窝痕迹。弹底窝痕迹又叫后膛痕迹，是由于弹壳底面在火药气体压力作用下向后运动或轴向伸长时紧贴在枪机的弹底窝上，从而在弹壳底面上留下反映弹底窝表面由于生产加工或使用过程中形成的凹凸点线特点的痕迹特征。由于痕迹的面积大、特征多，且所有的枪支发射时，都会不同程度地反映出弹底窝痕迹，所以鉴定价值较高。（图2-52）

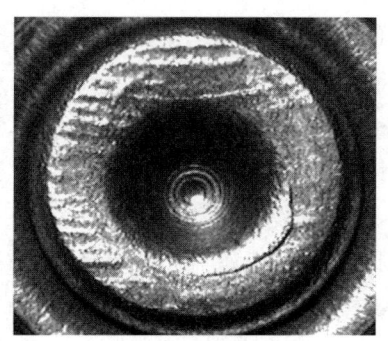

图2-52　弹底窝特征

（3）弹膛内壁痕迹。子弹在击发后弹壳受到高温高压气体的影响而膨胀，与弹膛内壁紧贴，使得弹膛内壁在生产加工时形成的特征及使用擦拭等条状、块状特征等印压在弹壳体上。

（4）烟垢特征。子弹发射后，会在射击弹壳上留下不同程度和不同分布的烟垢特征。该特征虽不是枪支机件的痕迹特征，但烟垢外溢后附着在弹头、弹壳表面的位置、浓度、数量等依每个枪支的不同而有所不同。如五四式手枪很少有烟垢附着；六四式手枪的烟垢痕迹分布较小，但浓度大；七七式手枪的烟垢痕迹则分布在口部和底部稍多。

3. 抛壳过程中留下的痕迹特征。枪支在抛壳过程中形成的痕迹主要有拉壳钩痕迹、抛壳挺痕迹和抛壳口痕迹等。

（1）拉壳钩痕迹。拉壳钩痕迹是在枪支上膛和抛壳的时候，拉壳钩与子弹的后边缘、棱边、前边缘、底槽内等部位发生撞击和摩擦作用而在这些部位留下的痕迹。痕迹的宽度、位置、数量和形状各不相同。

（2）抛壳挺痕迹。当弹壳被拉退到抛壳挺所在位置时，弹壳底面边缘某处与抛壳挺碰撞，弹壳在拉壳钩、抛壳挺的共同作用下被抛出枪体外，同时在弹壳上留下抛壳挺痕迹。抛壳挺痕迹是撞击作用形成的印压痕迹，一般能够比较清晰地反映抛壳挺撞击面的结构特征。

（3）抛壳口痕迹。弹壳脱离拉壳钩从抛壳口飞出时，常与枪支的抛壳口边沿或机匣棱边发生碰撞，而在弹壳体中上部留下抛壳口痕迹。枪种不同，抛壳口痕迹在弹壳上的位置的高低以及痕迹的宽窄、形状和大小等均不相同。但由于抛壳的过程具有一定的随机性，因此此痕迹不能作为否定嫌疑枪支的依据。

（三）枪弹痕迹的鉴定

枪弹痕迹的鉴定任务主要是根据现场射击弹头、弹壳来认定或否定嫌疑枪支。枪弹痕迹的鉴定，要按照相应的步骤和方法进行。

1. 了解案件情况，明确鉴定任务。了解案件性质，案件发生的时间、地点、过程及其后果情况。特别要了解现场弹头、弹壳形成的条件、提取的方法、嫌疑枪支的提取和保存方法。要明确鉴定的目的与要求，确定检验的任务和范围，并作好鉴定的物资准备。

2. 制作样本弹头、弹壳痕迹。样本弹头、弹壳是指用嫌疑枪支发射取得的供比对、鉴定用的弹头、弹壳。鉴定中样本弹头、弹壳的提取一般是通过提取嫌疑枪支后的实验射击来获取。有的可以将现场上发现的两个以上的弹头、弹壳痕迹进行相互比对，互为样本；也可以收取发案以前或以后嫌疑枪支发射的弹头、弹壳样本；如若建立了枪弹痕迹档案，还可以将档案内的弹头、弹壳痕迹作为样本弹头、弹壳痕迹。

3. 分别检验。

（1）检验现场弹头、弹壳。如果弹头、弹壳上有微量附着物，应注意提取检验。对污垢较重的弹头、弹壳，可先用酒精、丙酮、汽油等轻轻擦拭后再进行检验。检验时先全面观察每个弹头、弹壳的特征，确定其种类及适用的枪种。如果现场有几枚弹头、弹壳应相互进行比对，以确定其是否为同一支枪所发射。

（2）检验嫌疑枪支。在对嫌疑枪支进行检验的过程中，首先要确定嫌疑枪支能否发射现场的弹头、弹壳，如果能，需做实弹射击实验来进一步确定；如果不能，则可以直接排除该枪支发射现场子弹的可能性。其次，应对嫌疑枪支的机件和性能进行检验，对其可用性与完好性进行分析，是否存在"走火"的可能。

（3）检验样本弹头、弹壳痕迹。观察不同的射击条件及其对形成痕迹特征的具体影响，注意可能出现的规律性的反映。并通过样本弹头、弹壳痕迹的相互比较，确定在样本弹头、弹壳上，有哪些明显的、稳定的、出现率较高、可用来比对的特征。

4. 比较检验。比较检验主要是对现场弹头、弹壳上的痕迹特征和样本弹头、弹壳上的痕迹特征进行比对，也包括对弹头、弹壳之间的痕迹特征进行比对，以及把它们同嫌疑枪支直接进行比对。通常用的方法有特征对照比对法、线痕接合比对法、特征重叠比对法等。

5. 综合评断，得出结论。综合评断是在对检材和样本进行分别检验、比较检验的基础上，综合一切检验获得的科学数据，运用痕迹检验基本理论，结合案件的具体情况客观全面地对其符合点和差异点进行分析，最终做出同一或否定的结论。

三、枪弹自动识别系统

枪弹自动识别系统是运用光学技术、图像处理技术和数据库技术，自动完成枪弹痕迹的成像、处理、储存、比对、查档等功能。其工作的基本原理是：通过成像系统的自动对焦和电子扫描完成枪弹痕迹的采集工作，并把图像转化为数字信息储存在计算机的数据库中，与数据库的其他样本进行比较，可迅速查明作案枪支或进行串并案件。计算机会按照与待检验枪弹痕迹的匹配程度列出可疑对象，并可调出两幅图像进行对照而无需枪弹实物。并且结合网络技术，还可以实现枪弹痕迹的远程比较和现场枪弹痕迹的即时比较，大大提高了枪弹痕迹的鉴定效率，为涉枪案件的侦查提供了有利的条件。

四、现场枪弹痕迹的勘验

现场枪弹痕迹勘验的任务是发现和提取现场上的枪弹痕迹及其他物证，研究分析案情，判断案件性质，确定侦查方向和范围，为破案提供依据。因此在勘验的过程中必须遵循及时、全面、细致、客观、合法的一般原则。

（一）现场枪弹痕迹的发现

1. 现场射击弹头的发现。现场弹头具有很强的能动性，常常穿透物体射向远方或发生折射反跳而去向不明，难以查找，常需要借助弹道痕迹进行分析判断。一般情况下可以从以下几个方面进行查找：

（1）通过弹着点来发现。弹着点是指弹头耗尽能量的最后落点，如果发现了弹着点，对其附近仔细进行察看，一般不难发现射击弹头。

（2）如果弹头击中的是人体或动物，且只有射入口而没有射出口，那么可以通过拍摄 X 光来发现其所在部位。此种情况下还要注意考虑弹头是否穿出肌肉而遗留在衣物或鞋帽内。

（3）当射击弹头击中障碍物如地板、家具、墙壁等时，可以顺着弹道发现弹头的位置。

（4）当弹头在射击过程中遇到障碍物发生反跳，只留下弹着点而没有射入口时，可以在被击中的障碍物周围进行寻找。

（5）如果弹头遗留位置不明显、寻找范围较大，还可以借助磁铁、探雷器或金属探测器进行查找。

2. 现场射击弹壳的发现。大部分自动枪支作案的现场都会留下射击弹壳，因此在现场搜寻射击弹壳相对较为容易，确定射击位置后，即可按照嫌疑枪支的排壳方位在附近进行搜寻。虽然枪支的种类不同其抛壳方式和远近也不一致，但通常情况依然可以将以发射位置为中心的 5 米左右半径范围内作为重点搜寻弹壳的区域。

在现场搜寻弹壳时还需注意以下几个方面：

（1）当现场被认定的枪支为手动退壳枪支时，如转轮手枪、私制土枪、猎枪等，其排壳距离不大，应在发射位置周围进行查找，或在提取到的枪支鼓轮或弹膛内寻找。

（2）可以根据现场足迹、遗留物等其他痕迹去分析推断发射的位置，从而去寻找和发现弹壳。

（3）当现场搜索环境复杂或范围过大时，可以借助磁铁、金属探测器等工具帮助查找。

（4）当他杀现场未见到弹壳时，要考虑嫌疑人是否有逃避打击而藏匿弹壳的情况。也要注意嫌疑人可能为了混淆侦查视线而故意携带弹壳丢弃在现场。因此在现场勘验中要注意分析矛盾，识破假象。

3. 现场射击枪支的发现。涉枪案件的现场，搜寻和提取枪支对于案件的侦查具有重要意义。一般在自杀、自伤或伪装自杀、枪支"走火"的现场不难发现枪支。而在他杀无伪装的现场，一般很难发现枪支，应到现场附近的池塘、粪坑、沟渠、水井等处打捞，或到隐蔽处搜寻。对于有重点嫌疑对象的案件，也可申请对其工作和生活场所进行搜查以发现枪支。

4. 射击附带痕迹的发现。枪支射击过程中，除了会从枪口喷出和从枪管尾部逸出大量的气体外，还有未燃烧或未完全燃烧的火药颗粒及其中间固体产物，如金属碎屑等。这些附带痕迹的勘验对于枪案性质的分析和确定都有重要意义。射击附带痕迹的发现应着重从以下几个方面进行：

（1）在判断可能是近距离射击或贴面射击后，应重点在射入口的周围及射出口的背面、弹道内壁、弹着点附近等部位去发现，射击者的手上也很有可能残留有附带痕迹。

（2）射击附带痕迹一般量小、反差小，肉眼难以看清，甚至看不见，此时就要借助放大镜或显微镜，加上合适的滤镜对其进行发现。对于反差比较微弱的物体，还可以利用紫外线、红外线照射，以加强反差，进而发现射击附带痕迹。

（二）现场枪弹痕迹的提取

1. 现场射击弹头、弹壳的提取。在涉枪案件现场发现弹头、弹壳时，应遵循先拍照固定再提取的原则，以便反映出弹头、弹壳与现场有关物体之间的相互关系。在提取时，要按照提取的先后顺序编号，并将弹头、弹壳分布的状况、位置，以及射击附带痕迹进行详细记载。如若弹头嵌入到物体中，应仔细挖掘射入口，使其扩大后再用镊子夹取或用磁铁吸取。要尽可能地保持物体的原始状态，不要将其附带痕迹毁灭，也不要造成新的痕迹。已被取出的弹头、弹壳，应用干净的布块或软纸分别进行妥善包裹，放入盒内或者物证袋内，以备送检。

2. 现场射击枪支的提取。对于有枪支遗留的现场，也应遵循先拍照固定再提取的原则。提取枪支时要注意安全，检查枪膛内有无上膛的子弹，以防走火或误射等意外事故的发生。枪支上可能会留有嫌疑人的指纹，提取时要注意观察，避免破坏。要详细记载提取的枪支的情况，如种类、枪号、口径、剩余子弹数、有无上膛及枪管有无气味、火药灰等，以备查证。对枪支、弹匣和其他分离部分，应分别用洁净的软纸、棉花或者纱布进行包裹，枪口用棉花堵塞。若枪机需要转运或长期保存，则需要用干净的布块将枪机包裹，并用棉花或细软物垫盖放入盒或袋中保存，待检。

3. 射击附带痕迹的提取。对留有射击附带痕迹的洞孔和物体，要尽量提取原物，不能提取原物时，可以在一定范围内剪下织物或取下部分物品待检。在对射击附带痕迹进行提取前一定要注意先拍照固定，做好记录。对于现场的射击附带痕迹一定要及时提取，特别是嫌疑人手上的射击附带痕迹。提取的时候不要开窗或开动电扇，以免破坏或污染附带痕迹。在实践中，根据不同客体性质可采用不同的方法：

（1）复印法。复印法的基本原理是利用滤纸的吸附作用，将目标物表面的射击附带痕迹转移到滤纸上进行检验。此法主要适用于衣服、皮革、纸张、纺织品等轻薄、光洁的物体上的射击附带痕迹的提取，可分为湿复印法和干复印法。

湿复印法。将待提取的物品放置于干净平整的物面上，将留有附带痕迹的一面向上，并在其表面喷洒一些如乙醇、丙酮等有机溶剂使物面润湿。然后覆盖上洁白的滤纸，在滤纸上放置一层干净的布块或铝箔，再用电熨斗加热到 60 摄氏度 ~ 80 摄氏度，熨烫 2 分钟 ~ 3 分钟，即可将射击附带痕迹提取到滤纸上。

干复印法。在一个干净平整的物面上先放置好一张洁白的滤纸，将衣服、皮革、纺织品等疑有附带痕迹的一面覆盖在滤纸上，其上再铺上纸张或布块、铝箔等。将电熨斗加热到 120 度左右，熨烫 1 分钟 ~ 2 分钟，即可将射击附带痕迹提取到滤纸上。

（2）直接提取法。直接提取法适用于人体及表面较平整客体上的射击附带痕迹的提取。主要有火棉胶提取法、AC 纸提取法和专用胶纸提取法。

火棉胶提取法。在疑有射击附带痕迹的客体上喷洒 2% 的火棉胶醋酸异戊酯溶液，待其挥发后，火棉胶形成薄膜覆盖在射击附带痕迹上，然后将透明胶纸贴在火棉胶上，用手压实后沿着与胶面呈 30 度角的方向将透明胶纸揭下。这时火棉胶便被胶纸粘下，射击附带痕迹即被提取下来。

AC 纸提取法。取一张大于客体上射击附带痕迹面积的 AC 纸，用镊子夹住一角，浸泡于丙酮中，待其软化后取出，贴在射击附带痕迹上，然后再贴上一张 AC 纸，用手压实，待其干透后便可揭下，此时射击附带痕迹即被提取下来。

（3）专用胶纸提取法。直接将专用胶纸贴在射击残留物上，用手指压实后揭下，再贴在玻璃板上供检验。此法适合少量射击残留物的提取。

（4）擦拭溶解法。此法适用于残留在手上的射击附带痕迹的提取，较常用于金属元素的检验。先使用 5% 的硝酸水溶液或酒精溶液作提取液。提取时用镊子夹住棉球浸入提取液中，取出后擦拭可疑射击者的手背、拇指、食指和虎口等部位，反复擦拭几次。金属离子便溶于硝酸溶液中。再应用此法对另一只手进行擦拭，以便进行空白对照。该法提取的射击附带痕迹可直接用原子吸收光谱法进行检验。

（5）滤纸吸收提取法。此法主要用于枪管内表面上射击残留物的提取。将可疑枪支枪口朝下，倒置固定。把滤纸卷成筒状插入枪管内，并使滤纸伸出枪口一段距离。

将枪口伸出的滤纸卷插入装有5%氨水溶液的烧杯中，氨水便逐渐浸湿滤纸卷，并与其中金属离子形成络合物而将金属离子提取下来，再用化学方法检验，确定是否有射击残留物。

五、现场枪弹痕迹的分析

枪弹痕迹的分析内容主要包括以下几个方面：推断孔洞是否为弹孔，分析发射枪支的种类、射击距离、射击方向和角度、射击时间，以及枪击案件的性质等。

（一）推断可疑孔洞是否为弹孔

首先，应结合弹头的穿透力对可疑孔洞进行分析。弹头在火药提供的能量下飞速旋转向前，穿透力极强。当射击距离较远，且遗留孔洞的客体又为较厚的木板、铁皮、人体时，可以考虑此孔洞可能为弹孔。其次，可以通过对孔洞的特点进行分析确定。对孔洞的特点进行分析，主要是根据孔洞形成的形状、大小、射击附带痕迹及射入口和射出口的特征进行分析。如果在孔洞周围发现了各种射击附带痕迹、弹头及其分析物，就可确定为弹孔。

（二）分析发射枪支的种类

1. 根据弹孔的形状、大小及其周围的痕迹特点推断发射枪支的种类。弹孔的大小和形状一般可以反映弹头的形状和枪支口径的大小，根据烟垢残留的特征也可以大致推断该枪支是军警用枪还是自制土枪等。

2. 根据弹头穿透力的大小，可以分析枪支的性能，进而分析确定发射枪支的种类。通常情况下，步枪机枪的子弹较大，发射后穿透力强，深度大，被射物体裂纹密集、孔缘外翻，烟垢等残渣浓厚。手枪的子弹小、药量少，发射后的弹孔撕裂较少，孔缘裂碎不严重，残留物分布面较小且相对稀薄。

3. 根据现场提取的弹头、弹壳的构造及其射击痕迹推断发射枪支的种类。通过研究弹头上的痕迹，可以确定所使用的枪支的枪管中膛线的数量、宽度等；根据弹壳上的痕迹，可以确定发射枪支的拉壳钩和抛壳挺的相互位置及各自的尺寸、形状，从而推断枪支的种类。

（三）推测射击距离

推测射击距离是分析枪弹痕迹的一项重要任务，对于确定目标物与射击者在案发时的各自位置，查明案件性质，以及寻找弹头、弹壳等具有重要意义。依据距离的远近，射击距离分为贴近射击、近距离射击和远距离射击。

1. 贴近射击的特点。贴近射击是指枪口接触被射客体或距离被射客体5厘米以内的射击距离。由于射击距离较近，弹头、火药气体和射击附带痕迹都会在被射客体上留下痕迹，特点表现如下：

（1）弹孔的形状呈圆形（正射）或椭圆形（斜射），在衣物等薄层物体上，会形成"+""T"形的裂口。

（2）在被射击客体的射入口周围形成的射击附带痕迹面积小，颜色呈深褐色。

（3）贴近射击由于靠射入口距离近，因此未燃尽的火药颗粒会在高温高压下随弹头一起喷出，进而在射入口周围留下烧灼痕迹，在纤维、毛发上甚至会出现烧焦的状态，有时在弹孔内也会发现火药粒和烟垢。

（4）贴近射击人体等较软的客体时，有时也会在客体上留下枪口的压痕。

2. 近距离射击的特点。近距离射击是指枪口距离被射客体 5 厘米至 100 厘米以内的射击。特点表现如下：

（1）弹孔呈圆形或椭圆形，比贴近射击稍大。靠近弹孔中心的颜色较深，周围颜色较浅。

（2）在弹孔周围常伴有喷溅状的未燃尽的火药粒、金属屑等物质。如若射击距离小于 10 厘米，也有可能在人体火纺织物的弹孔周围出现烧灼的痕迹。

3. 远距离射击的特点。远距离射击是指枪口距离被射客体 100 厘米以上的射击。特点表现如下：

（1）通常只表现弹孔或弹着点的痕迹。

（2）与贴近射击和近距离射击不同，远距离射击的射出口大于射入口。

（3）由于射程较远，一般在射入口周围无烧灼痕迹。

（四）分析射击方向和角度

射击方向和角度往往对于查清案件性质、确定射击时射击人和被害人各自的位置及更好地寻找弹头和弹壳等具有重要意义。

1. 根据弹孔在客体上的射入口和射出口特征判断。由于射入口与射出口的特征不同，据此可以判断射击的方向与角度。

（1）人体上的射入口和射出口特点。人体皮肤组织具有弹性，当子弹射入人体时，会呈圆形缺损，且外表观察弹孔略小于弹头的直径，入口处常可见到烟垢、火药颗粒等附带痕迹。贴近射击和近距离射击时，射入口大于射出口，远距离射击时则相反，射出口大于射入口，且呈星芒状裂开。

（2）纺织品上的射入口与射出口特点。纺织品上的射入口边缘多向内卷，且有明显擦痕。贴近射击和近距离射击时，在射入口常见附带痕迹特征，纤维多伴有烧焦状态，呈灰黑色；射出口边缘不整齐，呈外翻现象。如被射击客体为薄层纺织品，在其射出口一侧也易发现火药粒、金属屑等呈"小尖"状的突起。

（3）金属板上的射入口和射出口特点。由于金属板材质较为坚硬，其射入口略向内陷，周围光滑整齐，有时还伴有光泽，无细小裂纹；射出口则边缘不整齐，卷起外翻，呈锯齿、花瓣状，有时在其外翘端边缘可见到弹头的撞击痕迹。

（4）玻璃上的射入口和射出口特点。玻璃上的弹孔基本呈圆形或椭圆形，从射入口到射出口呈喇叭状，出口大于入口。入口小而平滑，孔径大于弹径，同心圆裂纹稀少且辐射状的裂纹较密、较短；出口的同心圆裂纹密集，且辐射状裂纹较疏、较长。

（5）木板上的射入口和射出口特点。木板的射入口外沿常见明显的擦带，弹孔较小，形状圆整，边缘略向内陷，有时可见细小碎屑分布。近距离射击时入口可观察到黑色的射击附带痕迹；射出口一侧弹孔面积大，边缘不整齐，有明显的崩裂状，常有木屑外翘。

2. 根据弹孔和擦带痕迹的形状来分析。当子弹是以90度的角度射入客体时，弹孔及其擦带痕迹一般呈圆形；当子弹射入角小于90度时，弹孔则呈椭圆形并伴有不均匀的擦带痕迹，由此可以判断子弹是沿明显的擦带方向射入的。

3. 根据弹孔、弹着点的位置来判断。当现场既有射入口，又有射出口时，将两者相连接即可获得射击的方向和角度。但如果在射击的过程中弹头遭遇障碍物而发生弹跳，改变了射击方向时，要仔细寻找和观察反跳点的痕迹特征，从而确定弹头的飞行方向。

（五）分析射击时间

1. 根据气味进行分析。枪支在射击后的数小时内，可在其枪口、枪管、弹底窝、弹匣等处闻到一股火药味，如果将该枪支放于狭小空间，此气味还可保持数十小时以上。因此，可以根据枪支放置的情况和火药味的大小来分析射击的时间。

2. 利用枪支机件的积炭情况进行分析。当枪支射击后，燃烧的火药气体和枪管的金属颗粒、氧化物等混合凝结成一种深灰色或棕色的物质附着在枪管、弹膛等部位，随着时间的增加开始形成锈斑，3天～5天后锈斑增加进而形成锈层。硝化甘油的火药气体易使锈层出现，一般可在射击后的第二天就能见到锈层。因此，通过对锈层的观察和分析，可以大致判断射击的时间。

3. 利用亚硝酸盐进行分析。枪支发射子弹后，由于火药气体燃烧导致的高温高压作用致使火药的烟垢、枪油等残留物附着在枪支机件的表面和缝隙之中，并发生化学反应产生亚硝酸盐，一般可以保留3天～4天。因此可以通过化学化验的方法来加以验证。

4. 通过实验进行分析。根据枪支使用和保管的条件，使用相同枪支和子弹，在相近的条件下，反复进行射击实验，观察每个时段的变化，进而推断出大致的射击时间。

（六）分析枪击案件的性质

分析枪击案件的性质，即是为了确定该案是否属于他杀、自杀、误射、走火以及是否存在伪装等情况。

1. 他杀枪击现场的特点。

（1）尸体上有致命的枪弹创伤，现场留有弹头和弹壳。

（2）尸体的手上无射击残留物。

（3）虽然现场留有枪支，但尸体上的枪弹创伤排除自杀所为。

（4）现场有挣扎、搏斗的痕迹。

（5）现场有诸如被盗窃、被抢劫、被翻动等犯罪活动迹象。

（6）有其他证据证明是他杀的。

2. 开枪自杀现场的特点。

（1）尸体上只有一处致命的枪弹创伤，且弹道特点符合自射的动作。

（2）死者往往衣着整齐，无搏斗的痕迹。

（3）死者身上、衣物上有明显符合贴近射击或近距离射击的痕迹，手上有射击残留物。

（4）现场留有发射枪支，且处于待发状态，枪上可提取到死者的指纹。

（5）现场环境单纯，无闯入迹象，孔洞多为自内向外发射形成。

（6）有其他可以证明为自杀的因素。

3. 误射现场的特点

（1）现场没有发现犯罪活动迹象，又不具备自射的特点。

（2）除在受害者身上留有弹孔级弹头外，现场没有发射枪支和射击弹壳。

（3）案发时，周围有练习射击或打靶、打猎等情况。

（4）射击时发射地点较远，无瞄准可能。

（5）射击者对被害人不存在加害的因素。

4. 枪支走火现场的特点。

（1）现场遗留有枪支，且枪支的机件陈旧、保险失灵。

（2）枪支有在擦拭、拆卸过程中由于触摸或碰击等引起走火发射的迹象。

（3）现场有人玩弄枪支，弹道痕迹符合无意击发的动作。

（4）射击者无作案动机、无伪造迹象，受害者亦无自杀趋向。

✎ 实训项目

【实训项目】比对弹头、弹壳痕迹特征

一、实训目的

1. 熟悉弹头、弹壳上形成的痕迹。

2. 掌握现场弹头、弹壳特征与样本弹头、弹壳特征的比对方法。

二、实训原理

由于枪支在生产和使用的过程中会形成不同的特征，击发子弹时特征会相应地反映在弹头、弹壳痕迹上，根据同一认定原理，可以根据此细节特征对射击枪支进行同一或否定认定。

三、实训内容

1. 观察现场弹头、弹壳和样本弹头、弹壳上的痕迹特征。

2. 比对现场弹头、弹壳和样本弹头、弹壳上的痕迹特征。

3. 综合评断后作出同一或否定的结论。

四、实训器材

比较显微镜、立体显微镜、现场弹头弹壳、样本弹头弹壳、数码相机、色笔、记录纸等。

五、实训步骤

选取同一枪支射击的弹头和弹壳各 2 枚，分别作为现场弹头、弹壳和样本弹头、弹壳。

1. 观察现场弹头、弹壳上的痕迹特征。把现场弹头、弹壳分别置于立体显微镜下，观察寻找发射过程中形成的痕迹特征。弹头上重点寻找阳膛线的数量、宽度、主次棱线痕迹中的突出特征，以及明显的初、次生痕迹的分布和细小擦痕的反映情况。弹壳上重点寻找弹底窝加工纹线类型、形状、分布及细小特征，以及击针头痕迹的大小、位置和形状，拉壳钩和抛壳挺痕迹的相互位置、各自的形状、大小等。

2. 观察样本弹头、弹壳上的痕迹特征。方法及观察部位与现场弹头、弹壳一致。

3. 比对现场弹头、弹壳与样本弹头、弹壳上的痕迹特征。在分别检验的基础上，将认为是同一支枪击发的现场弹头、弹壳与样本弹头、弹壳分别置于比对显微镜下进一步观察，将线条痕迹特征接合比对，并对接合的痕迹特征加以评断，对评断确认的特征照相纪录。

（1）特征比对法。在比对时，将现场和样本弹头、弹壳上相同部位的特征，并列安放使两者处于同一坐标内，然后观察确定特征的符合点和差异点。此种方法适用于现场弹头与样本弹头上的主次棱线痕迹，起末端痕迹的分布、形态等特征的对照比对，以及现场弹壳与样本弹壳上的拉壳钩痕迹、弹底窝痕迹、击针头痕迹、抛壳挺痕迹、指示杆痕迹等形态特征的对照比对。

（2）线条接合比对法。将现场和样本弹头、弹壳上相同部位的线条痕迹分成两段，用现场弹头、弹壳上的线条痕迹的一半与样本弹头、弹壳上的线条痕迹另一半加以拼接，看是否能完全接在一起。比对时，将现场弹头、弹壳旋转在比较显微镜左边的载物台上，将现场弹头、弹壳放置在比较显微镜右边的载物台上，使检验面保持水平位置，通过目镜观察检材，移动载物台升降调节轮和纵向或横向调节轮，调到适当位置，然后进行比对。此法适用于现场弹头与样本弹头上相应的线条痕迹的接合比对；现场弹壳与样本弹壳上的线条状弹底窝痕迹、弹膛内壁擦痕、拉壳钩擦痕等线条状痕迹的接合比对。

（3）特征重叠比对法。将现场与样本弹头、弹壳上击针、抛壳挺、弹底窝等按其位置、形状、大小加以重叠比对。对于痕迹边缘轮廓比较清晰的弹头、弹壳，可采用特征重叠法进行比对。

4. 综合评断作出结论。当符合点是本质，差异点非本质且差异点可以得到合理解释时，可以做出同一认定结论；当差异点是本质，而某些符合点是偶然的，则可以做出否定结论。

六、注意事项

1. 现场弹头、弹壳与样本弹头、弹壳要分别做好标记，切勿混淆。

2. 妥善保管好弹头、弹壳，避免其痕迹特征损毁。

3. 显微镜镜面应保持干净，如有灰尘，可用吹气球吹去或镜布擦拭。

4. 仪器用完后，应用防尘罩盖好，放在通风干燥处。

七、实训作业

制作"特征比对照片"，并将两者的符合点和差异点用不同色笔按顺时针方向标示序号。

八、拓展思考

比对前如何清理现场污染较为严重的弹头、弹壳？

【参考文献】

1. 徐立根主编：《物证技术学》，中国人民大学出版社 2011 年版。

2. 傅政华主编：《物证技术学》，中国人民公安大学出版社 2003 年版。

3. 卢小康：《枪弹痕迹学》，群众出版社 2007 年版。

4. 邹明理主编：《痕迹学》，法律出版社 2000 年版。

5. 肖允中、陈艇、谢增庆编著：《司法弹道学》，四川科学技术出版社 1988 年版。

【单元练习】

1. 枪支的射击原理是什么？

2. 子弹在装填、击发和排壳阶段形成哪些特征？

3. 如何分析判断弹头的入口与出口？

4. 枪击事件中自杀现场与他杀现场有何不同？

5. 如何分析射击距离？

6. 枪弹痕迹检验的任务是什么？

项目三

文书物证

学习任务一　认识文书物证

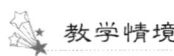 **教学情境**

　　对可疑文书进行检验，确定文书真伪，为立案侦查提供依据。例如，确定某份文书是否为密写文书，显出其密写内容，为证实案件性质提供书证；认定可疑货币、证券、票证、印文、证件、证书的真伪，证实伪造变造案件是否实际发生。

　　通过对与案件有关的文书进行检验，确定文书的制作方法、制作材料的种类、文书来源等。这能够为划定侦查范围、确定侦查方向、寻找重点嫌疑人提供线索资料。如多起案件的文书是否系一人书写或同一机具印刷，可为并案提供依据；一起案件中的文书是多少人书写的，可依此确定犯罪的最少人数；现场文书与某单位占有的同种文书是否为同版印刷品，是否为同阶段印刷品，以此确定侦查范围；现场文书是否为某人所有或保管使用的打字机、复印机印制的，以此可确定重要嫌疑人。

　　文书检验可以确定文书笔迹书写人、伪造印章或者印版的刻制人、文书打印人、语音录音说话人，直接给破案和审判工作提供证据，证实行为人与案件的直接关系。除提供直接证据外，还可以提供间接证据，如某份文书是某人的某一书写工具形成的；某份文书是某人使用或从其所有的某本纸张上分离下来的；某份文书是某一时期形成的；等等。这些间接证据除与其他证据一起组成完整的证据体系外，本身对其他证据还有一定的印证作用，如印证被告人的供述、受害人的陈述、民事诉讼当事人的辩述、证人证言等的真实性。

　　📝 **工作任务**

一、认识文书的概念、分类

在司法鉴定领域，一般认为，文书是指以语言、文字、线条、符号、图案、图像等通过载体记录、显示、蕴藏有形或无形信息的书面资料。司法鉴定领域的文书，应具备三个条件：依附一定物质载体、储存一定信息、能以书面形式予以反映。信息（文书内容）是构成文书的基本要件，物质载体是信息依存的必要条件，书面资料是文书信息表现形式的特点。

文书与文件有范围大小的不同。文件是文书的一种类型，一般是指公文、信件等公务文书的总称。现代文书物证司法鉴定，远远突破了公务文书的范围。我国在法律未作规定前，有的政法部门将文书物证鉴定称为文件鉴定或文件检验，这是沿袭传统习惯。立法上将文书作为一个主要鉴定类别以后，学术领域、鉴定部门、政法业务部门都应当按规定适用法定概念。

文书可以按不同标准划分为若干类型。按文书的性质、用途、表现形式划分有：公务文书类，商务文书类，证件、证书类，货币、证券、票据类，单据、表格、纸印品类，图案、标识类，书画类，书籍、报刊类，私人文书类，其他物品上记载有语言、文字信息的特种艺术品文书类。按文书形成方式可分为：书写文书、印刷文书、绘画文书、电子文书、声像资料文书、办公机具制作文书等。

二、认识文书物证及其证明作用

（一）物证与书证的区别

物证是一类独立的法定证据。它是以物的外形特征、物的物质结构形态和组成成分特征以及物的反映形象特征来证明案件事实的一类物质证据。物证主要包括物体、物品、物质、文书、痕迹五个证据类别。

物证与书证是两类不同的证据。其主要区别在于证明案件事实的依据不同。物证是以物的自身特征及其反映形象（如笔迹、痕迹、影像等）特征证明案件事实，书证是以自己的客观内容证明案件事实。

（二）文书物证的含义

所谓文书物证，是指以文书的物质特性证明案件事实的证据。文书在诉讼活动中有时作为物证证明案件事实，有时作为书证证明案件事实，有时两种证据的证明作用同时兼备。

当文书以其物质属性证明案件事实时即物证。如根据笔迹认定涉案文书的书写人，根据有争议文书的印文认定涉案文书印文与样本印文不是同一枚印章所盖，根据可疑文书图文结构和理化特性认定文书形成事实（真伪）的鉴定意见等均是以物证形式证明案件事实。

当文书以其所载明的内容或用特殊技术方式显现其潜在的内容来证明案件事实时即起到书证的证明作用。如没有争议的合同、收条、遗嘱或者危害国家安全的有组织犯罪纲领等。

有时一份文书可以同时起到物证和书证的双重证明作用。如一份书写字迹的"借条"内容上无争议、经鉴定又是债务人书写并签名，即从物证、书证两方面证明该债务人借债并亲笔书写"借条"的事实。有时，文书书证的证明作用要通过物证鉴定的方法去实现。如一份被消退或涂污的文书，不能判明其真实内容，通过物证鉴定方法（根据书证的理化属性）显示、还原其原有真实内容，从而能有效证明案件事实。

所以，文书物证与文书书证是密切联系的，绝大多数可疑文书物证需要通过鉴定才能作为证据；当书证内容发生争议或需要查明书证制作人时也需要鉴定；当可疑文书的内容和物质属性两方面都有争议时更需要鉴定。那种认为文书书证不需要鉴定的观点是不全面的。

立法上之所以将"文书物证鉴定"列入物证类司法鉴定，是从文书物证司法鉴定的主要技术特点考虑的。因为涉案的可疑文书，无论是在对其内容的争议还是对其物质属性的争议进行鉴定时，都要使用物证鉴定的技术手段去解决。在七类法定证据中，物证因客观性最强而证明作用最大。法律上普遍认为它是不说假话的"哑巴证据"，因而被誉为"证据之王"。文书物证的证明作用也不例外。

（三）文书物证的证明作用

文书物证在诉讼中一般具有六个方面的证明作用：①证明可疑文书或有争议文书的书写人或制作人。如笔迹鉴定、打印文书打印人的鉴定意见、印章制作人的鉴定意见等。②证明可疑文书或有争议文书与案件中一定物的关系。如依据印章印文认定检材与样本印文是否系同一枚印章所盖；根据打印、传真、其他印刷文书认定该类文书的打印机、传真机、印刷机、复印机的鉴定意见。③证明可疑文书或有争议文书涉及案件事实的有无、真伪。如对涉案污损文书（擦刮、消退、掩盖、密写、压痕字迹等）的鉴定所出具的意见可证明涉案事实的有或无，对可疑货币、证券、票据、证书、商标、印文等的鉴定意见可证明涉案事实的真伪。④证明有争议或可疑文书形成的时间范围。如对书写字迹、打印文书、复印文书、印文、纸印品、陈旧契约、陈旧书信等的鉴定意见可确定文书的形成时间范围。⑤证明有争议或可疑文书产生、经历的空间范围。如对货币、证券、票据、商标标识、印刷品、纸印品、信件、证书证件等的鉴定可确定该类文书的生产地区、经历的地域等事实。⑥证明可疑或有争议文书整体或部分的形成方式。如通过鉴定署名字迹、印文等可确定是直接书写、直接盖印、理化移植、手工或者机械移植中的何种方式形成的。

三、了解文书物证司法鉴定的内容及其任务

文书物证司法鉴定是司法鉴定的一个业务类别。在全国人民代表大会常务委员会《关于司法鉴定管理问题的决定》（以下简称《决定》）中，其被列入物证类鉴定的第一个大类别。根据我国诉讼法律的规定，司法鉴定是指在诉讼活动中，对诉讼所涉及

的专门性问题，按照诉讼法律规定的鉴定程序，由法定的司法机关（含侦查机关）指派或委托法定的鉴定机构和鉴定人进行鉴定并出具鉴定意见的活动。

（一）法定的司法鉴定的概念及特征

文书物证司法鉴定必须符合法律规定的条件，在刑事、民事、行政诉讼活动中，对案件涉及的可疑文书或有争议的文书，依据诉讼法律规定的鉴定程序，由侦查机关、公诉机关、审判机关指派或委托经司法行政机关审核登记或备案登记的鉴定机构及其鉴定人进行鉴定，并出具司法鉴定意见。根据我国现行诉讼法律的规定，诉前鉴定、诉讼外鉴定、非诉鉴定，不属于司法鉴定范围，其鉴定意见一般不具备法定证据效力。

法定的司法鉴定应具备的特征有：鉴定的适用范围是诉讼活动；鉴定的对象是诉讼案件所涉及的专门性问题；鉴定的决定与委托主体是受理案件的司法机关；鉴定主体必须是依法取得鉴定资格的鉴定机构与鉴定人；鉴定机构与鉴定人出具的鉴定意见是一类诉讼证据。

（二）文书物证司法鉴定主要对象的分类

作为诉讼活动涉及的专门性问题的司法鉴定对象是有层次性划分的。在每一大类鉴定业务中，一般都有种、事项（具体对象）的划分。如将文书物证鉴定作为一个大类，其下可划分为文书书写字迹笔迹鉴定、文书制作方法鉴定、文书制作时间鉴定、文书制作材料鉴定、文书语言与图像鉴定五种。每一种文书又可细分为若干鉴定事项。

1. 笔迹鉴定。其包括：正常笔迹鉴定、书写条件变化笔迹鉴定、伪装笔迹鉴定、模仿笔迹鉴定、签名笔迹鉴定、数字笔迹鉴定、笔迹形成时间与方式鉴定、绘画笔迹鉴定等。

2. 印章印文鉴定。其主要包括：印章印文是否同一鉴定、可疑印章印文制作方法（含伪造、变造方法）鉴定、可疑文书印文形成方式鉴定、印文与文书字迹形成顺序鉴定、文书印文盖印时间鉴定、可疑印文制作人鉴定。

3. 印刷文书鉴定。其包括专业印刷文书鉴定与办公机具制作文书鉴定两个类别。专业印刷文书鉴定主要有传统平版印刷文书鉴定、凸版印刷文书鉴定、凹版印刷文书鉴定、计算机制版印刷文书鉴定、印刷品来源鉴定等；办公机具制作文书鉴定主要有计算机打印文书鉴定，静电复印文书鉴定，传真文书鉴定，孔版印刷、誊印、油印文书鉴定，机械打字机打印文书鉴定等。

4. 货币、证券、票据、商标标识鉴定。货币鉴定主要有我国可疑纸币和金属币鉴定，可疑国际货币鉴定；证券鉴定主要是可疑国库券、信用卡、股票券、兑换券等鉴定；票据鉴定主要是可疑（或有争议）的银行票据和其他普通票据鉴定；商标标识鉴定是指对可疑或有争议的印刷、铸造商标标识的鉴定。

5. 证件、证书鉴定。证件、证书鉴定主要有可疑居民身份证、可疑护照、可疑身份或工作证明、可疑学历证、可疑房地产证、荣誉证书、结（离）婚证书等鉴定。

6. 被涂污文书鉴定。其主要有文书字迹、图案、图像被销蚀（消退）的鉴定，文书字迹、图像、图案被涂抹掩盖的鉴定，文书字迹和内容被改写、添写的鉴定，书上不易看见字迹和图案的鉴定。

7. 被损毁文书鉴定。其主要有文书被拼接、文书被改装换页、文书破碎或分离、文书被烧焦或烧毁、文书被浸湿粘连的鉴定。

8. 文书物质材料和文书形成时间鉴定。其主要有文书纸张、书写字迹墨迹、印泥（印油）、印刷油墨（墨粉）、文书打印色带与复写墨迹、文书黏合物质等的鉴定。文书制作时间鉴定，主要是根据检测这些物质在文书上随时间推移而产生的物理、化学特性变化规律来确定文书形成的时间范围，所以，文书制作时间鉴定实质上是对文书物质材料物理、化学特性变化规律的鉴定。

9. 文书书写字迹书写工具鉴定。其主要是对软性和硬性工具书写字迹的书写工具鉴定和非正常书写工具字迹的书写工具鉴定。

文书鉴定对象是确定文书物证司法鉴定范围的依据。鉴定人、司法人员、鉴定管理人员、立法工作者、诉讼当事人等，只有明确文书司法鉴定的对象，才能把握文书鉴定的范围，分清哪些文书可以鉴定，哪些文书不能鉴定。

（三）文书物证司法鉴定任务

文书物证司法鉴定任务是指文书物证司法鉴定机构和鉴定人在鉴定活动中的职责范围。文书物证司法鉴定任务是确定鉴定要求的依据。鉴定机构和鉴定人只能在鉴定任务范围内受理鉴定，司法机关、诉讼当事人、其他相关部门委托鉴定拟定鉴定要求时，不能超越文书物证鉴定任务的范围。

文书物证鉴定的对象多、涉及范围广泛，通过鉴定所能实现的任务主要有以下八个方面：

1. 认定文书字迹的书写人。各种文书、各种文字的书写字迹，通过笔迹鉴定都可以认定其书写人。有的非直接书写的文书字迹，如文书复印字迹、文字书写后经激光扫描再打印移植的字迹、照相移植字迹、传真移植字迹等，经笔迹鉴定虽不能直接认定书写人，但若鉴定确定了检材字迹形成方式并认定检材与样本笔迹总体特征相同之后，可以为认定检材文书原件的书写人提供有力依据。

2. 确定文书的制作人。通过鉴定，可以认定可疑或有争议的手工制作文书和机械制作文书的制作人。通过对打印文书（含手工打字机打印文书）、专业印刷文书、复印文书、雕刻文书、印章印文、油印文书等的文书字迹和制作工艺进行鉴定，多能确定文书的打印人、刻制人、刻写（誊写）人。对于绘画文书，根据其笔迹、书法、绘画反映出的个人特征，一般都能认定绘画作品的制作人。

3. 确认文书的制作方法。在诉讼活动中，许多可疑文书或有争议的文书，都要鉴定其制作方法，为判明文书真伪和案件相关事实提供证据。如对打印文书、复印文书、传真文书、专业印刷文书的鉴定，可依据文书字迹、线条、图案、图像等印迹特征确定文书制作的机种、机型、制版方式、印刷方式，有时还可确定文书是否同机、同版、同期、同一批次印刷。对可疑的货币、证券、证书、证件、票据鉴定，根据其制版方式、版型、图文内容与结构形态、图文细节特征的异同，印刷物质材料理化特性的异同，认定检材与样本文书制作方法、制作工具是否同一，进而认定两者是否为同版、同期、同批次印刷。

4. 认定文书制作工具的种类、确定文书制作工具是否同一。许多文书都是通过手工、机械或物理化学方法制模，再经印压或电子输出方式形成的图文。如印章印文、打印文书、复印文书、专业印刷文书（铅印、胶印、石印）等，其形成原理都是一种印压痕迹的反映。通过各方面的印迹特征比较，可确定检材与样本文书是否出自同一模版或同一印刷机具，即两者是否出自同一物或同一制作工具，属于"物的同一"鉴定。如印章印文的图文同一鉴定、印刷文书的"文机同一"鉴定等。

在文书物证鉴定的专业习惯用语上，常将上述两种鉴定称为"文书真伪"鉴定，如印章印文真伪鉴定、货币真伪鉴定、证件证书真伪鉴定等。从科学技术和法律角度分析，这种说法或鉴定要求是不准确、不合法的。因为：①"真伪鉴定"概念具有片面性。检材文书与样本文书两者的印迹特征总体不同，科学与法律上只能证明两者不是同一枚印章所盖或者同一模板印刷，并非都是假的，不少情况下两者虽不"同一"（来自同一物）但都是真实的。②鉴定主体出具"文书真假"的鉴定意见属于超出法律规定的越权鉴定。认定事实真伪是司法人员（法官）的权力和职责，鉴定人只能依法认定检材与样本文书两者同一或不同一，或者其制作方法的异同，至于认定诉求事实真伪属于法律性质的结论，鉴定人无权作出。有时，侦查阶段的刑事鉴定，即侦查机关要求鉴定人对文书印文、证件证书、货币等检材作出真伪问题的鉴定要求，经过鉴定确实证明检材与样本文不是同一印章所盖、同一模版印制，也只能出具两者是否"同一"的鉴定意见，不能涉及诉争事实真假问题。对可疑或诉争事实真假问题，只有法院才有权裁决。

5. 认定可疑文书是否有被损毁、涂污事实，显现、恢复文书原有的内容。对于可疑的或有争议的添写改写文书、擦刮文书、消退文书、涂污文书、撕碎剪碎文书、镶接补贴文书、烧焦（或烧毁）文书、被粘连文书、水浸文书等，运用物理学、化学、电子学等方法进行鉴定，确定文书有争议或可疑部位的文字、图像、线条等是否存在添写改写、改贴、擦刮、消退、涂抹掩盖、手工或机械损毁、改装、换页、烧毁等事实，如发现被怀疑或争议的事实，应进一步查明该项事实形成的方法、原因，并显现与恢复被损毁、涂污部分原有的文字、线条、图像（图案），或整合恢复文书的原貌。

6. 显现可疑文书上不易看见的文字。有的可疑文书，表面虽无被损毁、涂污迹象，但可能隐藏有与案件有关的图文信息，如印压文字、潜影文字等。通过物理化学方法、电子学方法将其显示出来，既是重要的侦查线索，又是有力的诉讼证据。

7. 确定文书整体或部分文字、符号、图案（像）的形成时间。在诉讼活动中，对于某些陈旧的古文书和现代较新鲜的文书，对其整体或部分内容都可能产生形成时间的争议。需要通过文书物证鉴定，确定其整体内容或部分内容字迹的形成时间范围。根据现代文书物证鉴定技术，无论是书写文书、绘画文书、雕刻文书、印刷文书，还是电子版文书，都有一定技术方法确定其形成时间范围。

8. 确定文书物质材料的种类、成分。文书物质材料主要是指文书载体上的纸张、墨迹、印油、色带、无碳复写色料、粘贴物等。文书物质材料种类、成分的鉴定意见，可为司法机关判明文书来源，确定文书异同提供证据。

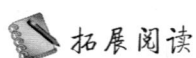 拓展阅读

文书物证司法鉴定程序

程序，一般是指办事的步骤、顺序。司法鉴定程序是一个法律概念，是指根据诉讼法律和其他相关法律的规定，司法机关、诉讼当事人及其代理人或辩护人、被害人的近亲属、鉴定机构及其鉴定人进行司法鉴定，应当遵守的原则、制度、步骤、技术标准、技术规范、职业纪律等。

司法鉴定程序是诉讼制度和司法鉴定制度的重要组成部分。根据其规范的主体不同，有涉及诉讼活动的鉴定程序和鉴定实施活动程序两个层面。前者主要是规范司法机关、诉讼当事人及其代理人和辩护人进行司法鉴定活动行为的，由立法机关在诉讼法律和其他相关法律中进行规定，对参与诉讼活动的各方均有约束力；后者主要是规范司法鉴定机构和鉴定人实施鉴定活动行为的，一般由司法鉴定管理部门根据诉讼法律和其他相关法律的规定对涉及诉讼的鉴定实施程序加以具体化。这种程序一般属于部门规章或多部门联合颁布的规范性文件。

司法鉴定涉及诉讼活动的程序和鉴定实施活动的程序这两个层面是不可分割的，两者是服从与被服从的关系。本节所讲的文书物证司法鉴定程序，是将两者综合起来进行论述的，但以后者为主。文书物证司法鉴定程序与其他司法鉴定一样，自始至终包括鉴定申请、鉴定决定与委托、鉴定受理、鉴定实施、补充鉴定、重新鉴定七项程序或七个环节。其中前五项是每项文书物证司法鉴定必经的程序，后两项是特殊鉴定的后续程序。

参与文书物证司法鉴定的各方主体，都应当遵守司法鉴定程序。它是司法机关评断司法鉴定活动是否合法的基本依据，是认定司法鉴定意见有无证据效力的主要依据。文书物证司法鉴定机构与鉴定人违反司法鉴定程序实施鉴定的直接后果，是鉴定意见不能被司法机关所采信，同时，还要承担法律规定的行政责任、民事责任，甚至刑事责任。

一、文书物证司法鉴定申请与鉴定决定和委托

司法鉴定申请就是按诉讼法律规定，对涉案的专门性问题向司法机关提出鉴定请求。这主要是诉讼当事人及其代理人和辩护人、被害人及其近亲属、侦查机关享有的诉讼权利。鉴定决定是司法机关对鉴定申请作出是否同意鉴定的回应。鉴定委托是司法机关决定鉴定之后，依法委托鉴定机构进行鉴定并办理委托鉴定事宜的工作程序。鉴定决定与委托是一项程序的两个方面。均属侦查、公诉、审判机关的权力和职责。因这两项程序不是鉴定机构与鉴定人的工作范围，在此不作论述。

二、文书物证司法鉴定受理

鉴定受理，是鉴定机构对鉴定委托方的鉴定委托事项是否接受委托并办理相关事宜的工作程序。鉴定受理是鉴定活动的起点。鉴定受理权是鉴定实施权的组成部分。委托方的鉴定委托，由鉴定机构统一受理，鉴定人不能私自接受鉴定委托。

受理文书物证司法鉴定的鉴定机构，必须具备法律规定的主体资格，即经司法行政机关依法登记、取得《司法鉴定许可证》或《司法鉴定资格证》、编入国家司法鉴定机构名册的鉴定机构。否则，即属违法受理。

司法鉴定机构只能在司法行政机关依法登记的业务范围内受理文书物证司法鉴定委托，不得超出业务范围受理。鉴定机构受理鉴定可以不受地域范围限制，但有的鉴定机构要受诉讼种类限制。如侦查机关鉴定机构一般只能受理刑事鉴定的委托。

司法鉴定机构一般只能受理侦查机关、公诉机关、审判机关的鉴定委托。但对于人民法院尚未受理的刑事自诉案件涉及的专门性问题；人民法院虽已立案的民事、行政案件但涉及专门性问题的证据材料尚未移交法庭等的诉前鉴定，由诉讼当事人或律师事务所委托的，鉴定机构亦可受理。

鉴定机构应指定专人办理鉴定受理事宜。受理时，应查验鉴定委托文书和送鉴人的身份证明，了解鉴定委托事项的相关情况，审查鉴定材料的条件和鉴定要求，对于符合受理规定和具备鉴定条件的，应按规定程序办理受理手续。

三、文书物证司法鉴定实施

鉴定实施是鉴定机构和鉴定人，为完成鉴定委托事项的要求，所采取的一系列步骤、措施、方法的一种过程，是鉴定的核心阶段，也是保障鉴定质量的关键环节。

（一）鉴定的组织与监督

鉴定机构是鉴定组织主体，鉴定实施活动由鉴定机构负责人选派鉴定人，提供鉴定所需的物质和技术保障，督促检查鉴定进展情况，对鉴定过程中出现复杂、疑难的技术问题，可组织鉴定专家进行共同鉴定。

鉴定人是鉴定实施主体，负责鉴定全过程的工作。每一鉴定事项应由 2 名以上具备法定鉴定资格、从事文书鉴定业务、不属于该案依法回避的鉴定人实施鉴定。鉴定人一般应在受理鉴定委托之日起 30 个工作日内完成鉴定；如鉴定过程中发现特殊、疑难技术问题或不可预测的情况，经委托方同意可延长 30 个工作日。侦查过程中的鉴定时限，可根据侦查需要由双方约定。

鉴定监督贯穿于鉴定过程始终，包括组织监督（管理监督）、技术监督、法律监督、社会监督等多方面。每项监督都规定有具体措施。

（二）鉴定的准备

鉴定人应当了解鉴定涉及的相关案情，明确鉴定事项和鉴定要求，熟悉鉴定材料并审查其鉴定条件，按鉴定要求拟定鉴定实施方案，选用鉴定所需的仪器设备，复制有关的鉴定资料。鉴定事项是指鉴定的具体对象（专门性问题）。鉴定要求是指鉴定要解决的具体问题。

（三）严格按照文书物证司法鉴定技术标准和技术规范实施鉴定

文书鉴定的技术标准和技术规范是法律规定的统一技术要求，鉴定人和鉴定机构必须遵守。文书物证司法鉴定标准是法定证据必须具备的条件，是鉴定意见科学性、客观性、公正性的重要保证，是评断文书鉴定质量的主要依据，是减少和避免鉴定失误、防止随意性鉴定的有力措施，是解决鉴定意见分歧应共同遵循的准则。

1. 鉴定标准。从科学本质上讲，就是鉴定对象（客体）特殊本质的量化表现；从法律角度来讲，就是该项鉴定法定的技术要求。文书物证司法鉴定标准，就是全国文书物证司法鉴定机构与鉴定人应当共同遵循的统一技术要求。

我国目前制定的司法鉴定技术标准，分为国家标准、部门标准（司法鉴定主管部门制定）或行业标准（相关业务主管部门制定）、该专业多数鉴定专家普遍认同的标准、少数新学科领域的特殊鉴定事项通过省级以上鉴定和科技管理部门技术成果鉴定的试行技术规范四个层次，鉴定人和鉴定机构应依顺序遵守和采用。

文书物证鉴定领域，第一、二层次的鉴定标准极少，主要是第三层次的标准，第四层次的仅属个别。

文书物证司法鉴定标准是一个指标体系，鉴定中要遵守六个方面的统一规范：

（1）文书类别规范。文书物证司法鉴定范围广泛，不同类别鉴定对象的鉴定原理、方法、依据、鉴定意见标准、鉴定结果表述有较大区别。因此，按照统一标准划分鉴定类别，是制定统一技术要求的前提。一般是按前述鉴定对象五个方面几十个类别统一划分。

（2）文书物证司法鉴定专业术语规范。文书物证鉴定专业术语是指文书物证鉴定的基本概念。概念是事物本质特征的反映，是科学理论的基础，是科学内容最基本的组成要素，是科学新成果的结晶，也是衡量一门学科、一门技术是否成熟、完善、稳定的一个标志。一门学科、一门技术概念的准确、规范，有利于同专业领域共同理解和遵循，有利于全国、全世界广泛交流。所以，许多法律、法规、规章、标准把解释概念作为一个重要组成部分。文书物证鉴定业务涉及的概念很多，含义不准确、不规范的现象较普遍。制定鉴定标准时，必须将其中的基本概念（术语）加以规范，以制约鉴定人用同一概念表达同一事物的含义。

（3）检材文书鉴定条件规范。文书检材是文书鉴定的依据和基础，是鉴定意见客观性、真实性的物质保证。检材的条件是固定不变、不可逆转的，检材不具备鉴定条件或鉴定条件不完全符合鉴定要求的，不仅鉴定不能进行，即使勉强鉴定出具了鉴定意见，其意见也不具备证据效力。不同类别文书检材的最低鉴定标准都有其共同的条件要求，一般表现为检材数量、质量、性质（形成方式）、性状（载体特点）、提取方法、保存条件六个方面。在九类文书中，对每一类都要依据其不同特点将条件加以细化，其中检材质量、数量、性质是最关键的条件要求。根据六个基本条件，可将检材文书的鉴定条件分为鉴定条件好、具备鉴定条件、鉴定条件较差、不具备鉴定条件四级。

（4）样本文书可比条件（或供检条件）规范。样本是鉴定的对照物，是供比较的依据，是同一认定型文书物证鉴定不可缺少的供检材料。文书样本不符合比较检验的条件要求的，鉴定要求不能实现；供检条件有缺陷的，常会导致鉴定结果失实。文书样本的条件是可以逆转、补救的。样本的条件一般要高于检材，至少应当同等。文书样本的基本条件是数量充分、质量高于或近似于检材（含性质、性状、清晰度等）、来源真实、获取方式合法四个条件。前两个条件属于技术性要求，由鉴定主体审查；后两个条件属于法律要求，由委托主体审查。不同类别的文书鉴定，供检样本的条件要求有所不同。如笔迹鉴定样本，要求具备与检材笔迹同时期、同书体字体、同书写速度、同书写工具、同书写物质材料、同书写方法或书写环境姿势的"六同"要求。印章印文样本要求与检材印文同盖印时期、同种印油介质、同种物质载体、同种盖印衬垫物、同等盖印力度与角度的"五同"要求。根据不同类别文书样本的技术要求，可将其确定为供检条件好、具备供检条件、供检条件较差、不具备供检条件四级。

（5）鉴定步骤、方法规范。鉴定步骤和方法，是决定鉴定结果的关键。鉴定步骤是指鉴定措施方法的操作程序（先后顺序），是认识被鉴定对象特殊本质的阶段性方法。检验型文书鉴定和同一认定型文书物证鉴定的步骤是有区别的。检验型文书（如添写改写文书、擦刮文书、损毁文书等）鉴定，按先观察后检验、先无损后有损、先物理后化学的方法、步骤进行。同一认定型文书物证鉴定，必须遵守分别检验、比较检验、综合评断的步骤。不同类别文书物证鉴定的方法有较大区别，但均有其共同的基本方法，如观察法、测量法、物理检测法、化学检测法、生物学检测法、电子技术检测法、统计法、比较分析法、综合评断法等。除此之外，针对不同文书还有其特殊的鉴定方法。对每种方法的科学性、先进性、有效性的技术等级是有限定的。鉴定使用的方法，应当具备科学原理没有争议、检测效果稳定、鉴定实践证明准确程度高、获得同行专家普遍认同四个条件。技术规范与技术标准是两个既有联系又有区别的概念，有的技术标准与技术规范是等同的，但多数技术规范不属标准范畴。文书物证鉴定中的鉴定规范，是泛指鉴定质量管理的系列措施要求，它未经过立法程序，是部门或行业制定的，制约程度低于标准。但在标准未颁布前，它在部门或行业范围内有一定制约作用，但它不能超越法律舰范。

（6）鉴定意见（结论）的依据、种类及其条件规范。这一部分标准或规范是文书物证司法鉴定的核心内容，是确保鉴定结果客观真实的关键。鉴定意见的依据和不同种类鉴定意见的条件要求，是被鉴定对象本质特性在检材文书中的表现形式要件，即认定被鉴定对象是何物、其与样本是否同一或是否同种同属必须具备的最低技术要求。只有符合最低技术要求的鉴定意见，才具备科学与法律规定的可靠性与客观性要素，才具有被司法机关采信的条件。

2. 鉴定意见的依据。鉴定意见的依据是指被鉴定对象在检材上所反映出来的独特、稳定的特征。特征是被鉴定对象（事物）特有属性的表现形式，其总体是认识和区别事物异同的依据。鉴定意见的条件是指根据鉴定对象所反映出的特征数量、质量的总体属性不同，作出不同层次的判断结论的技术要求。

检验型文书物证鉴定意见，鉴定依据一般没有数量、质量规定，鉴定意见也大多没有层次划分。这类鉴定，多数是以认定行为方式为目的。对检材文书经过直接检验，如发现其稳定出现该类行为方式若干特有的本质特征，即可作出该文书存在或不存在某种行为方式的鉴定意见。如被擦刮文书、消退文书、添写改写文书，文书字迹与盖印顺序鉴定。

同一认定型文书物证鉴定意见的标准较复杂。因为这种比较型鉴定涉及检材与样本的两个方面，要对两方面的比较结果进行统计、分析、评断、论证。这类文书物证的鉴定意见技术标准的要素要求，在确认检材文书与样本文书确实符合鉴定条件要求的基础上，要重点审查与评断五个基本指标：检材文书可作为鉴定依据的特征基数（稳定的共性特征和独特稳定的个性特征）；检材与样本文书间相同特征的数量、质量比例；检材与样本文书间不同特征的数量、质量比例；检材与样本文书间相同特征与不同特征总体态势与性质评断（本质性符合与非本质性差异，或者非本质性符合与本质性差异）；检材与样本文书间相同与不同特征总体性质产生原因的科学解释。任何一种同一认定型文书物证鉴定意见，都要同时具备这 5 个指标要素，只强调其中 2 个或 3 个，都不足以保证鉴定意见的客观真实性。

（四）文书物证司法鉴定意见的种类及其表述要求

鉴定人经过分别鉴定并制作鉴定意见书初稿后，鉴定参与人之间应进行交流、讨论，统一认识，根据鉴定标准的各项指标要求确定统一的鉴定意见。若鉴定参与人之间不能取得一致意见，在组织复检和集体论证后仍有分歧的，按鉴定人负责制的规定，应在文书上注明不同意见的人数及其依据。

检验型文书物证鉴定意见种类较为单一，不同种类意见的条件也不复杂。多为经过鉴定发现被鉴定文书"是什么"或"不是什么"、"有什么"或"没有什么"，或者直接说明该文书中的可疑事实产生的原因。

同一认定型文书物证鉴定意见一般有七种，即肯定同一意见、否定同一意见、倾向肯定同一意见、倾向否定同一意见、不能肯定同一意见、不能否定同一意见、不具备鉴定条件意见。对于不同类别的文书，每种鉴定意见都有不同条件限定。

不同类别的文书物证鉴定意见，要用统一的现代科学语言和法律规范语言客观、真实、准确地进行表述。鉴定意见是鉴定人作出的科学判断，要求符合科学技术标准，不能一律要求明确。倾向性意见、不能认定意见，虽不确定，但其符合科学技术标准。

【参考文献】

1. 徐立根主编：《物证技术学》，中国人民大学出版社 2011 年版。
2. 傅政华主编：《物证技术学》，中国人民公安大学出版社 2003 年版。
3. 徐立根：《物证技术学》，中国人民大学出版社 2001 年版。

【单元练习】

1. 文书物证的概念。
2. 文书物证司法鉴定的内容。

学习任务二　掌握笔迹鉴定

 教学情境

2008 年 8 月 27 日，河北省邯郸市中级人民法院因受理的财产损害赔偿纠纷一案需对签名笔迹进行司法鉴定，委托西南政法大学司法鉴定中心，鉴定检材与样本上"赵俊兴"签名笔迹是否为其本人书写。邯郸市中级人民法院提交 2005 年 12 月 2 日山西汾西矿业集团有限公司煤炭销售结算清单原件 1 张（检材）；提交 2006 年 4 月 6 日内部结算凭证、内部银行凭证、签名实验样本、对检材的说明书（样本）。

"销售结算清单"右上角部位"赵俊兴"署名字迹系圆珠笔蓝色油墨书写、行书体、书写速度快，运笔连笔自然流畅，无异常书写痕迹反映，属于正常笔迹，具备鉴定条件。

提供鉴定比较的样本字迹是 2006 年赵在结算凭证和银行凭证的签名笔迹，同时还有 2008 年赵书写的检材说明字迹和在法院书写签名实验样本字迹，各时段各种签名字迹笔迹特征稳定一致、具备可比性。

通过对检材和样本笔迹进行比较，两者书写水平、字体字形、单字间组合布局特征一致，"赵"字、"俊"字、"兴"字结构形态、搭配比例、连笔方式、笔画转折、笔画间照应等特征相同，"俊"字连写方式和笔画配置特征也反映相同。

检材和样本笔迹间相同特征表现于各个方面，多数独特稳定，属于特征总体的本质性相同。"赵"字个别连笔特征差异是书写速度所造成的非本质性差异。

最终得出鉴定意见：2005年12月2日山西汾西矿业集团有限公司煤炭销售结算清单上"赵俊兴"签名笔迹是赵俊兴本人书写。

 工作任务

一、笔迹特征及其分类

（一）汉字笔迹特征分类

笔迹特征是多方面的。从整体到局部，从宏观到微观，从语言到文字，从字的组成部分、笔画到其他符号，都存在多种多样的笔迹特征。对于笔迹特征的科学分类，是认识和把握笔迹特征及其应用价值的必要条件，其最终的目的在于应用。研究、认识笔迹的本质规律，不仅需要从宏观上把握笔迹的整体概貌特点，而且面对众多的特征群，还必须依照其特征的性状进行科学的分类，使之系统化、条理化、科学化，以便更加符合人们的认识规律，符合由个别到一般，由局部到整体，由浅到深，由表及里的认识过程。既为系统有序地认识和把握特征创造条件，也为特征的分析、归纳和综合评断奠定基础。

1. 书写水平特征。书写水平是指书写技能的高低。书写水平特征是指个人书写技能高低在笔迹当中所表现出来的相应特点。衡量书写水平高低的一般标准是：运笔是否流利，起、收、运行是否有法度；单字结构是否严谨，搭配比例是否合理；全篇文字的大小、间隔、布局是否匀称。书写水平高表现为运笔流利自然、字的结构严谨、笔画与组成部分间搭配比例合理、全篇字的大小布局适称。书写水平低则表现为运笔生涩呆板、结构松散、搭配比例失当，全篇文字的大小、间隔不等，布局凌乱。要准确地判断、衡量书写水平，只是这样一般地说说特点并不能解决问题，还要经过两份笔迹之间的比较。鉴定中的检材笔迹，有些是经过书写人故意伪装的，有些是受书写条件影响变化的。如果书写人故意降低书写水平或受条件影响降低了本来的书写水平，就会导致笔迹书写水平的不真实。如果不能识别假象，就往往容易把高水平误判为低水平。

书写水平是个人书写技能的表现，是长期学习训练的结果。水平低的笔迹不可能在短时间内变成高水平的笔迹。因此，如果在案件中发现样本笔迹明显低于检材笔迹的书写水平，那么这个嫌疑对象就可以否定。可见，书写水平特征可作为排除嫌疑对象的根据之一。但要明确，必须是在检材书写水平高、样本低的情况下才可能排除嫌疑。如果相反，就不能绝对排除。因为，要考虑检材笔迹是否有伪装因素。

2. 字形特征。字形是指字的外部轮廓所构成字的基本形态。字形特征是指个人书写文字的形态特点。汉字虽然从总体上说属于方块字，但事实上人们写出的字不可能绝对方方正正，都会存在不同程度的变异。这样，就形成了方形、长形、扁形、斜形、圆形、梯形等不同字形。字形特征通常属于种类特征，在排除嫌疑对象时具有一定作用。

3. 字体特征。字体特征是指个人书写文字的形体特点。字体是指同一种文字的各种不同的书体。如汉字的篆、隶、楷、行、草。另外，字体还兼指书写的不同流派，如楷体的欧、颜、柳、赵等。某些特殊行业和具有特殊书写技能的人书写的各种美术体字，也包含在字体的范围内。

4. 布局特征。布局特征是指全篇字迹在纸面上的分布特点，包括字行的方向和形态、字间行间的间隔、字行与格线的关系、字行与页边的关系等几个方面。

（1）字行的方向与形态。字行的方向是指整条字行的走向。现行规范是横行书写。在横行书写的人当中，有的能把字行写成水平的直线，但很大一部分人都不同程度地向上或向下倾斜。旧的规范是竖行书写。有的人能把字行写得上下垂直，但很多人字行向左或向右倾斜。

字行的形状是指复杂字行自身的具体形状是平直的还是弯曲的。横行书写的，有的人写得很直，也有的人写得弯弯曲曲呈波浪形；竖行书写的，有的人写得上下笔直，但也有人写不直，弯弯曲曲。

（2）字间距与行间距。字间距是指每一行字的疏密；行间距是前一行与后一行之间的距离。字间、行间间隔的个人特点，在没有格线约束的纸张上书写表现得最为充分。在有格线限制时，这类特征就可能消失。但即使有格线，有的人也不受其约束。例如，有的人在方格稿纸上写字时不按格写，把字写得很小很密；有的人在两行方格之间的空白上写字而不逐格填写；有的人则根本不受格线约束而随便书写。

（3）字行与格线的关系。字行与格线的关系是指每行字与每条格线之间的位置关系。不同的人这方面的习惯也不一样。大部分人喜欢将字写在两格线中间的空白处或写在一个线条的上缘。有的人则把字压在一根线上。还有的极少数人将字写在一个线条的下缘。也有的人不受格线约束，随意书写。

（4）页边的大小与形态。页边是指整篇文字完成后，纸张四周所留的空白。页边的大小与形态是指写字时留不留页边，留几个页边、页边的大小以及具体形状。在这个方面个人的习惯也不一样，有的留一边，有的留两边、三边，也有的留四边，还有的人把纸面写得满满的，不习惯留页边。

5. 局部安排特征。局部安排特征是指全篇字迹的某些部分的安排位置和书写格式上的个人特点。每种文体都有书写格式上的要求，但由于个人所受文化教育的程度不同，对书写格式的掌握和要求也不一样，再加上规范本身的宽容性，这样，就形成了书写格式上的一些个人习惯。局部安排特征，具体可分为：

（1）分段缩头特征。规范的分段另起是缩两个格，但有些人不习惯或不会划分层次段落，这样在他们写的材料中就全篇不分段，写完为止。有些人有分段的习惯，但有的人分段不缩头，有的人缩1个字，有的人缩3个字，甚至还有缩5个字的。还有的个别人，不仅不缩头，反而出头几个字。这些情况和特点，就形成了不同人分段缩头的特征。

（2）程式语安排特征。程式语，主要是指信件、契据等文件中使用的称呼、问候、祝颂、落款（自称、签名）、日期等一些较为固定的词语。它们在文件中都有规范的大致位置，但又有不同人使用中的个人特点。程式语安排特征，就是指上述词语安排的格式及其相对的位置关系。

（3）标点符号、页码安排、字间组合特征。有的将标点符号置于字的中间，有的置于字的右下1/3处，有的置于字行下，有的留空白；页码有上、下、左、右编码习惯，且位置也有不同；字间组合形成的页边形态也有平直形、波浪形、锯齿形、梯形等不同特点。

6. 写法特征。字的写法是指字的基本构成成分和结构形式。也就是说，一个字是由哪几部分构成的以及以怎样的形式构成的。同一个字，构成成分不同是两种不同的写法。汉字具有悠久的历史，经历了几千年的发展演变，写法十分复杂。笔迹检验中，经常遇到的写法特征（又称结构形态）主要有以下几类：

（1）现行规范写法。现行规范写法是指国家规定的现行通用汉字。随着国家基础教育的普及，运用规范写法的人越来越多，这是总的趋势。在学生中，特别是中小学生中，写字的规范性较强。离开学校走上社会的青年，由于社会环境的影响，其规范程度就会逐渐发生变化，部分地接受了非规范写法。从年龄上看，总体情况是中青年人比老年人写字的规范性要强些。在基础教育阶段，中青年学习的是现行规范写法，而老年人学习的是繁体字。所以，按现行规范要求，老年人的规范程度要低于中青年的规范程度。了解不同身份、年龄的人使用规范写法的一般情况，有助于对特征价值的认识。在评断特征价值时，还要考虑不同案件的具体情况和是作为符合点还是差异点使用等因素。

（2）旧异体字。旧异体字是指汉字改革前，同当时的正体字并存、通用，在异体字整理时被停止使用的字。这类字已被淘汰，总的来说使用的人越来越少。但情况也比较复杂，不同的异体写法，在人们笔下的出现率相差悬殊，有的出现率还相当高。由于出现率不同，所以同是旧异体写法，使用价值也是不同的。比较常见的异体字，在一般情况下作为符合点使用价值不大。但是，作差异点使用价值就相对大些。比较罕见的旧异体字，无论是作为符合特征还是差异特征，价值都比较高。但要注意有无伪装的因素。

（3）原繁体字。原繁体字是指汉字简化前曾作为规范字使用，后来被简化字代替了的那部分字。原繁体字，因其笔画繁多，不易掌握，所以在简化方案出台以前，部分字就已被群众自行简化。简化方案公布后，就更快、更多地被人们舍弃。这种写法的普遍性越来越小，特别是在少、青、中年人中更是如此。在老年人中原繁体写法保留得比较多些，但他们写的字也有相当大的一部分已经被简化字、异体字、习俗字所代替。因此，总体来看，原繁体字在一般情况下较之现行规范写法特殊性强些。

（4）曾用简化字。曾用简化字是指曾经被作为简化字推行使用，后来又因某种原因收回、停止使用的那部分字。1977年12月20日国家公布的《第二次汉字简化方案》（第一表）的248个字，作为当时的规范写法进行推广，受其影响较大的主要是1977年、1978年当时在校的中小学生。但要注意的是，那批简化字中有相当一部分在公布之前就已经作为习俗简化字在社会上流传。

（5）习俗简化写法。习俗简化写法是指在一定范围流传使用的非规范简化字。这类简化字可具体分为地区性简化字和职业性简化字两大类。

地区性简化字是指一定的地区内使用的习俗简化字。这类字常常与一定地区的方音有关。评断这类特征的价值，要考虑发案地区内是否普遍存在这种写法。

职业性简化字是指从事某种职业的人们为了书写方便而自行简化的那些字。

（6）外来字写法。外来字写法是指某些地区从外国文字中引进吸收的那些字。这类字的地区局限性较大，主要在东南沿海一带和东北地区。例如，存在于东北地区的，主要是日文汉字，又称"协和字"。存在于东南沿海（广东、福建）地区的，主要是东南亚汉字。这是从印尼、新加坡、菲律宾等国传入的。由于这类字在我国使用地区有限，如果在案件中出现了这类字，要结合涉嫌地区来确定其价值。

（7）行草写法。行书和草书是我国汉字演变中出现的两种形体。严格来说，我们在案件中经常碰到的行草写法与书法中讲的行草字有所不同。在书法中，草书和行书各成一体，而又互有联系。草书有一套独特的笔画系统，有的字相当难认。行书距楷书不远，认识楷书字一般都能认识相应的行书字。虽然如此，行书中还是有些字与楷书是有明显区别的。

（8）简缩写法。简缩写法是指为快速书写而将组成一个词或词组的几个字中的部分构件重新搭配组合成"新"字，以代替原来的几个字。简缩写法不同于速记，使用的人较少，有较高的利用价值，应注意发现和选取。

7. 错别字特征。

（1）错别字包括错字和别字两类。这是笔迹检验中经常使用的特征。

错字特征。错字是指由于书写人对字的基本结构不甚清楚而误写的"字"。常见的有多笔画、少笔画而造成的错字和错配偏旁与结构颠倒造成的错字。

别字特征。别字是指结构没错但用错了地方的字。也就是说，从构成成分、结构方法上来讲，都是一个写得完全正确的字，但放在所使用的词语中就不应该是它，而应该是另外的一个字。别字又俗称"白字"。

（2）一般说来，这两类特征的价值都比较高，但是在实际使用中，这两类特征的使用价值还是有差别的。在通常情况下，错字特征的价值比别字特征更高一些。这是因为：①错字特征稳定性好，它不会因伪装而变化。既然书写人不以为错，当然在书写涉案文书时也就改正不过来。错字如不经特别纠正，往往会一直错下去。②错字特征特殊性强。虽然都写错字，但却不一定同错一个字。同错一个字，也不一定错在同一个部位，错在同一个部位还可能各有各的错法。可见，错字特征的特殊性是比较强的。别字特征在使用价值上，一般比错字差一些。这是因为别字从产生原因上看，有音近而别、义近而别、形近而别三类，都是用一个字代替另一个字。水平不高的书写人，掌握单字有限，很容易出现用别字代替正字，以会写的代替不会写的，而且多数是用结构简单的代替笔画繁杂的，常用的代替不常用的。这样，不同的人很容易用同一个别字代替同一个正字。但也不能看得过于绝对，在案件中要多做具体分析。而且，这仅是就别字与错字相比较而言，与其他特征比较，别字特征的价值并不低。

案件中出现的错别字从类型上看主要有三类：偶然笔误造成的错别字；伪装形成的错别字；习惯性的错别字。在这三类错别字中，有价值的是习惯性的错别字。

8. 搭配比例特征。搭配比例是指笔画或组成部分之间的相对位置和大小关系。不同人写同一个字，往往由于笔画或组成部分之间的相对位置关系不同，就形成不同的搭配比例特征。具体可分为搭配和比例两类特征：①搭配特征。搭配特征是指笔画或组成部分之间的交接部位及相对位置的高低、远近方面的特点。具体可以表现在：笔画的交接位置；邻位笔画的距离；组成部分之间的位置。②比例特征。比例特征是指笔画或组成部分之间的大小、长短、宽窄的比例关系。具体又可分为：笔画的长短比例；组成部分之间的大小、宽窄比例。

这两类特征既有联系又有区别，有时准确区分还挺困难。所以，在实践中常被合称为搭配比例特征。

搭配比例特征很重要，几乎是每案必用的特征，这是由它的特性决定的。选择和使用时要注意如下几个问题：①注意笔迹有无伪装或书写条件的变化，某些搭配比例特征容易受到故意伪装和书写条件的影响而发生变化。特别是某些伪装方法和书写条件的改变可直接影响搭配比例特征。②要选择特殊、明显的搭配比例特征。在无伪装或已对伪装进行识别并确定为稳定特征后，应当选择那些明显、特殊的搭配比例特征。③不要过于死板地看待这类特征，因为这类特征可塑性高。也就是说，在正常幅度内有一定的变化。

9. 笔顺特征。笔顺是指用笔画或组成部分组成单体字或合体字时的书写顺序。既包括写字时先写哪一笔后写哪一笔，也包括合体字中先写哪部分，后写哪部分。汉字存在规范的笔顺规则，但由于汉字结构的复杂多样，书写人对规范的理解和受其约束的程度不一样，这样，就形成了不同人的笔顺特征。

（1）笔顺特征的种类。按笔顺规则划分，笔顺可分为规范笔顺和非规范笔顺。非规范笔顺又可分为通用笔顺和特殊笔顺。具体来看：①规范笔顺是指符合笔顺规则的笔顺。它是多少年来人们从实践中摸索出的写字经验，作为一种书写规范被推广、固定下来。由于按照规范笔顺书写的人很多，所以其特殊性不强。②非规范笔顺是指违反笔顺规则的笔顺。从出现率上看，非规范笔顺可分为两类：一类是比较常见的通用笔顺，这是在为数不少的人中普遍使用的；另一类是特殊笔顺，这是只在少数人中使用的。特殊笔顺是一般人的书写习惯中少见的，所以称为特殊笔顺。这类笔顺特征价值是很高的。无论作为肯定根据还是否定根据，都很有说服力。

（2）影响笔顺变化的因素。某些伪装手段可造成笔顺的变化。如尺画字、空心字、左手字、摹仿字迹等。

了解文检知识的人作案，可能在笔顺上进行伪装，而且可能伪装成前后一致，使我们误认为是稳定特征。书写水平较高的人笔顺可能有多样性。由于检材与样本相距时间久或样本不充分没有表现出来，造成检材与样本的笔顺差异。

10. 运笔特征。运笔特征是指书写各种笔画的起笔、收笔和运行过程中的动作特点。运笔特征在笔迹鉴定中占有重要的地位，是用得最多的一类特征。因为汉字是由笔画组成的，而只要有笔画就有运笔特征。因此，即使只写一个字的检材，也可以使用运笔特征。

它包括以下几个方面：①起、收笔动作特征。起笔是运笔的开始，收笔是运笔的结束。根据不同人的笔法和习惯，起笔可分为：直起笔、侧起笔、回转起笔等；收笔可分为：顿压收笔、无顿压收笔和回转收笔等。某些人在起收笔动作上有个人的习惯，要注意发现和利用。②单一笔画的运笔特征。单一笔画的运笔趋势主要是指笔画的基本方向、运行角度和弧度。在不同人的笔迹中，横、竖、撇、捺、点、折、提、钩等笔画可表现出不同的形态。此外，还有笔画的变异。由于运笔方向和趋势的改变，从一种笔画变成另一种笔画。③连笔动作特征。连笔动作包括连笔的部位、方向和形态三个方面。在这些方面不同人的笔迹常常表现出不同的特点。连笔部位是指习惯于在哪些笔画之间进行连写；连笔方向是指连笔环绕转折的方向；连笔形态，这是指笔画连接环绕处所构成的外部轮廓的形状。这些不同的部位、方向和形态，常常表现书写人的一些个人习惯。选择连笔动作特征，也就要从这些地方去注意发现。

11. 笔痕特征。笔痕特征是个人书写运动作用于笔尖，反映在笔画中的特殊征象。即在书写压力的作用下，所形成于纸面上的笔画线条及抑压痕迹特征。

笔痕的形成主要受到书写人和书写笔两方面因素的影响。人的因素，即书写人执笔的姿势与角度，运笔动作与力度等书写习惯因素；笔的因素，即笔尖的球珠与球座在生产、加工、安装过程中产生的细微差异方面的因素。如球珠的加工精度、输油槽的通畅性、油墨的黏度、球座体内壁的光洁度、窝口的平整度与松紧度等。

上述两方面的因素不同，所形成的笔痕就不同。从墨迹具体形态上可将形成的笔痕划分为：笔画点痕、笔画条痕和油墨流痕。根据书写的方式又可划分为：立体力度特征、平面宽度特征、执笔俯面角度特征和笔痕平整度特征。

（二）拼音文字笔迹特征分类

拼音文字是用字母符号来记录语言的文字，它与语音发生直接的、紧密的联系，因而又称为表音文字。至于我们使用的汉语拼音字母，它只起到语音、语调的标识作用，是识字的一种手段，并不属于语言文字的范畴。

拼音文字笔迹特征的分类是依据该类文字的书写特点和规则划分的，检验的基本原理相同，具体特征的表现类似，但又具有自己的特点。

1. 书写水平特征。拼音文字的书写水平是指书写拼音文字技能的高低。

衡量标准：单词的书写是否流利；单词的结构是否严谨，搭配比例是否适当；单词中字母的大小和间隔是否适称，全篇字母的倾斜角度是否一致；全篇文字布局是否合理。

2. 形体特征。拼音文字的形体特征是指拼音文字的形状、体式等方面的特点。

3. 字迹的大小特征。在正常的情况下，行中字母的平均高度，其大小是相对于行距或格线的宽窄而言的。一般情况下，以行距或格宽的 1/2 的高度为标准（中等），此外为大或小。

4. 字的倾斜特征。全篇文字字母的纵轴与行线之间形成的角度的特点。如是倾斜的，还是垂直的；是向右倾斜，还是向左倾斜；倾斜的角度如何等。一般的要求是略向右倾斜，因此这种情况最为多见。

5. 单词的拼写特征。拼音文字的拼写特征是指书写拼音文字字母和单词的组合形式及拼写方法。主要反映在新旧体字的写法、字母大小写的使用、拼写错误三个方面。

6. 字母的笔顺特征。拼音文字的笔顺特征是指书写单词中字母笔画书写顺序的个人习惯。由于各民族的文字书写规范不同，对文字笔画顺序的要求也不同。在书写速度发生变化和有的字母在单词当中所处位置不同的情况下，笔顺也会发生相应的变化。因此，我们应该注意选择在同一单词、同一部位、相同字母的笔顺，而不能把快写连笔中的个别字母的笔顺与单个字母书写时的另一种笔顺看成本质的差异，应做到具体问题具体分析。

7. 搭配特征。拼音文字的搭配特征是指字母之间或笔画之间距离远近和交接位置关系所表现出的特点。主要表现在字母的笔画之间和单词中各字母之间。

8. 比例特征。拼音文字的比例特征是指字母的各组成部分之间或单词中各字母之间的大小、宽窄、长短比例的特点。同样表现在字母的笔画之间和单词中各字母之间。

9. 运笔特征。拼音文字的运笔特征是指字母符号起笔、收笔以及运行过程中的动作特点。主要表现的方面是：运笔的弧度、角度、方向，字母间的连接方式，绕笔、起收笔的动作等。

10. 拼音文字的布局特征。拼音文字的布局特征是指全篇文字在纸面上所占位置的特点。布局特征常常表现在信件、有印刷表格的各种文件上，如支票、信用卡以及其他手写文件当中。

11. 词的外部轮廓特征。由若干字母组成的词，其中字母的组成与次序是固定的，并且各字母之间的大小关系有一般的规格要求。英文中如果字母全用大写，各字母的高度则相同；专有名词、一句话的第一个字母用大写，大写字母要比小写字母高出 1/2 ~ 1 倍；同为小写字母，有的有行上笔画，有的有行下笔画。这样组成词的各字母其起收笔的连线，便会构成一定的外部轮廓。由于每个人各有其不同的书写动作习惯，不同人书写同一词时，其外部轮廓会表现出不同的特点，而此特点在同一人身上会表现出稳定的状态。这种由各字母之间的大小比例及相互位置关系所构成的词的外部轮廓特征，尤其在签名笔迹检验当中尤为重要。

（三）阿拉伯数字笔迹特征分类

阿拉伯数字的笔迹特征，与汉字笔迹特征类似，它可以表现在汉字笔迹特征的方方面面，但又有它的特点，主要在具体的应用中又有所侧重，检验中应当注意运用下列特征。

1. 数字与格线的关系。数字与纸上格线的关系是指在一定的栏目、格线内填写阿拉伯数字时数字与栏或格之间相对位置关系。它属于数字笔迹的布局特征，如填写取款凭条上的日期、账号、金额等数字。有的人习惯紧靠栏目名称不留空隙；有的留出 1 个字或 2 个字的空隙；有的数字位于印刷格的中间，不压格线；有的则压下线写。

2. 数字的倾斜方向及角度。数字的倾斜方向表现为左倾、右倾、垂直三种，倾斜角度是指数字纵轴与下水平线形成的角度的特征。

3. 数字的大小与间距。数字的大小与间距是指一组数字的每个数字之间的相对大小与间距。有的一组数字书写得很大，有的写得都很小；有的开头几个数字很大，后面的越来越小，有的则先小后大。数字的间距有的则表现为松散或拥挤或疏密不均等特点。

4. 数字的搭配特征。数字的搭配特征是指数字笔画的交接位置和距离远近方面的特点。主要表现在 4、5、6、8 等数字上。由于数字笔画简单，搭配特征易受书写速度及书写条件的影响而发生变化，故检验时要选取条件相近的样本。

5. 数字的比例特征。数字的比例特征是指数字的各组成部分之间的大小、宽窄的关系特点。主要表现在 2、3、5、8 等数字上，具体表现为上大下小、上小下大、上宽下窄或上窄下宽等。

6. 数字的运笔特征。数字的运笔特征体现在书写运动过程中的时、空、力三个方面因素的变化。因此，分析数字运笔特征时要从每个数字的起笔、行笔和收笔的幅度大小、形态特点、笔力分布等方面去进行分析。

数字的运笔特征还包括运笔环绕的方向特征。如数字"8"尽管是一笔形成，但它的运笔方向有三种方式：第一种是"6"字形起笔，亦称下起笔，即先向下起笔，后顺时针环绕收笔；第二种是"s"形起笔，亦称上起笔，即先向上逆时针起笔，后向上收笔；第三种起笔方式是"7"字形起笔，先顺时针环绕再逆时针向上收笔，这种方式多数在不擅于写数字的人中出现，其特征的特殊性也较强。

7. 数字的起、收笔位置特征。数字的起、收笔位置特征是指在书写每个数字时一落笔和完成整个数字的一抬笔所表现出来的位置特点。可按钟表的时针定位方法进行分析。如写"0"有的在12时起笔，12时收笔；有的在9时起笔，9时收笔。每个阿拉伯数字都有起收笔位置特征。数字的起收笔位置特征的价值比较高。值得注意的是，在检材与被鉴定人样本比对时，要在字体和速度相同的条件下比较。

（四）标点符号笔迹特征分类

标点符号包括标号、点号和其他符号（校对符号、科技单位符号、金融货币符号等）三个方面。标号和点号不仅用作断句、表示语句的语意和感情色彩，而且是书面材料的重要组成部分。一般情况下，手写书稿当中出现的标点符号同书写字迹一样，都具有相对的稳定性和各自的风格特点。因此，标点符号特征是笔迹检验中经常使用的重要内容和依据。

1. 标点符号的运用水平特征。标点符号运用水平特征是指书写人了解、掌握和应用标点符号所表现出来的特征。主要表现为标点符号使用的是否规范，是否准确。即是否擅长运用标点符号和运用标点符号水平的高低等方面的特点。

具体表现为：熟练正确使用；部分准确使用；滥用和通篇不用等现象。

2. 标点符号的位置安排特征。考察标点符号的位置主要是以其前一个字或后一个字为参照点，观察其位置是偏上、偏下还是居中以及远近方面的特点。

3. 标点符号的书写方式和形态特征。标点符号虽然是一个简单的图形符号，但在不同人的笔下其书写方式和具体形态具有较强的个性化特点，在笔迹检验实践中是值得利用的一类特征。

（五）笔迹特征鉴定价值评断

笔迹特征鉴定价值是指某一类或某一种特征在笔迹检验应用中所起到作用的高低和大小。对笔迹特征价值的评断，是笔迹检验认识方法上的思想武器，是正确进行综合评断的基础，是正确得出鉴定结论的前提。笔迹特征的应用价值是客观存在的，但其价值的高低难以通过量化数值来表示，而且各类笔迹特征自身也存在相对立的辩证关系。因此，要对笔迹特征鉴定价值作出科学准确的评价，就必须掌握和运用笔迹特征价值的变化规律的辩证关系即必须掌握好如下三个方面：

1. 共性与个性的辩证关系。笔迹特征的共性与个性的关系，就是普遍性与特殊性之间的关系。分析共性与个性主要的依据：①规范与不规范的关系。语言文字是交际工具，必然接受语言文字社会规范与规则的制约，这样就形成了不同人笔迹之间的共同点。但社会规范与规则又只是大体上的，对具体细节缺乏明确规定，允许个人笔迹在符合规范前提下的自由发展，甚至可能出现某些脱离规范的情况。这样，就形成了不同人笔迹之间的差异。符合书写规范与规则要求的就具有普遍性，即共性较强，反之则是特殊性和个性。②量多和量少的关系。在书写群体中出现率较高的就具有普遍性，即共性较强；反之则是特殊性和个性。

2. 特征的价值与书写人的基本文化信息的辩证关系。判断特征价值的高低，不是一个孤立的过程，必须结合书写人的基本文化信息进行分析。例如，同样是错别字特征，在文化水平高的人群中其特征价值较高，而在文化水平低的人群中则相对较低；同样是一个繁体字，在老年人和书法爱好者人群中其特征价值较低，而在青年人群中则相对较高；同样是一个行草写法系统当中的笔顺，在书写技能较高人群中其特征价值较低，而在书写技能一般的人群中则相对较高。

3. 涉嫌范围大与小的辩证关系。符合点价值的大小，与一定的涉嫌范围有关。在发生案件的涉嫌范围内多数人都这样写，价值不大；只有个别人这样写，价值才大。在某个小范围内，由于某种原因可能出现规范的写法、笔顺等不被常人所用，而不规范的反倒带有普遍性。所以，对于笔迹特征价值的判断要做到具体问题具体分析。

二、笔迹与书写习惯

（一）笔迹是书写活动的反映

从笔迹概念的三个要素可知，书写活动是构成笔迹的重要条件。毫无疑问，笔迹是由于书写活动产生的。简言之，它是书写动作按一定要求形成的痕迹。而书写活动又是条件反射活动的结果。

（二）书写活动是一种精细、复杂的条件反射活动

有机体的一切活动，按其产生的方式来讲，都是一种条件反射活动。反射是在中枢神经系统的参与下，有机体对内部刺激和外部刺激作出有规律的应答。

人的语言活动和书写活动都是高级神经系统条件反射活动的产物，是生理活动与心理活动共同作用的结果。

根据条件反射学说的原理，一切作为条件刺激物直接作用于人的现实事物和它所引起的暂时联系（形象刺激），属于第一信号系统；而以词及在词的基础上发生的联系（抽象刺激），属于第二信号系统。人的书写活动，是两种信号系统协调活动而又以第二信号系统起主导作用的结果。

（三）书写活动产生的机理与实现过程

人的书写活动是在大脑皮层高级神经活动中枢的统一调节支配下，主要由大脑皮层的听觉中枢（主要是听觉性语言中枢）、视觉中枢（主要是视觉性语言中枢）、书写运动中枢以及肩、臂、肘、手等肌肉群运动系统的联合机制实现的。完成每一个书写动作、每一笔笔画、每一个单字或数字（符号），都是大脑皮层高级神经活动中枢根据对刺激物的感知所作出的反应。

人们学习写字，一般都要经过辨别字音、观察和理解字形、明白书写方式、实施书写运动等一系列的复杂机能活动过程。以初学写字者为例，书写活动的生理、心理机制过程是：当其接收到书写文字符号信号刺激（听到具体的字音）时，听觉性语言中枢（颞上回后方）即产生兴奋，分析出欲写该字的声音，而后将其声音刺激信号传递到视觉性语言中枢（枕叶第39区）或直接观察到文字符号的形态，再认或分辨文字符号的结构和书写方法，然后将文字符号形态刺激物传递到书写中枢（颞中回后部），书写中枢根据对刺激物的感知发出的冲动传递到书写运动器官，借助肩、臂、肘、手等肌肉群以及韧带与关节的运动产生相互协调的书写动作，于是欲写的文字符号便在书写面上形成笔迹。

（四）语言活动在书写活动中的主导作用

笔迹是由于书写活动产生的，是书写活动的反映；书写活动是一种复杂、精细的条件活动，是由形象刺激和抽象刺激（语言刺激）相互协调而以语言刺激起主导作用实现的。具体是在书写人大脑皮层高级神经活动中枢的统一调节支配下，主要由三大中枢和相关肌肉群运动系统的联合机制完成的。但是，语言活动是人的书写条件反射活动的基础，没有语言活动作为条件刺激物，虽然可以机械地进行书写，但多不能有意识地进行自主性书写，表达自己的内心活动和对客观事物的认识。

三、书写技能与书写习惯

（一）书写技能与书写习惯的含义

技能和习惯，都是心理学领域的专门术语。

1. 技能是人们在生产实践、工作实践、生活实践活动中，对特定的事项，经过反复地学习和练习（重复的条件反射活动），在大脑皮层高级神经活动中枢与有关的运动器官之间，逐步建立起一种固定的神经联系，并进而达到自动化、完善化的动作锁链系统。这种锁链系统具有自动性、再现性特点。一旦形成，当其以后再次实施该项技能活动时，主要不是受意识的控制与监督，而是依靠条件反射活动的自动化动作系统，自动地将业已练习定型的动作系统重复地再现出来。从生理学、心理学原理上讲，"技能"就是一种动力定型的动作系统。

书写技能是人类重要的技能活动之一，是指书写人书写文字符号书写动作的自动化、完善化程度，即书写文字符号动作锁链系统再现的程度。

2. 习惯与技能是紧密联系的是指在实现某种技能活动中所反映出带规律性的动作特点或动作倾向。在一定意义上讲，习惯是超出该种技能的规范动作之外的具有重复再现性的动作特点或动作倾向。习惯是依附于技能的，是随着技能的形成而逐步形成的，是随着技能活动的实施而反映出来的。

书写习惯是书写人在书写文字符号的动作技能活动中所反映出来的种种有规律性

的特点，其中主要是与书写文字符号规范动作不同的特点。所以，书写习惯又可以被称为书写动作技能衍生出来的定型的动作方式。

（二）书写技能与书写习惯形成的条件与基础

书写条件反射活动是书写技能与书写习惯形成的条件，书写动力定型是书写技能与书写习惯形成的基础。

1. 书写活动是一种复杂、精细的条件反射活动，是由书写条件反射系统支配书写运动器官实施书写而产生笔迹。而书写条件反射活动经过长期的、反复地强化形成书写动作自动化锁链系统，就是书写技能，也就是书写动力定型。所以，书写条件反射活动就是书写练习活动，书写技能与书写习惯形成的条件也就是书写练习。

动力定型，按生理学、心理学的一般解释，是指条件反射活动经过反复强化，而获得巩固的神经联系。人们如果从事某一项行为活动，客观刺激系统经常按照一定的顺序和强弱程度作用于有机体，经过大脑皮层高级神经活动中枢的支配控制，将有关刺激有规律地协调成一个条件反射自动化锁链系统就是动力定型，简称动型。技能的形成，是动力定型的标志。

2. 书写技能与书写习惯，都是由于书写条件反射活动的反复强化，即经过长期的书写练习，而获得巩固的行为方式，都是一种动力定型的表现。这种动型，是书写人反复地书写练习，文字符号的书写动作在大脑皮层有关中枢和书写运动器官之间所建立的神经联系不断强化并获得巩固的结果。

3. 书写动力定型具有两个特点：一是自动化锁链系统的反映，文字符号的各个动作前后衔接、环环紧扣；二是完成自动化书写动作时受书写人意识控制的成分极为有限，伪装和模仿书写较为困难。书写动型形成后，书写文字符号时，只要前一部分书写动作一经引起，后一部分书写动作就会自动地、连续地出现，整套动作行为不必经事先考虑，具体的书写动作也不受意识的控制，而是处于自动化状态。一个书写动力定型的人，在每次进行书写的整个过程中，其主要思维活动的集中点是放在组织书写内容和监督书写方法的效果上，并不考虑具体书写动作的行为方式，只要考虑好书写内容，就能轻松自如地根据自己的思维习惯，把自己熟知的词汇、惯用的文字布局形式和习惯了的书写动作方式再现出来。这些书写动作方式反映在书写面（如纸张等）上就是笔迹，而其中形成习惯的书写动作反映在笔迹上就是笔迹特征。

（三）书写技能与书写习惯的联系与区别

书写技能和书写习惯两者之间既是密切联系的，又是互有区别的。

1. 两者间的联系在于：①生理机制相同。技能和习惯都是一种自动化动作系统，都是动力定型的表现；技能和习惯的再现方式都有共同的特点，即都是受到一定的意识控制，但主要是靠自动化动作系统实现的。②形成的条件和标志相同。书写技能与书写习惯是同时形成的，后者是在技能形成过程中衍生出来的自动化动作特点。

都是以条件反射自动化系统为基础。一个人在书写技能形成的同时，反映书写动作个别特点的书写习惯也就自然形成了。没有书写技能，当然就谈不上什么书写习惯。③行为方式的表现形式相同。书写习惯和书写技能都是书写动作的行为方式，都是以笔迹作为表现形式。两者都必须通过笔迹才能被感知和认识。没有笔迹就无从考察一个人书写技能的高低，同样，没有笔迹也根本不能发现反映一个人书写动作特点的书写习惯。

2. 书写技能和书写习惯的主要区别是：①两者的定义和动作系统的表现范围不一样。书写技能是通过练习而巩固下来并进而达到自动化、完善化的动作系统；书写习惯是在完成这些自动化动作时所反映出来的一些稳定的动作特点。书写人的书写动作技能，主要表现在笔迹熟练程度（书写水平）、书法艺术技巧和文字布局方面，它更多的是反映书写能力和书法技巧；而书写习惯主要表现在书写动作的细节方面，它更多的是反映书写人的书写动作特点。②两者形成的主观动机有差别。书写技能是在经过有意识地书写练习，自觉地、不断地改进某些不规范、不成体系的书写动作的基础上形成的；书写习惯是在书写练习过程中无意识地反复实施同一动作的基础上形成的。因此，书写技能具有较多的共同性和规范性，书写习惯具有更强的特殊性和稳定性，个人特点和地区特点较为明显。但书写习惯也可能有意识地加以改变，这要取决于书写人的主观条件和书写练习的时间。③两者的特性不一样。书写人之间书写技能虽有一定的差别，但都不能反映出各自的特殊性。书写习惯不仅在书写人之间有差别，而且每个人的书写习惯总体都是特定的。

（四）认识书写技能和书写习惯两者关系的意义

由于书写技能和书写习惯都是以笔迹作为表现形式，所以，鉴定中在运用书写技能特点和书写习惯时都要重视对笔迹的研究。

在运用书写文字分析书写人情况时，既要利用书写技能方面的特点，又要利用书写习惯方面的特点。书写技能是笔迹鉴定一个方面的依据，有利于压缩鉴定范围。书写技能高的人，书写习惯特殊而稳定；书写技能低的人，书写习惯不够稳定，笔迹鉴定时要充分考虑这一因素。

笔迹鉴定主要是依据书写习惯而不是书写技能。也正因如此，书写习惯是笔迹学研究的重点，书写技能是书法学研究的重点。

正因为书写技能是有意形成的，稳定性小而容易伪装；书写习惯是无意形成的，隐蔽性强、稳定性大，不容易被伪装。因此，笔迹鉴定要尽量少用属于书写技能方面的笔迹一般特征，要深入发现和全面运用反映书写人书写习惯的笔迹细节特征，要区别笔迹特征的价值。

四、书写习惯形成的原因、过程和标志

书写习惯是笔迹学和笔迹鉴定研究的重点，因而本部分就此作专门论述。

（一）书写习惯形成的原因

书写习惯是由于书写人经过对文字符号长时间的学习和书写练习逐步形成的。一般要经历几年以至十几年的书写练习才能形成一种文字符号的书写习惯体系。

（二）书写习惯形成的过程

一个经正规学校教育和书写训练的人，一种文字符号的书写习惯体系的全部形成，一般要经历识字描摹、练习提高和书写动作锁链系统自动化三个阶段。

1. 识字描摹阶段是初学书写的阶段。这一阶段，书写动作的条件反射系统开始建立，书写活动的神经联系尚未牢固。书写是按照他人的字样或帖本模式，依样画葫芦机械地描摹，只能集中注意在个别书写动作上，不能控制书写动作细节和照顾到动作的整个联系，从字迹上反映不出书写技能的高低，更谈不上什么习惯。由于与书写运动有关的器官配合不协调，错误的动作多，在字迹上表现出书写速度缓慢，笔顺不连贯，运笔动作不准确，文字结构搭配不当或不正确，单字笔画出现或多或少等现象。

2. 书写练习提高阶段。这是经过反复书写练习之后，神经联系趋向巩固，书写能力逐渐提高，书写动力定型逐步建立，但未完全巩固的阶段。所谓书写练习，是指按照书写文字的书写目的要求，反复地进行书写条件刺激，增加刺激物的强度，使书写动作的神经联系获得巩固。在这个阶段，书写者掌握了书写文字符号的动作要求并能相互联系起来，但彼此结合还不紧密。其笔迹特点是：运笔较自然，具备一定的熟练程度；运笔、连笔、笔画间、组成部分间有一定的协调性和准确性；笔迹可以反映出一部分习惯性特征，但变化较快，稳定性较小。

3. 书写动作自动化阶段。这是书写动作的协调和完善阶段，也是书写习惯全部形成和稳定的阶段。这一阶段，参与书写活动的各个机能系统已联合成为一个有机的整体，大脑皮层各个中枢与书写运动器官高度协调配合，条件反射系统全部巩固，文字符号书写动作自动化体系全部建立起来。书写时，在具体书写动作的方式上受意识监督控制的程度极小，主要是通过条件反射锁链系统自动实现。笔迹上反映出的特点是：笔迹熟练程度较高，运笔连笔自然流利，独特的书写风格已经形成（字体、书体、字形已定型），书写动作规律性强，书写习惯的个性特点已经明显地表现出来。短时期内，书写习惯一般不易受到主客观因素的影响而发生较大的变化。

（三）书写习惯形成的标志

能够书写的人，并不意味着就形成了书写习惯。书写习惯的形成有以下标志：

1. 书写动作体系的建立。书写动作体系在生理上的表现是，参与书写活动的各个器官、各个系统、各个部位能协调配合，书写动作锁链系统完全自动化；在笔迹上则是书写文字符号的一系列动作反映出明显的规律性。

2. 书写动作的协调性和准确性。由于大脑皮层神经联系的建立和巩固，书写时大脑皮层运动分析器（书写中枢）兴奋与抑制的协调，书写中的错误动作和紧张状态消失，因此，书写的文字表现出笔迹熟练程度较高，书写速度较快，运笔动作流利，单字的结构正确，笔画形态和运笔动作准确等特征。

3. 视觉控制作用减弱，动觉控制作用增强。通过较长时间的书写练习，书写动作刺激不但在书写运动中枢和视觉中枢之间形成了稳定的联系，而且在书写中枢和书写运动器官内部也形成了牢固的联系。于是，书写时动觉控制作用逐渐代替了视觉控制作用，甚至在完全脱离视觉控制的条件下也可以进行书写并能反映出已有的技能水平和习惯。因为在经过反复练习的基础上，每个文字符号的形象（常用字）在书写人的头脑中形成了自己的动作视觉表象，书写人可以凭借自己书写动作的表象来控制调节自己的书写活动。在以视觉控制为主的基础上，再经过反复练习，书写运动器官的感知逐渐敏感起来，使书写动作形成了动觉表象，并在视觉和动觉之间建立了联系。于是，视觉控制逐渐减弱，动觉控制逐渐增强，甚至单靠动觉控制也可以进行书写。例如，当一个书写熟练程度较高的人进行书写时，对许多常用字并不需要大脑回想每个字的视觉形象，而主要是靠书写动觉系统自动地调节手指肌肉群的舒张和收缩。所以，有的人在光线暗弱的环境中，或者背着自己的视线书写字迹也能反映出一定的书写习惯，仍具备一定的鉴定条件，其科学道理正在这里。

4. 书写动作的适应性和书写形式的多样性。由于大脑皮层和书写运动器官系统性活动机能的作用，书写习惯和书写技能形成以后具有较强的适应能力，可以在不同环境中、采用不同姿势、运用不同的书写工具和书写材料进行书写；可以进行快速、慢速书写；可以书写不同书体的字迹等。

明确书写习惯形成的标志，在侦查和鉴定过程中对于判断书写人书写技能的高低、分析书写人的文化程度和年龄阶段，确定独特和稳定的笔迹特征，评断和运用笔迹鉴定意见都有一定的意义。

书写文字的书面语言也能反映一定习惯。这种习惯是通过语言运动分析器、语言听觉分析器、语言视觉分析器的协调活动，逐步建立起字形、字音、字义的一种神经联系，然后通过书写运动器官的活动以书写文字的形式反映出来。其习惯的形成条件、过程、标志与书写动作习惯同步。

五、笔迹与书写习惯的关系

书写习惯是人身同一认定鉴定的一种客体，笔迹是书写习惯这种客体的反映形象。书写习惯与笔迹两者间是客体与客体反映形象的关系，即被反映与反映的关系。书写动作表现为笔迹，而书写习惯寓于书写动作之中。也就是说，笔迹是书写动作的反映，笔迹特征是书写习惯的反映。书写习惯只有通过笔迹表现出来才能被认识和运用。书写习惯与其他许多习惯有所不同，它具有细微性和隐蔽性，既不能被人的目力所察，也难直接留于人的印象之中，只有通过书写动作形成的动态痕迹中的种种特点，才能被感知和理解。所以，没有笔迹就无从考察书写习惯，认识书写习惯必须从观察、研究笔迹人手。

　　笔迹鉴定是从研究检材笔迹入手，发现其笔迹特征，确定其书写习惯的总体特性，进而与被鉴定人的样本笔迹进行比较，找出两者书写习惯总体特性的相同或不同，最后认定检材字迹与样本字迹是否为同一人书写。从实质上讲，笔迹鉴定就是认定两者书写习惯是否同一。应当明确的是，笔迹可以反映书写人的书写习惯，但并不是所有笔迹都可以反映书写人的书写习惯。完全按照规范书写动作要求书写形成的笔迹，书写习惯尚未完全形成书写人的笔迹，书写习惯业已形成的书写人的条件变化笔迹、伪装笔迹、模仿笔迹，只能不同程度地反映其部分书写习惯。不少客体反映与被反映两者间不是等同关系，笔迹与书写习惯同样不是等同关系。一定的书写动作与笔迹、书写习惯习惯与笔迹特征一般是成等式的。有的词典将笔迹定义为"是每个人写字所特有的形象"是不全面的。笔迹作为一种书写动作形成的动态痕迹与书写人的"特有形象"不能画等号。

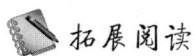拓展阅读

笔迹鉴定的步骤与基本方法

一、笔迹鉴定的准备

（一）查验受理手续

　　主要是查看委托鉴定登记表或受理登记表，判断委托鉴定是否符合笔迹检验的范围和法定手续。

（二）了解、分析案件情况

　　主要是了解案件的发生、侦破和审理的一些情况。了解案情有利于解决鉴定中的难题，人的书写活动自书写动力定型形成以后已经成为自动化的系统，但它可能受主客观因素影响而发生一些变化。通过了解案情，尽可能多地掌握案件材料，便于结合案件的实际情况，客观科学地分析和解决检验过程中出现的问题。

（三）掌握被鉴定人的基本情况

　　了解被鉴定人的姓名、年龄、文化程度、籍贯、职业身份、个人经历、兴趣、爱好等情况。

（四）了解其他物证的鉴定和查证情况

　　了解该案其他的物证是否进行了其他方面的调查、鉴定，其结果怎样。如纸张成分的分析、产销范围的调查；印刷品的检验和调查情况；指纹、印章的鉴定结果；等等。

（五）明确鉴定要求

　　了解鉴定具体要解决什么问题，是并案还是确定检材笔迹是几人书写，抑或确定检材笔迹是否被鉴定人所写。

二、笔迹鉴定的分别检验

（一）对检材笔迹的检验

检验检材笔迹的主要内容：①对检材笔迹的概括了解。主要包括检材的书写内容、书写工具、字形、字体、书写速度、书写水平、语文水平、有无反常现象等。②判明检材笔迹是否正常，发现与确定笔迹特征。正常笔迹的特点：书写水平与语文水平相适应；整篇笔迹书写自然、协调一致；字的大小、文字布局、字行倾斜方向、字间行间距离趋向一致；组成部分、笔画间搭配比例协调一致；重复出现的相同字、相同组成部分的形态基本一致。在分析检材时，就要以此为标准进行衡量。凡符合正常笔迹基本特点的，检材就是正常书写的。反之，检材就是不正常的。在此基础上，按本章笔迹特征类型和选择特征的方法，初步确定检材笔迹的特征。

（二）对样本笔迹的检验

检验样本笔迹的主要内容是：①核对样本是否为同一人所写。对送检的笔迹样本要一一进行核对，特别是样本材料较多，而且在一份材料中既有被鉴定人笔迹，又有其他人笔迹的，更需要一一分清，防止误将他人笔迹当作被鉴定人笔迹。②分清样本种类，确定选用笔迹特征的重点。不同种类的笔迹样本，在笔迹检验中的价值和作用是不一样的。平时样本，特别是案前样本是笔迹检验中使用的主要样本；实验样本只起参考作用。前者是选择供比对笔迹特征的重点。③以检材笔迹特征为索引，对应发现和确定样本笔迹特征。

三、笔迹鉴定的比较检验

经过分析选择检材和样本特征，笔迹检验就进入了比较检验阶段，即比较两者笔迹的异同。比较笔迹的异同，就是比较检材与样本笔迹是相同的，还是不同的？哪些是相同的？哪些是不同的？并把这些相同的和不相同的特征从笔迹样本中选出来，并编辑成笔迹特征比对表。

（一）比较笔迹特征异同的步骤与方法

1. 笔迹概貌特征的比较。经过分析检材并选择特征，对检材笔迹有了一定程度的了解，特别是对它的总体有了基本的了解，完全有条件与样本笔迹进行概貌特征的比较，以获得对检材样本异同的初步认识。概貌特征比较的侧重点是：字的形体、书写水平、文字布局、字的倾斜方向等明显特征的比较，审查两者在这方面是否一致，从而初步确定它们的异同。

2. 以检材笔迹选择的特征为对照物，在样本中找出相应的特征字（含具有相同偏旁的字）进行比较。这是比较两者笔迹特征异同的重要一步，鉴别的依据主要来自于此。在样本中寻找特征字时，要认真仔细，逐行逐画地进行，特别是在样本材料较少的情况下，更不能漏掉特征字。对比较的特征，要把比较结果用特征标识符号标示出来。符合点用红色，差异点用蓝色。实践中，也可在"反复核实，确定差异点"时再标出。

（二）比较笔迹特征异同应注意的问题

1. 要在可比特征之间进行比较。比较检材和样本笔迹特征的异同只能在相同字、相同的组成部分和相同的笔画之间进行。不同字、不同组成部分和不同笔画的笔迹特征一般是不能进行比较的。

2. 要客观全面地比较特征。特征的符合与差异都是客观存在的，它不以人的意志为转移，我们的认识只能客观地反映它，而不能随意取舍它。在比较时，既要比较那些符合的特征，也要比较那些不同的特征。只有客观全面的比较，才能为综合评断提供可靠的依据，作出正确的鉴定结论。鉴定中出现的错误结论，常常是由于没有客观地比对特征，犯主观片面错误造成的。

3. 要比较实质性特征，不能机械比对。任何事物都是在不断发展变化的，笔迹特征也是如此。同样一个字，不同时间写的，甚至同一份材料中先后书写的字迹笔迹特征都会有不同的表现。因此，相比较的特征即使是符合的，也不可能一模一样，这就要看基本规律和习惯，也就是要抓同一特征的规律性特点进行比较。抓住了特征的规律性就是抓住了特征的实质。

4. 要认真细致地比较，不能粗枝大叶。由于语言文字社会规范的要求和共同学仿练习的结果，不同人书写的字迹，笔迹特征总会有些共同点。但这些共同点只能说明笔迹特征的相似，而不能说明书写习惯的同一。检验中的错误结论，常常出现在书写水平接近，形体相似的笔迹中。往往只看几个明显特征的符合，而没有进行细致的比较，特别是在明显的特征符合中没有注意细节的差异，导致错误的结论。相反的情况也是一样，有的只看到几个明显的差异，就往往忽视深入细致的比对，不能发现细节上的符合，也导致错误的结论。

5. 要注意对特征的补充和淘汰。对任何事物都有一个认识的过程，对笔迹特征的认识也不是一次完成的，有时需要反复的分析比较才能使认识全面深刻。检验中开始选用的某个特征认为比较好，可是经过与样本比较发现并不是好特征（不稳定、变化大等），这样的特征就应淘汰（但无须从比对表中抹去）。相反，起初认为不可靠、不敢选的某些特征，在比较中发现样本里也反复出现了，这样就应作为好的特征补充进去。可见，比较的过程，是认识特征的继续和深入，通过比较，可反复验证和补充对特征的认识。

四、笔迹鉴定的综合评断

经过对检材与样本的比较，已经发现了符合点和差异点，在此基础上，还要对两者间符合点和差异点的鉴定价值、成因和性质，以及符合点与差异点哪一方面对鉴定结论起主导作用进行全面分析。这就是综合评断要解决的问题。所谓特征符合点，是指两者笔迹特征相同的方面，差异点是指两者不同特征的方面。

（一）分析符合点的价值

分析符合点价值的大小，实际上就是认定两者相同特征总体是书写习惯特殊性的反映，还是书写习惯共同性的表现。反映书写习惯特殊性总体符合的价值就大，表现书写习惯总体共同性符合的价值就小。具体可从以下几方面进行：①审查符合点是否为社会规范要求形成。一般来说，明确体现书写规范与规则要求的符合点价值小，书写规范没有明确规定的符合部分或脱离规范的符合点价值大。②区分符合点是否某地区或行业内普遍存在的。有些笔迹特征看来似乎很特殊，但却有一定的地区性或行业性。在一定的地区或行业内的人们都这样写，因此带有普遍性，鉴定价值并不大。如果在另外的地区或行业，别人都不这样写，价值就比较大。③符合点是否在年龄相近、书写水平相当的人中常见。同年龄段的人在笔迹上总会有一些共同的特点，这部分特征在同龄人中鉴定的意义不大。

（二）确定差异点的性质

1. 差异点的种类。检材与样本比较，笔迹特征总会有或多或少、这样或那样的差异。这些差异，按其性质划分，可分为两类：一类是本质性的差异，特征总体的本质差异是不同人书写习惯的表现。另一类是非本质性的差异，其总体的非本质差异是同一人书写习惯自身的差异。

2. 非本质性差异的成因。非本质性差异主要是由于书写习惯自身发展演变和主客观因素影响造成的变化：①属于主客观因素的影响：被鉴定人的故意伪装，造成同一人笔迹特征（检材与样本）的差异；书写时的反常生理、心理状态造成笔迹特征的差异；书写条件（包括书写工具、承受物体、书写时间段、书写姿势等）变化造成笔迹特征的差异；检材形成后的变化造成笔迹的差异；书写时的偶然笔误，造成笔迹特征的差异；书写人故意使用某种体书写而与平时自由体样本形成的差异；检材与样本笔迹书写速度不同形成的差异。②属于书写习惯自身发展演变造成的：由于样本材料少，书写习惯的多样性没有充分表现出来形成的差异；检材与样本书写时间不同（检材与样本笔迹形成时间相距若干年）出现的差异。

五、笔迹鉴定的基本方法

笔迹鉴定的理论基础和科学依据是同一认定理论和书写习惯理论，笔迹鉴定同一认定的基本手段、基本方法就是比较检验方法。比较检验法是在朴素、简单的"比较"基础上，经过长时间的发展、提高、升华为科学、系统的检验方法。随着科学的进步、社会的发展，比较检验的内容、形式、手段也在不断地发展，但其基本的内涵和原理是不会改变的。

笔迹鉴定中的比较检验按照内容形式可划分为：总体比较、个体比较、局部比较、组合比较等。

（一）总体比较的主要内容

字的外貌、书写水平、字形字体、布局格式及书面语言特征等。

（二）个体比较的主要内容

字的结构及基本写法、笔画的搭配比例、笔顺及标点符号特征等。

（三）局部比较

字的局部细节特征、起收笔的细小动作特点、笔力分布及笔痕特征等。

（四）组合比较

各类特征、各方面特征、各组细节特征、词及词组特征、数字组旳外部轮廓特征等。

【参考文献】

1. 徐立根主编：《物证技术学》，中国人民大学出版社 2011 年版。

2. 傅政华主编：《物证技术学》，中国人民公安大学出版社 2003 年版。

【单元练习】

1. 汉字的笔迹书写特征有哪些？

2. 简述书写技能与书写习惯的联系与区别。

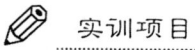 实训项目

【实训项目一】 书写水平特征的检验

一、实训目的

熟悉书写水平特征的分类，掌握区分书写水平特征的方法，能够熟练运用书写水平特征。

二、实训设备和器材

各类不同书写水平材料 3 份、放大镜、书写水平特征记录纸、铅笔。

三、实训内容和方法

分别对不同书写水平的笔迹材料，整体地、逐行逐字地进行观察和记录，观察、分析笔迹的规范化程度和笔迹的熟练程度，按照实验内容，作如下分析检验：

（一）观察、分析文字笔画是否规则

汉字的基本笔画如横、竖、撇、捺泾渭分明，凡符合汉语规则要求的，则属于规范的笔画，否则是不规范的笔画。书写越规范的，书写水平越高，反之则书写水平越低。

（二）观察、分析文字结构是否匀称

文字的结构又称间架结构，是指单字各偏旁部首之间、各笔画之间的空间构架。结构是否匀称主要表现在各偏旁部首、各笔画间结构是否匀称和谐，是否平衡、均匀、对称。结构越匀称和谐，书写水平越高，反之则书写水平越低。

（三）观察、分析文字布局是否合理

布局是指文字在纸面上的分布情况。字与字之间、行与行之间大小、疏密、高低、倾斜方向越匀称合理，书写水平越高，反之则越低。

（四）观察、分析运笔是否自然流畅

运笔包括起笔、行笔、收笔。笔画线条流畅，一气呵成者，书写水平高，反之则

书写水平低。

（五）观察、分析笔力变化是否协调自如

笔力变化包括运笔动作中的提按转折顿收。观察其是否协调一致，收放自如。越流畅自如，书写水平越高。

（六）观察、分析书写速度快慢是否适当

书写速度主要表现为运笔动作中的轻重疾徐变化。一般而言，书写速度越快，熟练程度越高，书写水平越高。

四、注意事项

1. 正常书写情况下，书写水平特征高低明显不同的，可以作为否定的依据。如果书写水平特征相同或相近，需要进一步比较其他特征。

2. 书写水平在短时间内，不可能超规律地任意提高。因此，当检材笔迹的书写水平低于同期的样本笔迹时，可以作为否定的依据，但检材笔迹的书写水平高于样本笔迹时，不能作为否定的依据。

3. 书写水平特征的比较，应当以同种类型、同种书体的字迹进行比较。根据检材字迹的类型和书体，选择相应的样本字迹进行比较。

五、实验作业

1. 根据实验结果，确定被检验的实验材料笔迹属何种书写水平。

2. 根据实验结果，说明确定其书写水平的具体依据。

【实训项目二】单字写法特征的检验

一、实训目的

熟悉单字写法特征的分类，掌握单字的写法特征，能够熟练运用单字写法特征。

二、实训设备和器材

各种现行规范字、繁体字、异体字、非规范简化字、行草书字、简缩及复合字实验材料若干份。

三、实训内容和方法

熟悉现行规范字、繁体字、异体字、非规范简化字、行草书字、简缩及复合字写法，按照实验内容的安排，对实验材料逐一观察、熟悉各类单字写法特征。

（一）现行规范字写法

现行规范字分为规范正字和规范简化字。规范正字是一字多体中，经确认的一种标准写法，为规范写法，其他的写法未经确认，为变异写法。规范简化字是指 1956 年以来由国家公布使用的简化字。现行规范字实际上是国家规定的现行简化字和长期通用的汉字。现行规范字的发展具有时代特点，可以反映书写人的年龄、职业情况，具有一定的特殊性，其价值高于后者。

（二）繁体字、异体字写法

繁体字是指已被规范简化字取代，国家已明令废除的汉字。繁体字主要存于老年人书写字迹中，如图 3 - 1。

异体字是指文字改革前与当时正体字并存通用的汉字，主要有古体字、旧体字和俗体字。按其成因和表现形式，大体分为古体字系统和变体字系统。变体字是书写人在原字体字形的基础上，增减笔画，或改变某个字部，但结构轮廓不变。繁体字、异体字主要存在于老年人或书法者中，具有一定的利用价值，如图 3 - 2。

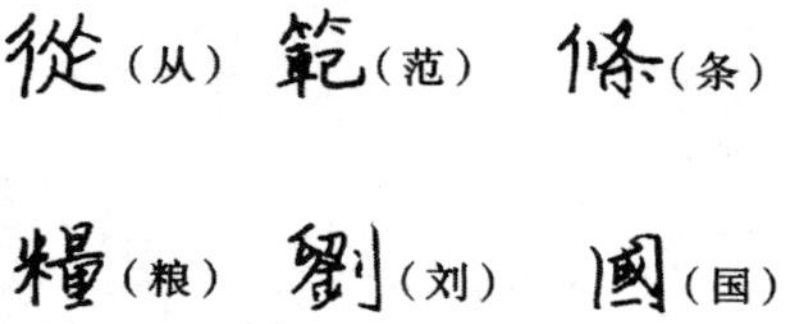

從（从）　範（范）　條（条）　　　劎（剑）　箇（个）　耻（耻）

糧（粮）　劉（刘）　國（国）　　　合于（拿）　宿（夜）　砲（炮）

　　　图 3 - 1　原繁体字 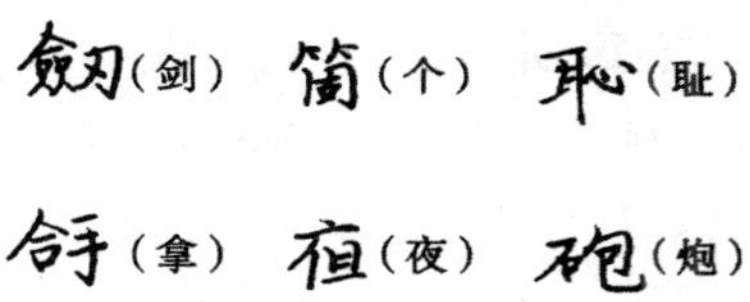　　　　　　　　　　图 3 - 2　旧异体字

（三）非规范简化字写法

非规范简化字是非政府推广应用的简化字，是人们在使用过程中避繁就简，约定俗成的产物。它是在一定地区、一定行业流行的民间简化字，具有特殊性，特征价值较大或有一定的利用价值，如图 3 - 3、图 3 - 4、图 3 - 5、图 3 - 6 和图 3 - 7。

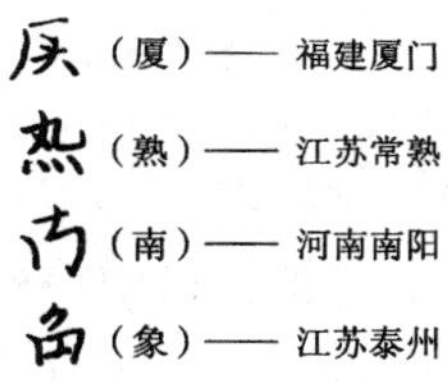

厌（厦）——福建厦门　　　盇（盘）——福州市　　　阹（随）——上海

热（熟）——江苏常熟　　　煋（耀）——河南省　　　秒（稻）——湖南

疒（南）——河南南阳　　　扐（搬）——江西省　　　杕（楼）——湖北

吕（象）——江苏泰州　　　杏（曹）——湖北省　　　迊（遵）——山西

图 3 - 3　单纯的地区简化字 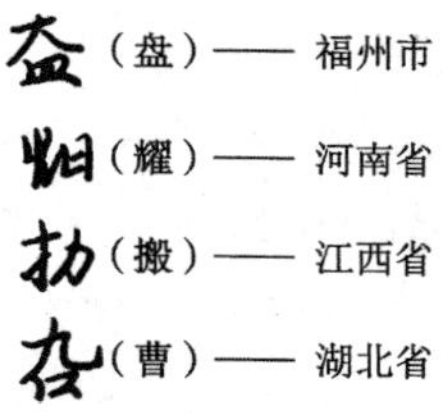　　图 3 - 4　会意简化字 　　图 3 - 5　地区形声简化字

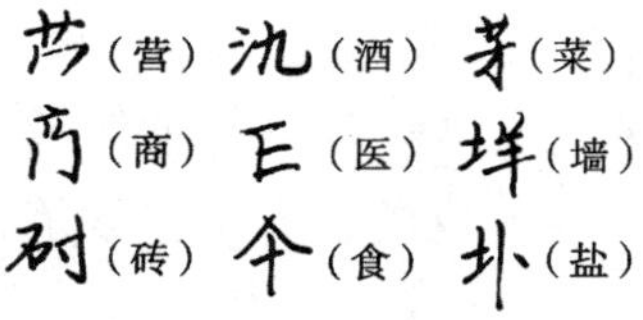

芐（营）　氿（酒）　茅（菜）　　　宷（寨）　咀（嘴）　钲（镇）

卨（商）　㢴（医）　垟（墙）　　　宊（家）　矵（短）　宎（察）

砎（砖）　仐（食）　圤（盐）　　　亼（集）　汔（液）　亣（襄）

　　图 3 - 6　职业性简化字 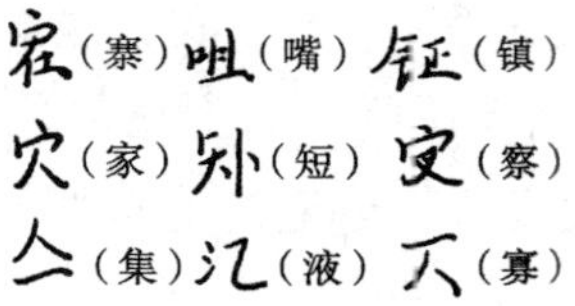　　　　　图 3 - 7　流行较广的简化字

（四）行草书字写法

行书和草书是汉字的两种不同书体：草书连写，字形潦草；行书速度慢于草书，快于楷书，易写易辨。当前大多数人的书写速度都是行书体书写速度，也有少数偏快如草书，或偏慢如楷书。但一般都不是标准的行书体或草书体，而是带有许多个人的特殊写法，具有明显的个体特殊性，是有较大利用价值的笔迹一般特征。

（五）简缩、复合字写法

简缩、复合字写法是将固定词组的多个字的偏旁、部首或笔画部分组合拼接在一起，形似一字，代表整个词或词组，常见于签名字迹或常用词组，具有一定的利用价值，如图3-8。

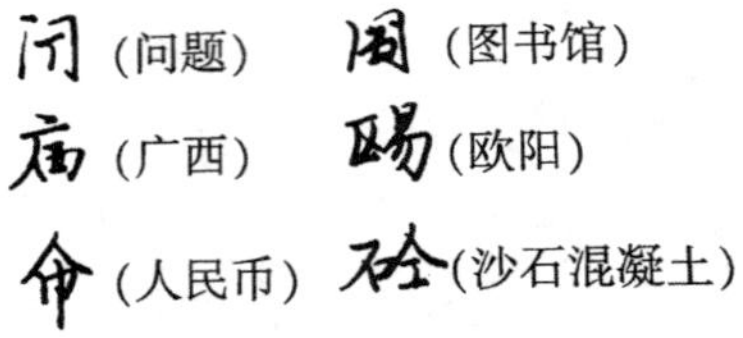

闯 (问题) 囝 (图书馆)

庿 (广西) 昜 (欧阳)

佮 (人民币) 砼 (沙石混凝土)

图3-8 简缩、复合字

四、注意事项

1. 熟悉现行规范字、繁体字、异体字、非规范简化字、行草书字、简缩及复合字写法。

2. 单字写法特征在不同年龄、不同职业、不同地区、不同文化程度的人的运用情况。

五、实验作业

独立观察被检验的实验材料笔迹的写法特征，对各特征进行分析，评价其特征价值。

学习任务三　掌握伪装笔迹、摹仿笔迹鉴定

教学情境

2008年8月27日，河北省邯郸市中级人民法院因受理的财产损害赔偿纠纷一案需对签名笔迹进行司法鉴定，委托西南政法大学司法鉴定中心鉴定送检材料中检材与样本上"赵俊兴"签名笔迹是否为其本人书写。送检材料包括2005年12月2日山西汾西矿业集团有限公司煤炭销售结算清单原件一张（检材）、2006年4月6日内部结算凭证、内部银行凭证、签名实验样本、对检材的说明书（样本）。

"销售结算清单"右上角部位"赵俊兴"署名字迹系圆珠笔蓝色油墨书写、行书体、书写速度快，运笔连笔自然流畅，无异常书写痕迹反映，属于正常笔迹，具备鉴定条件。

提供鉴定比较的样本字迹是2006年赵俊兴在结算凭证和银行凭证的签名笔迹，同时还有2008年赵俊兴书写的检材说明字迹和在法院书写签名实验样本字迹，各时段各种签名字迹笔迹特征稳定一致、具备可比性。

通过对检材和样本笔迹进行比较，两者书写水平、字体字形、单字间组合布局特征一致，"赵"字、"俊"字、"兴"字结构形态、搭配比例、连笔方式、笔画转折、笔画间照应等特征相同，"俊"字连写方式和笔画配置特征也反映相同。

检材和样本笔迹间相同特征表现于各个方面，多数独特稳定，属于特征总体的本质性相同。"赵"字个别连笔特征差异是书写速度所造成的非本质性差异。

一、掌握伪装笔迹检验

所谓伪装笔迹，是指书写人出于某种主观动机而故意地控制调节书写动作或摹仿他人笔迹，从而使笔迹特征发生改变而形成的笔迹。

按照书写人伪装书写时注意、意志、思维等活动的特点的不同，伪装笔迹有最为常见的三种类型：第一类是通过对自己的笔迹特征的认识，而有意识的支配和改变书写动作所形成的笔迹，即一般性伪装笔迹；第二类是习惯用右手书写的人，为了掩盖其真实笔迹，而故意改用左手执笔书写所形成的笔迹，即左手伪装笔迹；第三类是通过视觉对他人笔迹及特征的感知和对书写动作的控制与监督来完成伪装书写所形成的笔迹，即摹仿笔迹。

按照笔迹伪装程度，可将伪装笔迹分为一般伪装笔迹和严重伪装笔迹两类。严重伪装笔迹反映书写人真实的笔迹特征少，而一般伪装笔迹反映书写人真实的笔迹特征多而稳定。对笔迹伪装程度的划分常常直接影响最后的的鉴定结论，因为伪装程度不同，选取的特征也不同。

（一）鉴定伪装笔迹的科学依据

伪装笔迹按其书写动力定型的机理分析，是以临时的条件反射去干扰、破坏业已定型的书写动作自动化锁链系统，以主观意识去控制随意的书写动作自动化运动。在书写人主观意识的控制下，可以扭曲其书写习惯、改变其部分笔迹特征。而书写人一旦形成稳定的书写习惯，这种稳定成型的动力定型是不易完全改变的。在伪装书写中，书写人大脑皮层书写中枢原有的动力定型并不能完全被主观意志控制。其真实的书写习惯会随时随地地流露出来，表现出其真实的笔迹特征。因此，伪装笔迹的鉴定在书写活动的生理机制上有着充分的科学依据。

1. 书写习惯的系统性与整体性。一个书写习惯定型的人，在进行书写时虽然在活动总体上要受到意志的监督和控制，但具体的书写动作是靠条件反射锁链系统自动实现的。书写习惯的系统性和整体性决定了书写习惯具有自动重复的特性。这种特性难以因生理机能的变化而引起书写习惯的重大改变。书写时，条件反射系统中某一神经中枢或某一动作器官机能活动的作用不能改变整个书写动作自动化体系；或者某一书写运动器官不参与，而以肢体两侧对应的器官或其他运动器官临时代替，也不会使书写动作受到严重干扰，大部分动作习惯仍能反映出来。

2. 书写技能的迁移与干扰的规律性。书写活动是一种技能活动。任何技能活动都可以迁移并同时受到干扰。技能迁移，是指已经掌握的技能对于学习新技能可以产生积极的影响。伪装书写是一种由旧技能临时变为新技能的活动方式。从技能迁移的原理分析，伪装笔迹特征是完全可能的，而且书写技能越高的人，伪装笔迹的可能性就越大。技能的干扰，是指业已掌握的旧技能对学习新技能所产生的消极影响，即旧技能会阻碍新技能的形成和发展。旧技能的动力定型越巩固，干扰新技能的成分越大。一个书写习惯完全定型和书写技能很高的人，在极短时期内，要学习一种与自己平常书写迥然不同的书体，全部摹仿他人的笔迹特征，并完全歪曲自己原有的书写习惯体系是相当困难的。从技能迁移与干扰的原理上说明，书写人在短时期内部分地改变自己的笔迹特征是可能的，要全部地改变自己的笔迹特征是不可能的。

3. 意志对书写活动的控制的有限性。意志是人们自觉地确定目的，并支配其行动以实现预定目的而自觉努力的心理过程。伪装书写活动是要受到主观意志的支配与监督，由于意志的作用产生改变笔迹特征的动机，并为实现这种动机而采取种种行为方式。书写人接受意志的调节支配，自觉地将自己熟知的语言和动作习惯通过外部动作——手的运动和内部心理状态的调节——尽量掩盖自己原有的书写动作习惯。这就是说在意志控制之下进行伪装书写可以改变一部分笔迹特征。但是，意志的能动作用是有限的。书写人进行伪装书写这种以改变自己笔迹特征为目的的主观意志的实现，必然会受到书写活动的客观规律（自己的习惯规律和别人的习惯规律）、自己的生理机能、自己的心理规律等一系列条件的制约。

书写人在伪装书写过程中要完全控制住自己的书写动作，完全按照自己设计的伪装模式进行书写，或随心所欲地任意书写，或完全仿照他人的书写习惯进行书写，是要受到其生理机能的制约的。因为书写活动是一种十分精细的自动化系统活动，很难全部接受意志的控制。正常书写活动是在视觉、动觉的监督调节下，依靠手指肌肉群精细的自动化运动完成的。伪装书写主要是靠第二信号系统的词语信号调节控制。这时所发出的改变笔迹特征的词语信号一方面与书写自动化系统的形象记忆和动觉习惯相矛盾，另一方面词语信号本身也是抽象的，尤其是像起收笔的形态、位置，行笔趋势，笔画交叉、搭配，运笔压抑点等精细的动作方式，难以用词语描述得十分准确，因而任何人都不可能准确地用词语信号去发动和控制手指肌肉按照某种既定的"特征模式"和方式进行书写活动。如果人的意志对细微的书写动作干扰过多，动力定型系统就会抵抗意志的控制，这不仅会使书写活动困难，达不到意欲达到的效果，而且隐蔽的、细小的书写动作习惯反而会较多地流露出来。

书写人进行伪装书写，还必须通过意识调节自己的心理状态，克服紧张心理，排除外来干扰。为达到此目的，书写人必须留意每一个书写动作。但因为这种活动与犯罪行为联系在一起必然出现紧张和慌乱，因而就难以控制住自己的书写动作按照"伪装模式"的要求完成，于是稳定的书写动作习惯就会越来越多地保留下来。

上述意志对书写活动监督控制的有限性规律，揭示了伪装书写改变部分笔迹特征的可能性和改变笔迹特征体系或习惯总和的艰巨性。

4. 注意的多种矛盾规律决定了伪装笔迹的规律性。注意是机体的一种的定向反射活动，它是人的大脑皮层最清楚的意识状态。当人在注意某一事物时，就意味着他感知、记忆、思考着该事物。伪装书写是一种有意注意的心理过程。人的注意是受到一系列规律制约的，因而伪装笔迹也显示出相应的规律性。如注意广度与注意集中相矛盾的规律决定了笔迹伪装程度的大小与书写人的书写水平、社会经验、伪装书写练习时间成正比，与一次性书写文字的多少成反比；注意中心与注意边缘矛盾规律决定了笔迹特征的伪装只能是部分的、有选择的；注意的稳定性（持久性）与注意的分散性相矛盾的规律决定了伪装笔迹特征是呈现规律性变化的，等等。这一系列心理规律决定了伪装书写活动是不完全以书写人的主观意志为转移的，伪装笔迹特征是不可能彻底的。

（二）决定笔迹特征伪装程度的因素

任何人进行伪装书写都要受到一系列生理因素、心理因素和其他条件的制约。笔迹特征的歪曲都受到一定限制。制约伪装书写活动的因素主要有：

1. 书写人书写水平的高低。书写水平与笔迹伪装程度成正比：书写水平越高，笔迹伪装程度越高；书写水平越低，笔迹伪装程度越低。

2. 一次性连续书写文字数量的多少。一次性连续书写文字的数量与笔迹伪装程度成反比：一次性连续书写的文字越多，笔迹伪装程度越低；一次性连续书写的文字越少，笔迹伪装程度越高。

3. 书写速度的快慢。书写速度的变化程度与笔迹的伪装程度成反比：检材笔迹书写速度较快或较慢（平常书写的适中速度），笔迹伪装程度低；书写速度极快或极慢（强行快写或强行慢写），笔迹伪装程度高。

4. 伪装手法的繁简。复杂的伪装手法，如混合伪装书写、非正常方法伪装书写、规律性伪装书写、摹仿书写等，笔迹伪装程度一般都很高。而一般性伪装书写，如改变书写速度伪装书写，改变书体、改变字的结构伪装书写等，笔迹伪装程度往往比较低。

5. 伪装书写练习时间的长短。有的伪装笔迹是书写人经过练习之后形成的，如摹仿笔迹、规律性伪装笔迹、左手伪装笔迹、改变书体的伪装笔迹等。其练习时间与笔迹伪装程度成正比：书写练习时间长，笔迹伪装程度高；没有练习或练习时间很短，笔迹伪装程度低。

（三）伪装笔迹特征的基本规律

伪装书写由于受到书写动作自动化锁链系统、书写技能的迁移与干扰规律、意志力的控制、注意力矛盾规律等多种因素的影响与制约。因此，伪装笔迹的特征体现出一定的规律性。

1. 注意的疲劳规律。如果一次性连续书写的字迹多，则检材前面部分的笔迹伪装程度高、笔迹特征不太稳定，检材中间及后半部分的笔迹伪装程度相对较低、笔迹特征较稳定。

2. 注意的有限性规律。检材字迹中，笔画多、结构复杂字的特征不易伪装，而笔画少、结构简单字的特征容易伪装；明显的笔画结构关系、形态、顺序易伪装，而隐蔽的、细小的笔画结构关系、形态、顺序则不易伪装。

左右结构的字，右半部分的结构和笔画特征不易伪装；左中右和上中下结构的字，中间部分的结构和笔画特征相对不易伪装；内外结构和半包围结构的字，内部结构和笔画特征相对不易伪装。

3. 控制力矛盾规律。检材字迹中，书写速度较快和较慢的笔迹特征反映较正常，不易伪装；书写速度过快和过慢的笔迹特征易伪装变化。

此外，书写人书写的水平高则伪装笔迹特征的能力强，笔迹特征的伪装程高，书写人书写的水平低则伪装笔迹特征的能力弱，笔迹特征的伪装程度低。

二、了解一般性伪装笔迹检验

一般性伪装笔迹，又称随意伪装笔迹，是书写人书写文书物证时不经过任何书写练习和准备，仅凭自己临时的想象，采用通常的书写方法，随意歪曲自己的笔迹特征。一般性伪装笔迹是一种比较常见的伪装方式，其伪装手法和书写动机都带一定的随意性。该类伪装笔迹的种类有：故意改变书写速度的伪装笔迹，故意改变字形的伪装笔迹，故意改变书体的伪装笔迹，故意破坏字的结构伪装笔迹，故意写错别字的伪装笔迹等。

（一）一般性伪装笔迹的变化规律

1. 故意改变书写速度的伪装笔迹。

（1）故意慢写。故意慢写是指书写人故意放慢书写速度，一笔一画拼凑文字的一种伪装笔迹。故意慢写的书写水平降低，前后不一致；运笔呆滞，连笔动作减少甚至没有连笔，或者有不正常的停顿等现象；笔画之间、组成部分之间搭配不严谨，完整的笔形被拆分。

（2）故意快写。故意快写是指在书写人主观动机驱动下，超出正常书写速度，甚至强行连笔书写的一种伪装笔迹。在故意快写时，由于它超出了正常的快写速度，因此笔尖往往不离开书写面，形成笔笔相连、字字相接的现象。故意快写的笔迹连笔增多，且连笔动作缺乏规律性，行笔中的提顿转折动作消失，笔画的搭配比例关系发生变化，运笔紊乱，字迹潦草，甚至有些单字出现补充笔画和多笔少画现象。笔迹的书写水平被降低。

故意改变书写速度的伪装笔迹容易改变的特征主要有：运笔特征、连笔特征、搭配比例特征；不容易改变的特征主要有：文字布局特征、书面语言特征、错别字特征、笔顺特征、标点符号特征等。

2. 故意改变字形的伪装笔迹。改变正常字形的笔迹是指书写人故意把字写成或长或扁或圆，或东斜西歪，甚至奇形怪状等现象的一种伪装笔迹。常见的字形伪装主要有以下几种：

（1）长形字。长形字是指字的上下之比明显大于左右之比的一种字形。为了达到长形字的伪装效果，书写人一般会尽量缩短字的横画，拉长字的竖画，使字形变成瘦长形。因此故意伪装长形字时，书写速度一般较慢，字的连笔减少；由于横短竖长，造成比例特征的重大变化；长形字比正常字形大，因此带来整篇笔迹的布局特征如字间、行间距离等发生相应的变化。

（2）扁形字。扁形字是指字的左右比例明显大于上下比例的一种字形。在进行扁形字伪装时，书写人必须尽量拉长字的横画，缩短字的竖画，使字变成扁宽形。因此故意伪装扁形字时，书写速度一般较慢，字的连笔减少，由于横长竖短，造成字大小比例、笔画长短以及搭配的重大变化，文字布局特征也随之相应地发生变化。

（3）圆形字。圆形字是指书写人故意将直行笔画、转折笔画改写成弧形笔画构成的一种字形。在汉字的八个单一笔画中，"点、横、竖、挑、折"画为直行笔，"撇、捺、钩"画为略弧行笔。这些笔画组成的汉字横平竖直、匀称方正。而圆形字是书写人违背书写规则，故意改变笔画的规范要求，将部分笔画、甚至所有的笔画写成弧形笔画，因而导致字形由方变圆。书写人故意改变笔形时，必须着力控制自身的书写方式和习惯。以圆形笔画取代直形笔画，导致笔画的转折角度、运行方向发生较大变化；部分搭配比例特征也相应发生变化。

故意改变字形的伪装笔迹容易改变的特征主要有：整体结构特征、字的大小比例特征、笔画的长短比例特征、运笔特征、文字布局特征等；不容易改变的特征主要有：笔顺特征、起收笔特征、搭配比例特征、字的写法特征、错别字特征、标点符号特征、书面语言特征。

3. 故意改变书体的伪装笔迹。故意改变书体的伪装笔迹是书写人为了歪曲自己的笔迹特征而用平常不会书写或很少书写的某种书体书写而成的笔迹。书写人由于不熟悉该种书体，因此书写的笔迹不完全符合该书体的书写规则，有明显的不熟练和出错的地方，在某些地方甚至流露出其常用书体的特点。

改变书体的伪装笔迹容易改变的特征主要有：运笔特征、连笔特征、比例特征、整体结构特征等。不容易改变的特征主要有：错别字特征、搭配特征、笔顺特征、标点符号特征、文字布局特征。

4. 故意写错别字的伪装笔迹。故意写错别字是指书写人明知该字的正确写法与用法，而故意写错用错，借以掩人耳目的伪装方法。故意写错别字伪装，容易忽视语文水平的伪装，因此错别字水平与语文水平形成极其明显的矛盾；容易出现前后"错"与"非错"、"别"与"非别"自相矛盾的情况；有时还伴随着故意降低书写水平的伪装，具有很大的欺骗性。

故意写错别字容易被改变的特征主要有：错别字特征、运笔特征、连笔特征等；

不容易被改变的特征主要有：写法特征、笔顺特征、标点符号特征、文字布局特征、书体特征、搭配比例特征、语文水平等特征。

（二）正确区分一般性伪装笔迹与低水平笔迹

一般性伪装笔迹，较普遍的现象就是书写水平被降低。因此准确界定书写水平高低的性质，对于鉴别一般性伪装笔迹具有重要意义。

1. 正确区别降低书写水平的笔迹与低水平的笔迹。降低书写水平是以故意降低书写水平为目的，以书写水平高于被降低的书写水平为前提的一种伪装笔迹的手段。它与固有的低水平的笔迹有着本质的区别。

（1）故意慢写笔迹与小学生笔迹的区别。小学生运笔生硬僵直，下笔压力重，书写速度慢，笔画横平竖直。这些不熟练表现在所有的字和笔画中。而故意慢写笔迹虽然书写速度也慢，有运笔生硬僵直、字东倒西歪现象，但书写水平低并不是表现在所有的字、所有的笔画中，有些笔画、偏旁部首或单字却反映出较高的书写水平。

小学生较低的书写水平与简单幼稚的言语、贫乏单一的词汇相辅相成；而故意慢写的笔迹，则表现出书写水平与语文水平自相矛盾的现象。

（2）故意慢写与书写水平较低的笔迹的区别。书写水平低的笔迹，运笔呆板僵直，尤其是结构和笔画比较复杂的字，搭配比例往往失称，且这些现象在相同字、相同偏旁部首、相同笔画上特征反映基本一致，呈规律性反映；而故意慢写笔迹，虽然字的结构也是松散凌乱、东倒西歪，但将相同字、相同偏旁部首、相同笔画排列对照观察，则呈不规则反映。

书写水平低的笔迹，自始至终，所有的字、所有的笔画都反映出低水平的现象；而故意慢写笔迹，表面上看去似乎书写水平较低，但仔细观察，笔画呆板伴有停顿抖动现象，有些快写的字或细小笔画的连笔反映出较高的运笔特点，甚至有的单字结构较为严谨，搭配比例也比较匀称，反映出不熟练中有熟练，"低中有高"的现象。

书写水平低的笔迹，伴随有较多的错字、别字，与较低的语文水平相一致；而故意慢写笔迹，有时顾此失彼，反映出较高的语文水平；或者是一些简单常用字写错用别了，而较难的字却写正确用对了。

在判断低水平笔迹的真伪时，应注意从以下三点进行分析：①看低水平的笔迹是否呈规律性反映；②看通篇笔迹的书写水平与语文水平是否相一致；③看错别字同其难易程度是否一致。如果同篇文字材料中，上述各项反映基本一致，则为书写水平低的笔迹；如果上述各项相互矛盾，说明是书写人故意降低书写水平的笔迹。

2. 正确区别故意写错别字与低水平者的错别字。故意写错别字与低水平者的错别字，其根本区别就在于，书写人是否理解该字的正确写法与用法。明知该字的正确写法与用法，而故意写错用别，则是伪装笔迹；不知该字的正确写法与用法，将该字写错用别了，则是低水平的正常反应。

（1）故意写错别字与小学生错别字的区别。小学生写错别字，同时伴随着相辅相成的笔迹、语言特点。例如字写得比较规范，横平竖直，笔画之间、偏旁部首之间搭配比例不协调，笔画较多的字写得比较大，笔画少的字写得比较小；运笔生涩不熟练；用词简单幼稚；音近、形近别字较多等。而故意写错别字虽然努力地降低自己的语文水平，写了许多错别字，但文中所反映的思想观点和语言特点是成熟的，反映出成年人的特点，尤其是一些较难的字能正确使用，而一些常用字反而写错用别，这是违反常规的。

（2）故意写错别字与低文化程度者的错别字的区别。真正的低文化程度者，词汇贫乏，语句不通顺，逻辑修辞和表达能力差，不能正确使用标点符号，运笔生硬僵直，笔画搭配比例不协调。而故意写错别字伪装，其错别字的出现往往与标点符号的正确使用，与笔画中流露出来的较高水平的运笔、搭配比例特点自相矛盾。

（三）一般性伪装笔迹检验要点

1. 从重复出现的带有规律性的笔迹中选择特征。将那些重复出现的相同字、相同偏旁部首、相同笔画排列在一起进行观察分析，从中选用有价值的特征。这些特征往往是书写习惯的表现。

2. 从结构比较正常、运笔比较自然流利的笔画、偏旁或单字中选择特征。方法是快中找慢、慢中找快。即在故意慢写笔迹中，注意从速度较快的字、偏旁或笔画中选择特征；在故意快写笔迹中，注意多从较慢的笔画或偏旁中选择特征；同时还要注意选择那些不易受书写速度影响的写法特征、笔顺特征和交叉部位搭配特征等。

3. 从结构比较复杂的单字框架内部选择特征。一般来说，笔画较少、结构简单的字比较容易伪装；而在笔画较多，结构复杂的字上容易暴露其固有习惯；特别是框架内部一些小笔画的细节特征，往往容易保留书写人固有的一些书写习惯。

4. 对于个别仅出现一次而字形特异的某些字的写法、笔顺、搭配比例等特征，可作为有疑问的特征，待同笔迹样本比较时加以验证。

5. 注意选用那些一般不受一般性伪装变化影响的笔迹特征。例如，标点符号的布局、形态特征，书面语言特征，等等。

三、了解左手伪装笔迹的检验

所谓左手伪装笔迹，是指不习惯左手书写的人，为了掩盖自己右手书写所能反映的书写习惯，故意改用左手书写形成的笔迹。人的左右肢体构造的对称性，使左手与右手的正常活动功能相反，当书写人用左手伪装书写时，不仅难以适应便于右手书写的书写规则，而且还受到视觉监督矫正障碍的影响，因而左手伪装笔迹必然会出现一些固有的特征，书写水平低者表现得更为突出。

（一）左手伪装笔迹的特点

左手伪装笔迹与右手正常笔迹相比有很大的变化，但是这种变化是有因可查、有规可循的。左手伪装笔迹变化的原因，主要在于左右手书写功能的对称性、相向性，在于左手未经长期练习，书写动作比较生疏。明确和掌握了笔迹变化的原因后，就能从中发现和找出变化的规律。

1. 书写水平明显降低。偶尔用左手书写的人，由于伪装心理和左手书写动作的不协调，使得所写的全篇文字的书写水平下降，字行不整齐，字体结构松散，搭配失称，字形不正，连笔减少，运笔生涩、呆板，起收笔易出现拖带痕迹或反射钩，笔画有抖动、弯曲等现象。由于左手控制能力较差，字的大小不一，一般是前小后大，笔画少的字小，笔画多的字较大，字间和行间不匀称，还常有多笔少笔、笔画交叉、搭配部位的改变和笔画重叠等现象。

2. 呈左高右低趋势。由于左右手书写支点与力点的分布关系是对称的，即右手书写的支点位于书写重力点的右下方，左手书写的支点位于书写重力点的左下方。同样按照规则书写，相对于支点而言，右手是作由远及近向右后方的牵拉动作，非常顺手，而左手则是作由近及远向右前方的推送动作，很不适宜。同时，在支点固定不动的情况下，左手在一个半径内自左而右地推送动作必然向右下偏斜，从而出现左高右低，字行倾斜的现象。支点每向右移动一步，就形成一个新的运动半径，于是出现一段又一段的左高右低区间，导致整个字行呈现总体向右下倾斜又参差不齐的波浪形。另外，书写人用左手按正常规则从左至右书写，视线受到左手的遮挡，为了适应视觉观察的方便，左手的书写动作会很自然地向右下倾斜。即使一时注意控制，稍有疏忽，仍会出现左高右低现象。

3. 反向运笔或左右颠倒。由于左右手生理功能和人体解剖结构的对称性，左手书写很容易朝右手的相反方向运动。这是一种自然的生理现象。当大脑加强对书写运动的控制指挥时，左手能按规则作书写运动，一旦大脑对书写运动的控制指挥稍有松懈，左手便会朝右手的相反方向作书写运动，从而出现反起笔、反行笔、反字、反笔顺和字的组成部分左右颠倒现象。当然，有的反起笔和反行笔等现象是左手书写不如右手方便所引起的。

左手伪装笔迹容易变化的特征有：书写水平；字间、行间距和字与字行的倾斜方向；字形与字的大小；起收笔动作，笔画连笔动作；部分不利于左手书写的笔顺特征；书写速度稍快时，单字可能出现多笔画少笔画现象。左手伪装笔迹不易变化的特征主要有：字的基本写法；错别字特征；笔顺特征；字的基本结构关系；笔画间和偏旁间的搭配比例关系；部分笔画的特殊运笔；书面语言特征；文字布局格式和标点、符号的写法、用法、位置等特征。

（二）区分左手伪装笔迹与其他类似笔迹

正确判断是否为左手伪装笔迹，是检验左手伪装笔迹的前提和关键。如判断失误，将会导致检验结果错误。有几种笔迹反映出来的特点与左手伪装笔迹非常相似，在检验中必须仔细观察，认真分析，正确区分。

1. 左手伪装笔迹与左手正常笔迹。左手正常笔迹是指左利者或右手伤残者，经过长期的左手书写练习，形成稳固的动力定型后所写出的笔迹。长期习惯于左手书写的人的笔迹，它虽然与左手伪装书写具有一些共同特点，但前者是经过长期的练习，已经形成了动力定型之后自然书写而成的。而左手伪装书写是为了掩盖右手的真实书写习惯，临时改用左手书写，所以两者的特点不尽相同，区别主要在于：

（1）左手正常笔迹比较自然、运笔比较流畅、单字排列较为整齐、匀称，而左手伪装笔迹的书写不自然、运笔生涩呆板、字行不整齐，字间、行间不匀称，单字大小不一致。

（2）左手正常笔迹的字行和较长的横画无明显的左高右低现象，而左手伪装笔迹的字行和较长的横画左高右低，呈明显的规律性。

（3）左手正常笔迹基本没有反起笔、反字或左右颠倒的字，而左手伪装笔迹则常出现反起笔，反字或左右颠倒的现象。

（4）左手正常笔迹单字结构较严密，笔画交叉搭配部位合理，无左手书写引起的多笔少笔或笔画重叠现象，而左手伪装笔迹单字结构松散，笔画交叉搭配部位常有改变，易出现多笔少笔甚至笔画重叠的现象。

（5）左手正常笔迹落笔位置基本准确，起笔力度虽不如右手，但下笔轻重基本一致，而左手伪装字落笔位置不准，下笔轻重不一，起笔无力，收笔易拖长。

（6）左手正常笔迹仅反映左手笔迹的某些特点，而有些左手伪装笔迹除了反映左手伪装笔迹的特点外，还伴有其他伪装方法的特点，如故意破坏字的结构形式和改变字的写法等。

上述左手正常笔迹和左手伪装笔迹的区别仅是一般规律，检验时应根据每例左手伪装笔迹的具体情况进行分析，应特别注意左手伪装结合其他伪装的情况。

2. 左手伪装笔迹与高位执笔笔迹。高位执笔笔迹变化的根本原因，是持笔点与笔尖的距离拉远，手指对笔尖的控制力减弱，腕部悬空、支点移位。高位执笔笔迹易出现抖动痕迹，笔力轻飘、字形较大、字的结构松散、其收笔有拖笔和反射钩等类似左手伪装笔迹的特点。左手伪装笔迹与高位执笔笔迹的主要区别是：

（1）高位执笔笔迹无左手伪装笔迹易出现的有规律的左高右低和反字、反起笔、反笔顺或字的左右结构颠倒等特点。

（2）高位执笔笔迹一般较左手伪装笔迹书写速度快，且有实质性的连笔动作。

（3）高位执笔笔迹不似左手伪装笔迹笔压轻重不一、提顿转折乍硬，笔画较粗、墨迹甚浓，而是笔力轻飘，抑压力普遍减弱，笔画纤细、墨迹较淡。

（4）高位执笔笔迹比左手伪装笔迹的字形和运笔幅度大，结构松散。

3. 左手伪装笔迹与老年人笔迹。老年人笔迹是指老年人在生理技能逐步衰退阶段正常书写的笔迹。老年人笔迹易出现运笔无力、笔画抖动或弯曲、起收笔拖带，字形增大、结构松散等类似左手伪装笔迹的特点。左手伪装笔迹与老年人笔迹的主要区别是：

（1）老年人笔迹无左手伪装笔迹易出现的有规律的左高右低和反字、反起笔、反笔顺或字的左右结构颠倒等特点。

（2）老年人笔迹虽也有起收笔拖带现象，但没有左手伪装笔迹出现的反射钩。

（3）老年人笔迹虽运笔无力、笔画抖动弯曲，但没有左手伪装笔迹落笔位置不准，下笔轻重不一，笔画交叉、搭配的部位改变和笔画重叠等现象。

（4）老年人笔迹出现的字形增大、结构松散特点是普遍的，不像左手伪装笔迹字的大小不一，字间、行间失称。

4. 左手伪装笔迹与故意慢写笔迹。由于书写人减慢书写速度，使得故意慢写笔迹出现如笔画呆板弯曲，转折生硬，连笔减少，书写水平下降等类似左手伪装笔迹的特点，两者的主要区别是：

（1）故意慢写笔迹无左手伪装笔迹易出现的有规律的左高右低和反字、反起笔、反笔顺或字的左右结构颠倒的特点。

（2）故意慢写笔迹虽因减慢速度而显得笔画呆板，连笔减少，但有的笔画运笔有力，不飘浮，不像左手伪装笔迹运笔生涩无力。

（3）故意慢写笔迹虽然出现书写水平下降，但书写水平不一致，字体、字形、笔形可能不一致．左手伪装笔迹则基本一致。

5. 左手伪装笔迹与低水平笔迹。低水平笔迹是指写字技能低的人正常书写的笔迹。写字技能低的人因缺乏练习，其臂、肘、腕、指等书写运动器官的协调性较差，书写动作不熟练，从而所写的字易出现运笔生涩呆板、连笔较少、搭配不匀、字形不正、字行不齐，甚至笔画抖动、错别字等类似左手伪装笔迹的特点。两者的区别主要有：

（1）低水平笔迹无左手伪装笔迹易出现的反字、反起笔、反笔顺等特点。

（2）低水平笔迹虽也有字形不正、字行不齐现象，但不是左手伪装笔迹横笔画或字行呈规律性的左高右低现象。

（3）低水平笔迹虽运笔生涩呆板，连笔极少，有时笔画抖动，但笔力较左手伪装笔迹重一些。

（4）低水平笔迹虽有笔画或偏旁部首搭配不匀的特点，但较少伴有左手伪装笔迹的落笔位置不准现象。

（5）低水平笔迹的错别字主要因书写水平低引起，并有一定的稳定性；左手伪装笔迹的错别字主要因多笔少笔所致，常是不稳定的，可能在全篇文章中出现同一个字有几种错法的现象。

除上述类型笔迹以外，还有一些笔迹，如改变用笔方式等也会出现类似左手伪装笔迹的特点。另外，在确认左手伪装笔迹时，还应注意区别由于某些客观因素，如病理性书写器官障碍，以及书写衬垫物不平和书写环境变化而导致的类似左手伪装笔迹的情况，要结合具体案件情况作出正确判断。

四、了解摹仿笔迹的检验

摹仿书写是伪装笔迹的一种特殊手法，书写人以被模仿人的笔迹作为样本，按其所观察和理解到的笔迹特征进行套写及描摹仿写，妄图以他人的书写习惯体系代替自己的书写习惯体系，通过视觉对他人笔迹及特征的感知和对书写动作的控制与监督来完成伪装书写所形成的笔迹，即摹仿笔迹。

（一）摹仿笔迹的手段

摹仿笔迹不同于正常笔迹，同其他方法伪装的笔迹也有区别。摹仿笔迹就其摹仿的常见手法有临摹、套摹、忆摹三种类型。

1. 临摹笔迹。临摹，即临写摹仿。摹仿人将被摹仿人的笔迹样品作为仿本，通过视觉、知觉、注意、记忆等生理机能对被摹仿人笔迹获得形象的认识后，一笔一画地进行仿写。由于摹仿实践的程度有别，临摹笔迹与仿本笔迹相似程度不尽相同。当然摹仿笔迹与被摹仿人笔迹的相似程度，关键还是取决于摹仿人的书写技能，以及对仿本笔迹特征观察、感知的程度。但是笔迹特征是多方面的，有些特征又是多层次的，摹仿人感知到的特征往往是有限的。一般情况下，临摹他人笔迹不可能达到惟妙惟肖、十分相似的程度。

2. 套摹笔迹。所谓套摹，即套取仿本字样进行描摹仿写。一般又分透影套摹、复写套摹等手法。透影套摹即影摹、透视套摹，即把被摹仿笔迹放置于具有一定透明度的纸张下面，通过透视，形成可见字形笔画，然后逐笔逐画地进行描摹书写。还有的用印制图纸或印相片的灯箱做透影设备，通过投射增强透视影像的能见度，然后根据透影字样逐笔逐画地进行临摹书写。透影套摹的相似程度，取决于仿本字迹透影到纸面上的清晰度、摹仿人对被摹仿笔迹特征的熟悉了解程度及摹仿人的书写技能。复写套摹，即将仿本置于所需的物证上，如支票、凭证等，中间放复写纸，然后用圆珠笔、铁笔或钢笔，依照仿本一笔一画地摹写。根据票据纸的页序（三联或四联），有的还需要对复写形式的字，二度用钢笔或圆珠笔逐笔逐画地进行重描。复写套摹字迹的相似程度，取决于复写时模仿人对被模仿笔迹观察感知的程度，以及模仿人执笔模仿的技能和能力。在根据复写字迹进行二度临摹过程中，同样包含着上述因素。

3. 忆摹笔迹。忆摹即记忆摹仿，亦称背摹。它是凭借作案人对被摹仿笔迹笔画形体特征的观察和感知，经过一定的摹仿练习，从而在大脑皮层高级神经中枢建立神经联系，通过记忆的储存使获得的一些仿写技能重复再现。记忆摹仿依据心理和实践过程，可分为长时记忆摹仿和短时记忆摹仿。长时记忆摹仿实际上就是"练习摹仿"，是摹仿人经过对仿本笔迹进行细微的观察、感知之后，经过一定的练习实践，以建立相似的书写习惯，并长期保持下来，一旦需要便可重复再现。短时记忆摹仿又称暂时记忆。即根据摹仿人的特定需要而临时起意，对仿本进行一次性的观察和稍加练习之后，便离开仿本进行仿写。其与长时记忆摹仿的最大区别，就在于未建立起稳固的仿写技能，对仿本字迹特征的记忆保持不能持久。又由于缺乏必要的练习，因而其与仿本笔迹的相似程度，较之长期记忆摹仿与仿本笔迹的相似程度差之甚远。

（二）摹仿笔迹的一般特点

1. 临摹笔迹的特点。临摹笔迹，是将被摹仿人的笔迹置于一旁，边观察边仿写而形成的笔迹。摹仿人为了摹仿得像，既要仔细观察摹本笔迹，又要控制自己的书写习惯，因此，临摹笔迹常出现如下的一些特点：

（1）形快实慢。临摹笔迹的书写速度较慢，虽有连笔但往往在一些字或笔画上运笔迟疑，墨迹或普遍浓重，或轻描淡写，或浓淡不均，运笔的形态、节奏与书写速度的缓慢明显不协调。

（2）笔力平缓。临摹笔迹运笔缓慢，该快不快，该慢不慢，在笔迹上则表现为无轻无重，笔画该粗的不粗，该细的不细，着墨也往往无浓淡之分，运笔显得平缓无力，缺乏节奏感，特别是在某些钩笔、挑笔以及某些上下笔的连接部位，不是疾速轻提，有节奏地环绕连接，而是拖、送而成，收笔无笔锋。

（3）中途停顿。由于摹仿人仅注重摹仿字的外形，没有能力或是没有意识到去协调连笔形式快与运笔速度迟缓这一矛盾。因此，常在一些较长的笔画、笔画转折处、上下笔的连接处出现停笔待摹或是另起笔的现象，以及有些意连笔画上下笔之间缺乏照应关系。

（4）修饰重描。正常书写文字除因笔误可出现修改外，一般情况下很少有修饰重描现象，而临摹笔迹难免摹仿不走样。当作案人发现摹仿笔迹的一些部首或笔画仿得不像或是暴露自己的笔迹特征太明显时，就要采取添、改、描的手法加以补救，以便同被摹仿笔迹更接近一些。此类现象多数反映在笔画的开头、结尾有意增补伸延笔画，或是通过修饰重描，改变笔画转折的角度、弧度，以及上下笔画的连接形态。

（5）抖动弯曲。临摹笔迹由于作案人心理紧张，谨小慎微地边看边仿写，不仅行笔缓慢，而且还伴随有运笔抖动、笔画弯曲现象，在某些大笔画或笔画转折，以及上下笔连接处则更为明显。

在字数较多的临摹笔迹中，由于被摹仿字迹可能从不同时期的非同一仿本材料中选取笔迹，因此在同一份物证笔迹中，可出现形体多样、书写速度不一的现象，而且字与字之间、词语间缺乏书写的连贯性和协调性。这也是违反书写活动的正常规律的。

暴露临摹笔迹特点的明显程度，往往又和摹仿人书写水平的高低、摹仿字数的多寡、所用书写材料、书写工具的不同以及摹仿人事前是否经过充分的摹仿练习等有一定的关系。一般情况是，书写水平低的人摹仿书写水平高的笔迹时，更容易暴露摹仿笔迹的特点和作案人自身的一些书写习惯；字数多的物证比字数少的物证暴露摹仿特点和作案人自身书写习惯也要多一些；纸张的厚薄、吸水的性能与墨水的洇散程度也联系在一起。当然，是否经过摹写练习也是重要的考虑因素，未经摹仿练习的比经过充分练习的暴露摹仿笔迹的特点和作案人的书写习惯更要明显一些。

2. 套摹笔迹的特点。套摹也称透光套摹，是把仿本字迹垫在下面，根据透光观察到的字迹影像逐画进行套写。这种摹仿出来的笔迹往往和仿本的笔迹外形很相像。其主要特点有：

（1）具有临摹笔迹的基本特点。套摹笔迹，摹仿人也是小心翼翼地按被摹仿字迹逐笔逐画描仿而成，所以在套摹过程中也会出现形快实慢、笔力平缓、中途停顿、抖动弯曲和修饰重描特点。如果仿本字迹的结构与笔画在透光下清晰可见。事先又经过充分摹仿练习，则抖动、停顿、修饰、改动现象可能不十分明显。

（2）形体不一。由于套摹笔迹所用字、词和句子往往选自被摹仿人不同时期或不同速度、书体的文字材料中，有的甚至是从两人以上的笔迹中拼凑起来的，因此在同一份物证笔迹中出现字的大小不等、倾斜不一或形体多样的现象。

（3）布局失调。正常书写材料所用的词组、句子或一段文字，书写是一气呵成的，因此其书写动作连贯，字距均匀，布局富有整体性和协调性。而有些套摹的物证笔迹是东拼西凑组合的，往往在某些字间、词组与词组或句子之间，以及行列之间出现疏密不均、布局失调的现象。由于受被摹仿笔迹材料的限制，在套摹的物证材料中有时会出现用词不当，句子结构不完整，甚至出现语意晦涩或褒贬不分现象。

（4）原样重复。正常书写文字，即使同一时间重复书写同一个字也不能完全一样。然而，当仿本笔迹有限，而物证文件的字数较多，在多次出现同一个字或词组时，作案人往往重复套摹同一个字或词组。对这类现象，只要鉴定时认真比较，就不难发现在同份物证中，重复出现的字或词是一模一样的。

（5）笔画或多或少、连笔紊乱。由于受被摹仿笔迹的结构和笔画的清晰度、透视影像能见度的影响，以及摹仿人只注视于单个笔画的套摹，而对字的整体结构有所忽略，加上受紧张的心理因素的影响，在套摹笔迹中往往会出现丢笔少画、连笔紊乱的现象。在某些笔画多、结构复杂的字迹中尤其明显。

3. 忆摹笔迹的特点。忆摹笔迹是凭记忆进行的摹仿，也称背摹，是作案人凭借对摹仿人笔迹特点的深刻印象进行回忆摹仿，一般是先经过摹仿练习。从实际案件看，多数用于摹仿他人签名或字数较少的批语、收据等。用这种方式摹仿笔述一般运笔较为自然流利，形快实慢、抖动弯曲、停笔另起等典型的摹仿笔迹特点不明显。仅就物证笔迹本身不易判定是否摹仿笔迹。但是，这种摹仿笔迹与被摹仿人的字迹对比，只能在某些特殊的写法、运笔形态和搭配比例上大体相似，而在细节特征上相差甚远。

（三）摹仿笔迹检验要点

鉴于摹仿笔迹检验的特殊性、检验要求高、检验难度大的特点，在检验过程中除遵循笔迹检验一般的程序和方法外，还必须强调以下一些基本环节。

1. 了解案情，确定摹仿的可能性。摹仿笔迹案件，无论是报复陷害，还是经济上的诈骗、贪污舞弊，一般来说范围都比较窄，摹仿人与被摹仿人之间有一定的瓜葛或制约关系。摹仿人实施摹仿本身，就是一种违背客观事实而制造的骗局。因此在了解、分析案情中可以发现某些异常迹象。如果从了解分析案情中遇到上述所涉情形，要警惕物证笔迹有无摹仿的可能性。

2. 发现摹仿笔迹的固有特点。能否比较客观、全面、准确的发现物证笔迹固有的摹仿特点，是摹仿笔迹检验成败的关键所在。综观摹仿笔迹的各种手段和特点，可以把它归纳为五个反常：

（1）运笔反常。是指在同一份物证笔迹中出现字的形体、大小、倾斜方向以及书写速度不一致，或某些重复出现的字、词又完全一模一样的现象。

（2）字形反常。是指在物证笔迹中出现运笔缓慢或形快实慢，笔力不均，弯曲抖动，修饰重描和不适当的停笔另起，以及上下笔缺乏照应关系等现象。

（3）布局反常。是指在同一篇物证笔迹中其字间距疏密不一致，排列不整齐、不规则，而在完整的词语之间因间断而缺乏连贯性，以及一气呵成的协调性和整体性。

（4）语句反常。是指语句不完整、不通顺，用词不当，表达事物的意思不充分，或是褒贬不分。

（5）痕迹反常。是指在有的物证笔迹中，出现正常书写所不应具有的一些抑压痕迹、复写残迹和局部笔画的修饰重描现象。

3. 在与被摹仿笔迹的比较中确认摹仿笔迹。在摹仿笔迹的鉴定中，由于诸方面的因素，单纯分析案情的疑点和物证笔迹本身的一些特点，有时可能不足以确定为摹仿笔迹。在笔迹检验实践中，如果通过检材与第一个嫌疑人样本笔迹比较（此人往往就是被摹仿人），发现下列情形之一者，要考虑检材笔迹可能是摹仿书写形成。

（1）大同小异。大同小异是指检材笔迹与被摹仿人的样本笔迹在大的明显特征上相符。如字的形体写法（含错字、别字），大体的搭配比例和某些明显容易辨别的笔顺等。而在一些细节特征上，如起收笔的细节动作，笔力的分布特点和不连笔的笔顺等特征则存在差异。给人以"形同实异、貌合神离"的感觉，要考虑此人是否为被摹仿人。大同小异，是摹仿笔迹与被摹仿笔迹比较时必然出现的一种现象。它同正常笔迹与作案人笔迹的比较，或故意伪装笔迹与作案人笔迹的比较，所发现的符合与差异的性质是有区别的。

（2）一模一样。在比较检验时，可能发现在多份检验上，或者检材与样本上的某些字，或相同的词组，或相同数字、符号，其外形结构特点一模一样，甚至于有的可以互相重合，要考虑是否出于套摹的可能。

（3）照猫画虎。由于被摹仿笔迹的笔迹较小，或连笔转折比较复杂。摹仿人对这些字的结构特点，连笔方式，笔顺先后辨认不清或判断有误。摹仿人就采取按字的外形"照猫画虎"。因此如发现在物证笔迹中，或与样本笔迹比较中发现单字的外形轮廓相像，而一些字的连笔混乱，要考虑是否摹仿。

（4）留有痕迹。在比较检验时，如果发现检材或嫌疑人样本笔迹上，有抑压痕迹（正常的书写压痕除外）、墨水洇染痕迹等，要考虑有套摹、描摹的可能。

4. 与摹仿嫌疑人的笔迹比较。在发现物证笔迹出于摹仿而且确认被摹仿人后，对于政治陷害、诽谤一类的标语、传单或有些经济案件的物证，还必须进一步鉴定作案人，这是查办此类案件的最终目的。一份摹仿的物证笔迹中存在多种成分：摹仿笔迹的固有特点、被摹仿人的一些笔迹"特征"以及摹仿人自身固有的书写习惯。而反映作案人书写习惯的笔迹特征，往往数量不甚充分，而且多数是一些微小的细节的深层次特征，如起收笔的位置、形态，以及笔力大小等；又由于摹仿笔迹成分具有多元性和反映摹仿人固有书写习惯特征的隐蔽性这一特点，因此检验中在与摹仿人的笔迹比较时，必须同时与被摹仿人的笔迹作比对。也就是说，鉴定人在编辑制作特征比对表时，必须把摹仿笔迹与嫌疑人甲（被摹仿人），以及嫌疑人乙（摹仿人），同在一个画面上作相对应的笔迹特征比较。只有这样才能把物证笔迹的多种特征成分分别归类，哪些是被摹仿人的笔迹特征，哪些是摹仿人固有的书写习惯特征，哪些是摹仿笔迹本身出现的特点，可能还有一些是摹仿走了样的现象，是归不了类的。对这些各自的特征成分和特点，要因案因人而异作具体分析。与摹仿嫌疑人笔迹比较，能反映摹仿人书写习惯的笔迹特征的数量和质量，反映程度的高低取决于摹仿人自身的书写水平和摹仿能力。

5. 综合判定摹仿事实。综合判定摹仿事实，就是要求鉴定人在检验此类案件时，首先要分析在案情中发现的疑点。如某些有政治内容的信件有"直接署名"或"含沙射影"影射某个人；经济纠纷或与诈骗有关的可疑票据、收条、合同、协议书等，当事人对签名不承认，而双方的陈述在某些地方有破绽；一些有争议的遗嘱、遗书等。其次，分析在检材中出现的"五个反常"（运笔反常、字形反常、布局反常、词句反常、手法反常）的一些摹仿笔迹的特点。再次，分析在与被摹仿人样本笔迹比较时出现的"形同实异、貌合神离"的"形"与"神"相异的特点。最后，综合分析与摹仿人笔迹比较时出现的"大异小同"。"异"是摹仿的结果，而"同"是与摹仿人书写习惯存在内在联系。把在四个检验步骤中发现诸方面摹仿笔迹的特点联系起来进行综合分析，一般就不难判定提交检验的物证笔迹是否出于摹仿形成。

6. 认定摹仿人的条件和依据。认定摹仿笔迹的作案人是摹仿笔迹检验的关键所在。此项鉴定是笔迹检验中比较难的课题，难就难在摹仿笔迹本身的特征成分存在多元性。在一份物证笔迹中，或一个字甚至一个笔画中，既有摹仿笔迹的特点，又有被摹仿人的笔迹"特征"，还有反映摹仿人书写习惯的特征，而这部分特征往往是数量不多，带有一定隐秘性的、很微小的深层次特征。若不对这"三合一"的多成分现象作出正确的分辨，特别是对其中摹仿人自身固有书写习惯的特征作全面、客观、深入的挖掘，往往在作结论时就容易举棋不定或作不出结论。但是摹仿笔迹检验的科学依据和摹仿笔迹鉴定的实践表明，摹仿笔迹是可以检验的，是可以认定摹仿人的，但是必须要考虑到认定摹仿人的条件和依据是否充分、有力。

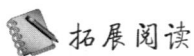 拓展阅读

忆摹与经过一定练习的临摹有无联系区别?

临摹笔迹，是将被摹仿人的笔迹置于一旁，边观察边仿写而形成的笔迹。忆摹即记忆摹仿，亦称背摹。它是凭借作案人对被摹仿笔迹笔画形体特征的观察和感知，经过一定的摹仿练习，从而在大脑皮层高级神经中枢建立神经联系，通过记忆的储存使获得的一些仿写技能重复再现。临摹笔迹有时是一次完成的，有时会经过一定的练习完成。这与忆摹有一定的相似之处，但临摹的练习程度与忆摹的练习程度相差太远。忆摹要求能够大体记忆仿本笔迹特征并能自然书写，而经过练习的临摹只是为了临摹得更流利，并不能够脱离临摹笔迹的特征。因此，忆摹与经过练习的临摹不能混为一谈。

【参考文献】

1. 邹明理等编著：《笔迹学》，中国政法大学出版社 1993 年版。
2. 陈锡田：《现代实用笔迹学》，警官教育出版社 1996 年版。
3. 贾治辉主编：《文书检验》，法律出版社 2000 年版。
4. 贾治辉主编：《文书检验实用教程》，成都科技大学出版社 1997 年版。
5. 公安部人事训练局编：《文件检验教程》，群众出版社 2005 年版。
6. 宫毅、邓绍秋主编：《文件检验教程》，中国人民公安大学出版社 2004 年版。
7. 黄建同主编：《文件检验学》，中国人民公安大学出版社 2003 年版。

【单元练习】

1. 如何评断一般性伪装笔迹的差异点?
2. 左手伪装笔迹为何能反映部分右手的书写习惯?
3. 在摹仿笔迹检验中为什么要把检材笔迹与嫌疑人笔迹、被摹仿人笔迹同时比对?

学习任务四　了解印章印文及其检验

 教学情境

2008 年 11 月 06 日，重庆市南岸区法院因审理原告广州陈李济药厂与被告重庆医药工业有限责任公司买卖合同纠纷一案的需要，委托西南政法大学司法鉴定中心对上述专门问题进行司法鉴定。其中检材为送货日期为"2006 年 2 月 13 日"、收货单位为"重庆医药工业有限责任公司"的广州陈李济药厂送货单（原件）1 份。其上签收处印

文"重庆医药工业有限责任公司收获专用章"（下称"检材印文1"）；样本为重庆医药有限责任公司提供的说明1页。其上的蓝色印文"重庆医药工业有限责任公司收货专用章"（下称"样本印文1"）。经鉴定，检材印文1为蓝色椭圆形印文，印文清晰，印文特征反应较好，具备鉴定条件。将样本印文1与样本印文2进行比较，二者的字体、字形，印文的大小等印文特征一致；相同单字笔画的形态、搭配关系，以及"章"字的缺笔特征等细节特征相同，二者是同一枚章盖印形成。

将检材印文1与样本印文进行比较，二者边框大小、字体、字形、单字笔画、缺笔特征、文字布局等一般特征和细节特征均存在差异。如"章"字的缺笔，"司"字横折勾部横竖间的夹角度数不同。沿着"司"字的竖画做延长线，交于印文边缘位置也不同。将检材印文与样本印文进行重叠，发现二者不能完全重合。检材印章1与样本印章1、2在一般特征和细节特征方面存在差异，属本质性差异，是不同印章盖印形成。

鉴定意见：2006年2月13日送货单上的印文与说明中的印文不是同一枚章盖印形成。

工作任务

一、认识印章和印文

（一）印章

印章是国家机关、社会团体、企事业单位或个人制作的署有本单位或个人名称的一种印模。印章又称图章、印戳等，历史上还称为印信、关防、朱记、花押等。印章由印柄和印面两部分构成。印章是一种信物。在文书上用印是对文书内容表示认可和对文书所规定的权利和义务负责的行为，故文书上的印章、印文是文书真实性的一种凭据。所以，文书处理程序规定，文书的内容形成之后，经过审阅、认可后才可以签字盖章。据史料记载，我国使用印章始于东周，距今有2700多年的历史。印章是皇权、官位的标志。

刻字刻章业属于特种行业。根据《国务院关于国家行政机关和企业事业单位社会团体印章管理的规定》（国发〔1999〕25号）的有关规定，印章的特征主要表现在以下几个方面：

1. 印章的规格和式样规范。其具体的规范如下：

（1）国家行政机关和企事业单位、社会团体的印章一律为圆形，中央刊国徽或五角星，外刊机关名称，文字自左而右环行。

（2）国务院的印章，直径6厘米，中央刊国徽，由国务院自制。

（3）各省、自治区、直辖市人民政府和国务院办公厅、各部委的印章，直径5厘米，中央刊国徽，由国务院制发。

（4）国务院直属机构、内设机构、直属事业单位的印章，正部级单位的直径5厘米，副部级单位的直径4.5厘米，中央刊国徽，没有行政职能的单位中央刊五角星，由国务院制发。

（5）国务院议事协调机构和临时机构的印章，直径5厘米，中央刊五角星，由国务院制发。

（6）国务院部委管理的国家局、国务院部委的外事司（局）的印章，直径分别为4.5厘米和4.2厘米，中央刊国徽，由国务院制发。

（7）自治州、市、县级和市辖区人民政府的印章，直径4.5厘米，中央刊国徽，由省、自治区、直辖市人民政府制发。

（8）地区（盟）行政公署、乡（镇）人民政府的印章，直径分别为4.5厘米和4.2厘米，中央刊五角星，由省、自治区人民政府制发。

（9）驻外国的大使馆、领事馆的印章，直径4.2厘米，中央刊国徽，由外交部制发。

（10）国家行政机关内设机构或直属单位的印章，直径不得大于4.5厘米，中央刊五角星，分别由国务院各部门和地方各级国家行政机关制发。

（11）企事业单位、社会团体的印章，直径不得大于4.5厘米，中央刊五角星，制发办法由公安部门会同有关部门另行规定。

（12）国务院有关部委外事用的火漆印、国务院的钢印直径均为4.2厘米，中央刊国徽。

（13）各单位的其他专用章（包括经济合同章、财务专用章等），在名称、式样上应与单位正式印章有所区别，经本单位领导批准后可以刻制。

2. 印章的名称、文字、字体和质料规范。具体规范如下：

（1）印章所刊名称，应为本机关的法定名称。如名称字数过多不易刻制，可以采用规范化简称。地区（盟）行政公署的印章，冠省（自治区）的名称。自治州、市、县级人民政府的印章，不冠省（自治区、直辖市）的名称。市辖区人民政府的印章，冠市的名称，乡（镇）人民政府的印章，冠县级行政区域的名称。

（2）实行民族区域自治的地方人民政府的印章，可以并刊汉字和相应的民族文字。

（3）印章所刊汉字，应当使用国务院公布的简化字，字体为宋体。

（4）印章质料，由制发机关根据实际需要确定。

《国务院关于国家行政机关和企业事业单位社会团体印章管理的规定》对印章的尺寸规格、式样、文字内容、字体、中间图形等都作了严格的规定，由此形成了印章的规格性特征。印章的规格性特征对印章印文的检验具有极为重要的鉴别意义。若将可疑印文与真印文进行比对，发现规格性特征明显不同，即可作出否定同一的结论，确认伪造事实。只有在规格性特征相同的前提下，才有必要对可疑印文与真印文进行细节特征的比对，并在此基础上最终作出鉴定结论。

3. 印章的刻制与管理方面的规范。具体规范如下：

（1）印章制发机关应规范和加强印章制发的管理，严格办理程序和审批手续。国家行政机关和企事业单位、社会团体刻制印章，应到当地公安机关指定的刻章单位刻制。

（2）如因单位被撤销、名称改变或换用新印章而停止使用时，应及时送交印章制发机关封存或销毁，或者按公安部门会同有关部门另行制定的规定处理。

（3）须建立健全印章管理制度，加强印章管理，严格审批手续。未经本单位领导批准，不得擅自使用单位印章。

（4）对伪造的印章或使用伪造印章者，要依照国家有关法规查处。如发现伪造印章或使用伪造印章者，应及时向公安机关或印章所刊名称单位举报。

（二）印文

印文是印章印面盖印形成的痕迹，也称印记，是印章印面结构的反映形象。文书上的印文是文书真实性与有效性的凭证。印文通常有盖印印文和印刷印文等。印章印文一般为阳文，即盖印到文书上的印面的文字、线条或图案是凸起于同一平面的，而不需要盖印出来的空白部分在印面上是凹下的。少数印章印文为阴文，即文字线条在印面上是凹下的，其余部分凸起于同一平面。盖印时，印面凸起部分蘸印泥（油），在一定的压力下与文书接触便在文书表面留下文字、线条或图案的印迹。因此，印文是印面结构的反映形象。印章印面的结构和盖印的过程，类似于印刷术中的凸版印刷。

文书上的印文通常为盖印印文，有的是压凸印文，特殊情况下也用印刷印文。

1. 盖印印文。用印章蘸印泥（油）或用印章自身含有的印油（如原子印章）盖印到文书上，这是通常的用印方式。这种印文具有凸版印刷印迹的特征。它的形成取决于印章印面的材质和结构，又与盖印的作用力大小，作用力的均衡性和衬垫物软硬，蘸用印泥、印油或印台水的多少、分布是否均匀、文书纸张是否平整光滑、洇油、洇水性如何等因素有关。在研究印章、印文及其特征时，必须全面考虑上述诸因素的影响。

2. 压凸印文。压凸印文一般指钢印印文。它是用下有印章的凸模，上有印章凹模的钢印，从正反面同时挤压文书所形成。一般用于证件、证书和银行汇票。这种印文无色，凸起于文书表面。它的形成，不仅取决于印章钢模的结构及凸凹模咬合的精度，又与作用力的大小、文书的厚薄有关。

3. 印刷印文。需要一次性批量用印的公文、证件等，往往在印制该类文书时便将印章、印文直接印到文书上。在文书上印制这种印文，需由单位提供"套印印章"或印章的印文作为制版用的印模。一般是制成平版进行胶印，个别重要证件的印文也有制成凸版或凹版印刷的。因此，这类印文的形成完全按印刷机理，有胶印、凸印或凹印制品的特征。

二、掌握印章、印文检验的任务

1. 根据印文进行印章的同一认定。在与违法犯罪作斗争的实践中，我们常遇到的是可疑文书上的印章、印文。为鉴别该印章、印文是不是真的，一般是通过可疑印文与真印章、印文样本的比较检验，根据同一认定的原理，采取同一认定步骤和方法，确定二者是否为同一印章的印文。或者通过对多份可疑文书上的印章、印文的比较检验，确定它们是否为同一枚印章盖印。

2. 判断伪造印章、印文的方法。如果已经明确可疑文书上的印章、印文是伪造的，可根据侦查工作的需要，分析判断其伪造方法。

伪造方法大体分两类：

（1）制造假印章。制造假印章通常是按真章印文的式样，采取不同的方法复制成假章，再用这枚假章盖印伪造文书。

（2）直接伪造印文。直接伪造印文，即不做假章，而是直接按真印文的式样在伪造文书上制成假印文。无论制造假印章还是直接伪造印文，都可以通过印章、印文检验发现其所采取的伪造方法的特点。

3. 鉴别伪造印章的刻制人。有时侦查工作需要鉴别伪造印章是谁刻制的，或者印证伪造的印章是不是某人刻制的。这可以运用笔迹鉴定原理，通过可疑印文与嫌疑人刻制的印章样本印文的比较检验，根据某些笔迹特征和刀法特征进行综合判断。

4. 鉴别印章、印文的盖印时间。这可以根据印文中的油脂扩散程度和收集该印章的历时盖印样本，通过比较鉴别加以解决。

5. 鉴别"朱墨"形成的时序。即根据印文与字迹相交部位二者之间相互作用、互相覆盖和物质分布层次等方面的特征，判定是先写字后盖印，还是先盖印后写字。

三、了解伪造、编造印章印文的检验

伪造印章印文的方法很多，归纳起来主要有四种：伪造印章后盖印、变造印章后盖印、直接伪造印文、直接变造印文。伪造变造印章印文的方法不同，其特点各自也不同，不同的特点是确定伪造变造印章印文的方法及印章印文真伪的主要依据。

（一）了解伪造印章的方法及其特点

常见的伪造印章的方法有雕刻法、照相制版法等。利用雕刻、拼凑的方法伪造印章，因伪造者制作手法和技术水平的限制，伪造的印章印文与真实的印章印文差异较大，而使用照相制版法伪造的印章的仿真程度较高，其印文与真实的印章印文相似性大。

1. 雕刻法。雕刻方法伪造印章是常见的伪造方法。雕刻法伪造印章，伪造者以真实印章印文为底样，采用雕刻的方法制作印文，再用印章盖印形成印文。通常情况下，伪造者雕刻水平的高低与伪造的印章印文的相似程度成正比。雕刻的印章印文既可以反映雕刻人的书写动作习惯和文字布局习惯，也能反映雕刻人的雕刻技法习惯。雕刻法伪造印章印文的特点如下：

（1）印文图文和线条有书写和手工设计的随意性特点，文字之间，边框、文字与

线条之间的布局不匀。

（2）印文文字的大小、形体，图案的大小、形态，线条的粗细、长短和形状等与印刷规范明显不同。

（3）图文线条的边缘不齐，构成的对等角的角度大小不一，文字笔画和线条的粗细、长短、搭配比例等不规则。

（4）图文和线条的边缘有疵点、豁口，图案的中心或边缘有布局定位的疵点，有的边框有明显的损伤等雕刻特征。

（5）如果印章的底子清理不净，在即文空白处可能留有底子印痕；有时可能出现反向的文字或偏旁、笔画。

2．照相制版法。照相制版法伪造印文有两种具体方法，一种是指伪造者以真实的印文为样本，通过照相制成负片，用负片在涂有感光物质的铜、铅锌合金以及感光树脂等版材上曝光，再经显影、定影、洗版、修版后制成平版、凸版、凹版的印面，再直接用印面或将印面装在空章上盖印形成印文。另一种是伪造者直接在印文底片上进行雕刻，然后用雕刻的印文底片进行拓印形成印文，或者拓印在雕刻材料上再雕刻制成印章后盖印形成印文。前一种称为照相再制版伪造，后一种是直接的照相刻版伪造。照相制版伪造印章印文和照相雕刻伪造印章印文有不同的特点。在正常的印章制作过程中，原子印章、有的金属章等也是用照相制版的原理和方法制成的。因而用相同的原理和方法伪造这类印章的仿真程度最高。照相制版是高仿真伪造印章印文的主要方法。这是因为照相具有对物体外表复制的功能，因而照相制版法能伪造各种印章盖印制成的印文。

照相再制版的印章类型一般有平版、凸版和凹版三种，其中以伪造凸版印章最为常见。照相再制板伪造印文的具体特点是：

（1）伪造印文与真印文的字体、字形、字的大小、线条的形态和量值一致，图文和线条的布局相同。

（2）伪造印文的墨迹具有平版、凸版、凹版的印迹特征。

（3）文字笔画、图案和线条的边缘发虚、有的细小笔画消失和出现模糊、中断等现象。

（4）文字、图案、线条的交角圆顿，棱角不分明。

（5）伪造印文的印染物质可能与真印文不同。

（二）了解伪造印文的方法及其特点

1．转印法。转印法伪造印文是通过一定的理化处理，把印文色料转移到另一载体上形成的印文。转印法伪造印文一般需通过中间介质转印，即先将真实印文的色料经加热、加压后复印提取，转印到中间介质上，获得镜像印文，然后再将中间介质上的印文加热或加压转印到需要伪造的文书上。转印法伪造印文的特点：

（1）印文色泽平淡、不清晰、不实，印文表面干枯粗糙，色料呈粉末状浮于纸面，与纸张结合程度差。

（2）印文无压痕，没有立体感，笔画和边框边缘颜色较重处没有挤墨现象。

（3）转印印文主要转移的是颜料，油痕渗散性较弱，用陈旧印文转印的印文则无油痕渗散痕迹。

（4）作母本用的印文如与手写、打印笔迹笔画有交叉，则转印印文上可能留有相应的痕迹。

2. 复印机复印法。复印机复印法是指用彩色或黑白复印机复印伪造印文。黑白复印机复印的印文需要描绘染色，属于手工描绘伪造印文的方法，这里仅指彩色复印机复印伪造印文。

彩色复印机复印法伪造印文的特点：

（1）图文逼真，印迹清晰，图文、线条的布局及部分细节特征与真印文相似。

（2）图文没有刀刻痕迹，不如印泥、印油盖印的质感好，没有抑压的立体感。

（3）图文、线条的边缘略有发虚，角度圆顿。

（4）显微观察，笔画没有洇散现象，印文笔画边缘有弥散的红色墨粉颗粒。

（5）印文附近的文书其他部位有复印的痕迹。

3. 计算机打印法。计算机打印法是将真印文用扫描仪扫描后输入计算机，用彩色打印机打印出来。这种模—数—模转换，信息损失极小，因此打印出来的印文与真印文相似程度很高。其特征如下：

（1）显微观察，印文图文由彩色墨点构成，不同于印油和印泥盖印特点，没有抑压痕迹。

（2）显微观察印文图文笔画有洇散的"毛刺"，这是喷墨打印机的特点之一，因为喷墨打印机使用墨水为水溶性颜料，打印时墨水沿着纸张纤维向周围扩散，遇水更易洇散，变得模糊不清。

（3）用激光打印机打印的印文图文清晰、干净，无洇散现象。

（4）多份检材不同页上的印文墨色分布和漏白有可能完全一致。

（5）多份检材不同页上的印文相对位置可能完全一致。

（6）在印文的空白处周围或文书空白处可能有彩色墨点存在。

4. 手工描绘法。

（1）临摹描绘，利用真实印文为样本，借助直尺、圆规、铅笔、色料等，用铅笔描绘印文，再着色。临摹描绘法伪造印文具体的特点如下：印文的文字笔画、图案的边缘、线条等粗细不匀，墨色浓淡不均；字的大小不均，字位不正，字体、字形不规范，具有书写字迹的特征；文字、图案、边框的布局，字与字间高低、远近的位置、距离明显不均；文字笔画、图案有明显的修饰痕迹；印文没有明显的压痕。

（2）套摹描绘，采用抑压、透光、复写、复印等方法将真印文套摹在需要的书上，着色形成印文。套摹描绘法伪造印文具体的特点如下：图文的大小比较规范，线条粗细比较均匀；文字、图案、边框的布局，字与字间高低、远近的位置、距离比较均匀；局部图文、线条出现移位、错位；有套摹描绘的痕迹即抑压、复写、复印痕迹。

5. 漏印法。伪造者利用刻写油印、誊印机誊印、电子打印机打印制成油印孔版，再油印成印文。其共同特点是必须通过漏印形成印文，因此具有漏印（孔版印刷）的特点。漏印法伪造印文的特点：

（1）印文文字的大小、字体、字形，字间搭配比例，印文的图案、线条的布局与真印文基本一致。

（2）印文具有孔版印刷的特点，即图文、线条由不同形状的小点组成。刻写制版油印的小点多为长方形，誊印机誊写油印的小点多为圆形，电子打印机打印制版油印的小点因打印机种类不同而不同，有的为圆点，有的为方点。

（3）印文文字笔画、图案边缘，线条的疵点、豁口等的形态、位置、数量与真印文不一致。

（4）手工刻写油印的印文，图文、线条规范性差，其中间有条状中空现象，且粗细不匀，边缘不齐，角度不圆。

（5）誊印机誊写制版油印的印文，空白处容易出现原印文文书的字迹和污点，笔画、线条发虚，甚至出现间断现象。

四、了解印章印文检验的步骤

（一）实施检验前的准备

1. 对检材印文的要求。检材印文的全部或局部应该清晰，模糊变形的印文经技术处理后能确定其全部或局部细节特征，检材印文应为原件，不能送照片或复印件。如果有可疑印章可一并提交。

2. 收取印章印文样本。供检验用印章印文样本包括平时样本和实验样本。收取的平时样本在印文形成时间、形成条件等方面应尽可能相近。收取实验样本时应模拟检材印文形成的条件制作样本，注意盖印力、衬垫物、印染物质和量、洗刷前后等因素。在与检材印文纸张相同的空白纸上摘取 5～10 个印文，印文样本应当清晰、完整。

3. 制作照片。检验前应制作检材印文和样本印文等大照片。可用比例照相的方法同倍拍照制作等大的检材、样本印文的彩色照片，文书纸张上如果有干扰印文照片背景的内容，应分色照相。用复印机同次同倍复印制作检材、样本印文等大复印件，适合检验伪造方法比较粗糙的检材印文。通过扫描仪扫描检材、样本印文并录入计算机，直接打印出来。

（二）印章印文的分别检验

对于检材印文，首先应判明是否有伪造、变造的事实和手法。按照先一般特征后细节特征的顺序，借助目力、显微镜仔细全面地观察印文特征。并对观察到的印文特征进行记录，一般特征采用语言描述的方法确定记录，图案、文字、线条的细节特征按顺时针或从左到右的顺序，逐一用双箭头标示记录，同时用文字记录所确定的特征。分别检验的主要方法包括几何测量法、几何构图法、特征标示法等。

（三）印章印文的比较检验

比较可疑印文与样本印文的异同，首先要将可疑印文置于显微镜下观察，以确定印文的形成方法，是盖印、转印、复印、打印或印刷等。转印、复印的印文无疑是伪造的。

对于盖印和转印的可疑印文比较检验时，可借助如下方法：

1. 仪器检验。具体检验方法如下：

（1）印章印文可通过专用仪器进行检验。瑞士 Projectina 公司生产的通用比对投影仪（Universal Comparison Projecter UCP - 8032），具有极其精确的光学设计，检材和样本的影像通过光路被投射在观察屏上。观察屏有各种格线供检验者定位比对，通过变换投射镜头，检材、样本的影像可以进行拼接比对和重合比对。它可选用各种激发光和接收滤色片，并可配合动态闪变比对装置，达到准确、直观的检验效果。UCP - 8032 的放大倍率最大为 100 倍，可以清楚地观察印文的细节。它还配有汞灯、光导纤维等多种光源，环型光头可以观察同轴印刷图像。另外，投影屏上的图像可以通过相机接口拍照，也可以通过其配置的摄像机输入到计算机进行处理和保存。国产的一些简易的比对投影仪也可以用来进行印文的重合、拼接检验。

（2）计算机辅助人工比对。通过扫描仪、数码相机等输入设备将检材、样本印文采集到计算机内，利用现成的图像软件，如 Photoshop 等，其功能强大，能够很方便地实现重合、拼接比对及进行细节观察，检验效果较好。

2. 手工检验。具体的检验方法及要点如下：

（1）透光重叠比较法。这是最基本的检验方法之一。它是将可疑印文与真印文样本重叠起来透光观察。一般的手工雕刻、描绘、漏印、拼接等方法伪造的印文与真印文很难重合，所以透光重叠比对，很容易发现两者重合不上的特征。对这些重合不上的特征，还要分析其形成原因，以确定可疑印文的真伪。

（2）特征标示法。它适宜于对印文的细节特征进行比对。检验时，可仔细观察可疑印文与样本印文的同部位特征，选择其中比较清晰可靠的部位进行比较，并用笔将特殊的符合点或明显的差异点标示出来。

（3）测量比较法。这种方法主要是测量印文的大小及印文中相同部位的文字、笔画、线条、五角星、国徽等的大小、长短、粗细、间距等。测量印文大小时，圆形印文可测量内、外径，椭圆形印文可测量纵横径，方形印文、菱形印文可测量对角线及边长等。测量印文各部位的特征时，可在可疑印文和样本印文的相同部位确定若干基点，最好是在两个相比较印文清晰的部位，然后用分规测量仪测量。将测量的结果记录下来，比较两个印文相应基点之间的距离，观察各部值测量结果是否相同。为了保证测量的准确性，应使用比较精密的卡尺。测量时可从几个方向上进行多次测量，以便分析印文发生变化的原因。

（4）透明胶片覆盖比对法。将样本印文用复印机复印在透明胶片上，然后将其覆盖在检材上进行重合比对。这种方法简易、快捷，准确性好。但是检验时要考虑到复印机的复印误差，最好将检材和样本经过同一台复印机分别复印在透明胶片上后进行重合比对。

（5）显微比较法。此种方法是将相比较的两个印文分别放在比较显微镜的两个载物台上，调整位置与焦距，观察两个印文文字线条的接合情况，有的比较显微镜也可以观察两个印文的影像重合情况，并可以利用比较显微镜的照相装置，将印文接合情况拍照固定，以进一步研究。

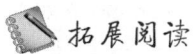 拓展阅读

印文与常见书写工具字迹笔画交叉先后顺序的判断

一、印文与圆珠笔字迹笔画交叉处表观特征

先朱后墨。印文与圆珠笔字迹笔画交叉处的特点是：①圆珠笔笔画在交叉点处出现完全性断笔或沿书写轴线方向上的半断笔现象。圆珠笔油墨属粘稠性的油溶性物质，书写后其渗透性弱而层状结构性强，但随时间延续，渗透程度逐渐增大并向笔画两侧扩散。当书写至印文笔画或线条处时，圆珠笔球珠因受印文色料存在的纸张表面状态变化而输出油墨少，出现断笔现象。特别当印泥量较大或盖印时间较长时，此现象越明显。②印泥堆积物立体感程度下降。印泥印文笔画、边框、图案的表面并不平整。在显微视场中可观察到一块块的印泥堆积物。因圆珠笔书写压力较大且受到色料覆盖，印泥堆积物立体感程度则明显下降。③圆珠笔笔画凹陷处分布红色印文色料。这是因为印文盖印在先，不论后写笔画是否完整，笔画沟痕处都存在印文物质。④纸张背面圆珠笔压痕较浅。这种现象只出现于以印泥为盖印物的文书。⑤圆珠笔笔画中有时可见到印泥的拖带痕迹，即通过印泥印文笔画后的圆珠笔笔画中粘附红色印泥色料。该现象在印泥未完全干燥且较浓时较易出现。

先墨后朱。圆珠笔压痕处无印文色料，当圆珠笔书写压力较大时，压痕较深，与其他处纸张不处于同一平面，盖印后该处未能粘附印文色料而呈"露白"现象；如果压力较大、衬垫物软或印文色料较多时（尤其是印油），圆珠笔压痕处不但能粘附而且该处印文色料更多更浓，表现出"填谷"现象。印文与圆珠笔笔迹笔画不出现断笔现象，墨迹笔画上有立体感强的红色印泥堆积物，印文色料无污染、蓝色色料变严重，印文笔画及堆积物上表面状态完整无擦痕，纸张背面可见书写压痕完整。

二、印文与复写纸复写字迹笔画交叉先后顺序的特点

先朱后墨。复写纸色料属于油溶性色料，在常用书写色料中渗透性最差。它是靠抑压力将色料转移到纸张上形成笔画。抑压力大小、均匀程度，复写纸新旧程度、纸张表面状态都将影响笔画的完整性。所以，印文特别是印泥印文上的复写纸笔画难完整无缺。复写色料在印文上呈颗粒状浮着状态分布，即复写色料粘附在纸张粗大纤维或印泥堆积的顶端，在高倍率显微镜下观察这种情况最明显，可作为判断朱墨时序的一个主要依据。如果复写纸使用次数较多，染料及油脂减少，这种情况下书写的复写纸笔画易出现完全性断笔和色料浮着现象更明显。

先墨后朱。印文与复写字迹笔画不出现断笔、墨迹笔画上有立体感强的红色印泥堆积物，印文色料无污染、蓝色色料变色严重，印文笔画及堆积物上表面状态完整无擦痕，纸张背面可见书写压痕。

三、印文与墨水字迹笔画交叉先后顺序的特点

先朱后墨。印泥与墨水有油水相拒的性质，受表面张力作用，墨水既不能渗透又有呈现表面的趋势，故而形成墨水点或变细、断笔特征，印泥印文的笔画、线条越宽，色料层越厚，该现象越明显。如果观察各种墨水之间的差异，纯蓝、蓝黑墨水比碳素墨水出现断笔变细的概率更大一些。由于墨水与印泥不能互溶，墨水收缩至印泥笔画两侧，造成交叉点处印泥印文笔、线条两侧有因墨水堆积产生的洇散现象，墨水量越多，洇散越严重，且多发生于钢笔与印文笔画刚接触的那一侧。印油为水溶性色料，盖印后纸张表面被轻微"浸泡"，再用墨水书写时产生洇散，墨水笔画在印文笔画中洇散，印油量越多、盖印时间与书写时间相距越近，后写笔画越容易产生洇散。这种洇散现象发生于印油笔画中而不是像印泥印文笔画那样的两侧。先盖印印文后书写的笔画，表层墨水上一般看不到印文色料，只有在墨水笔画宽而浓时，才容易观察到这种现象。

先墨后朱。印文与墨水字迹笔画不出现断笔、墨迹笔画上有立体感强的红色印泥堆积物，印文色料无污染、蓝色色料变色严重，印文笔画及堆积物上表面状态完整无擦痕，纸张背面可见书写压痕。

四、印文与打印字迹笔画交叉先后顺序的特点

先朱后墨。印文字迹线条或笔画被分割成网状，其形态分布与纸面凹凸（即打印点阵）相对应。针点处和针空处都有色带染料覆盖，但前者的黑色色料稍浓于后者。针式打印机靠打印针击打色带后将色料转印到纸张上，先朱后墨时印泥因受击打力的作用而下陷，变成凹凸不平，下陷（针点）处转印的色带染料也较多。黑色笔画上没有印泥堆积物，与先墨后朱形成的印泥堆积物明显不同。虽然印泥印文因被击打而表面不平，但不会形成条状或块状的印泥颗粒覆盖几个针点。这是由两种相反时序关系所决定的。交叉点处印文笔画边缘呈整齐凹陷形态，且下陷处均分布印文色料。沿打印方向的色带笔画中，有时可观察到因色带移动导致印泥被拖带的痕迹。当印泥盖印

后未完全干燥或色带与纸张过小，摩擦力较大时，易出现印泥被拖带的痕迹。激光打印笔迹墨料表面渗透很弱，呈干燥粉末状粘附在印泥层上；喷墨打印笔迹使鲜红色印泥明显变暗，不形成断笔。

先墨后朱。后盖印的印文笔画与先形成的墨迹笔画不出现断笔。打印文字上的印泥堆积物可覆盖几个点阵空间，是由于表面张力大、纸张表面不平整，印泥呈收缩趋势造成的。墨迹笔画上有立体感强的红色印泥堆积物，印文色料无污染，印文笔画及堆积物上表面状态完整无擦痕。

五、印文与复印字迹笔画交叉先后顺序的特点

先朱后墨。复印墨粉属干性色料，对纸张不渗透，只是粘附于纸张表面而形成薄色料层。当盖有印文的纸张经复印机复印后，在交叉点处出现如下特征：墨粉笔画中多处出现边缘不整、缺损或印文笔画中央无墨粉覆盖现象，即后复印的笔画残缺不全，形成该特征的原因可能是印文表面光滑程度较纸张不同或印文色料与墨粉的亲和力较纸张小，复印鼓上转印到印文上的墨粉不均匀，故墨粉笔画不完整；印文笔画或线条周围的纸张上墨粉弥散点多于其他处，复印文书上除文字外，空白处还粘附许多墨粉弥散点，但分布比较均匀，用盖有印文的纸张复印，因复印的静电效应，凡纸张上格线、图案处及四周容易粘附墨粉，所以，沿印文笔画两侧的墨粉点更密集。

先墨后朱。印文笔迹和线条、图案是经印章施压后转印的，凡施压处都粘附印文色料，不容易出现印文断笔现象。墨迹笔画上有红色印泥堆积物，且立体感较强，显微视场中能观察到不规则形状或块状的印泥颗粒。印文色料无污染，色泽鲜艳。复印墨粉笔画渗散、扩散程度重，先墨后朱时，印泥中的植物油可溶解墨粉，故可使墨粉向纸张渗透也向笔画两侧扩散，时间越长则渗散越严重。

【参考文献】

1. 杨进友主编：《文书检验实验教材》，法律出版社 2012 年版。
2. 贾治辉主编：《文书检验》，法律出版社 2000 年版。
3. 徐立根：《物证技术学》，中国人民大学出版社 1999 年版。
4. 官毅、邓绍秋主编：《文书检验教程》，中国人民公安大学出版社 2004 年版。
5. 贾治辉、徐为霞主编：《司法鉴定学》，中国民主法制出版社 2006 年版。

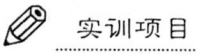 实训项目

【实训项目一】印章、印文伪造方法的识别

一、实训目的

1. 了解各类伪造印章印文的方法和伪造特点。
2. 掌握各类伪造印章印文的识别方法。

二、实训原理

印章由印柄和印面组成。印面盖印出来的印痕，即印面结构的反映形象称作印文。印章、印文是文书真实、有效的重要依据，制假者伪造文书往往同时伪造印章印文。由于制假者受到制造方法、刻制技术等因素的制约，伪造的印章印文都不可避免地会暴露出伪造特点，据此可断定其真伪。

三、实训设备和器材

印章2~4种，每种2~3枚；红色印泥或印油；复写纸；体视显微镜；比对投影仪等。

四、实训内容和方法

伪造印章印文的方法有三类：一是伪造印章后盖印；二是直接伪造印文；三是部分伪造印文。学生自制供实验用的三类伪造的印章和印文，然后对这三类伪造的印章印文样本逐一在显微镜或比对投影仪下观察，发现伪造特点，做出详细记录。

各类常见伪造印章印文的方法及其特点概述如下：

（一）伪造印章后盖印

1. 雕刻法伪造印章。采用同真实印章同样之方法手工或机械雕刻伪造印章，往往需要同真印章印文比较方能鉴别其真伪。在伪造者不了解真印章规格，或刻制技术条件低劣的情况下，伪造印章具有如下特点：

（1）形状不正，字不成体。

（2）文字图案布局不够协调、匀称。

（3）笔画线条粗细不匀，转折生硬。

（4）有不正常的间断或连接现象。

2. 拼接法（单字组合法）伪造印章。用单个铅字或雕刻成的单字，按一定顺序按印在伪造文书上，或者将有关单字先组合固定成"活字印章"，然后盖印到文书上。此法盖印出的印文特点是：

（1）各单字对纸张表面的压力大小不一，色调浓淡不均。

（2）字位不正，排列、分布不齐。

（3）字的大小和整个印文的大小不相称。

（4）字的大小不协调，字体可能不统一。

（5）边框线条有的是手工描绘的，有的是用某种器具（铁圈、瓶盖类）压印而成的。

3. 照相制版法伪造印章。以真印文为样本，通过照相制成平版或腐蚀成凸版，再印制成伪造的印文。

照相制成平版的印章印文，具有平版印刷的特点：

（1）墨色平淡不实。

（2）图文分布不均。

（3）纸面没有压痕。

（4）构成印文的物质是印刷油墨而不是印泥或印油。

照相腐蚀凸版印刷伪造的印章印文，具有腐蚀凸版印刷的特点：

（1）文字笔画边缘有挤墨现象。

（2）笔画线条边缘不整齐，有毛刺等变形现象。

（3）文字笔画的棱角不分明，呈钝圆形。

（4）构成印文的物质是印刷油墨而不是印泥或印油。

（二）直接伪造印文

1. 漏印法伪造印文。漏印法伪造印文，即用蜡纸覆盖在真印文上，先用笔在蜡纸上刻成浅印，然后在钢板上刻画，或用小针在蜡纸上戳成由细密小孔组成的文字线条，然后用印油或油墨印成的伪造印文。此法伪造印文的特点是：

（1）文字线条不实，线条中有条状中空现象。

（2）边框不圆，笔画粗细不匀。

（3）文字线条由密集小点组成。

2. 描绘法伪造印文。描绘法伪造印文，即把伪造文书覆盖在真印文上用色笔描摹成伪造印文，或将伪造文书放在真印文下进行透光描摹，有的还在中间衬以红色复写纸将真印文印在伪造文书上。这种伪造印文常可观察到以下特点：

（1）文字线条有笔道压痕和修描痕迹。

（2）有的可见到事先打样留下的压痕或复写痕迹。

（3）颜料分布特点与盖压的印文特点不同。

3. 转印法伪造印文具体有以下三种方法：

直接转印法，即趁刚盖印的真印文印油未干，将其直接转印在伪造的文书上。其基本特点是印文成反象，有时还可观察到印油渗散现象。

间接转印法，即用涂蜡的纸张覆盖在真印文上，略加热压，即可将印文转印下来，然后再将此反象印文再次转印到伪造文书上面而成为正象印文。其印文特点是规格特征与真印文相同，但一般可见图文模糊，无压印特点，颜色浅淡，有蜡屑或蜡油斑迹等现象。

描绘转印法，即将透明赛璐珞片或玻璃纸置于真印文上用笔描绘，再反转过来用印油或其他红色染料依样描绘成反象印文，立即转印在伪造文书上。其印文特点是与真印文大体相似，但在印文细节上有差异，色泽浅淡不均，具有描绘的特点，无盖印压痕。

（三）局部伪造印文

局部伪造印文是在真印章或真印文的基础上经加工改造而成的伪造印文。根据伪造方法不同，局部伪造印文主要有四种方法。

1. 擦刮、挖剔法伪造的印文。擦刮、挖剔掉原印文的部分文字伪造成另一枚印文。此方法伪造的印文上留有擦刮、挖补痕迹，涂改部位的纸张发暗、变脏，放大观察可看到残留的印痕或印泥、印油物质。

2. 补接法伪造的印文。采用补接法增加真印文的文字内容，伪造成另一枚印文。此方法伪造的印文的新增内容可能与原有的文字字体、大小、排列位置不一致。

3. 遮盖法伪造的印文。遮盖公章或专用章一部分文字内容，伪造成另一枚印文。此方法伪造的印文出现文字排列分布与所留空白部位不相称或在印文空白处留有未被遮住的残余文字笔画痕迹等现象。

4. 改贴照片上伪造的印文。此方法伪造的印文可能与原证件上印文接合不准，补印部分与原有印文压力不一致，或有多次压印、碾印的痕迹。补印的文字结构不清，字体大小与原文不同，有些印文还会出现描绘的特点及色调不同等现象。

五、注意事项

注意同一印章在使用过程中自身变化形成的印文特征的非本质差异与伪造印章印文的区别。

六、实训作业

1. 根据实验记录，写出三类伪造印章印文的方法及其伪造特点。

2. 对用不同方法伪造的印文进行比较。

【实训项目二】印章印文常规检验

一、实训目的

1. 了解各种印章印文常规检验方法的特点及其作用。

2. 掌握印章印文比较检验中几种常用的方法。

二、实训原理

确定印章印文的真伪，通常是将可疑印章印文与真实的印章印文进行比较检验，从可疑印文与样本印文中选择相应的特征进行比较，综合评断二者的符合点或差异点，从而做出肯定或否定结论。

三、实训设备和器材

1. 可疑印文与样本印文若干。

2. 分规或游标卡尺、直尺或三角板、圆规、塑料九宫格、各种铅笔。

3. 放大镜、比较显微镜、比对投影仪等。

四、实训内容和方法

（一）分别检验

1. 对可疑印文的检验。

（1）放大观察法。借助显微镜或放大镜观察可疑印文上有无书写工具痕迹、复写纸染料痕迹和描绘、摹写等伪造痕迹以及伪造印章印文所特有的物质颗粒和斑渍。

（2）特征分析法。首先，观察分析可疑印章印文的名称、内容与所载文书是否相适应；其次，分析可疑印文的文字字体、分布位置等是否合乎规格要求，以及可疑印文中的文字、线条或印文周围染料有无模糊、涂抹现象；最后，对有国徽等图案的印文，应对图案的形态结构进行研究，看其是否有不合要求的现象。

2. 对样本印文的检验。首先，观察分析样本印文的大小、名称、内容、文字字体、分布位置等一般特征，然后观察分析样本印文的文字结构、笔画起末端及转折形态、笔画交叉搭配关系等细节特征；再对边框线条及国徽等图案的形态结构进行研究，通过对几枚样本印文的综合分析，确定样本印文的一般特征和细节特征，并选出最稳定和最有价值的特征。

（二）比较检验

1. 一般特征检验。比较可疑印文与真印文的一般特征是否相符合，即比较印文内容、印文形态、大小、边框类型、印文字体字形以及排列等六个方面。

2. 细节特征检验。在比较印文的一般特征但尚未发现本质差异的基础上，再进一步比较印文的细节特征。它包括：单字笔画或线条间的位置距离，笔面间或线条间的交接位置和搭配比例、笔画和线条的细微形状、倾斜方向，印面结构的疵点与暗记等。通常有以下几种检验方法：

特征比较法：这是既较简单又最基本的比较检验方法，即仔细观察可疑印文与样本印文相同部位特征，选择其中较清晰可靠的进行比较，并用红蓝铅笔将特殊的符合点或明显的差异点标示出来。

测量比较法：首先测量印文的大小，再测量相同部位的文字、笔面、线条、图案等的大小、长短、粗细等。测量印文各部位的特征时，应在可疑印文和样本印文的相同部位确定若干基点（基点选择在较清晰的笔画交叉点或笔画的起末端），然后用分规分别测量比较两个印文相应基点之间的距离大小。

画线比较法：在两个相比较的印文或相同放大倍数的印文图片上，在相同部位各选择若干基点互相连成直线，或以同一基点为圆心，以相同半径用圆规分别画弧线，比较两个印文上的同位线条通过的文字、线条部位是否相同。

拼接比较法：将样本印文从文字线条较多的部位折叠起来，使边缘上的边框、文字线条与可疑印文的边框、文字线条互相拼接。或者将样本印文的等大复制印文中文字线条较多的部位剪下来，与可疑印文的相应部位拼接，再观察两个印文的边框和图案线条是否完全接合。

重叠比较法：把可疑印文与样本印文重叠起来，透光观察，看各部分文字、线条是否完全重合。

格线比较法：将两张印有相同格子的透明赛璐珞片，分别覆盖在两个相比较的印文上，观察同一部位的文字笔画线条的位置是否一致。

比较显微镜或比对投影仪比较法：将两个相比较的印文分别放在比较显微镜或比对投影仪下，观察两个印文相应部位文字线条的重叠、接合情况是否一致。

（三）综合评断

通过比较检验，对可疑印文和样本印文的符合点和差异点进行综合评断，做出鉴定结论。

1. 评断符合点的性质。分析判断符合点是一般特征符合还是细节特征符合，只有细节特征符合才能说明印文是同一印章盖印形成的。

2. 评断差异点的性质。分析判断差异点是本质性差异还是非本质性差异。不是同一枚印章盖印形成的印文而出现的差异是本质的差异；同一枚印章由于自身的涨缩、磨损、磕碰和洗刷、修补以及盖印条件不同等原因导致的差异是非本质的差异。

为了研究差异点形成的原因，必要时应补充印文样本或样本印章，进行盖印实验。

五、注意事项

1. 用特征标示法在印文上标示特征时，使用符号要简洁，标示部位要准确。用测量法比较时候，应用精密的卡尺，多次多点测量，注意印文是否受涨缩变化的影响。

2. 比较检验的几种方法中，最常用可靠的方法是特征标示法，其他方法可作为辅助方法。

六、实训作业

1. 写出印章印文检验的步骤和方法。

2. 运用特征比对法检验可疑印文和样本印文。

项 目 四

化学生物物证

学习任务一　认识化学生物物证

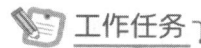 **工作任务**

一、认识化学物证

（一）了解化学物证的概念

1. 化学物证的概念。化学物证是指在案件中提取的量少体微，能以其自身化学属性证明其与受审查案件存在联系，证明案件真实情况的各种有机物和无机物。

2. 常见的化学物证。日常生活中的各种物质、物品如果与案件有关联，并能以其化学属性证明案件中的某些事实，都可能成为化学物证。案件中常见的化学物证有以下几种：

油脂。油脂是动物油、植物油、矿物油的统称。往往附着在作案工具、现场遗留物、嫌疑人衣物及其他客体上，纵火案现场也会出现油脂。

油漆、涂料碎片。在入室盗窃案件的作案工具上、交通肇事案的事故车辆和被撞客体上，常常会发现油漆、涂料等碎片。

纤维。衣物、毛巾、布匹、绳索的主要成分均为各种纤维，在涉及此类物品的案件中均有可能出现纤维物证。如勒杀案中，往往可以从死者脖子的索沟处提取到绳索、毛巾的纤维。

泥土。当泥土与其他客体接触时极易附着于其他客体上，因此很容易在现场发现不属于案发现场的泥土，或者在嫌疑人衣物或鞋底发现案发现场的泥土。

玻璃。在入室盗窃案、抢劫案、交通肇事案件现场，有可能因为击碎玻璃而在嫌疑人或者受害人身体上附着玻璃碎屑。

微量金属。在现场足迹、工具痕迹或嫌疑人的衣服、鞋袜上有时可能会发现微量金属。

塑料、橡胶。在交通肇事案件现场往往能够发现来自于车灯的塑料碎片，在刹车痕中则可能发现来自轮胎的橡胶颗粒。

爆炸残留物、射击残留物。在爆炸案件现场通常会发现未能爆炸的残留物或炸药；在涉枪的案件中，嫌疑人的虎口、脸颊等部位，被射客体的入射口一般会附着有射击残留物。

毒品。在涉及毒品的案件中，需要对可疑物品是否为毒品、纯度如何进行检验，有时还需要对行为人的体液、脏器进行检验，以确定其是否吸毒。

毒物。在投毒案件中，需要对现场的某些物品及中毒者的体液或脏器内物质进行检验，以确定是否存在有毒物质。

（二）了解化学物证检验的任务和作用

化学物证鉴定是指依法接受聘请或指派的鉴定人，利用物理、化学及仪器的分析手段，对案件中出现的某些化学物质进行定性、定量或比较分析，以揭示其化学属性，确定其与案件之间关系的活动。

1. 化学物证检验的任务。一般而言，化学物证检验的任务为以下几种：

（1）在对现场进行勘验时，发现、提取具有物证价值的化学物质。

（2）利用现代分析检测技术来确定案件中发现的化学物质的化学属性。

（3）利用同一认定原理，将案件中发现的可疑化学物质与从某人或某地提取的样本进行对比，确定他们之间的化学属性是否相同。

2. 化学物证检验的作用。在刑事案件、民事案件、行政案件及经济案件中，化学物证鉴定能够为法院正确解决纠纷、维护正常的社会经济关系提供有力的证据。就刑事案件而言，化学物证的作用主要表现在以下几个方面：

（1）有助于确定案件性质。例如，在死亡者的脖颈上发现有勒痕，又排除了上吊自杀的情况，则有可能是以绳子为作案手段的他杀案件；在树林中发现女尸，若其胸部有明显撞伤痕迹，撞伤部位衣服上有少量油漆碎片或玻璃碎片，则可以确定死者在交通肇事案件中被撞死或者被他人蓄意撞死后移尸于此。

（2）有助于确定侦查方向和范围。犯罪嫌疑人在作案时如果在现场遗留下某种物质，可以根据物质的性质和来源确定侦查方向和范围。

（3）有助于审查犯罪嫌疑人口供。

（4）有助于审查事主、证人的陈述。

（5）能作为证实犯罪嫌疑人是否有罪的证据。

（6）有助于印证同一案件中的其他证据。通过对化学物证的检验，可以对同一案件中其他证据的真实性与可靠性进行印证。

（三）掌握化学物证的鉴定步骤

1. 化学物证的发现。化学物证的种类比较繁多，在刑事案件现场收集时应当根据犯罪行为人的活动轨迹寻找有可能出现化学物证的部位，如犯罪嫌疑人进出现场的出入口、有可能接触过的物品、使用过的犯罪工具、穿过的衣物等。在采集化学物证时，根据化学物证的种类、性状、位置等具体情况采取不同的方法，可以采用肉眼观察、放大镜观察的方法，用肉眼不易观察时也可以使用紫外线灯、多功能现场勘查灯等手段进行观察。

2. 化学物证的提取。对于已经发现的化学物证，根据物证的具体情况采用不同的提取方法。在使用具体手段提取化学物证之前应当先对物证形态、物证所处的位置进行现场拍照和现场录像，便于还原案发现场。对于与载体不易分离的化学物证可以与载体一起进行提取，防止破坏物证的整体性；对于不易整体提取的物证可以使用镊子、竹夹进行提取；对于一些体积较小、肉眼不易观察到的化学物证可以使用胶带粘附的方式进行提取。为了防止在提取化学物证时存在遗漏，还可以使用吸尘器对案件现场的物证进行吸取。

3. 化学物证的包装。对于在案件现场提取的化学物证，应当根据物证的性质使用不同的包装手段进行包装，常用的化学物证包装方式有纸袋、塑料袋、塑料瓶、玻璃瓶等。包装材料的密封性应当与所装化学物证的性质相适应，防止化学物证在包装存储过程中挥发掉。

4. 化学物证的送检。在现场勘查中收集到的化学物证应当交由专门的鉴定机构进行检验。化学物证在送检时应当明确送检目的，确定该化学物证是何种物质，判断该化学物证与案件的关系。在需要对化学物证提供对比样本时，还应当根据需求采集对照样本。

二、认识生物物证

（一）了解生物物证的概念

生物所包含的范围很广，指所有有生命的物体。在刑事案件中所涉及的生物物证主要是指当事人的人体分泌物、排泄物、人体组织。其主要是人体代谢的产物或人体构成的一部分。在有些案件中植物和动物的生物体也是案件的关键证据，在此情况下还需要对人体、动物、植物混杂的生物进行鉴别和确认。一切以生物学性质发挥证据作用的物证都称为生物物证，包括生物体、生物尸体及代谢物。

（二）了解生物物证检验的任务和作用

生物物证检验的任务是对在现场勘查中收集到的生物物证进行检验，判断这些生物物证检材之间或者生物物证检材与样本是否来自于同一个体。

生物物证鉴定对于案件的侦破有着重要的作用。可以通过对犯罪行为人在案发现场留下的生物物证的检验来确定侦查方向和犯罪嫌疑人的范围；在有犯罪嫌疑人的情况下，可以对现场生物物证是否来源于犯罪嫌疑人进行同一认定，同时可以作为案件侦破的突破口；在刑事案件侦查、审判中，生物物证可以作为侦查破案及判定嫌疑人是否有犯罪行为的证据来使用。

（三）掌握生物物证的鉴定步骤

生物物证是在现场勘查、尸体检验时发现的与案情有关的证据。由于生物体之间的性质存在相似性，通过肉眼难以判断其来源，能够作为物证使用的生物体必须是在特定场合发现的特定生物物质，所以发现和提取可能成为证据的生物物质是一种严格的司法行为，必须按照有关侦查活动的法律规定进行操作。

1. 生物物证的发现。生物物证的种类非常广泛，既包括人体组织、血痕、毛发、分泌物、排泄物等法医学物证，也包括犯罪嫌疑人带入现场的其他生物物质。侦查技术人员在案件现场收集证据时应当对案件情况有所了解，根据现场痕迹情况分析犯罪嫌疑人和受害人的活动轨迹，判断各类痕迹物证存在的合理性和矛盾，寻找可疑的生物物证。

最初进入案件现场的工作人员应当将现场封闭，注意保持现场原貌，所有进入现场的人员不能将任何生物物质如毛发、唾液、指纹、皮屑、泥土等物质遗留在现场内部。可以利用肉眼观察、多波段光源等手段发现现场出现的物证。

2. 生物物证的提取。不同的生物物证在现场有不同的存在状态，同一种物质在新鲜时和干燥时表现出不同的形态。对于不同种类、不同状态、附着在不同载体上的生物物证可以采取不同的收集方法。采集物证时应当按照实验室用量的 2～3 倍进行采集，在收集和提取检材时应当将生物物证保持在提取时的状态，将物证在干燥低温的状态下保存，防止检材被污染或破坏。根据检材性状和载体的差别，采取原样提取、转移提取或者连同载体一同提取的方法。在较大范围内提取难于发现、分散分布的物证时，还可以用吸尘器在可疑部位进行吸取。

3. 生物物证的送检。查找和提取生物物证是一项侦查活动，只能由侦查人员来进行，为了保全物证的价值，也应当由侦查人员亲自送检。送检单位应当出具《物证检验委托书》，写明案由、检材性状、数量及包装方式。收检单位接受委托后应当与送检人办理委托检验手续，填写《委托检验登记》，核对检材的物品名称、数量、性状、包装情况。送检人应当向检验人提供检材发现、提取和案件的有关情况。

4. 生物物证检验的一般程序。生物物证的种类非常多，各种类别的生物物证之间、生物物质与非生物物质之间，在外观形态上可能存在一定的相似性。在对生物物证进行检验时，应当按照步骤一步步进行，先对收集到的可疑物证进行筛选，选出最有可能是生物物质的部分，对这种物质是什么种类的生物物质进行确认，进一步确定生物物质的种属。确定种属之后应进一步确定其生物特征，在有比对检材时应当确定是否来源于同一个体。具体检验程序如下：

（1）预备试验。了解各类生物物质的形态特征，用肉眼、放大镜对可疑物证进行识别。对于组织结构不明显，容易与其他物质混淆的生物物质如精斑、血迹可以用显微镜进行筛选。

（2）确证实验。利用形态学原理对生物物质进行筛选是对检材是否属于生物物质进行确定。液态物质如血液、精斑可采用涂片方式进行观察，固体状态的生物物质可以采用切片、磨片或整体检测技术对检材进行确定。

（3）种属认定。对于确定失去形态辨认价值的动物组织在确定种属特性时一般使用免疫技术。抗血清的使用对于种属认定的准确性具有重要作用。

（4）种类同一认定。使用技术条件，检测检材的生物特征，认定该特征是属于哪种类型的生物。如血液属于人血还是动物血，检材来自于男性还是女性等。

（5）个体同一认定。目前，确定个体同一的最准确的手段是 DNA、指纹这两种具有独一属性的检材，但是案发现场具有复杂性，在现场应尽量提取具有检验价值的相关检材，避免检材受污染。

【参考文献】

何家弘主编：《司法鉴定概论》，北京大学出版社 2002 年版。

【单元练习】

1. 化学物证的种类有哪些？
2. 化学物证检验需要遵循哪些步骤？
3. 生物物证的含义是什么？
4. 生物物证鉴定的步骤是什么？
5. 生物物证检验应当遵循什么程序？

学习任务二　掌握爆炸物证及其检验

 教学情境

2014 年 7 月 15 日晚 7 时 30 分许，广州大道南敦和公交站北往南路段，一辆 301 路公交车开到敦和二站停站时，突然爆炸起火。据乘客吴先生说，他在跳车瞬间，炸弹在他身后爆炸。"那是一个纸包的包裹，在车后门旁边，直径有 20～30 厘米，包得乱七八糟的。"吴先生之所以认为这个包裹是炸弹，是因为他逃跑时看到了这个包裹在冒着白烟，在他跳车瞬间，这个包裹爆炸了。该起公交车爆炸事件造成 2 死 32 伤。

爆炸的概念是什么？什么是炸药？爆炸物现场物证分布遵循什么样的规律？爆炸对社会治安会造成什么样的影响？这些都是本部分内容应当考虑的问题。

 工作任务

一、了解爆炸的概念和类型

爆炸是一种能够在瞬间释放能量、产生热量并释放大量气体的急剧物理变化。根据爆炸物质本身在爆炸前后有无发生化学变化可以分为：物理爆炸、化学爆炸和核爆炸。物理爆炸是指参与爆炸的物质在爆炸前后分子结构没有发生化学变化，如高压锅质量不佳引起爆炸，火花放电引起爆炸；化学爆炸是指在爆炸过程中储存能量的分子本身或者分子与分子之间发生化学反应，产生新的产物即爆炸产物；核爆炸是指原子核发生聚变或裂变，组成新的原子核，爆炸中伴有高温、冲击波、热辐射，如核电站发生爆炸。

由化学反应引起的化学爆炸是在刑事案件中经常出现的一种犯罪形式，尤其是使用炸药的手段所引起的爆炸案件，是本部分内容所讨论的重点。当然由于爆炸发生区域的复杂性，在发生化学爆炸时也可能会伴有物理爆炸，在现场勘查中应对二者进行区分。

二、认识什么是炸药

爆炸发生时会释放巨大的能量，储存能量的物质是各种炸药，炸药是主要的物证来源。炸药是指能够以化学反应形式瞬间释放巨大能量，并且反应产物占有巨大空间的物质。

炸药按用途分类可以分为起爆药、猛炸药、发射药、烟火药。起爆药对于热度和震动极其敏感，爆炸力很强，通常作为引爆物。常见的起爆药有雷汞、迭氮化铅、二硝基重氮酚等。猛炸药具有较低的敏感度和较大的装药量，起爆药爆炸时产生的爆炸能作为猛炸药的初始能量，引发其爆轰反应。常用的猛炸药有 TNT、黑索金、特屈儿、奥克托金、太安等。发射药可以发生爆燃，产生大量气体，具有较大的抛射能力。主要用作枪弹、炮弹的发射用药和火箭推进剂。最常见的黑火药常做点火药和延期药使用，还有硝化棉和硝化甘油为主成分的双基药，或硝化棉为主成分的单基药。烟火剂由氧化剂和可燃物质组成，反应时只发生速燃，军事上常用作照明剂、信号剂、曳光剂、烟幕剂等。民用产品有烟花、礼花等。

炸药按组分类可以分为单体炸药与混合炸药。单体炸药中炸药成分是由单一的化合物质构成，在外界能量的激发下，它可以迅速发生分解反应，生成更为稳定的爆炸产物。除一些用作起爆药的单体炸药含有汞、银等金属元素外，大多数单体炸药都是由碳、氢、氧、氮四种元素组成的。单体炸药从化学结构上看主要有以下几种：乙炔类（如乙炔银、乙炔汞等）；雷酸盐类（如雷酸银、雷酸汞等）；硝酸醋类（如硝化甘油、硝化棉等）；硝酸盐类（如硝酸铵、硝酸汞等）；硝基化合物类（如 TNT 即三硝基甲苯、DNT 即二硝基甲苯、RDX 即环三次甲基三硝铵又称黑索金等）。混合炸药：由两种或两种以上单质或化合物混合而成的炸药。如果其中一种成分少含或不含氧，另

一种成分则必须是含氧丰富的物质。混合炸药可以是固态、液态或气态。目前应用较广的仍是固态混合炸药，常见的混合炸药有以下几种：普通混合炸药，如钝化黑索金、梯黑（TNT40%，RDX60%）、煤矿铵锑炸药、岩石铵梯炸药等；含铝混合炸药，如钝黑铝炸药、梯黑铝炸药等；有机高分子粘结炸药是由黑索金、奥克托金或太安，加少许添加剂粘结而成；特种混合炸药，如塑性炸药、弹性炸药、橡皮炸药等。

按照氧平衡分类可以分为正氧平衡炸药、零氧平衡炸药、负氧平衡炸药。正氧平衡炸药，即炸药中的氧与其他成分作用后还有富余的炸药，如太安、奥克托金等。零氧平衡炸药，即炸药中的氧大约正好可与其他成分完全作用的炸药，如硝化甘油、硝化乙二醇等。负氧平衡炸药，即炸药中的氧不够用于和其他成分进行反应的炸药。

常用的炸药包括岩石炸药、露天炸药、煤矿炸药、铵油炸药、高威力炸药、含水炸药和液体炸药。随着科技的发展，还会出现许多新型的炸药，作为物证技术专家，与军事、工程专家不同的是，更需要了解炸药的主要成分、性能、用途及获得炸药的主要途径，了解炸药爆炸后所产生的特征，残留物的存在形式等。为了便于查找核对，必要时可以建立炸药样品档案。

三、对爆炸的情况进行分析

（一）爆炸起因分析

研究引起爆炸的原因，对于爆炸物证的提取、鉴定及判断爆炸物证的价值具有重要意义。爆炸的起因一般分为以下三种：

1. 爆炸装置引爆。可以通过现场采集到的遗留物、残留物及爆炸痕迹来判断是否人为破坏所引起的爆炸。此种爆炸一般是由某种爆炸装置引爆。

2. 能源设备引爆。能源设备在特定情况下也可能发生爆炸，如灌装液化气或煤气管道漏气，遇到明火会发生爆炸。这类爆炸有的是人为破坏造成的，有的是因为设备质量未达标或者违反操作规程所造成的。

3. 自然力引爆。风、雨、雷电、日晒等自然力量，在特定情况下也可能诱发某些物质爆炸。

（二）爆炸装置分析

爆炸装置所用炸药品种的判断。判断炸药的品种，可以通过爆炸时声、光和色的调查，结合现场烟熏痕迹的颜色、热作用程度进行初步分析。如声响巨大、光亮较强，且对周围物体热作用明显，可能是高能炸药爆炸；如光亮中有明显的黄色调，可能炸药中掺入了钠盐。

爆炸装置所用材料的分析。通过从爆炸现场所搜集到的各种遗留物碎片，可以对爆炸装置的包装物、捆绑物、支撑物、悬吊物、填充物进行初步判断。

引爆方式的判断。通过对现场遗留物的观察，还可以对引爆方式进行判断。如在爆炸现场发现导火索残片，或者打火机、香烟头等点火用具，可以初步判断使用火引爆装置；如发现雷管脚线和电池残段，可以初步判断使用电引爆装置；如在现场发现有类似于钟表发条、齿轮等部件碎片，并有电池、导线残段等，则可能使用了机械定时的电引爆装置。

（三）爆炸点部位分析

对爆炸点类型的区分有利于判断爆炸点的部位。爆炸点可以分为以下几种类型：锥形炸点，当炸药埋入地下不太深的部位，引爆后会出现这种炸点；球缺炸点，当炸药放在不太坚硬的地表引爆时，会形成这样的炸点；穿孔炸点，当炸药放在不太厚而面积较大的物质中时会形成穿孔炸点；截断炸点，当炸药紧靠柱形物体引爆时，会形成截断炸点；塌陷炸点，当爆炸物放在水泥板上，其下为水沟或较大空间时，会形成这样的炸点。

爆炸点与爆炸中心不是同一概念。爆炸点是指爆炸装置引爆后所形成的出事地点；爆炸中心是指爆炸前一瞬间整个装药的质量中心，是几何意义上的"点"。

（四）爆炸装置中炸药量的估算

犯罪行为人在犯罪手段中所使用的炸药是重要的物证之一，但是由于爆炸已经发生，不可能看到爆炸装置中有多少炸药，只能通过间接的方法进行估算。炸药装药量的估算方法有以下几种：利用爆炸坑测量数据进行估算，利用人体创伤面积估算，利用残留物分布规律估算，利用空气冲击波超压估算。

四、如何搜集爆炸物证

（一）爆炸物证的概念、来源及特点

爆炸物证是指在作案准备阶段动用的一切物品、物质和实施爆炸后形成的残留物、遗留物及爆炸痕迹的总称。

爆炸物证一般来源于爆炸装置、炸药和被爆炸破坏的物质三种途径。爆炸装置处于爆炸的中心位置，爆炸发生时受到的破坏最严重，一般会在现场找到一些小碎片，如雷管碎片，导火索残段，炸药容器碎片以及包装物、捆绑物、支撑物、悬吊物等的残片。炸药在爆炸发生时一般不会完全分解，没有来得及反应的部分，以极细微的颗粒状物质分布在爆炸中心附近的地面或物体上，可以作为爆炸物证使用。另外，被爆炸破坏的东西也是重要物证，如在地面、人体、建筑物等物品上由于爆炸所形成的痕迹，可以作为爆炸物证。

发生爆炸时所形成的物证具有以下特点：

1. 温度特点。爆炸中心一般有 5000 摄氏度以上的高温，处于中心部位的物体都有明显的热效应后果，如金属有融化痕迹，可燃物有烧焦痕迹，爆炸中心的泥土、水泥等温度明显升高。

2. 压力特点。爆炸中心可以形成几万甚至几十万个大气压的高压状态，除大部分物体会粉碎变形外，许多硬度不大的物体会嵌入到硬度较大的物体中去，如肌肉软组织、纺织品等可能在高温作用下嵌入模板中。

3. 时间特点。尽管爆炸中心的温度和压力都很高，但它们维持的时间很短，都是毫秒级作用，一般情况下燃烧现象不是很严重，如人体常出现毛发烧焦，皮肤烧伤，衣服瞬间烧损痕迹。

4. 空间特点。虽然爆炸中心的温度和压力都很高，但是只局限在爆炸中心的空间。随着距离向外推移，温度和压力迅速减小，从爆炸中心向外围距离每增加 1 倍，压力迅速减少 500 倍，最终降低为普通大气压，因此爆炸的破坏作用最严重位置是在爆炸中心的部分有限空间中。

（二）爆炸现场物证的分布

爆炸残留物在爆炸中心和外围的分布规律是不同的，从中心到外围可以分成三个区域：以炸药包的半径为参照标准，距爆炸中心 3 倍半径以内为中心区，3～14 倍半径区域为残留物峰值区，14～200 倍半径区域为扩散区。

在爆炸的中心区域，爆炸残留物的密度大小主要取决于被爆炸作用介质的硬度和颗粒度，介质硬度越大，炸药爆炸后所遗留的残留物就越少。同样质量和品种的一包炸药，在水泥地面爆炸后比在土质地面爆炸后的残留物质要少；同样一包炸药在土质地面爆炸后又比在松软的耕地上爆炸后的残留物要少。爆炸中心作用介质颗粒度大，则残留物就少，炸药包在颗粒度较大的石子滩上爆炸后所留的残留物比在细沙土上爆炸要少，这是由于颗粒大的物质，滞留残留物的能力相对较小。

（三）爆炸物证的发现、提取与送检

典型的爆炸装置主要是由电源、起爆器材、炸药、开关四个部分组成，了解爆炸装置的组成有助于现场勘查人员在爆炸后的现场发现物证。

发现、提取物证是爆炸案件现场勘查的重要环节。提取的对象包括爆炸装置的各组成部分，如包装物、捆绑物、支撑物、悬吊物、填充物、各种金属碎片、金属导线、破碎织物、纤维、玻璃、人造革、碎电池及电器零件等。如果爆炸现场出现大量重复的物品，可有选择地提取。如果爆炸现场出现量极少而又可疑的物品，则应件件提取，不可遗漏，如可疑的电池碎片、钟表发条、器皿碎片、特殊断头的导线等。应准确记录所有被提取的物品的提取时间、方位并在现场图中得到正确的反映。

残留物主要存在于现场的尘土之中，故要注意提取尘土样品。

取样首先在炸坑（若为悬空爆炸则在爆炸中心正对着的下方地面）内进行。先将坑内回填土取出并包装，再将坑壁土层铲下约 2 厘米厚并包装（在铲动前必须先经测量和拍照）。若炸点为极硬的介质，如钢板、水泥等，则应将炸点处的灰尘、碎块先行包装后，再用丙酮棉球擦拭炸点表面，反复 3～4 次，并将擦拭过的棉球全部装入一个塑料袋，与在炸点收集的灰尘和碎块共同算作炸点的试样。

外围取样是指从炸点以外地带地表等处取到的尘土样品，按一定面积和距离提取的一套样品又称系列试样。每个系列样品个体之间距离越小越好，一般每个取样点之间不超过 20 厘米，若有条件做到每点之间相隔 10 厘米则更好（可使最后反推炸药量的误差降低）。取样时将表面尘土取净后再把上层土壤刮下一层，共同装入袋内，同时准确记录距爆炸中心距离和取土面积。

在距爆炸现场较远、未受爆炸污染的地带，提取对照样品，叫空白试样。在自然界中，存在着微量的与爆炸残留物相同的物质。此外，自然界广泛地存在着 NH、Cl、NO、K、Na 等离子，这些物质在火药和炸药中经常出现，只有在把现场样品和空白样品同时分析比较后，才能得出现场炸药种类的结论。提取空白试样的方法，可以在远离现场未受爆炸污染的部位提取，也可以在土地的深层未受污染的部位提取。此外，有些需要作为空白样品使用的书包、铁盒等，也可以在市场上购买或在社会上收集。

爆炸现场提取的尘土试样，应包括典型试样、系列试样和空白试样。

尘土取样量与尘土的颗粒度有关，颗粒度越大，则取样量越大，这是为了使取到的尘土具有代表性。

现场提取的物证必须装入洁净的干燥容器中，并在容器上标明名称、部位及编号，否则，一些物证的价值就会受到严重影响，例如，某现场的碎书包片如果是在爆炸中心周围各方向都有发现，则碎书包片很可能是原来用于包装炸药的，若碎片只出现在爆炸中心的某一侧时，则不能说明该书包曾包装过炸药。在送检过程中，必须始终保持样品的洁净，样品之间互不干扰。尤其是被检测样品，绝对不能和炸药标准样品同时装在一个大容器中，也不能共用同一个外包装。

五、掌握爆炸物证的检验

将爆炸现场收集到物证送到实验室进行检验，可以通过以下方法进行检验：

化学试剂可以用于探测炸药残留物，化学试剂与炸药残留物接触后发生反应，其颜色发生变化。如硝酸甘油遇二苯胺试剂会由蓝色变成黑色，TNT 与氢氧化钾试剂发生反应，会变成紫红色，黑索金遇二苯胺试剂会产生蓝色。使用化学试剂对炸药残留物的检验只能作为假定实验，要想确定炸药残留物具体是哪种物质还需要在实验室进行确证实验。

使用便携式碳氢化合物探测器，也可以对爆炸现场的物体或人身上的炸药残留物进行探测。该器材的工作原理是吸入案件现场的空气，将空气通过加热的灯丝，如果空气样本中含有可燃气体，该气体在通过灯丝时会被迅速氧化，且灯丝温度上升，探测器会记录上升的温度，并在显示器上有所显示。使用便携式氢氧化物探测器也是一种假定试验，用于为实验室进行确证实验提供检测方向。

显微镜检验。从案件现场收集到的碎片，可以利用显微镜鉴别未引爆的炸药颗粒，判断炸药种类。若送入实验室的物证中存在炸弹容器或者引爆器，还可以通过显微镜的观察，查看是否存在指纹、生产商或者其他有用信息。

对于起爆药和次级炸药这类高能炸药，可以通过用丙酮试剂清洗的办法恢复炸药残骸，丙酮试剂可以溶解有机物质，将收集到的爆炸残留物放入丙酮试剂中进行加热，丙酮的沸点低蒸发快，爆炸残留物中的有机物便集中起来。

对爆炸物残骸中未爆炸炸药进行检测分离并提取出炸药中的有机物之后，可以用红外光谱分析的方法确定有机炸药残骸的种类。硝酸甘油、黑索金、TNT 以不同的波长吸收红外能量，将在现场收集到的残留物有机物红外光谱与每种炸药的标准红外光谱进行对比，即可对炸药的种类进行确定。

在一些使用简易爆炸装置的爆炸中，一般使用黑火药、硝酸铵和自制混合材料，这类爆炸装置一般都含有硝酸钾，在发生爆炸时能量不会全部被消耗掉，残骸中会存有无机阳离子和阴离子，这些成分可以帮助检验人员确定炸药成分。可以用水清洗爆炸残留物，去除溶于水的无机物，通过实验检查无机残留物的存在，采用离子色谱法对爆炸残留的无机离子进行确证分析。

【单元练习】

1. 炸药的种类有哪些？
2. 如何对爆炸现场的物证进行收集？
3. 爆炸物检验包括哪些方法？

学习任务三　了解毒物及其检验

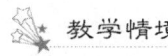教学情境

2013 年 4 月 1 日早上，上海复旦大学上海医学院研究生黄某起床后接水喝，饮用后便出现干呕现象，最后因身体不适入院。2013 年 4 月 11 日，上海市公安局文化保卫分局接复旦大学保卫处对黄某中毒事件报案，上海警方接报后立即组织专案组开展侦查。经现场勘查和调查走访，锁定黄某同寝室同学林某某有重大作案嫌疑。

经查实，投毒药品为剧毒化学品 N－二甲基亚硝胺。N－二甲基亚硝胺〔分子式 C2H6N2O，结构简式（CH3）2NNO，分子量 74.08，缩写为 NDMA〕，黄色液体，可溶于水、乙醇、乙醚、二氯甲烷。用作溶剂、有机合成中间体。可用于火箭燃料、抗氧剂等制造。在烟草、蔬菜、谷类中均可检出，属高毒，经消化道、呼吸道吸收迅速，经皮肤吸收缓慢，主要引起肝脏损害，可致癌。

检方指控，林某某将至少 30 毫升二甲基亚硝胺注入饮水机，超致人死亡剂量 10 倍以上。2013 年 4 月 16 日下午，黄某经抢救无效，于当天下午 3 点 23 分在上海某某医院去世。

2014 年 2 月 18 日，上海市第二中级人民法院一审宣判，被告人林某某犯故意杀人罪被判死刑，剥夺政治权利终身。2015 年 1 月 8 日，上海市高级人民法院终审维持原判。2015 年 12 月 11 日，林某某因故意杀人罪被依法执行死刑。

什么是毒物？毒物的种类有哪些？人体中毒的原因和具体症状有哪些表现？我们应当怎样对毒物进行采集？采集后的样本应当通过哪些方法进行检测？这些都是本部分内容研究的重点。

📋 工作任务

一、了解什么是毒物

毒物是指在一定条件下较小剂量物质经生物体吸收后即可引起生物体功能性或器质性损害的化学物质。毒物的概念是相对的，毒物与非毒物之间的界限一般取决于剂量大小，某些药物使用适当的剂量可以达到治病的效果，但是如果超剂量的话可能会引起中毒。

（一）毒物的分类

毒物的种类繁多，根据不同的标准可以有多种分类：

毒理学分类是根据毒物对机体的不同作用所进行的分类。这种分类方法有助于根据中毒症状推测毒物，提供毒物范围。其可以分为腐蚀性毒物，如强酸、强碱、苯酚；毁坏性毒物，如砷、汞及其化合物；障碍功能性毒物，如作用于中枢神经系统的安眠药、酒精，作用于呼吸系统的一氧化碳、氰化物、亚硝酸盐等。

毒物化学分类方法是根据毒物的化学性质进行的分类。这种分类方法有助于毒物分析实验对检材进行毒物的分离和提取。其可以分为挥发性毒物，如氰化物、甲醇、乙醇；非挥发性有机物，主要是一些药物，如安眠药、镇静药、生物碱类药物等；金属毒物，如砷、汞、钡、镉等金属或类金属；水溶性毒物，主要是一些用水浸法和透析法分离的强酸、强碱、盐等化合物；气体毒物，常见的有一氧化碳、硫化氢等气体。

根据毒物的用途及来源可以分为杀虫剂类毒物；杀鼠剂类毒物，用于灭鼠，常见的有灭鼠灵、毒鼠强、敌鼠钠、杀鼠迷等；来源于动物、植物体的毒物，如河豚、毒蛇、蟾蜍、斑蝥、乌头、曼陀罗等。

（二）影响毒物作用的条件

毒物的剂量。毒物的剂量是决定机体是否中毒和中毒程度的重要因素，一般是通过中毒量、致死量和毒物血浓度来表示。中毒量是指引起机体中毒的最小剂量；致死量是指引起机体中毒死亡的最小剂量；中毒血浓度是指中毒时血液中毒物的浓度；致死血浓度是指引起死亡时血液中毒物的浓度。一般情况下毒物的剂量越大，中毒发生的越快，程度越重。毒物进入机体的量与机体对毒物的吸收量并不等同，毒物的吸收量和中毒程度可以通过毒物血浓度来反映。根据毒物引起人体中毒致死量的大小，毒物的毒性可以分为微毒、低毒、中等中毒、高毒、剧毒五个等次。

毒物的理化性质。毒物的物理性状直接影响机体对毒物的吸收情况。气态毒物作用较快，容易被吸收；粉末或块儿状固体毒物取决于其是否溶于水或者弱酸，易溶的比较容易发挥毒性作用，否则不易发挥毒性作用。毒物的毒性与毒物的化学结构关系密切，一般含有双键的化合物及含卤素的化合物毒性较大，化学结构相似的物质，其毒性作用也相近。

机体的个体特征。个体的性别、年龄、体重、身体健康状况不同，机体对毒物的反应也不同。例如，儿童对毒物的敏感度比成人要强，老年人对毒物的耐受性比成年人要差，体重一般与中毒量成正比，机体在营养不良、慢性疾病、疲劳、饥饿、抵抗力下降时，对毒物较为敏感。

毒物进入机体的途径。毒物进入机体的途径不同，吸收的速度和对机体的作用也不同。其规律是心脏和静脉注射最快，呼吸道吸入次之，其他依次为腹腔注射、肌肉注射、皮下注射、口服、直肠灌注等。某些毒物可以因进入机体的途径不同而出现不同的结果，如蛇毒、蝎毒注射后立即中毒，口服则无毒；苦杏仁经静脉注射无毒，口服则会发生中毒。

（三）毒物在体内的过程

毒物通过各种途径进入体内，经过吸收、分布、代谢三个过程后排出体外。

毒物的吸收。毒物吸收是指毒物经过胃肠粘膜或者肺泡壁进入血液循环系统的过程，毒物只有被有机体吸收后才能发挥毒性作用。毒物由于毒理化生质的不同，进入机体的途径不同，毒物吸收的速度也不同，如弱酸性毒物在胃内被吸收，水溶性和弱碱性毒物主要在小肠内吸收，气体毒物经肺泡壁吸收。了解毒物的吸收有助于判断毒物在体内的分布，观察中毒症状。

毒物的分布。毒物分布是指毒物被机体吸收后，经血液循环系统到达全身各组织的过程。由于毒物与组织的亲和力不同，毒物在各脏器的分布是不均匀的，如氰化物主要分布在肝脏，金属汞主要分布在肾脏。了解毒物在体内的分布，有助于准确地提取中毒体的检材。

毒物的排泄。毒物排泄是指毒物及其分解、代谢产物经由排泄器官排出体外的过程。不同的毒物排泄途径不同，如催眠镇静类药物和金属毒药主要经肾脏排出，气体毒物和挥发性毒物主要经肺部排出。了解毒物的排泄速度及途径可以及时有效地提取含毒物量多的检材。

二、如何对毒物物证进行分析

（一）毒物物证分析的任务、特点

毒物物证分析是利用化学分析方法对可疑毒物进行分离、鉴定的专门工作。毒物分析结论能为中毒事件临床抢救提供依据，为以毒物为手段的伤人、杀人案件提供破案线索和科学依据。毒物物证分析的任务是检验中毒者或中毒死亡者的体液、排泄物、内脏组织及现场收集到的可疑毒物，测定这些物体中毒物的含量。

毒物物证分析具有以下特点：毒物物证分析属于痕量分析范畴，要从大量的检验材料中分离、鉴定、测定其所含毒物量。检验材料多种多样，情况复杂多变，大部分检材数量有限，易受环境影响而发生变化。分析对象范围广，多为未知物，要求分析速度快，分析结论准确。毒物分析技术既包含一般性的定性分析，又包含微量毒物的定量分析及体内毒物代谢物的分析这些技术性要求较高的分析方法。

（二）毒物物证检材的提取与包装

正确得当地提取检材，并对之进行妥善保存，是确定分析结果正确可靠的保证。

1. 提取毒物物证检材。检材的提取应当及时、合理、足量，若错过时机，便无法再取得。由于毒物进入体内的途径不同，在体内的分布情况也有所差异，所以应全面搜集检材。具体标准如表4-1：

表4-1 毒物分析检材的提取及需要量

检材	所需量	毒物种类
胃及胃内容物	全部或500g	多种，急性中毒者
肠内容物	全部或500g	多种，中毒后1~2天死亡者
血	50~100ml	多种
尿	全部	全部
肝	500g	多种，特别是金属中毒、安眠药中毒
肾	一侧肾	多种，特别是金属中毒、磺胺中毒
脑	500g	脂溶性毒物，挥发性毒物
胆汁	全部	海洛因、美散酮类中毒
肺	一侧肺	毒气，挥发性溶液
骨	200g	铅、砷中毒
头发和指甲	5~10g	砷、砣中毒
脂肪组织	50g	有机氯杀虫剂
肌肉	200g	多种，内脏高度腐败时

2. 对毒物物证检材进行包装与保存。提取的检材应当分别进行包装和加封，盛装检材应当尽量使用玻璃容器，将容器清洗干净，不得添加防腐剂，检材包装好后，应加贴标签，注明编号、中毒者或者死者的姓名、检材名称、数量、取材日期、提取人，封口加盖印章或火漆印。检材应连同委托书一起及时送毒物分析室检验，委托书中应包括检材名称、数量、收集日期、案情摘要、中毒症状及送检目的和要求等。如检材无法及时送检，应当冷冻保存。

（三）毒物物证分析的步骤和基本方法

1. 了解中毒情况和可能的毒物来源。为了及时、准确做出有关毒物的鉴定结论，使鉴定工作有目的地进行，必须了解与中毒有关的情况及毒物有哪些可能的来源。与中毒有关的情况一般包括：中毒发生的经过、中毒症状、有无抢救及使用的抢救方法、死者死亡时间、尸体呈现状况、解剖所见等。了解毒物来源为受害人口服还是有人投毒，以此判断获得毒物的途径。

2. 初步检验。初步检验包含以下三个步骤：外观检验，核对检材；对检材的形态、颜色、气味进行检验；开展初步试验，确定毒物范围。

3. 制定检验计划。制定检验计划是指确定检验毒物检材的重点，选取适当的毒物分析方法，从检材中提取毒物，以对毒物进行定性、定量分析。

4. 对毒物进行分类、提纯。传统的毒物提取、分离方法消耗检材量大、时间长、回收率低、杂质多、净化效果差。近代毒物分离方法向微量、快速仪器化方向发展。挥发性毒物采取微量扩散及顶空分离法，不挥发性有机药物采用先沉淀蛋白、消化酶、酸水解方法，使蛋白质与药物分离，再根据毒物的性质采用液—液提取分离或者固相提取分离法。

5. 对毒物进行定性、定量分析。从生物检材中分离、提取出的毒物，应先进行定性分析，确定是何种毒物，是单一毒物还是混合毒物。根据定性分析的结果再进一步进行定量分析。目前的分析方法包括化学分析方法，比较常用的是采用气象色谱法、薄层分析法、紫外光谱法，对无机毒物也可以使用发射光谱、原子吸收光谱等分析方法。

毒物的定量分析结果可以评价机体内存在的某种毒物达到何种程度。尤其是常用药，是否达到中毒、致死的量，或是处于治疗水平。定量分析还可以判断药物进入机体内的途径。

6. 对毒物的检验结果进行分析判断。毒物检验结果的分析对确定中毒及毒物的性质具有决定性作用，但是仍有许多因素会影响化验结果，要根据具体情况具体分析。

当结果为阳性或强阳性时，一般可以肯定为中毒死亡。若结果为弱阳性或者仅有痕迹反应时，有可能是毒物为死者死后进入机体，或者死者因职业关系与毒物有接触，也有可能是检验过程中存在技术失误。

当结果为阴性时，若试剂配置合乎规格，则可能是检材搜集存在不妥，一般超过24小时许多常见毒物从液体中就不能检出，也有可能是毒物随着尸体的腐败而分解或消失。

三、掌握几种常见毒物的检验

（一）一氧化碳中毒的检验

1. 一氧化碳中毒的机理和症状。一氧化碳是一种比空气轻的无色无味有毒气体。煤炉中煤炭燃烧不完全或者煤气热水器在使用过程中都会产生一氧化碳，在通风不良或者排气受阻时容易引起一氧化碳中毒。

一氧化碳进入人体后与血液中血红蛋白结合成碳氧血红蛋白，血红蛋白与一氧化碳的结合能力比氧的结合能力大 250～300 倍，因而当吸入大量一氧化碳时会严重损害机体的血液携氧力，从而引起缺氧及中枢神经系统中毒。中毒症状为恶心、乏力、心跳加快、血压上升、呼吸加快，随着中毒的加剧，还会产生肌肉衰弱、运动失调、瘫痪、昏迷、呼吸衰竭、血压下降、大小便失禁，最后会引起心率衰竭直至死亡。

正常人血液中含有 1% 的血红蛋白，吸烟者高达 5%～10%，当碳氧血红蛋白高达 15%～35% 时，可发生中毒；碳氧血红蛋白达到 50% 时，会导致死亡。年老体弱者，在碳氧血红蛋白达到 35% 时即可致死。

血液中碳氧血红蛋白的饱和程度决定了一氧化碳中毒的严重程度，这也与空气中一氧化碳的浓度和吸入时间长短有关。当空气中一氧化碳少于 0.02% 时，不会发生中毒；当一氧化碳浓度为 0.1% 时，连续吸入 2～3 小时，人体中碳氧血红蛋白即可高达 50%，足以引起昏迷死亡；如一氧化碳浓度为 0.4% 时，呼吸不到 1 小时就会死亡。

2. 一氧化碳中毒检材的搜集。一氧化碳中毒最可靠的检材为血液，对于死者尸体，最好从心脏附近大静脉处抽取。要求盛满容器，不留空隙，以防一氧化碳损失。

3. 血液中一氧化碳的检验方法。

（1）定性分析。对血液中一氧化碳的检验采用化学方法：

加热实验：取检验血液于试管中，置于沸水浴中加热 2～3 分钟，当血液中碳氧血红蛋白在 30% 以上时，血液呈鲜红色，正常血液为灰褐色。

钯镜实验：所检血液遇酸作用放出的一氧化碳将氯化钯溶液中的钯离子还原成钯镜。

（2）定量分析。检验是否为一氧化碳中毒，必须进行定量分析，因为在正常的人血中也含有少量的一氧化碳，特别是吸烟者。检血中的一氧化碳水平可以判明中毒程度。

分光光度法：使用该方法测定血液中碳氧血红蛋白含量是基于一定波长下，碳氧血红蛋白的浓度与其吸收光度成正比。用配置好的饱和碳氧血红蛋白血配制不同浓度碳氧血红蛋白血样，与检血同时稀释 100～200 倍后，测吸光度，从测得的吸光度值求出碳氧血红蛋白含量。

气相色谱定量法：首先将检血中的一氧化碳从碳氧血红蛋白中分离出来，搜集释放的一氧化碳进行气相色谱分析，使用热导检测器检测。也可以将一氧化碳通过催化剂作用转化成甲烷，用氢火焰离子化检测器检测。

（二）氰化物的检验

1. 氰化物中毒的机理和症状。氰化物是一种能够在最短时间内出现反应的剧毒化合物。常见的有氰化钾、氰化钠、氰化钙，均为白色易潮解的固体，易溶于水，与酸性溶液能立即分解释放出剧毒的氰化氢气体，氢氰酸的纯品为液体，沸点低，一般 26.5℃ 即可挥发，通常在室温下易挥发为剧毒气体，有苦杏仁气味。氰化物广泛用于冶炼、电镀、有机玻璃制造、照相及化学工业（如鞣革、染料、制药）等，在生产过程中，氰化物均有可能产生氰化氢气体。氢氰酸气体一般用作熏蒸剂，杀灭害虫和鼠类。几乎所有植物中均含微量氰化物，主要以生氰甙形式存在。特别是杏仁、桃仁、李仁、木薯、酸竹笋、高粱嫩叶中含量较高，其中苦杏仁含量最高，氰甙在酸性条件下，在其本身水解酶的作用下释放出氢氰酸而引起身体中毒。

氰化物中毒是他杀案件中主要的一种致死手段，当受害人服入大量或吸入高浓度氰化物时，可在 4~6 秒钟内突然昏倒，呼吸困难，骨骼肌强直性痉挛，经 2~3 分钟后呼吸心跳停止，呈"闪电式"死亡。氰离子可抑制体内四十余种酶，细胞色素氧化酶最为敏感，氰离子能与氧化型细胞色素氧化酶中的三价铁结合，阻止其还原成二价铁，使传递电子的氧化过程中断，组织细胞不能利用血液中的氧而造成内窒息，导致中枢性呼吸衰竭引起死亡。

误食处理不当或者未经处理的苦杏仁、木薯或酸竹笋时，可能会引起氰化物慢性中毒，消化道摄入的氰化物在胃内释出碱根，对胃具有腐蚀作用，胃黏膜高度充血，有苦杏仁气味。临床表现为自主神经功能紊乱、神经衰弱、肠胃功能紊乱、浑身乏力等症状。

氰化物中毒死亡者，尸斑呈紫红色，口唇及肺呈鲜红色，尸僵强，血液呈流动状，内脏器官有淤血、水肿，肺部最为明显，浆膜及黏膜有斑点状出血，气管黏膜充血水肿，腔内有血性泡沫样液体，伴有苦杏仁气味。口服氰化物中毒者，整个消化道均有不同程度的充血和水肿，食管下段、胃及十二指肠黏膜呈暗紫红色，有出血、糜烂及坏死，胃内容物有苦杏仁气味。

2. 氰化物中毒检材的搜集。口服中毒者的剩余食物、呕吐物、胃肠及其内容物因含毒量多都是有价值的检材。经皮肤、黏膜吸收或注射的中毒者，应提取局部皮肤、黏膜或注射部位的肌肉组织。一般而言，血液中氰化物浓度最高，其次为肝、肾、脑和肌肉，所以无论毒物从什么途径进入体内，都应收集心血及肝、肾、脑、肺等组织。由于氰化物在体内不稳定，易挥发、分解，要尽早采取，否则毒物可因分解或挥发而损失，甚至导致阴性结果。采取的心血要装满试管而不留空隙以防挥发，检材需冷藏并尽早送检。如不能及时检验，应储存检材于低温冰箱中，防止腐败。

氰化物在检验时，应取经分离而得的检液，利用普鲁士蓝化学反应作氰化物定性分析，用毗啶-巴比妥反应做定量分析。

3. 检验方法。氰化物的分析方法有许多种，其中最常用的方法是普鲁士蓝反应法。随着技术水平的不断发展，近年来，用气相色谱法测定氰化物的方法有了很大的发展。使用顶空气相色谱/电子捕获检测器法分析血液中氰化物的最低检出限可达 $5\mu g/l$。

（1）普鲁士蓝反应法。利用氢氰酸容易挥发的特性，加酸使检材呈酸性，逸出氢氰酸，用抽气法使之与硫酸亚铁-氢氧化钠试纸作用生成亚铁氰化物，在酸性条件下再与由空气氧化产生的三价铁作用生成普鲁士蓝，从而达到定性定量检验目的。该法准确、干扰少，灵敏度高且操作简便。

用此法进行氰化物分析时应该注意：以胃内容物、呕吐物等作检材时，可加入蒸馏水制成稀糊状，以利于反应的完全；反应物以小火加热或在低温水浴中进行，特别是对植物氰甙的水解，时间要长些，条件要温和；注意进行空白对照，腐败尸体中可能产生氰化物。

（2）顶空气相色谱/氢火焰检测器（HSGC/FID）法。检材中的氰化物在酸性条件下，释放出氰化氢，用 FID 进行分析。取血液于顶空小瓶中，内加入硫酸，立即加盖密封，水浴中平衡 30 分钟，取液上气体进行定性定量分析。色谱条件：色谱柱为玻璃柱 5m×3mm，担体 PorapakQ，柱温 20℃，检测器和进样口温度 150℃。

（3）顶空气相色谱/电子捕获检测器（HSGC/ECD）法。样品中的氰化物在酸性条件下，释放出氰化氢，该气体与氯胺 T 反应，生成氯化氰气体，用 ECD 检测器进行分析。取 5ml 已经稀释 20 倍的血液于顶空小瓶中，加入 100μl 磷酸混匀，在内管中放入 1ml 0.5% 的氯胺 T 水溶液，立即加盖密封，在 65℃ 水浴中平衡 90 分钟，取液上气体进行定性定量分析。色谱条件：色谱柱为 CpSil8B 甲基硅烷化的熔融石英毛细管柱 50m×25mm，柱温 60℃，检测器温度 300℃。

（三）乙醇中毒的检验

乙醇，俗称酒精，是各种酒类饮品的主要成分，为无色易燃液体，具有特殊的芳香气味。在酒类饮品中，乙醇的含量一般在 6%~60% 不等，乙醇也是一种重要的工业、化工原料。此处所讲的乙醇中毒主要是指过量饮用酒类饮品引起的中枢神经系统由兴奋转为抑制的状态。

人类醉酒后较容易引起打架斗殴等伤害案件，醉酒驾驶机动车辆也比较容易引发交通事故，加之在急性酒精中毒的情况下，也常有人因此而殒命，这些在许多国家都是比较严重的社会问题之一。

1. 乙醇中毒的原因和症状。一次大量饮酒中毒会抑制中枢神经系统功能，进而抑制大脑功能，具体症状与饮酒量和血乙醇浓度以及个人耐受性有关。乙醇中毒分为三个阶段：

兴奋期：当血液中乙醇浓度达到 11mmol/L（50mg/dl）时，会感到头痛、欣快、兴奋。血乙醇浓度超过 16mmol/L（75mg/dl），饮酒者会比较健谈、有饶舌、情绪不稳定、自负、易激怒，也可能会有粗鲁行为或攻击行动，也可能沉默、孤僻。当血液中乙醇浓度达到 22mmol/L（100mg/dl）时，驾车时易发生交通事故。

共济失调期：当血液中乙醇浓度达到 33mmol/L（150mg/dl），会引起肌肉运动不协调，行动笨拙，言语含糊不清，眼球震颤，视物模糊，复视，步态不稳，出现明显共济失调。浓度达到 43mmol/L（200mg/dl），出现恶心、呕吐、困倦。

昏迷期：当血液中乙醇浓度升至 54mmol/L（250mg/dl），患者进入昏迷期，表现昏睡、瞳孔散大、体温降低。血乙醇超过 87mmol/L（400mg/dl）患者陷入深昏迷，心率加快、血压下降，呼吸慢而有鼾音，可出现呼吸、循环麻痹进而危及生命。

酒醉醒后可有头痛、头晕、无力、恶心、震颤等症状。耐受性强的饮酒者症状比较轻。此外，重症患者可发生并发症，如轻度酸碱平衡失常、电解质紊乱、低血糖症、肺炎、急性肌病等。个别人在酒醒后发现肌肉突然肿胀、疼痛，可伴有肌球蛋白尿，甚至出现急性肾衰竭。

急性酒精中毒死亡者颜面潮红，眼睑水肿，全身各脏器充血、水肿及点、灶性出血，呈窒息征象。呕吐物、胃内容物及剖开体腔时，能嗅到酒的特有气味；喉头黏膜、胃黏膜充血、水肿，胃底黏膜可有点状出血。此外，酒精中毒者容易发生跌倒，引起颅脑损伤，或掉进水中溺死。酒醉昏迷呕吐，可将呕吐物吸入气管发生窒息。慢性中毒者，可见酒精中毒性肝病，甚至发展为酒精性肝硬化。此外，可能会伴有酒精中毒性充血心肌病及中毒性脑病等。

2. 乙醇中毒检材的搜集。测定乙醇中毒的检材以血、尿为主，脑、肝、肾、睾丸、前列腺次之，呕吐物、胃内容物、唾液、乳液也可作为检材。对于已经腐败的尸体，可通过检测眼玻璃体液中酒精的含量来确定是否为乙醇中毒，玻璃体液所含酒精量在尸体腐败后仍保持恒定。检材提取后应当及时进行检验，否则应当将检材放置在低温冰箱中保存，防止发生腐败。

3. 检验方法。检验乙醇的方法比较多，传统上使用蒸汽蒸馏分离法，但是这种方法灵敏度低、特异性比较差。随着科技水平的不断发展，现在又出现了气相色谱法、电化学法、红外光谱法、使用半导体传感器检测法。除了这些实验室常用的检测方法外，由于目前醉酒驾驶出现的交通事故频发，《刑法》已将醉酒驾驶纳入《刑法》规范范畴，警察在执法中使用比较容易操作的酒精检测仪，该仪器使用的便是电化学检测法。

（四）有机磷杀虫剂中毒的检验

1. 有机磷杀虫剂中毒的原因和症状。农药的种类繁多，其中有机磷杀虫剂、氨基甲酸酯类杀虫剂、拟除虫菊酯杀虫剂、杀鼠剂是常见的会引发中毒的类型。有机磷杀虫剂中毒是最常见的一种中毒方式，毒性最为强烈。有机磷杀虫剂是一种人工合成的含磷有机化合物，分为磷酸酯类和硫代磷酸酯类化合物两大类，是目前应用最广泛的农药，绝大多数为杀虫剂。该农药具有高效、使用方便、代谢降解快、残留毒性低等特点。常见的有机磷杀虫剂有敌敌畏、敌百虫、久效磷、对硫磷（1605）乐果等。

有机磷纯品多数为油状，少数为固体，工业品多为黄色或棕色油状物，大多数品种具有大蒜臭味，有挥发性。一般都难溶于水，在碱性介质中易分解失效。在生产、使用过程中违反操作规程或防护不周容易发生中毒，也可因误服、自服被污染食物而引起中毒。

有机磷农药在体内与胆碱酯酶形成磷酰化胆碱酯酶，胆碱酯酶活性受抑制，胆碱能神经突触间隙的化学递质乙酰胆碱不能立即水解成乙酸和胆碱，致组织中乙酰胆碱过量蓄积，使胆碱能神经过度兴奋，引起毒蕈碱样、烟碱样和中枢神经系统症状。呼吸衰竭是有机磷急性中毒的主要死因，心肌损害则是重症有机磷中毒后期引起急性死亡的常见原因。磷酰化胆碱酶酯酶一般经48小时即"老化"，不易恢复功能。

有机磷急性中毒的潜伏期因品种、剂型和侵入途径不同而有所差异，通过口服中毒情况下大多10分钟~2小时产生反应；呼吸道吸入，一般30分钟~50分钟产生反应；经皮肤中毒4小时~6小时产生反应。有机磷的急性中毒症状大多与胆碱酯酶活性被抑制有关，可归纳为：

毒蕈碱样症状，又称M样症状，主要是副交感神经末梢兴奋所致，类似毒蕈碱作用，表现为平滑肌痉挛和腺体分泌增加。具体表现为先有恶心、呕吐、腹痛、多汗，伴有流泪、流涕、流涎、腹泻、尿频、大小便失禁、心跳减慢和瞳孔缩小，支气管痉挛和分泌物增加、咳嗽、气促，严重患者出现肺水肿。

烟碱样症状，又称N样症状，乙酰胆碱在横纹肌神经肌肉接头处过多蓄积和刺激，使面、眼睑、舌、四肢和全身横纹肌发生肌纤维颤动，甚至全身肌肉强直性痉挛。全身紧缩和压迫感，而后发生肌力减退和瘫痪。呼吸肌麻痹引起周围性呼吸衰竭。交感神经节受乙酰胆碱刺激，其节后交感神经纤维末梢释放儿茶酚胺使血管收缩，引起血压增高、心跳加快和心律失常。

中枢神经系统症状，患者先头痛、眩晕、兴奋、躁动、谵语、共济失调、呼吸加快、血压升高、体温升高，进一步发展为惊厥，到晚期转入抑制状态，昏迷、血压下降、大小便失禁，常因呼吸中枢麻痹而死亡。

轻度中毒全血胆碱酯酶活性一般为50%~70%。中度中毒全血胆碱酯酶活性一般在30%~50%。重度中毒全血胆碱酯酶活性一般在30%以下。

尸体所表现出的征象为尸斑显著，呈暗紫红色。尸僵早而强，部分案例可见腓肠肌和肱二头肌显著挛缩。瞳孔缩小，口鼻周围有白色泡沫，部分病例可闻到有机磷的特殊气味，胃及十二指肠黏膜充血并有点状出血，有腐蚀性的有机磷可使胃底黏膜呈大片灰白或灰褐色坏死。右心房及右心室轻度扩张，心肌间质充血、水肿。

2. 有机磷杀虫剂中毒检材的搜集。有机磷杀虫剂被人体吸收后比较容易分解，根据有机磷杀虫剂在人体内含量的分布情况采用相对应的提取方式。口服中毒提取胃及胃内容物、十二指肠及其内容物；经皮肤中毒或疑为注射投毒者，可切取局部软组织；吸入中毒提取血液、肺、肝脏为检材。有机磷虽然容易降解，但有时埋葬数月甚至更久，开棺采样仍有检出的可能性。

3. 检验方法。以前，对于有机磷杀虫剂中毒检验多采用化学法，但是由于其特效性差，现在多采用气相色谱法，此外还有分光光度法、荧光分析法、酶联免疫吸附法等检验方法。

（1）气相色谱法（GC）。气相色谱法具有选择性好、分离效能高、灵敏度高、样品用量少、分析速度快、应用范围广等特点，是农药检测最常用的方法之一，也是有机磷和氨基甲酸酯类农药检测的国家标准方法。

（2）高效液相色谱法（HOLC）。高效液相色谱法具有高分离效能、高速度、高灵敏度、高自动化、应用范围广等优点，且不受样品挥发性和热稳定性的影响。

（五）砷化合物中毒的检验

1. 砷化合物中毒的原因和症状。砷在自然界以硫化砷矿的形式存在，砷化合物是一种金属类毒物，元素砷毒性比较低，三氧化二砷的毒性较强。有机砷化合物的毒性较小，其在体内分解缓慢，对组织作用较小。无机砷化合物中毒以三氧化二砷最多见，三氧化二砷质重，呈白色粉末状，又名白砒，无特殊气味，微溶于水。

（1）砷化合物中毒的原因。三氧化二砷由于其无味、无臭，拌在食物或混在饮料中不易被察觉，自古以来国内外常被用作投毒，同时砷中毒症状与其他许多疾病表现类似，如霍乱、贫血、营养不良，有时不易识别。尤其是采用小剂量多次进行投毒时，易被误诊为其他疾病。由于目前国家对该毒物进行严格控制以及砷化学鉴定方法的改进，砷中毒他杀案例已较过去减少。砷中毒也可见于意外，如农村中误将砒霜作碱面或当作点豆腐的石膏而致中毒；还有应用三氧化二砷配成栓剂治疗阴道滴虫病引起中毒的病例；中医用作治疗痔疮的药物中也含有砒霜，在使用不当反复涂擦患部时可能会引起中毒或死亡。

三氧化二砷多数情况下通过消化道进入体内，其中大约80%可被机体吸收，也可通过皮肤黏膜吸收。砷吸收后，在血液中以球蛋白为载体被转运而贮存于各脏器内，皮肤、毛发内含砷量较高。砷对体内蛋白质和多种氨基酸具有很强的亲和力，砷能与多种酶蛋白分子上的巯基或羟基结合，形成较稳定的络合物或环状化合物使酶失去活性，导致细胞内生物氧化过程发生障碍或使细胞分裂发生紊乱，严重时可使细胞死亡。砷可直接作用于神经系统，麻痹延髓的血管舒缩中枢。砷还直接损害毛细血管（特别是内脏毛细血管）使之麻痹扩张，血浆渗出，甚至红细胞漏出。砷排泄缓慢，主要通过肾，仅一小部分通过粪便和汗液等排出。

（2）砷化合物中毒的症状。根据砷化合物摄入量的不同，中毒后的症状表现如下：

急性麻痹型：摄入大量无机砷化物易产生急性麻痹。本型最明显的症状是严重循环系统衰竭，表现为血压下降、脉搏细速、呼吸困难、呈昏迷或半昏迷状态，偶有抽搐。也可能出现胃肠症状如恶心、呕吐、腹痛等。本型症状主要是由于大量砷化物对中枢神经系统，尤其是延髓生命中枢的抑制所致。患者常在数小时内急性死亡，由于发病突然，病程短促，常不能见到特殊病变。主要靠毒物化验证实，正常从尿液中查出4.16mg/L砷即为中毒。

急性胃肠型：这是急性砷化物中毒最常见的表现，服毒后迅速发生呕吐、腹泻。

有时腹泻频繁，伴有腹部痉挛性疼痛。呕吐物呈米汤状，临床表现与霍乱类似。严重时患者面容焦虑，全身皮肤湿冷，小腿痉挛，尿量减少，蛋白尿，患者可于数小时至数天内死亡。若病程迁延则可能恢复。在数小时内死亡的，尸体无明显改变，迁延一天以上死亡的尸体呈脱水状，口腔及食管黏膜充血，胃黏膜充血水肿，有的在胃黏膜皱壁之间夹有 As2O3 粉末。由于砷与硫化氢结合生成黄色硫化砷，所以在肠粘膜处可能会出现黄色斑块。

亚急性型：若小量多次摄入砷化物，或一次大量摄入体内但未立即死亡、病程延长时，可发生亚急性中毒。病程持续数周至数月。临床表现以肝、肾损害为主，可表现为急性或亚急性肝坏死的症状，如皮肤及巩膜黄染，眼结膜、胸腹部及四肢皮肤有出血斑点，肝功能障碍、恶心、呕吐、腹痛、腹泻，并可出现脱水症和小腿痉挛。有的表现为蛋白尿、血尿、多尿或少尿。

慢性型：多由于砷化物少量多次进入体内而引起，病程可迁延数年。临床表现不一，有的表现为周围神经炎；有的表现为慢性胃炎等。患者身体消瘦、头发稀少、皮肤损害，出现皮炎，色素沉着，角化和砷性癌肿。肝、心、肾出现脂肪变性。

2. 砷化物中毒检材的搜集。对于急性中毒者，可采取呕吐物、剩余食物。中毒死亡者可采集胃及其内容物、肝、肾、脑等，有时取小肠内容物和尿液作毒物分析也有价值。对于慢性中毒者可提取毛发、指甲、骨骼进行测定。由于无机砷化合物有防腐作用，且不易分解破坏，故从已埋葬甚至已高度腐败、骨化的尸体中取材仍有必要和价值，但必须采取尸体周围的土壤和棺木同时做砷的含量测定以作对照。

3. 检验方法。

（1）砷的雷因希氏预实验。在一定浓度的盐酸溶液中，金属铜与砷化物作用生成砷铜化合物或还原为元素砷而沉积于铜的表面，使金属铜变黑。通过实验，如铜片变黑，则可能存在砷。

（2）砷的确证实验——升华法。将雷因希氏所得铜片洗净晾干，放入干燥、洁净、一端封口的细玻璃管中，经微火加热铜片部位，铜片上附着的砷则升华为三氧化二砷附着在玻璃管壁上，呈白色雾状。经显微镜放大观察，呈四面体、八面体结晶体。

（3）古蔡氏砷斑定量实验法。砷化合物在酸性溶液中，被锌与酸产生的氢气还原为砷化氢。砷化氢遇溴化汞试纸产生黄棕色斑，其砷斑深浅与砷含量成正比，可用目测进行含量测定。该方法操作简单，可用于中毒者体液及组织的砷含量的测定。将检材制备溶液与系列标准品溶液同时置测砷瓶中进行实验，然后对所取得的检材与标准品种砷斑进行比较计算含量。见图 4 - 1 所示：

（六）亚硝酸盐中毒的检验

1. 亚硝酸盐中毒的原因和症状。亚硝酸盐主要是指亚硝酸钠和亚硝酸钾，为白色或淡黄色颗粒状结晶或粉末，外观颇似食盐，因此会被误当为食盐食用，易潮解，易

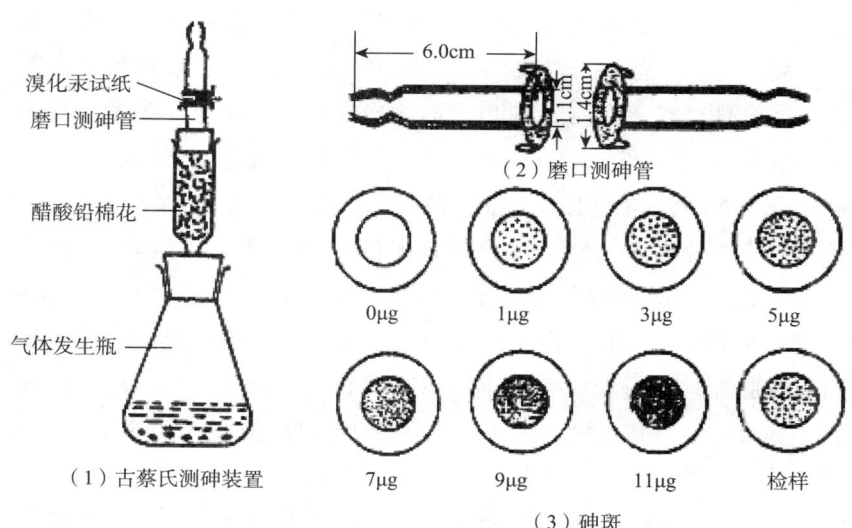

溴化汞试纸
磨口测砷管
醋酸铅棉花
气体发生瓶

（1）古蔡氏测砷装置

6.0cm
1.1cm
1.4cm

（2）磨口测砷管

0μg　1μg　3μg　5μg

7μg　9μg　11μg　检样

（3）砷斑

图4-1　古蔡氏砷斑定量试验

溶于水，其水溶液为中性或弱碱性，无臭，味微咸而稍带苦味。亚硝酸盐类中毒又称肠原性青紫病。

（1）亚硝酸盐中毒的原因。亚硝酸盐的性状与食盐相似，有些人将含有亚硝酸盐的工业用盐误当作食盐使用是引起中毒的常见原因。食用含硝酸盐、亚硝酸盐较高的腌制肉制品、泡菜及变质的蔬菜，是典型的食源性亚硝酸盐中毒。菜肉煮熟后放置时间过长会产生亚硝酸盐，食用后也容易引起中毒。某些地区的土壤或地下水中硝酸盐含量较高，使井水中含大量硝酸盐，在细菌的作用下产生亚硝酸盐，或饮用后在肠道内还原为亚硝酸盐，引起中毒。

亚硝酸盐主要是通过消化道进入体内，正常人的血红蛋白含有二价铁，与氧结合为氧合血红蛋白。氧与血红蛋白呈松散结合，因此到达外周毛细血管中它很容易将氧转移，释放到细胞。亚硝酸盐中的亚硝酸离子可将血红蛋白中的二价铁氧化为三价铁，形成高铁血红蛋白。高铁血红蛋白呈棕褐色，不能携带氧，且影响氧合血红蛋白释放氧，使氧不能释放到组织中去，引起缺氧。亚硝酸盐对心血管也有直接抑制作用，亚硝酸盐在胃酸作用下，可释放出二氧化氮，对胃肠产生刺激。

（2）亚硝酸盐中毒的症状。直接摄入亚硝酸盐中毒的潜伏期很短，10分钟～15分钟出现中毒症状，但食用久置的蔬菜导致的中毒潜伏期较长，为1小时～3小时，最长可达20小时。亚硝酸盐中毒早期症状以胃肠道不适为主，如恶心、呕吐、腹痛、腹泻等；因周围血管扩张，可出现面色潮红、头痛、血压下降，甚至昏厥；亦可出现烦躁不安、眩晕症状；随着中毒程度的加重，皮肤黏膜呈青紫色，缺氧症状明显，出现呼吸困难、昏迷、抽搐、虚脱等症状。严重者可于1小时～2小时内死亡。

高铁血红蛋白形成是造成缺氧的重要原因，临床中呈现的症状与血液中高铁血红蛋白含量有关。在高铁血红蛋白占 10% ~ 15% 时，中毒者皮肤黏膜出现青紫，可见于口唇、口腔黏膜、指甲、面颊、耳郭等处，这种青紫不同于一般缺氧性青紫，呈蓝褐色或蓝灰色。当高铁血红蛋白占 30% 以上时，出现头痛、头胀、头晕、耳鸣、手指麻木、全身无力等症状。占 50% 时，则发生心悸、胸闷、气急、恶心、呕吐、昏厥等严重缺氧症状；高于 50% 可导致心律紊乱、惊厥、昏迷、休克而死亡。

因亚硝酸盐中毒死亡者，血液中含高铁血红蛋白，且缺氧显著，血液呈暗褐色，透过皮肤黏膜，使尸斑呈蓝褐色样青紫。口唇、指（趾）甲显著青紫。血液不凝固，呈流动性。纯亚硝酸盐中毒时，由于在胃中产生棕红色二氧化氮，以致胃黏膜亦呈棕红色，严重者各脏器均可呈棕红色。皮肤、眼结膜、心内膜及心外膜、胃底部、小肠上段、肾盂黏膜可见斑点状出血。由于亚硝酸盐类有明显的扩张血管作用，故心、肺、肝、脾、肾、脑等脏器中小血管显著扩张淤血，或有点片状出血。

2. 亚硝酸盐中毒检材的搜集。根据亚硝酸盐中毒的原因，可提取残留食物、呕吐物、胃内容物及血液作为检材。也可采取血液检验高铁血红蛋白的含量。由于亚硝酸盐在酸性条件下容易分解，在检材采取后应当及时检验。

3. 检验方法。亚硝酸盐的定性分析方法比较简单，也比较灵敏。在判断检验结果时须谨慎，可采用如下化学方法进行检验：

（1）格利斯试剂反应法：亚硝酸盐在酸性溶液中和对氨基苯磺酸作用生成重氮盐，再与甲 – 苯胺作用生成紫红色偶氮颜色。

（2）安替比林反应法：亚硝酸盐在酸性条件下，使安替比林硝基化，从而溶液呈绿色。取检液 1 滴于白瓷反应板上，加安替比林试剂 1 滴 ~ 2 滴，如有亚硝酸盐存在，出现绿色。

（3）与 1、8 – 萘二胺反应法：亚硝酸盐在弱酸性条件下，与 1、8 – 萘二胺反应生成橘红色 1、8 – 偶氮亚氨基萘沉淀。检液 1 滴加 1 滴 0.1% 1、8 – 萘二胺的稀醋酸溶液于小坩埚内，稍加热即有橘红色生成。

（4）与丙咪嗪 – 盐酸反应法：检液中加入 20% 丙咪嗪 – 盐酸溶液和浓盐酸，若有蓝色形成表示有亚硝酸盐存在。灵敏度为 0.1μg。此反应对亚硝酸盐专一。

（七）巴比妥类催眠药中毒的检验

1. 巴比妥类催眠药中毒的原因和症状。巴比妥类药物是人工合成的一类安眠镇静药物，该类药物是巴比妥酸的衍生物，常见的有巴比妥、苯巴比妥、戊巴比妥等，常用作催眠剂，也有抗癫痫及基础麻醉的作用。为白色结晶状粉末，无臭，略具苦味，微溶于水，易溶于有机溶剂，其溶液略呈酸性。误用过量或自杀吞服过多，超过治疗剂量 5 倍 ~ 6 倍可引起急性中毒，临床表现以中枢神经抑制为主。

（1）中毒原因。巴比妥类催眠药作为治疗药物已有悠久的历史，使用面广，容易获得，在自杀或他杀时一次吞服量过多可导致死亡。极少数敏感者服常用量后也可能出现类似于中毒症状。近年，由于非巴比妥类催眠镇静安定药物（氯丙嗪、异丙嗪、奋乃静、三氟拉嗪、安定及舒乐安定等）的普遍应用，巴比妥类的中毒已有所减少。

口服巴比妥类药物易通过胃肠道黏膜吸收，使用钠盐通过肌肉注射吸收更快。吸收入血后，迅速分布于全身组织和体液中，人体组织中巴比妥的浓度几乎与血浆中的浓度相等，含血丰富的器官如肝、肾较其他组织含量高。药物进入脑组织的快慢取决于脂溶性的高低。

巴比妥类催眠药对中枢神经系统具有抑制作用，阻断脑干网状结构上行激活系统的传导，使大脑皮层由兴奋转为抑制。大剂量使用时，可抑制延脑呼吸中枢和血管运动中枢，导致呼吸麻痹引起死亡。长期服用巴比妥类药物会产生耐药性和成瘾性。

表4-2　巴比妥类催眠药治疗量、中毒量、致死量及其血液浓度数值表

名称	治疗口服剂量		中毒口服剂量		致死口服剂量	
	剂量（g）	血浓度（mg/100ml）	剂量（g）	血浓度（mg/100ml）	剂量（g）	血浓度（mg/100ml）
巴比妥	0.3~0.6	约1.0	3~10	6~8	5~20	>10
苯巴比妥	0.06~0.1	约1.0	2~7	4~6	4~9	8~15以上
戊巴比妥	0.05~0.1	0.1~0.5	>0.5	1~3	1.5~7.9	>3
异戊巴比妥	0.1~0.2	0.1~0.5	1.5~2	1~3	2~5	>3
速可眠	0.1~0.2	0.1	>0.5	0.7	1~5	1.0

（2）中毒症状。根据中毒程度可将其分为三种情况：

轻度中毒者：头昏、嗜睡、恶心、呕吐、语言迟钝，但对外界的刺激有反应、动作不协调、呼吸不规则、心跳较快。

中度中毒者：患者深睡呈昏迷状态，对外界刺激虽有反应，但不能说话，瞳孔缩小、血压下降、心动过缓、呼吸心跳减慢。

重度中毒者：患者进入深昏迷状态，对外界的刺激无反应，呼吸抑制、四肢冰冷、面色苍白或蜡黄、呼吸浅慢、脉搏不规则，过度抑制中枢神经系统和心血管系统，导致呼吸停顿、意识障碍、循环衰竭而死亡。

因巴比妥类药物中毒而死亡者，尸体外表呈一般窒息征象，尸斑显著，口唇、指甲青紫，坠积部位皮肤如足跟部可出现水疱。内脏淤血、肺水肿，膀胱内尿潴留。有的可在胃内发现残存未溶解的白色粉末或药片，胃黏膜可发生糜烂或出血。

2. 巴比妥类催眠药中毒检材的搜集。对于巴比妥类药物中毒，可以采取胃内容物、血液及尿液，同时肝、肾及脑也是重要的化验材料。对于已经腐败尸体可以采取肝脏，巴比妥在尸体内的保存时间可长达一年半。

3. 检验方法。

（1）化学分析法。常用钴盐-碱法反应，巴比妥类药物分子结构中的环酰脲，在

碱性条件下与钴盐作用生成紫蓝色结合物。此为该类药物的共同反应，灵敏度在100微克~200微克之间，较其他方法低，反应不具特效性。本反应只适用于大量药物如药粉、药片及胃内容中含药物量高时的初检，不适用于内脏及体液。

（2）薄层色谱法。本方法分离效果好、灵敏度高，可分析体液及内脏组织中的药物。灵敏度可达0.5微克~1微克，特效性好，可以鉴别各种巴比妥药物。

（3）气相色谱分析法。气相色谱具有比薄层色谱法更高的灵敏度及分离能力，分析速度快，适用于体内巴比妥安眠药的定性、定量分析，是分析本类药物的较好方法。

（4）紫外吸收光谱法。巴比妥药物在碱性溶液中，电离为具有紫外吸收性质的结构。硫喷妥在PH14溶液中于305纳米处出现吸收峰，在PH2溶液中，于288纳米处出现吸收峰。其他几种巴比妥药物在PH2溶液中，于255纳米处出现吸收峰，在PH14溶液中，于240纳米处出现吸收峰。因此，可利用以上紫外光谱的不同，筛选上述药物。此法特别适用于体内单一药物的定量分析。

（八）生物碱类药物中毒的检验

1. 生物碱类药物中毒的原因和症状。生物碱（Alkaloids）以盐类、酯类、N-氧化物类或与其他元素结合的形式广泛分布于植物界，主要以五元氮杂环或六元氮杂环为基核，大部分生物碱具有广泛显著的生理以及药理活性，能达到抗癌、强心、镇痛、降血压、抗菌消炎等功效。与此同时，因临床用药过量、误食、投毒等造成的剧毒生物碱中毒事件呈上升趋势发生。含剧毒生物碱的植物在各科各属均有分布，下图总结了经常引起中毒的生物碱中毒剂量与属性。这些生物碱类型多、结构复杂、中毒剂量低且毒性大、中毒无特异性临床表现，直接加大了筛查分析有毒生物碱的难度。常见生物碱有阿片（即鸦片）生物碱，颠茄、蓑若、曼陀罗等茄科生物碱，番木鳖生物碱，乌头属生物碱，钩吻生物碱等。

表4-3　生物碱类药物中毒

生物碱成分	植物学属性	中毒剂量（mg）	致死剂量（mg）	中毒属性
钩吻碱	马钱科胡蔓藤属	5	150~300	神经类毒，作用于呼吸中枢
乌头碱	毛茛科	0.12	3~5	作用于心肌
阿托品、东莨菪碱	颠茄科	5~16	80~130	神经类毒，呼吸中枢
莨菪碱		5	8	
马钱子碱	马钱子科	5	30	神经类毒，作用于中枢神经
士的宁碱	马钱子科	5~10	5~120	兴奋脊髓
秋水仙碱	百合科	6	8~25	代谢类毒

（1）番木鳖生物碱。存在于马钱科植物的种子番木鳖中，含有士的宁及马钱子两种生物碱，其中含士的宁碱约0.9%~1.9%，含马钱子碱约0.7%~1.5%。士的宁碱为中枢兴奋剂，医疗上用于治疗瘫痪、再生性障碍性贫血等症。马钱子碱主要用作化学

试剂以及治疗中风引起神经麻痹症，也有的用于毒鼠和捕野兽用。

（2）乌头生物碱。存在于乌头属植物的块根中，其植物块根常用做治疗风湿病，我国有许多品种，一般有川乌、附子、草乌等十余种，作中药材使用时需经一定炮制使毒性降低。四川、云南等地民间有自采草药服用的习惯，由于乌头碱有强烈的毒性，使用不当常引起中毒或死亡，在自杀或投毒案件中也有使用。乌头碱极毒，纯乌头 0.2 毫克可中毒，4 毫克~5 毫克可致死。一般用来炮制的乌头块根 2 克可致死。乌头对人的毒性主要表现在神经系统，服后数分钟至半小时出现嘴唇、舌、咽喉、口腔麻刺感症状，手指发麻，流涎，语言困难，心慌，昏迷，最后心脏与呼吸中枢麻痹，4 小时~6 小时可引起死亡。

（3）钩吻生物碱。存在于钩吻植物中，是广泛生长在广东、广西、福建等地的野生植物。民间称大茶叶、断肠草等。全株有毒，以根和叶尤其嫩叶毒性最大。钩吻不能作药用，一般中毒多见于自杀或投毒，服干燥根、茎、叶 2 克~3 克可致死。钩吻碱为强烈神经毒，能使运动神经末梢麻痹，抑制延脑的呼吸中枢。其中毒多发生在服后半小时至 1 小时之内，先感口腔、咽喉、腹部有烧灼痛，流涎、恶心、呕吐、四肢麻木、复视、瞳孔散大、言语不清、昏迷，最后因呼吸障碍窒息死亡。视力障碍是钩吻中毒的特征。

2. 生物碱类药物中毒检材的搜集。中毒者血、尿、剩余药物、药渣和死者胃、胃内容及肝脏均需收集。还要收集当地植物作为比对样本进行检验。

生物碱类毒物具有碱性，不溶于水而溶于有机溶剂，遇酸呈盐而溶于水中，利用上述性质，可从植物及中毒后生物材料中将各种生物碱提取、分离出来。对有毒植物、药丸、药粉、药片等检材，先用稀酸浸泡溶解，过滤，滤液调至适当碱性，再用有机溶剂提取。对血液或搅碎后的生物组织，加水呈糊状，加 10% 三氯乙酸沉淀蛋白并加热至蛋白凝固，过滤，取滤液调节至适当的碱性，然后用适当溶剂提取并净化，浓缩至小体积备检。

3. 检验方法。传统方法如液－液萃取不需要昂贵的设备，操作简单。分光光度法检测要求低，通用性强，故成为药典的收录方法；薄层色谱法由于操作复杂，适用面较窄；气相色谱法和气相色谱－质谱应用越来越广，前者在分离方面比较有优势，而后者定性分析上则更准确；气相方法只对热稳定性好、低沸点、易挥发物质，而液相色谱法对分析对象要求低，能应用于大部分有机物，逐步成为检测的主流；液相色谱－质谱联用法，采用选择离子监测或多反应监测模式，更可大大提高分析的专一性和灵敏度，完全有望解决复杂生物体系中痕量有毒动植物成分的检测，并在分析目标物不明确或系统中可能存在数种不同性质的目标物时，用一个分析系统同时检测多种不同性质的目标物。

📓 *拓展阅读*

酒后驾车是引发交通事故的重要原因，它给个人、家庭和社会都带来诸多不幸和痛苦。研究表明，血液酒精浓度（Blood Alcohol Concentration，以下简称"BAC"）直接影响驾驶者的操作能力和反应时间；从 0.1mg/ml 开始，随着 BAC 值的升高，肇事的概率增大，当 BAC 值超过 0.5mg/ml 时驾驶者的驾驶技能和注意力将会严重受影响。探讨酒精检测方法的准确性，研发预防酒驾的技术，对防范交通事故和提高交通执法能力具有十分重要的意义。

酒后驾驶的检测方法有：

1. 血液酒精检测。"血液酒精检测"是指执法人员采集当事人血液标本送至公安机关或委托医疗部门、司法鉴定机构进行检测。目前所普遍采用的检测方法是通过气相色谱仪（顶空）进行定性定量检测，即利用乙醇的易挥发性，把血液样品恒温加热达到气、液两相平衡，直接抽取气体进行分析。

该方法稳定性好，精度高，易于实现自动化检测。但是由于驾驶者血液中酒精浓度是动态变化的（在饮酒后 30 分钟~90 分钟达到最高），因此，由于其肇事、抽血和检测时间的不同，BAC 值也不同：若 BAC 值远远高于醉酒标准，检测结论可信；但对当 BAC 值正好是醉酒标准的临界值时，其准确性和公正性则值得推敲，也容易引发质疑。

2. 唾液酒精检测。这是利用含酒精酶试纸条的显色反应，对驾驶者唾液中的酒精含量进行检测。试纸条的颜色深浅与乙醇的含量呈线性关系。资料显示：饮酒 120 分钟后，唾液与血液酒精浓度有很好的相关性，唾液/血液中乙醇的比值大约是 1.07，浓度差最大不超过 0.30mg/ml。该方法采集方便，无创伤，无侵入性，但口腔易受外界干扰，因而，其只能初步检测是否酒驾，无法作为法庭依据。

3. 呼气酒精检测。呼气酒精检测也是一种无创伤的测试方法，其测定原理是血液中酒精遵循亨利定律自由扩散至肺部。血液酒精浓度与肺深部呼出气体酒精浓度（Breath Alcohol Concentration，简作 Br AC）有一定的比例，目前公认 BAC 与 Br AC 的比例为 2200：1，换言之，2200ml 呼气中酒精含量约等于 1ml 血液中酒精含量。根据所涉及的技术，其分为比色型、电化学型、半导体型和红外型。目前，交管部门现场执法时一般都采用呼气酒精检测仪对驾驶者进行定性定量检测。由于检测仪器差异大，准确度、稳定性易受环境影响，因而，其检测结论易引起驾驶者的质疑和投诉。

4. 尿液酒精检测。"尿液酒精浓度检测"是指提取驾驶者尿液，采用气相色谱法进行分析。但因尿液中乙醇的检测结果不能反映某个时间点的浓度，它只是几个小时内膀胱中尿液的平均浓度，因此该方法较少应用。

【参考文献】

1. 蔡杰主编：《法庭科学实验教程》，武汉大学出版社 2010 年版。
2. 王萍：《法医学》，河南人民出版社 2004 年版。

✏️ 实训项目

【实训项目一】有机磷杀虫剂中毒检验

一、实训目的

1. 掌握根据有机磷结构特点选用合适方法进行类别实验的原则和方法。

2. 掌握体外检材中含硫和不含硫有机磷杀虫剂的区分原理和方法。

3. 了解化学显色法快速筛选体外检材中有机磷杀虫剂的分析思路。

二、实训原理

有机磷杀虫剂是目前在我国广泛使用的一种杀虫剂，其杀虫效力强，对植物药害较小，属于有机磷酸酯类化合物。有机磷杀虫剂中毒较多的是敌敌畏、乐果、甲胺磷、甲拌磷等。

人体有机磷杀虫剂中毒的途径主要是经呼吸道、消化道吸入或者皮肤黏膜吸收，也可能通过静脉注射、阴道塞入等胃肠外途径进入。有机磷进入机体后会抑制胆碱酯酶活性，影响神经系统功能。急性中毒的潜伏期因品种、剂型和进入机体途径的不同而有所差异。经口中毒大多发生于 30 分钟内，中毒量较大者在 10 分钟内可出现恶心、呕吐、腹痛、腹泻、流口水、出汗、呼吸困难、瞳孔缩小等中毒症状，死亡时间一般为 1 小时~5 小时。经呼吸道吸入时，一般为 30 分钟~50 分钟出现瞳孔缩小、呼吸困难等症状；大剂量吸入高毒有机磷可发生闪电式中毒或死亡。经皮肤中毒，一般 4 小时~6 小时中毒部位的肌肉出现纤维性颤动，并随着时间延长而加剧。长期接触少量有机磷，会出现头晕、乏力、多汗、恶心、食欲不振等症状，有时还会出现肌束震颤、瞳孔缩小等症状。口服有机磷杀虫剂中毒者，胃内容物中杀虫剂含量较高。首先检验检材中是否含有有机磷杀虫剂，然后区别是含硫还是不含硫的磷酸酯类杀虫剂。

三、实训器材

试剂：45% 4 - 吡啶丙酮溶液、四亚乙基五胺、3 - 亚硝酸异戊酯、乙醚、5% 和 1% 间苯二酚乙醇溶液、5% 氢氧化钠溶液、饱和碳酸钠溶液、0.5% 二氯化钯试剂、溴酚蓝试剂、5% 醋酸溶液、甲醇、二氯甲烷、丙酮、无水硫酸钠。100ml 的敌敌畏、敌百虫、甲拌磷、对硫磷、马拉硫磷溶液。

器材：玻璃试管、滤纸、乳钵、典量瓶等。

检材：疑似含有敌敌畏、敌百虫、甲拌磷、对硫磷或马拉硫磷杀虫剂中一种或两种的饮料或胃内容物。

四、实训步骤

1. 检材处理。胃内容物取 1.0g 检材，放置在乳钵中，少量多次加入无水硫酸钠研磨至干沙状，移入 150ml 典量瓶中。用二氯甲烷 - 丙酮（8：2）20ml 震荡提取 2 次，每次过滤 15 分钟，合并滤液。滤液于 60℃ 水浴上浓缩至 1.0ml。

2. 化学显色反应。4 - 吡啶反应：先取 0.1ml 45% 4 - 吡啶丙酮溶液放入玻璃试管中，加入1ml胃内容物上清液，漩涡混合30秒，水浴100℃加热20分钟（加热时移去试管盖），搅拌后放置冷却至室温。然后加入0.1ml四亚乙基五胺和1ml 3-亚硝酸异戊酯或乙醚，盖上试管盖，漩涡混合3分钟。静置后观察3-亚硝酸异戊酯或乙醚层颜色变化。

二氯化钯反应：取1滴分析试样置于滤纸上，稍挥干，加入1滴0.5%二氯化钯试剂，观察颜色变化，对硫磷、甲基对硫磷、杀螟松等需在100℃加热烤20分钟~30分钟才显色。

间苯二酚-氢氧化钠反应：取胃内溶液1滴置于滤纸上，稍挥干，加5%氢氧化钠溶液和5%间苯二酚乙醇溶液各1滴，在电炉上微烤片刻，观察颜色变化。

实验中应注意：4-吡啶法为有机磷杀虫剂的特异反应，灵敏度为1ml，有机磷杀虫剂的代谢物和无机磷化学物均不显色。化学显色反应时，应同时进行阳性对照和阴性对照试验。

【单元练习】

1. 什么是毒物？毒物分为哪些种类？
2. 毒物物证分析的步骤有哪几步？
3. 一氧化碳中毒的原因和症状有哪些？
4. 氰化物中毒的原因和症状有哪些？
5. 乙醇中毒的原因和症状有哪些？
6. 有机磷杀虫剂中毒原因和症状有哪些？
7. 砷化物中毒的原因和症状有哪些？
8. 亚硝酸盐中毒的原因和症状有哪些？
9. 巴比妥类催眠药物中毒的原因和症状有哪些？
10. 生物碱类药物中毒的检验。

学习任务四　掌握血痕及其检验

教学情境

从1988年至2002年的14年间，在中国甘肃省白银市有11名女性惨遭入室杀害的案件，部分受害人曾遭受性侵害。这些案件中，嫌疑人专挑年轻女性下手，作案手段残忍，不仅强奸、杀害女性，还用刀切割女性生殖器官、人体组织等，被害人年龄最小的仅年8岁。经警方交叉比对证实9起案件均为同一人所为。

2016年8月26日，甘肃白银连环杀人犯落网，嫌犯高某某对犯罪事实供认不讳。

历时28年的白银杀人案的侦破，得益于DNA技术的不断发展。DNA在刑侦领域被称为"生物指纹"，DNA－Y技术能通过父系亲缘关系排查犯罪嫌疑人。2015年下半年，随着甘肃省DNA库建设和血样采集工作推进，犯罪嫌疑人一名亲属因违法犯罪被采集到血样。白银市公安局进一步排查工作将犯罪嫌疑人4名亲属纳入DNA采集范围。2016年8月19日，技术人员在对采集到的血样进行DNA－Y染色体进行检验时，系列案件犯罪嫌疑人的DNA中，27个Y基因座全部比中白银市白银区违法犯罪人员高某某。得知有位高姓成员居住在白银一学校的小卖部里，一队民警立即前往。入户调查时，高某某神色慌张，民警随后发现其指纹和嫌疑人现场遗留指纹高度相似。

经审讯，该高姓成员交代了自1988年至2002年先后流窜白银、包头性侵杀害11名女性的全部犯罪事实。经进一步指纹和DNA鉴定，其指纹和系列强奸杀人案中嫌疑人遗留在现场的指纹、DNA全部比中同一。

什么是DNA？从人体的哪些组织中可以提取到DNA？如何对DNA进行检验？在本部分内容中均有涉及。

工作任务

一、了解什么是血痕勘验，对可疑血痕进行定性

血液是一种在人体心血管系统中流动的红色粘稠状液体。成人的血液占自身体重的8%。血液是由血浆和血细胞组成，血浆的主要作用是运载血细胞，占血液容积的55%左右，是一种浅黄色液体，其中90%是水，10%为溶解物质（如血浆蛋白、脂蛋白、无机盐、氧、酶、二氧化碳、氨基酸、葡萄糖、细胞代谢产物等）；血细胞占血液容积的45%左右，由红细胞、白细胞、血小板三部分组成。

红细胞约占血液体积的45%，成熟的红细胞没有细胞核和细胞器。红细胞的主要成分为血红蛋白，血红蛋白具有运输氧和二氧化碳的功能。白细胞约占血液体积的1%，是全身免疫系统的一部分，主要功能是破坏和移除血液中年老或异常的细胞及细胞残骸，防止病原体进入血液。血小板占比小于血液体积的1%，没有完整的细胞结构，无核，主要作用是参与血液的凝固。

人体血液中携带有遗传物质，当机体发生生理变化和病理变化时血液的成分也会发生改变，故血液检测、血型鉴定在侦办各类案件中得到广泛的应用。尤其是在暴力死亡案件现场、凶器、死者或犯罪行为人衣物上可能带有血液或血痕，为了查明尸体的尸源信息、死亡原因等，都需要对搜集血液进行检测。

（一）血痕勘验

对现场血痕的勘验可以推断死亡或受伤情况、搏斗情景及犯罪性质等。对现场血痕存在的部位、颜色、形状、范围等必须详细记录、绘图、照相或录像，以备案情分析及存档使用。

1. 现场部位。根据血痕存在的部位，通常可以推断自杀、他杀或灾害。在室内检查时应有较好的光线，仔细检查地面、墙面、门窗、家具、被褥、枕头等物品。在室外检查时，如果血痕粘附在树木、草叶上，常为带有光泽的暗红色斑点，容易辨认。检查死者或者嫌疑人的身体和衣服时，应特别注意容易被忽略的部分，如毛发、指甲、衣服褶皱处。

2. 血痕的颜色。新鲜的血痕为鲜红色，随着时间的增长，血痕会发生腐败，血痕干燥后变成暗红色或者褐色，陈旧血迹呈灰褐色。在潮湿环境下，血迹在腐败菌作用下发生腐败，血红蛋白与腐败气体硫化氢结合生成淡绿色的硫化血红蛋白。在浅色衣服上，血迹颜色较深，容易发现；若血迹在颜色深暗的载体上，肉眼不易观察，可以用紫外线光照射，若有土棕色荧光反应，则可以划定可疑血液范围。

3. 现场血痕的形态。由于发生条件的不同，血痕在形成时可以出现多种不同的形态。根据现场血痕的形状可以分析作案地点、作案经过、被害人活动情况等。现场血痕所呈现的形态一般为以下几种：

点状血痕。血液垂直滴落在物体上或地面上形成。一般为圆形，周边有许多突起的斑点，距离越高，形成的圆点越大，周边的小突起也越多，据此可以判断血液滴落时的高度。行走时滴落的血点通常呈椭圆形，行走方向的一侧呈星芒状。

流柱状血痕。血液从高处向低处流动，下端因血量较多、较厚而膨大所形成，常为带状。通过尸体或衣物上的流柱状血痕，可以判断受伤时的体位、姿势及伤后活动情况。

喷溅血痕。喷溅血痕是指在人体动脉受到损伤血液在血压推动下喷射而出，形成扇状分布的多个惊叹号血迹，其尖端指向喷溅方向。根据喷溅血迹的分布情况，可以确定受伤时的位置。

擦拭状血痕。沾染血液后擦拭其他物体，可形成浓淡不均、形状不一的擦拭状血痕。有的擦拭血痕能反映出擦拭物体的表面形状血痕印等。沾染的手、凶器或踩踏血的脚印鞋印可以在现场、尸体或其他物品上留下相应的血痕印。

接触血痕。接触血痕是指沾染血的物体与另一物体接触但没有移动时形成的血迹，如指纹、血脚印等。清晰完整的指纹印、血脚印，可以通过痕迹检验认定遗留人，具有重要的价值。

血泊。血泊是指大量血液聚集于现场地面或物体上形成的血迹，根据其面积、厚度可以估计出血量。结合伤者损伤失血速度，估计停留时间，如果现场血液明显少于大失血死者的出血量，可以判断发现尸体处为移尸现场，而非杀人现场。

血痕的范围一般取决于出血量，出血量常与死亡原因及受伤后存活的时间有关，因此，应根据血痕的大小估算出血量。除血痕外，许多有色物质也可以在衣物上染成暗褐色斑痕，易与血液混淆。动物血痕与人血痕通过肉眼所观察的形态并无两样，因此现场上通过肉眼观察不能判断出种属来源、血型时，可以通过提取在实验室进行检验确定。

（二）血痕检验的一般顺序

对于已被确证是血的斑迹，通常按以下顺序进行检验：

1. 鉴别是人血还是动物血。根据案情不能确认已经发现的血痕是否是人血时，就必须先检验血痕是人血还是动物血，有时还要鉴定是何种动物血。

2. 鉴别人血的血型。如果确定血痕是人血，还要进一步检验血型，特别是当需要认定两处发现的血其来源是否相同时，这种检验尤其不可缺少。如果血型不同，即可作出否定结论，如果血型相同，则完成一个血型系统的检验，还应再作进一步的检验。

3. 对人血的 DNA 进行检验。血型检验的肯定结论往往不足以解决案件中的问题。例如，嫌疑人衣服上的血是 A 型血，死者血也是 A 型血，不能仅仅根据这一点就认定嫌疑人就是杀人凶手。民事案件中，孩子的血型和可疑父亲血型相同，也不能就肯定两者有血缘关系。此时便应当进行 DNA 检验。此外，检材量很少时，应当考虑直接委托有条件的物证鉴定机构进行 DNA 检验，以免耗费检材。

（三）可疑血痕的预实验与定性

1. 可疑血痕的预实验。通过肉眼观察所提取的现场斑痕检材中，可以通过血痕的预实验来确定是否为血痕。血痕的预实验可以采用简单灵敏的方式。常用的方法有联苯胺实验、无色孔雀绿实验、酚酞实验、化学发光实验、紫外线实验等。

（1）四甲基联苯胺实验。四甲基联苯胺由于其灵敏度较高，即使血液稀释到 10 万倍～30 万倍仍能出现阳性反应，是实际工作中最常用的一种预实验方法。使用该方法是因为血痕中的血红蛋白中含有过氧化氢酶，四甲基联苯胺可以使过氧化氢分解产生新生态氧，将无色的四甲基联苯胺氧化成翠蓝色的联苯胺蓝。

实验时，剪取或刮取检材少许，置滤纸片上或白磁板上，加四甲基联苯胺无水乙醇饱和液、冰醋酸、过氧化氢各 1 滴，如果是血痕，则立即出现翠蓝色，即为阳性反应。但是由于含有氧化物酶或使过氧化氢释放出新生态氧的物质很多，如高锰酸钾、过硫酸钾、新鲜水果等，故该方法不是血痕的特异检验方法。

（2）酚酞实验。血痕中的血红蛋白或正铁血红素含有氧化酶，可将还原酚酞氧化成酚酞，酚酞在碱性溶液中呈粉红色。酚酞试验的灵敏度极高，可达 10 万～50 万倍。实验时，将可疑血痕的生理盐水浸液 1ml～2ml 置试管中煮沸半分钟，破坏可能存在的生物氧化酶，冷却后，加 5 滴还原酚酞液，半分钟后，如不变红色，再加数滴 3% 过氧化氢，若立即出现程度不同的粉红色至红色则为阳性反应。但该实验不具有特异性，氧化剂及脓液、精液、尿液、新鲜植物汁等均呈阳性反应。

（3）化学发光实验。在夜间、黑暗的地方或者肉眼难以发现的物体上寻找血迹时，可采用化学发光实验。该实验原理是血红蛋白的过氧化氢酶可以使鲁米诺产生化学发光。操作方法是将新配制鲁米诺 0.1g、过氧化钠 0.5g、蒸馏水 100ml 生物混合试剂置于喷雾器内，在暗室内对可疑斑痕进行喷洒，如立即呈现青白色的发光现象则为阳性反应。该实验灵敏度高，具有特异性，对粘液、唾液、尿液、粪便等都不起发光反应。

2. 可疑血痕的定性实验。当检材经过预实验呈阳性反应时，还须进一步作定性实验，以确定是否为血痕。检验的方法有血色原结晶实验、氯化血红素结晶实验、吸收光谱检查、红细胞凝集实验等。定性实验是根据检测是否具有血红蛋白及其衍生物存在的一种实验方法。

（1）血色原结晶实验。血痕中的血红蛋白在碱性溶液中分解成正铁血红素和变性珠蛋白，还原剂（如葡萄糖、硫化铅、硫氰酸钠等）使正铁血红素还原成血红素，血红素与变性珠蛋白或吡啶、氨基酸等含氮化合物发生反应形成血色原结晶，这是一种有特殊吸收光谱的橙红色结晶。

实验时，取少许检材置玻片上，如果血痕附着在布上，先用针分离纤维，加试剂（葡萄糖3g、氢氧化钠0.3g、吡啶3ml、蒸馏水13ml混合）1滴，盖上载玻片，在酒精灯上稍微加热至发生小气泡，立即离火，冷却后进行显微镜观察，如果是血痕，可见樱红色针状、菊花状血色原结晶；结晶不明显时，可用显微分光镜检查。本实验操作简便，灵敏度高，具有特异性，在血液稀释2000倍时仍可以检验出结果。

（2）氯化血红素结晶实验。血红蛋白在冰醋酸的作用下破坏珠蛋白，生成正铁血红素。冰醋酸与氯化钠作用生成醋酸钠和游离氯。正铁血红素与游离氯作用形成褐色菱形氯化血红素结晶。

实验时，取少许检材置玻片上，分离纤维后，加试剂（10%氯化钠溶液2ml、冰醋酸10ml、无水酒精5ml混合）1滴，加盖载玻片，在酒精灯火焰上缓慢加热，至出现1个~2个小气泡时为止，冷却后用显微镜观察，如果是血痕，便可检见褐色菱形结晶。加热时应非常小心，因温度过高（超过142℃）便破坏血红素，所以煮过或燃烧过的血痕，会妨碍结晶的形成。

（3）吸收光谱检查。血红蛋白及其衍生物具有吸收一定波长光线的性质，在分光镜下检查是否具有特定的吸收线，就可确定是否为血液。这种方法可以直接检查检材浸出液中的血红蛋白，不需要特别处理，但对腐败、陈旧血痕则不易检出。

实验时，取少许检材置玻片上，加氢氧化钠（或氢氧化钾）1~2滴，还原剂（硫氰酸钠、硫化铵等）1~2滴，使血红蛋白变成血色原，盖上载玻片用显微分光镜观察，如果在光谱的黄绿部分出现两条特有的吸收线，则可以确定为血痕。

二、对人血与动物血进行鉴定

血痕的种属实验是血痕检验中非常重要的一步。在刑事侦查中，将人血误认为是动物血或者将动物血误认为是人血都会导致侦查方向的偏离。所以，提取的斑痕经过定性实验确定为血痕后，还需进一步确定是人血还是动物血，有些时候还需要判定是何种动物血。这种实验称为血痕种属实验。血痕种属实验的方法有很多，如环状沉淀实验、琼脂糖免疫单扩散沉淀反应、琼脂对流免疫电泳等。具体实验方法如下：

1. 环状沉淀实验。在血痕的种属实验中，目前最常用的方法是环状沉淀反应法，原理是：特制的免疫抗血清与相应的抗原发生反应时可以形成絮状沉淀，将人血痕浸出液置于抗人血清或抗人血红蛋白血清之中时，在两种液体的接触面会出现环状的白色沉淀。

实验时，取抗人血清或抗人血红蛋白血清 0.1ml 注入试管，然后取 0.1% 的血痕浸出液缓缓注入免疫血清之上，观察两种液体的界面，在 1 小时之内如果出现白色环状沉淀，则可以确定为人血。如需鉴别是否为某种动物血，可以用该动物的免疫抗血清进行实验。

2. 琼脂糖免疫单扩散沉淀实验。琼脂是一种透明的胶质，蛋白质能在其中扩散而过滤除出杂质。在琼脂中，抗原与抗体均可扩散，在相遇时形成白色沉淀带。不同的抗原抗体有不同的扩散速度和位置，每一条沉淀带代表一对抗原和抗体的结合，所以人血和抗人血清可形成多条沉淀带，根据沉淀带的位置、数目和性状，可分析判断抗原是否同一。

应用琼脂扩散法确定血痕的种属，要用已知人血和动物血痕以及无血迹部位的检材作对照实验，在对照实验结果正确时，才能得出是人血的结论。此种方法灵敏度很高，使用检材量少，适用于微量或痕量血痕的种属检验。

3. 免疫电泳实验。电泳是电动现象的一种，在外加电场的影响下，带有正电荷的蛋白质向负极泳动，带负电荷的蛋白质朝正极泳动。最常用的是对流免疫电泳，r 球蛋白（抗体，如抗人血清）移向负极，而其他蛋白（抗原，如血痕浸出物）移向正极。两种蛋白相遇时，如为相应的抗原与抗体，就会形成白色沉淀带。如检材与抗人血清呈阳性反应，各阳性对照组均呈阳性，就可证明为人血。本法灵敏度高，可测出稀释 3 万倍的蛋白，斑痕上有杂质污染也不受干扰。但由于操作复杂，对血清的要求比较高，所以使用时受到一定限制。

4. 胶乳颗粒凝集实验。胶乳颗粒能吸收蛋白，利用它作抗球蛋白抗体的载体，当与含相应种属的血痕浸液相遇时，便被凝集。常用的胶乳为聚苯乙烯颗粒。实验时，取 1% 胶乳悬液加抗血清使胶乳致敏，然后与血痕浸液发生反应，同时作空白对照，如血痕浸液与胶乳凝集，空白对照无凝集，则表明血痕为人血。

5. 红细胞凝集反应。新鲜血液或现场血液还未凝固时，可使用血涂片检查红细胞凝集反应，此方法可识别血液是否为人血。可用 AB 型人血清法或抗 M、抗 N 血清法。

（1）AB 型血清法：取未凝固的血迹中的红细胞与 AB 型人血清发生反应，如不出血线凝集，表明为人血。因为人血中含有异种红细胞凝集素，能与动物红细胞发生凝集反应，AB 型血清不含抗 A 及抗 B 凝集素，与各型人血均不凝集，只能对动物血凝集。

（2）抗 M、抗 N 血清法：人的红细胞对抗 M、抗 N 血清的一种（或两种）必定发生凝集现象，但一般情况下动物均无 M 或 N 凝集原，所以对抗 M、抗 N 两种血清均不发生凝集。经实验证实，抗 M、抗 N 血清对常见动物（牛、马、驴、猪、羊、狗、兔、猫、鸡）红细胞均不发生凝集现象，而人血则会发生凝集，因此，实验中见到凝集反应即是人血。

三、血型鉴定

（一）血型

血型是一种遗传标记，是由染色体上的等位基因所决定的。血型包括红细胞型、白细胞型、血清型和红细胞酶型。我们通常所说的血型是狭义的血型，是根据红细胞所携带的 A、B、H 抗原得出血型有 A 型、B 型、AB 型、O 型四种，即 ABO 血型系统。

红细胞型是指由于红细胞膜表面抗原的差异所形成的血型差异，目前，已经发现 ABO 型、MN 型、RH 型等 29 个红细胞血型系统。白细胞型是由于白细胞是人类免疫系统的重要组成部分，白细胞上有重要抗原，这些抗原在血型上存在差异。血清型是由于人类的某些血清蛋白具有遗传的多态性，在血型上也会存在差异。红细胞酶型是指在血液的红细胞中所存在的能够发生催化化学反应的酶，如乳酸脱氢酶。

（二）血痕的 ABO 血型测定

1. ABO 血型的分型。ABO 血型是根据红细胞膜上是否存在 A 抗原和 B 抗原而将血液分为 4 型：红细胞膜上只含 A 抗原者为 A 型；只含 B 抗原者为 B 型；含有 A 与 B 两种抗原者为 AB 型；A 和 B 两种抗原都不存在者为 O 型。不同血型的人血清中含有不同的抗体，但不会含有与自身红细胞抗原相对应的抗体。具体地说，A 型血者的血清中只含有抗 B 抗体，B 型血者的血清中只含有抗 A 抗体，AB 型血的血清中抗 A 和抗 B 抗体都不存在，而 O 型血的血清中则含有抗 A 和抗 B 两种抗体。ABO 血型系统还有几种亚型，其中最重要的亚型是 A 型中的 A_1 和 A_2 亚型。A_1 型红细胞上含有 A 抗原和 A_1 抗原，而 A_2 型红细胞上仅含有 A 抗原；A_1 型血的血清中只含有抗 B 抗体，而 A_2 型血的血清中则含有抗 B 抗体和抗 A_1 抗体。同样，AB 型血型中也有 A_1B 和 A_2B 两种主要亚型。虽然在我国汉族人中 A_2 型和 A_2B 型者分别只占 A 型和 AB 型人群的 1% 以下，但由于 A_1 型红细胞可与 A_2 型血清中的抗 A_1 抗体发生凝集反应，而且 A_2 型和 A_2B 型红细胞比 A_1 型和 A_1B 型红细胞的抗原性弱得多，因此在用抗 A 抗体作血型鉴定时，容易将 A_2 型和 A_2B 型血误定为 O 型和 B 型。在输血时应注意 A_2 和 A_2B 亚型的存在。

表 4 - 4　ABO 血型系统的抗原和抗体

血型		红细胞上的抗原	血清中的抗体
A 型	A_1	$A + A_1$	抗 B
	A_2	A	抗 B + 抗 A_1
B 型		B	抗 A
AB 型	A_1B	$A + A_1 + B$	无
	A_2B	$A + B$	抗 A_1
O 型		无 A，无 B	抗 A + 抗 B

2. ABO 血型的遗传。人类 ABO 血型系统的遗传是由 9 号染色体（9q34.1~q34.2）上的 A、B 和 O 三个等位基因来决定。在一对染色体上只可能出现上述三个基因中的两个，一条来自于父亲，另一条来自于母亲。三个基因可组成六组基因类型。由于 A 和 B 基因为显性基因，O 基因为隐性基因，故血型的表型仅 4 种。血型相同的人，其遗传基因型不一定相同。例如，父母双方血型为 A 型血型的人，其子女遗传型可为 AA 或 AO。但红细胞上表型为 O 者，其基因型只能是 O 型。由于表型为 A 或 B 者可能分别来自 AO 和 BO 基因型，故 A 型或 B 型血型的父母完全可能生下表型为 O 型的子女。利用血型遗传的规律，可以推知子女可能有的血型和不可能有的血型，因此也就可能从子女的血型情况来推断亲子关系。必须注意的是，法医学上依据血型来判断亲子关系时，只能做出否定的判断，而不能做出肯定的判断。

表 4 - 5 ABO 血型的遗传

婚配血型		孩子可能的表现型	孩子不可能的表现型
表现型	基因型		
O × O	OO × OO	O	A，B，AB
O × A	OO × AA	O，A	B，AB
	OO × AO		
O × B	OO × BB	O，B	A，AB
	OO × OB		
O × AB	OO × AB	A，B	O，AB
A × A	AA × AA	A，O	B，AB
	AO × AO		
B × B	BB × BB	B，O	A，AB
	BB × BO		
	BO × BO		
A × B	AA × BB	A，B，O，AB	无
	AA × BO		
	AO × BB		
	AO × BO		
AB × A	AB × AA	A，B，AB	O
	AB × AO		
AB × B	AB × BB	A，B，AB	O
	AB × BO		
AB × AB	AB × AB	A，B，AB	O

3. ABO 血型的鉴定。血迹经种属实验确定为人血之后，可以对其血型进行检测。

测定 ABO 血型的方法是：在玻片上分别滴加 1 滴抗 B、1 滴抗 A 和 1 滴抗 A – 抗 B 血清，在每一滴血清上再加 1 滴待测红细胞的悬液，轻轻摇动，使红细胞和血清混匀，观察有无凝集现象。若待测红细胞与抗 B 和抗 A – 抗 B 血清发生凝集反应，表示其血型为 B 型；待测红细胞与抗 A 和抗 A – 抗 B 血清发生凝集反应，其血型为 A 型；待测红细胞与抗 A、抗 B 和抗 A – 抗 B 血清均发生凝集反应，则为 AB 型；待测红细胞与抗 A、抗 B 和抗 A – 抗 B 血清均不发生凝集反应，表示其血型为 O 型。

（1）血凝实验。血凝实验通过红细胞和血清中血型抗原及抗体在液体介质中发生肉眼可见的凝集反应。大致分为三种方法：玻片法、试管法、全自动微板法。

玻片法是通过在干燥的玻片上，观察标准抗体血清与待测红细胞是否发生凝集反应，从而确定待测红细胞的血型。其操作简单节省材料，是目前临床中最常使用的血型初筛方法。试管法与玻片法的检测原理基本相同，是配血实验中较为基础的实验方法。

试管法是通过采用更大的反应空间，并且对待测红细胞稀释到一定浓度之后再加入标准抗体血清，并采用低速离心后，观察试管内是否存在肉眼可见的凝集反应判断血型的方法。将待测红细胞的浓度稀释，减少血清中非特异性抗体的浓度，提高了实验的灵敏性。与玻片法只能做正定型实验比较，试管法可对 ABO 血型做正定型和反定型实验，并且试管法稀释了血清中红细胞的浓度，减少因红细胞浓度过高而出现的假阳性结果。传统的玻片法和试管法因其操作便捷、准确度可靠、节省材料等优点在临床 ABO 血型鉴定工作中广泛使用。玻片法和试管法存在许多局限性，如检测时间长、灵敏性差、操作过程不易自动化、检测数量有限，并且结果不易长时间保存。这就需要研发出更加快捷准确的 ABO 血型检测方法。全自动微板法的出现弥补了传统血型检测的不足，其全自动的加样检测，同时运用扫描仪对实验结果进行判读，经计算机处理分析实验结果。改变了传统 ABO 血型检测的纯手工操作，结果读取时肉眼判断不准确的弊端，具有准确度高、检测速度快、自动化程度高的优点，特别适合批量样本的检测。在血型微量化检测的同时，节约了大量标准抗血清，并且缩短了检测时间，操作程序更加简单。目前血型检测样本量大的供血机构基本已经广泛使用全自动微板法。

（2）微柱凝胶实验。微柱凝胶实验时，红细胞抗原与相应的标准抗体发生反应，在微柱凝胶所形成的介质中完成，如红细胞抗原与相应的标准抗体结合形成结块，在经过离心后不能通过凝胶为主的凝胶分子筛，则凝胶底部不能检测到红细胞，从而鉴定 ABO 血型的结果。凝胶实验的中性胶实验，凝胶中不含抗体，可用于细胞的筛选及 ABO 血型反定型实验；特异性凝胶实验，凝胶中含有抗体，可检测血型抗原；抗球蛋白凝胶实验，凝胶中含有球蛋白抗体，可检测血型不完全抗体。微柱凝胶实验是一种改良的血凝实验，与传统血凝法实验相比，其省略了洗涤红细胞的操作，工作程序、结果读取更加标准化、自动化。微柱凝胶的主要优点有，样本量少、检测结果准确、抗外界干扰能力强、血液自身溶血血脂等相关影响小、实验重复性好等。检测不规则红细胞血型抗体，微柱凝胶实验明显优于经典的试管实验。微柱凝胶实验采用凝胶技术进行抗球蛋白血凝实验，可提高实验的灵敏度和特异性。国外输血领域已经逐步采用微柱凝胶实验作为常规的 ABO 血型检测实验。微柱凝胶实验也存在弊端，红细胞的浓度过高或过低都会导致实验过程中离心不彻底，血清中纤维蛋白会出现纤维凝块和细菌污染等原因，都会导致微柱凝胶实验的假阴性或假阳性结果。

（3）基因型检测。国外有专家曾经成功克隆复制了编码糖基转移酶，并且对编码糖基转移酶进行了基因测序，为基因鉴别 ABO 血型奠定了基因学基础。通过对 ABO 血型系统抗原糖基转移酶序列分析发现，A 型抗体 DNA 长度为 1062bp，其编码蛋白质相对分子质量为 41×10^3。AB 型其他基因序列和 A 型抗体的 DNA 序列联系紧密。B 型转移酶 DNA 序列在 7 个位置与 A1 型序列存在基因差异，导致其 4 个位置的氨基酸被替代。O 基因与 A1 基因的序列在第 261 位的核苷酸缺失，导致在 351～354 位置基因产生终止密码。根据 ABO 型基因的突变位点不同，设计出 3 种基因检测方法：聚合酶链反应 - 序列特异性引物（PCR - SSP）检测技术、PCR - 单链构象多态性（PCR - RFLP）检测技术和 PCR - 序列特异性寡核苷酶探针（PCR - SSO）检测技术。基因分型技术检测 ABO 血型的方法操作简便、结果直观、所需样本量少、一次检测样本数多，已经在临床中广泛使用。虽然 ABO 血型基因分型技术还不能完全代替血型血清学方法鉴定血型，但是在基因序列水平上对 ABO 血型的鉴别，开辟了血型鉴别的新纪元，在未来的血型鉴别中必然会越来越多地应用到实际临床工作中。

（三）血痕 MN 血型的检验

在测定 ABO 血型时，如果出现两份检材的结果相同，便要进行 MN 血型测定。MN 凝集原也位于红细胞基质上，对热及干燥有相当的抵抗力（100℃加热仍保存于基质中，经过 6 个月的血痕仍可检出）。M 和 N 抗原虽较 A、B、H 抗原脆弱，但对新鲜血痕仍能准确测定血型。

正常人血清中一般无抗 M、抗 N 抗体。因此，MN 血型的测定只能依靠检查 M 和 N 凝集原，其方法基本同 ABO 系统，即吸收实验和解离实验。

实验时，剪取含血检材 1×1 厘米大小两块，剪碎后，分别置于标有 M、N 的 2 支试管内，按标记分别加入抗 M 和抗 N 血清 0.3 毫升，置室温内 2 小时，冰箱内 12 小时，使其充分吸收。经离心沉淀后，取上清液各 0.2 毫升，分别放于两排试管内，按 2 - 4 稀释法进行稀释，最后一管为生理盐水对照。第一排（抗 M 血清）每管内加新配制的 1.5% OM 型人血悬液各 1 滴，第二排（抗 N 血清）每管内加 1.1% ON 型人血悬液各 1 滴，放置室温内 1 小时，观察凝集现象。其血型判断结果如下表：

表 4 – 6 MN 血型测定实验表

血痕	浸泡血清	加入血球	稀释倍数				生理盐水对照	血型判定
			1	2	4	8		
检材 1	M	OM	–	–	–	–	—	M 型
	抗							
	N	ON	+	+	+	+	—	
检材 2	抗							N 型
	N	ON	–	–	–	–	—	
	M	OM	–	–	–	–	—	
检材 3	抗							MN 型
	N	ON	–	–	–	–	—	

实验时，同时应取无血痕部分的检材及已知 M 及 N 型血痕作对照，以免发生错误。

由于 A、B、O 和 AB 血型各区别 M、N 及 MN 血型，所以用抗 A、抗 B 及抗 M、抗 N 四种血清检查血型，就可检测出 12 种血型，即 AM、AN、AMN、BM、BN、BMN、OM、ON、OMN、ABM、ABN、ABMN，这样就扩大了血型的检验范围。

四、人血红细胞酶型的检验

（一）酶型概述

酶是一种蛋白质，广泛地存在于人体血液、组织、器官细胞和其他体液之中。它具有催化生物化学反应的能力，在新陈代谢不同的环节上起着调节方向和速度的作用。同一种酶在个体之间存在着由遗传基因决定的分子差异，不仅结构有差异，而且因结构不同引起的分子量和带电荷量也有差异，但其催化生物化学反应的功能却相同，这就是通常所称的"同功酶"。同功酶有遗传多态性。目前，已经发现的同功酶有好几百种，其中已经确立的红细胞酶型不下十多种。

同功酶的分子差异可以通过电泳技术加以区分，从而可以判断其遗传多态性，人和人之间的同一种酶分为几种不同的酶型。

目前，国内在血痕检验和亲子鉴定中常用的红细胞酶型有：磷酸葡萄糖变位酶、醋酶 D、乙二醛酶、酸性磷酸酶、谷丙转氨酶、6 – 磷酸葡萄糖酸脱氢酶、腺苷脱氨酶等。

（二）磷酸葡萄糖变位酶的检验

磷酸葡萄糖变位酶（Phosphoglucomutase，简称 PGM），是糖代谢中十分重要的一类酶。它们由定位于 1、4、6 号染色体上的 PGM_1、PGM_2、PGM_3 位点上的等位基因所控制。PGM 广泛地分布在体内各种组织中，其中 80% ~90% 为 PGM_1 的基因产物。血液红细胞中如果 PGM_1 和 PGM_2 编码的同功酶活性各占 50%，则检不出 PGM_3 基因的活性产物。

1964 年，Spencer 等先后证明了 PGM_1 多态性的存在。用淀粉凝胶电泳法能检出由 PGM_1 和 PGM_2 二个等位基因控制的三个普通遗传表型：$PGM_1 - 1$，$PGM_1 2 - 2$，$PGM_1 2 - 1$。若用高分辨的等电聚焦电泳法还能鉴定出由 $PGM_1 1 +$、$PGM_1 1 -$、$PGM_1 2 +$、$PGM_1 2 -$ 四个等位基因决定的 10 种亚型，其表型为 $PGM_1 1 +$、$PGM_1 1 -$、$PGM_1 1 + 1 -$、$PGM_1 2 +$、$PGM_1 2 -$、$PGM_1 2 + 2 -$、$PGM_1 1 + 2 +$、$PGM_1 1 + 2 -$、$PGM_1 1 - 2 +$、$PGM_1 1 - 2 -$。

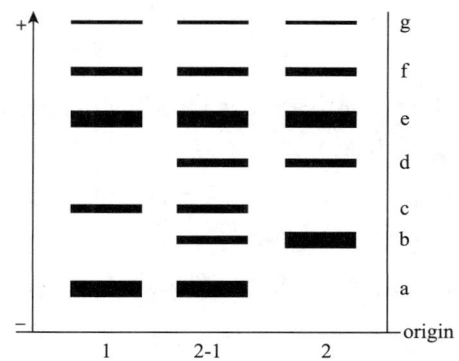

图 4 - 2　人血红细胞 PGM_1 表型电脉图谱

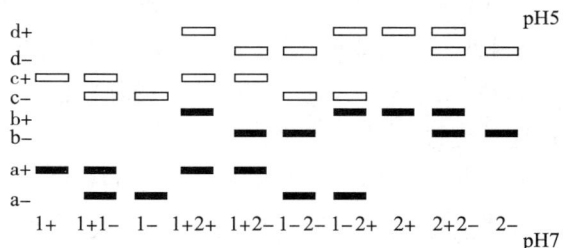

图 4 - 3　人红细胞 PGM_1 亚型聚焦电脉图谱

（三）醋酶 D 的检验

醋酶 D（Esterase D，简称 EsD），是指代谢中水解羧酸酯键的一种酯酶，是继酯酶 A、B、C 之后，在 1973 年由 Hopkinson 在红细胞中检出的，具有多态性。主要有三种遗传表型：EsD 1 - 1，EsD 2 - 2，EsD2 - 1。是由 13 号染色体上 EsD^1、EsD^2 一对等位基因决定的。

（四）乙二醛酶 I 的检验

乙二醛酶 I（Glyoxaiase I，简称 GLOI），是乳酰 - 谷胱甘肽裂合酶的一种。最初在肝细胞中被发现，并有 GLOI 和 GLOII 二种。它们共同催化人体组织中的甲基乙二醛，在还原型谷胱甘肽存在下，转变成乳酸。人体红细胞中缺乏 GLOII，而 GLOI 的活性却很高。我国在 1986 年开始研究，发现 CLOI 1 - 1，GLOI 2 - 2，GLOI 2 - 1 三种表型。

（五）酸性磷酸酶的检验

酸性磷酸酶（Acid Phosphatase，简称 ACP），是磷酸酯的水解酶类，广泛地存在于人体组织中，以红细胞和精液中活性最高。红细胞中的该酶称为红细胞酸性磷酸酶（EAP）。

1963年Hopkinson等人用电泳法检出在2号染色体上由P^a、P^b、P^c三个等位基因控制的六种遗传表型A、B、BA、C、CA、CB。P^c较罕见，所以大多数人主要为A、BA、B三种表型。我国1980年开始研究，也只发现A、BA、B三种表型。上述几种酶，在红细胞中活性均很高，其遗传多态性又多由红细胞中首先测定出来，因此又称红细胞酶型。

酶型用电泳方法进行检验。利用带电粒子在电场中向与其相反电极移动的现象，将酶置于电场中，由于迁移的方向和速度不同能被分离，这种分离的方法叫电泳法。按其目的和规模可分成分析电泳和制备电泳两大类。用于酶型检验的是分析电泳。

电泳技术是目前单克隆鉴定、基因产物分析及基因结构分析的重要手段。

利用电泳法之所以能检验酶型，其原理就在于：酶是蛋白质，具有氨基（$-NH_3^+$）和羧基（$-COO^-$），是两性电解质，所以在一定的pH缓冲液中会解离而带有不同的电荷。解离的程度，即带电荷的种类和量是由pH值决定的。将酶置于电场同一起点（原点）上，不同的酶具有不同的电荷和分子量，故在电场中可分离开。迁移的速度（距原点的距离）与其自身的分子量成反比，与其所带电荷量成正比。分离开的谱带可按酶组织染色法——色素原法、化学法、电子转移法、酶偶联法、荧光法及放射自显影法等染色后，即可根据谱带位置判型。

利用电泳测定酶型的方法有两种：一种是单一酶型的检测，即在一块凝胶板上加样后电泳分离，用一种酶染色法检验一种酶型；另一种是同步酶型检测，即在一块凝胶板上加样电泳分离后，根据酶的不同迁移位置，用不同染色法同时检验几种酶型，如对PGM_1、EsD、GLOI；EsD、PGM_1亚型（Sub PGM_1）；6-PGD、EAP、ADA等几种酶进行同步检测。后一种方法节省检材，缩短检验时间，对亲子鉴定很有意义。对现场提取的检材，由于各酶活性的稳定性不同，对陈旧的血痕不一定能同时检出。

对血痕酶型的检验与新鲜血基本相同，所不同的是为了使谱带更清楚一些以便于判型，对检材要事先用还原试剂处理好再电泳。另外，凡是能使蛋白变性的各种因素，如高温、紫外线照射、潮湿发霉以及用酸碱处理过的检材，酶活性均会降低或失活，因而给分型带来困难，甚至不能显出谱带。所以，从现场提取的血痕，并不是所有的酶型均可检验。应当选择稳定性好、不易失活、识别能力强（CDP值高）的酶进行检验。实践表明：PGM_1酶活性较稳定，实际检验中一年的血斑、一年半的精斑均可检出，它的DP值为0.55。其他几种酶如EsD、Sub PGM_1、EAP、GLOI的DP值分别为0.61、0.76、0.51和0.44。

（六）红细胞酶型检验的意义

红细胞酶型检验在亲子鉴定和血痕检验中，与红细胞血型及其他血型系统配合应用，可在很大程度上提高血型鉴别能力（Probability of Discrimination）。"DP"就是某种血型系统鉴别个人性能力英文的缩写。由案发现场发现的血痕，判定它是否为受害者所留，就某种或几种血型系统进行检验，所得结果有多大的鉴别能力，可根据 DP 值的大小作出估计。研究表明，单独检验 ABO 血型系统，其 DP 值为 72%，如增检 MN 血型系统，其 DP 值可提高到约 90%，若在此基础上又增检 EAP、EsD 系统，其 DP 值可升至约 98%，这就是表明两种检材在理论上有 98% 的可能性可以区分开来，但在实际上如果经过多系统检验，仍未分开，就要考虑两种检材偶然一致的偶合概率。概率大小是由被检验的一组血型在特定人群中各表型出现的频率决定的。检验血型系统越多，偶合概率越小。如该血痕检验为 A、M 型时，偶合概率为 6.4%，当继续检验 EAP、EsD 酶型时又为 A、M、EAP – A、EsD2 – 2，则偶合概率为 6/10 000。如果检材量充分，有条件继续检验其他系统，这种偶合概率可接近于零，从而达到同一认定的程度。

五、人血血清型的检验

人血清中存在很多血清蛋白及血清酶。同一种血清蛋白或血清酶在不同的个体之间存在差异，这些差异可以遗传，用电泳的方法可检出各种型别，称为血清型。自从 1995 年 Smithies 用淀粉凝胶电泳法发现结合珠蛋白（Haptoglobin，简称 HP）的多型性以来，相继发现了转铁蛋白（Transferin，简称 Tf）、型特异性成分（Groupspecific Component，简称 GC，也称维生素结合蛋白、α_2 球蛋白）、α_1 – 抗胰蛋白酶（Protease inhibitor，简称 Pi）、备解素因子 B（properdinfuctor-Bf）、α_2H – 酸性糖蛋白（α_2H-glycoprotein）以及血清中的多种补体，用血凝抑制实验测定的免疫球蛋白 Gm、Km 等。血清型种类很多，也很复杂。上述的几种已用于物证鉴定中，血清型的应用，增加了检验项目和血型型别，对亲子鉴定和个人识别有重要意义。只是因电泳分离后多用各种抗血清显示电泳谱带判型，而国产的抗血清有限，大部分需要进口，使应用受到限制。

目前，免疫球蛋白的同种异型 Gm 因子用于司法办案。同种异型标记是免疫球蛋白上的抗原，其中 IgG 的抗原称为 Gm 因子。检测该因子的方法有凝集抑制实验和酶联免疫斑点法——Dot-ELISA 法。常用的是 Dot-ELISA 法：

将用 PBS-T 浸泡的检材提取液约 1 微升点在硝酸纤维素膜（NCF）上，阴干；用 3% H_2O_2 浸泡 NCF 1 ~ 3 分钟；用 PBS-T 洗 NCF 1 次，2 分钟；用 1% 牛血清封闭 NCF 5 分钟；将 NCF 与抗体结合 5 ~ 10 分钟；用 PBS-T 洗 NCF 2 次，每次 2 分钟；将 NCF 置于染色液中 1 ~ 2 分钟，用水终止反应。

结果判定：出现蓝褐色斑点为阳性，无色为阴性，见图 4 – 4：

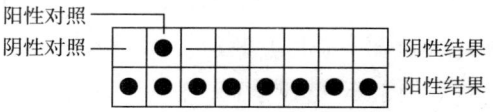

图 4 – 4　Dot-ELISA 法结果示意图

六、人血白细胞型的检验

人血中的白细胞型主要是人类白细胞抗原，即 HLA（"Human Leucocyto Anti-Gen"的缩写）和中性粒细胞抗原。目前，中性粒细胞已检出 8 个抗原系统。HLA 已应用到物证鉴定中。

近几十年来，由于运用经典的遗传学方法和现代分子生物学方法，已使 HLA 的研究取得突破性的进展。HLA 是白细胞和其他一些组织中有核细胞共有的抗原，是一组抗原复合物，具有高度的多态性。它受控于人的第六对染色体上一组紧密连锁的基因群。这些位点的基因在染色体上连锁在一起称为一个单倍型，整体行动遗传给子代。子代中一对染色体上的二个单倍型分别来自父母显性遗传。根据 1996 年 6 月第 12 次国际组织相容性会议的报道，已发现有 100 多个基因座位，554 个等位基因，161 种抗原特异性，突出表明 HLA 系统是人类中已知多态性最复杂、复等位基因最丰富的基因系统。在这 100 多个基因座位中，得到深入研究、已被命名、并已得到实际应用的有 HLA－A、HLA－B、HLA－C、HLA－D、DR、DQ、DP 等七个座位（亚区）。根据抗原在组织细胞上分布不同，化学结构及功能上的差异，HLA 可分为三类：Ⅰ类抗原为 HLA－A、HLA－B 和 HLA－C 的基因产物；Ⅱ类为包括 D 区的 DR、DQ 和 DP 等基因产物；Ⅲ类抗原为补体成分 C_2、C_4 及备解素因子 B（Bf）。Ⅰ类抗原广泛地分布在机体组织有核细胞膜上及一些体液中；Ⅱ类抗原分布不如Ⅰ类抗原广泛，主要在某些细胞，如 B 细胞、巨噬细胞表面上；Ⅲ类主要分布在体液中。HLA 抗原和 ABO 血型的 ABH 抗原是人类两大组织相容抗原，在同种异体器官移植时，引起排斥现象均与这些抗原有关。

20 世纪 80 年代以来对 HLA 用分子生物学的方法进行核酸水平的研究，取得的成果之一是从 DNA（脱氧核糖核酸）水平上探讨 HLA 的多态性及其分型。目前 HLA 的分型方法可分两类：

1. 细胞学、血清学方法。用细胞培养法检出 D、DP 抗原；用血清学的方法检测 HLA－A、HLA－B、HLA－C、DQ 和 DR 抗原，即所谓"补体依赖性微量淋巴细胞毒实验"。将受检者的血液分离出淋巴细胞，制成悬液，再将此悬液与各型的抗血清混合，在补体存在的情况下，如果抗原抗体结合，即可活化补体使细胞膜破坏而致死。再加活染料（如台盼蓝或伊红）能使死淋巴细胞着色；如果抗原抗体未结合（抗血清中的抗体与抗原不是相应的），则细胞完整、染料不能进入而不着色。在显微镜下观察记数，如着色细胞比例高于 20%，即为阳性反应，说明存在与所用抗血清相对应的抗原。这个方法目前仍是大多数实验室采用的常规方法。

2. 分子生物学方法。

（1）RFLP（限制性片段长度多态性）检验。不同的细胞系，HLA 抗原的特异性不同，其编码的核苷酸顺序以及内切酶切割点位置不同，酶解片段长短就不同，杂交分子自显影带电泳位置也有差异。检测到的多态性，是与 cDNA 对应的基因多态性的反应。用的是Ⅰ类抗原cDNA探针得到的片段长度多态性，就是Ⅰ类基因多态性的反应。RFLP法所得结果清晰性和准确性优于细胞学和血清学方法，因而受到重视和倡导。

（2）HLA区的PCR（聚合酶链反应）技术。设计一个基因多态区引物，通过PCR反应可以大量扩增这些多态性区，然后用"序列特异性寡核苷酸探针杂交"（SSOPH）方法将等位基因或多态性区检出来，则可分析这个区的多态性。目前对HLA－D基因多态性的PCR－SSOPH分析已用于组织配型、法医学、疾病、人类学等方面的研究。1991年在日本召开的第十一届HLA会议上颁发了有关的试剂盒。

血液的HLA分型方法仍是目前的研究课题。用血清学的方法研究，一般采用微量淋巴细胞毒抑制实验方法。我国能对90天以内的血痕进行HLA分型。用分子生物学的方法研究，可用PCR技术进行HLA－DQ$_a$位点的检测。我国也开展了这方面的工作。

HLA系统是人类中已知多态性最复杂、复等位基因最丰富的基因系统。除同卵孪生者遗传完全相同，非同卵孪生同胞间HLA相同的可能性为25％以外，在无关的人群中找到HLA结构完全相同的两个个体几乎是不可能的。ABO血型系统有四种表型，MNSs系统有三种表型，而HLA表型可达上亿种之多。因此在亲子鉴定中，利用HLA不仅可以排除亲子关系，而且还可以肯定亲子关系。在白种人中，HLA－DQ－A的个人识别能力达94％，比任何单一蛋白系统的识别能力都高得多。在我国人群中，单独利用HLA－A、HLA－B二位点进行分型，排除亲子关系的机会约达90％，再配合红细胞系统，排除率就会更高。由于PCR技术的应用，对刑事案件中陈旧的、超微量的斑痕也可检验HLA。

七、人血的DNA检验

（一）DNA的基本概念

生物体会遗传的原因就在于生物体细胞中有遗传物质，这种遗传物质就叫DNA。

DNA，是英文Deoxyribonucleic Acid的缩写，即脱氧核糖核酸，它控制着生物体的遗传性状。核酸，是由许多核苷酸连接而成的生物大分子。它分两大类：一是脱氧核糖核酸（DNA），为遗传信息的储存和携带者；二是核糖核酸（RNA），主要参与遗传信息表达的全过程。

核苷酸，由含氮的碱基、核糖（戊糖）、磷酸组成。当核糖为脱氧核糖时，便称为DNA。它有四种主要碱基：腺嘌呤（A）、鸟嘌呤（G）、胞嘧啶（C）、胸腺嘧啶（T）。组成的核苷酸分别叫腺嘌呤核苷酸、鸟嘌呤核苷酸、胞嘧啶核苷酸、胸腺嘧啶核苷酸。

染色体DNA和线粒体DNA。人体细胞由细胞核、细胞质（包括很多细胞器，最显著的是线粒体、内质网、高尔基体、溶酶体）和细胞膜组成。DNA存在于细胞核上和蛋白质组成染色体，称染色体DNA。线粒体上也有少部分的DNA（由母系遗传）存在，称为线粒体DNA或核外DNA。

通常所讲的DNA，是指染色体DNA。

　　DNA 的一个特定生理功能片段称为基因。个体间的差异就是由这种基因构成多态性差异决定的。基因在染色体上所占据的位置称为"位点"。在一个配子细胞中（精细胞或卵细胞）所包含的全套基因称为基因组。

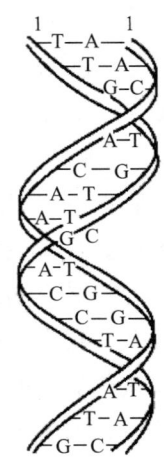

图 4 - 5　DNA 双螺旋结构图

（二）DNA 的结构和特性

　　DNA 的结构分不同层次，即一级结构、二级结构和三级结构。

　　一级结构是指大量的脱氧核苷酸通过磷酸二醋键这样的共价键连接起来的线性分子，也称为核苷酸序列或碱基列，它决定 DNA 的特异性。

　　二级结构是指 DNA 分子由 2 条反方向平行盘绕的多脱氧核苷酸链，也叫 DNA 双螺旋。二条链间的碱基以氢键结合。碱基的组成有如下的特性：

　　1. 二条链间氢键结合的碱基必须是 A 和 T、G 和 C 配对，即互补规律。嘌呤的总数等于嘧啶的总数，即 A + G = C + T。

　　2. 碱基组成有种属特异性，即不同的生物由自己特有的碱基组成。同一种生物体，如人体，不同组织和器官的碱基组成是相同的，而每个个体碱基排列顺序是千变万化的，构成了个体差异。

　　3. 碱基的组成不受年龄、营养状态及环境变化的影响。

　　基于上述特征，用一些方法制作出的 DNA 指纹图具有高度的个体特异性（除同卵双生外）、同一个体不同组织间的一致性和遗传的稳定性（除癌变、基因突变外），为生物物证检验进入分子水平奠定了基础。

　　通常我们所讲的 DNA，都是指其二级结构。

　　DNA 除上述结构特征外，还有很多理化性质，如酸碱度改变、过热、有机溶剂存在时，两条链解开，氢键断裂，称为变性；多脱氧核苷酸链内共价键断裂则称为降解；当变性分开的两条单链经缓慢降温处理，又可重新按碱基配对原则恢复到原有的双螺旋结构，这个过程称为复性等。

三级结构是指 DNA 二级结构的进一步的折叠。

（三）DNA 的多态性

DNA 的多态性包括长度多态性和序列多态性。

1. DNA 片段长度多态性。DNA 片段长度多态性是指个体间同一等位基因位点等位基因碱基长度即核苷酸链排列数量存在差异。表现为等位基因大小不一，在电泳分离后，DNA 图谱的电泳迁移位置不同。

DNA 片段长度多态性表现为一种可变数目串联重复序列（Variable Number Tandem Repeat，VNTR），每个特定的 VNTR 至少含有 1 个以上的重复单位，一般该重复单位的碱基对序列基本不变，而串联在一起的重复单位的数目是随机改变的。个体间同一位点的 VNTR 一般表现为重复单位相同，重复序列不同。不同位点的 VNTR 之间重复单位的碱基对序列不同。

目前常用的长度多态性标记是小卫星和微卫星。其中重复单位长度为 6bp～7bp 的串联重复序列，称为小卫星 DNA。串联重复单位的长度为 2bp～6bp 的重复序列被称为微卫星 DNA，又被称为短串联重复序列（Short Tandem Repeats，STR）。见表 4－7：

表 4－7　小卫星 DNA 和微卫星 DNA 的区别

	小卫星	微卫星
存在部位	染色体近端粒和着丝粒区	染色体任何部位
重复单位长度	6bp～7bp，常富含 GC	2bp～6bp
重复次数	几次至几百次	10 次～60 次
总序列长度	0.5kbp～30kbp	约 200bp
重复单位的差异	单位组成稍有差异，如单个碱基置换	重复单位的变异性低，可看成结构相同
存在数量	有限，有些染色体尚未见到	很多，整个人基因组 5 万～10 万

根据分析检测的方法不同，DNA 长度片段长度多态性又分为限制性内切酶片段长度多态性和扩增片段长度多态性。

2. 序列多态性。DNA 序列多态性表现为个体间单一位点的同一等位基因长度相同，序列不同。见图 4－6：

——TACCGACGAATCGA——　　　　——TACCAACGAATCGA——
——ATGGCTGCTTAGCT——　　　　——ATGGTTGCTTAGCT——

图 4－6　DNA 序列的多态性

例如，HLA-DQA1 位点，21 种等位基因扩增产物长度为 242bp，21 种等位基因核苷酸排列顺序不同。

序列多态性又分为单核苷酸多态性和线粒体 DNA 多态性。

单核苷酸多态性（Single Nucleotide Polymorphism，SNP）是指在两条同源染色体

上，同源 DNA 序列长度相等，但特定核苷酸位置上存在两种不同的碱基。SNP 是由单个核苷酸替代、插入或缺失而形成，大都表现为一种二等位基因标记，即人群中只有二个等位基因和三种基因型。

SNP 广泛存在于基因组中，大约每 1000bp 存在一个 SNP，在人基因组中大约有 300 万个 SNP，其数量要比 STR 基因座超出记忆数量级。SNP 在个体识别与亲子鉴定中具有巨大的潜力，其检测方法更适合自动化，被称为第三代遗传标记。

线粒体 DNA（mitochondrial DNA，mtDNA）是人类第二套基因组 DNA，也是人细胞中除核之外唯一含有 DNA 的细胞器。人类 mtDNA 基因组的序列共含有 16 569 个碱基对，为一条双链环状 DNA 分子。mtDNA 含有一个 D – 环区（D-loop），mtDNA 的多态性主要表现为 D-loop 区域的碱基序列的差异性。目前最常用的检测 D-loop 多态性的方法是 mtDNA 的直接测序。

（四）DNA 检验的基本方法

1. 限制性片段长度多态性（Restriction Fragment Length Polymorphism，RFLP）分析技术。该技术的主要根据是限制性内切酶对 DNA 链特异性的切割。该酶是存在于细菌中的一种酶，具有高度的特异性和专一性，即每一种限制性内切酶能识别、并切割 DNA 分子的特异部分（序列）。一方面，人的 DNA 基因组非常巨大，对任何一种限制性内切酶来说其上有很多酶切点，但对同一种酶、不同个体基因组 DNA 来说，其酶切点的数目、位置不同，因此，切出的片段长度和数目会有差异。另一方面，同一个体、不同酶的切点位置和数目也不同，切割的结果也会有长短、数目的差异（如图 4 – 7）。这种现象叫限制性片段长度多态性。这种多态性是按孟德尔遗传定律遗传的。

目前已在六百多种细菌和微生物中发现该酶，而常用的有数十种。

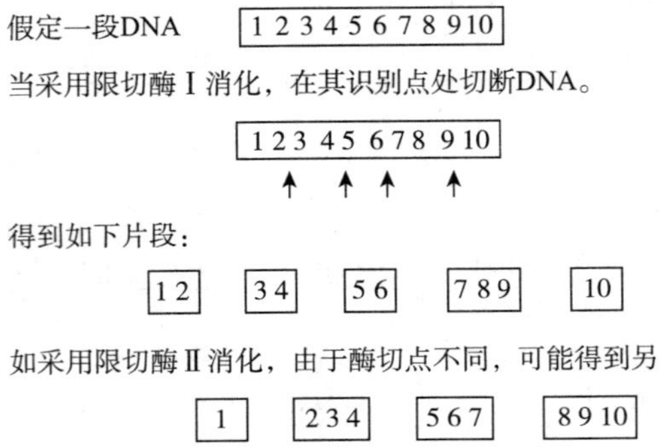

图 4 – 7　酶切示意图

限制性内切酶的选择是根据实验的要求，使用探针的种类，观察多态性的程度，检测片段的大小而定的。

2. 聚合酶链反应（Polymerase Chain Reaction，PCR）分析技术，亦称体外扩增技术。该技术是一种体外扩增目的 DNA 片段的新技术。在耐热 DNA 聚合酶作用下，以一对特异性序列 DNA 短片段作为引物，利用加热和冷却交替的循环程序，有选择地放大基因组内某一小区段，以提供足够量的靶 DNA 供各种方法分析使用。

3. 直接测序分析法，即对人类线粒体 DNA（mt DNA）进行序列分析。线粒体 DNA 分子呈双链环状，个体之间存在大量的序列差异。这些差异主要存在于线粒体 DNA 非编码区 D 环附近。

（五）DNA 技术在办案中的应用

DNA 的多态性，具有遵守孟德尔遗传规律和终生不变两个特点。上述 DNA 分型技术能检测人类基因组的多态性，所以可在亲子鉴定和个人识别中应用。

RFLP 技术的特点是要求检材量大，并有高分子量的 DNA，如此方可获得个体特异的 DNA 指纹图，多用于亲子鉴定。而从现场上提取的检材，如精斑，用 RFLP 技术分析时，就要 0.5 毫微克，精液至少要 0.5 毫微升，2×10^5 个精子，若是混合斑需 1 平方厘米~2 平方厘米方能进行，这是很难达到的。加之技术复杂，检验周期长，对严重降解的 DNA 检材难以获得准确可靠的信息，所以尚未普及推广，但在我国一些有条件的物证鉴定机构中已开展了这方面的工作，并用于实际办案，取得了很好的社会效益。

PCR 恰好弥补了上述技术的不足，它对约含 102~105 模板 DNA 分子的微量、降解的检材也能进行简便快速的检验，而且灵敏度高，结果可靠。所以它是生物物证鉴定中的理想技术，已在侦查破案中得到广泛利用。例如，某市郊外发现一具女尸，经辨认为某女，尸体已腐败，尸表检查无法查明其死亡原因，解剖后发现其腹内有一胎儿，决定利用胎儿通过亲子鉴定找出破案线索。胎儿尸表也已腐败，但利用其深层肌肉仍可进行 DNA 指纹检验。将胎儿 DNA 指纹图与死者生前关系暧昧的男友的 DNA 指纹图进行比较，确定胎儿与该男友有血缘关系，依此找到了杀人罪犯。

PCR 技术不仅可作个人识别和亲子鉴定，而且可作种属、性别鉴定。但它亦有不足之处。如果 DNA 标本中有抑制物存在时，PCR 检验就会失败。实验证明，土壤、纸张、深色染料、血红素的衍生物常含有抑制物。所以，以上述各类物质为载体的生物检材，运用扩增技术难以成功。此外，不论 RFLP，还是 PCR 技术，都需要检材中有细胞核存在。目前，线粒体 DNA 测序技术已较成熟，灵敏度也高，适合于无细胞核、角质化生物检材，如毛干、指甲等均可检验。但是，由于线粒体 DNA 只有父系遗传特征，故对母系分支上的人，还无法鉴别。

（六）对 DNA 鉴定技术的评断

DNA 多态性按孟德尔遗传规律遗传。利用多位点可变数目的串联重复（Variable Number of Tandem Repeat，VNTR）系统探针形成的 DNA 指纹图具有人各不同的特定性、同一个体不同组织的一致性和终生不变的稳定性等特点，已在亲子鉴定中得到应用。从理论上讲，子代的 DNA 指纹图中的谱带，不是来自生母，必然来自生父。但在实践中，偶然也确有"陌生带"出现的情况。这与检材情况复杂、操作繁琐、实验环节多、容易污染和技术不易掌握有关。加之，由于无法确定每条带的染色体定位及位点的独立性，其概率计算至今仍有争议。所以，"多位点 VNTR 系统"大有被已在全球应用的"单位点 VNTR 系统"所代替的趋势，因后者检测结果直观，谱带观察和交叉指数计算均可按一对共显性基因控制系统来判断，联合使用多个"单位点 VNTR 系统"，能达到高概率的肯定或否定。对个人识别来说，还能利用混合标本、部分降解检材进行检验，而且重复性好。

与 DNA 指纹图技术相比，应用 PCR 技术扩增短串联重复序列（Short Tandem Repeat，STR）特别适合检验降解、陈旧的生物检材，而且灵敏度高，结果易于分析。是个人识别和亲子鉴定技术发展的方向，被誉为第二代 DNA 指纹技术。

DNA 分型技术的建立和应用只有大约三十年的历史，目前对之还在不断地探讨和研究，以求获得进一步的发展。DNA 鉴定结论可靠与否，关键在于 DNA 相配概率的计算，检验技术的标准化和质量的控制。在这些关键性问题得到圆满解决之前，偶尔出现同一检材在不同实验室检验，或在同一实验室由不同人检验得出不同结论的情况是难免的。所以操作规范化和统一控制质量的工作势在必行。毫无疑问，通过不断的研究、实践，DNA 分型技术会更加完善，将逐渐代替蛋白质水平层次遗传标志的检验。该技术能鉴别除同卵双胞胎以外的不同个体，极大地提高了个体识别率，因而使生物物证检验实现了从过去只能排除到现在能直接认定的飞跃，使检验手段从单一的血清学、生物化学发展到分子生物学，从而使检验的水平层次从蛋白质的表型发展到了核酸基因型。

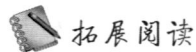 拓展阅读

犯罪现场血痕证据的分类

1. 按血痕的形成状况分：

（1）自然形成血迹。包括：滴状血迹、抛射状血迹、喷溅状血迹、接触状血迹。

（2）非正常形成血痕。包括：人为伪造血痕、人为破坏血痕。

2. 按血痕形成机理分：

（1）静态形成血痕：是指血痕形成时遗留人与遗留客体相对位置保持不变。包括：静态滴状血迹、静态喷溅血迹、静态接触血迹。

（2）动态形成血痕：是指血痕形成时遗留人与遗留客体处于相对移动状态。包括：动态滴状血迹、动态喷溅血迹、动态抛射状血迹、动态接触血迹。

3. 按血痕表现形态分：

（1）滴状血迹：是犯罪现场最为常见的血迹，是由坠落或滴落的血液形成。形成滴状血迹的血滴在空气中运行的过程中，仅仅受到重力的作用。如果还有其他力的作用，所形成的血迹便不再是滴状血迹。

（2）抛射状血迹：是血滴在空气中运行过程中，不仅受到重力的作用，而且还受

到其他力的作用，同时抛射状血迹是由一组血迹共同组成的，不是单一的血迹。

（3）喷溅状血迹：当较大作用力作用于人体，并形成开放型创伤口时，当作用力使血滴运动的速度超出每秒7.65米时，就会形成喷溅状的血迹。作用力越大，血滴的运行速度也越大，但是血迹形态随着速度的增大而变小。高速形成的喷溅状血迹，血滴通常成雾状，就像喷雾器喷出的一样。

（4）接触状血迹：是指带血的客体与不带血的客体接触后二次形成的痕迹。接触状血迹又可以分为接触转移状血迹、接触擦拭状血迹两种。

4. 按血痕面积大小分：

（1）宏观血痕：出血量较大，血痕面积范围较大。

（2）微观血痕：出血量微小，血痕为微小血点，不易被观察发现。

5. 按血痕存在状况分：

（1）显在血痕：血痕与客体有明显反差，肉眼直接观察或借助一定光源观察就可以发现。

（2）潜在血痕：血痕受遗留时间、客体颜色、遗留量、现场清洗破坏等因素的影响，用常规方法无法发现，必须借助物理和化学方法显现观察。

6. 按血痕形成阶段分：

（1）一次形成血痕：形成创伤的同时，一次形成的血迹形态。

（2）多次形成血痕：在一次形成的血痕的基础上，血痕受到转移或破坏，改变血迹的原始状态或重新转移形成新的血痕。

7. 按血痕遗留个体分：

（1）被害人遗留血痕：被害人身体形成创伤，遗留的血痕。

（2）犯罪人遗留血痕：犯罪人身体形成创伤，遗留的血痕。

【参考文献】

1. 蔡杰主编：《法庭科学实验教程》，武汉大学出版社2010年版。

2. 叶元熙主编：《法医学》，法律出版社2000年版。

3. 闫立强、李金光编著：《法医个人识别与亲子鉴定》，群众出版社2007年版。

4. 乔世明、张惠芹主编：《法医学》，清华大学出版社2005年版。

5. 姚泰主编：《生理学》，人民卫生出版社2001年版。

 实训项目

【实训项目】血痕及其检验

一、实训目标

1. 理解血痕检验的原理。

2. 熟悉血痕检验的常用方法和操作步骤。

3. 了解血痕预备实验、确证实验、种属实验的一般方法和流程。

二、实训要求

1. 熟练使用相关仪器，按要求独立规范地完成血痕检验实验。

2. 运用所学知识，完成对检验结果的判断。

3. 熟练掌握血痕预备实验中的联苯胺实验方法，能对血痕检验结果进行判断和运用。

三、实训原理

血痕是血液遗留在任何载体上干燥后所形成的斑迹。血痕是物证检验中常遇检材之一。血痕检验的最终目的是实现个人识别。

1. 血痕预备实验及其基本原理。血痕预备实验又叫指向实验，是指通过肉眼观察发现可疑斑迹后，对被检斑迹是否为血痕的试探性实验。实验结果为阳性时说明被检斑迹可能是血迹，结果为阴性时一般不为血迹或者血迹已完全被破坏，没有必要做进一步实验。

预备实验的方法有联苯胺实验、四甲基联苯胺实验、酚酞实验、无色孔雀绿实验、氨基比林实验、鲁米诺实验等。其中联苯胺实验灵敏度较高，实践中较为常用，其实验原理为红细胞中的血红蛋白或正铁血红素具有过氧化醇活性，能使氧化氢释放出新生态氧，将无色联苯胺氧化成联苯胺蓝，从而认定是否为血痕。

2. 血痕确证实验及其基本原理。血痕确证实验的目的是确认被检斑迹是否为血痕，主要通过检验血液中的血红蛋白及其衍生物来确定。确证实验的灵敏度比较低，条件较差的血痕实验结果常显示为阴性，但是在案件中，不管此项实验结果如何，都应当进行下一步实验，以确定血痕的存在，近年来确证实验在实际中使用较少。

确证实验的方法有血色原结晶实验、氯化血红素结晶实验、显微分光镜检验等。血色原结晶实验的实验原理：在碱性溶液中，血红蛋白分解成正铁血红蛋白和变性珠蛋白，正铁血红蛋白再被还原剂还原成血红素，再与含氮化合物（如氨基酸、烟碱等）结合成血色原结晶。氯化血红素结晶实验的实验原理：酸作用于血红蛋白，破坏其珠蛋白，使之变成正铁血红素，冰醋酸和氯化钠作用生成的游离氯与正铁血红素作用形成氯化血红素结晶。

3. 血痕种属实验。当可疑斑迹经过预实验、确证实验证明为血痕后，需要进一步确证血痕的种属，目的是确定血痕为人血还是动物血痕。

血痕种属实验常见的方法为免疫学方法：将某一种属动物的蛋白质注射于另一种动物体内，接受注射的动物血清中便产生对该抗原起特异反应的物质，即沉淀素。取该抗体的免疫血清与所注射同一种属动物的蛋白质抗原溶液在试管内混合，若产生白色沉淀则为阳性，否则为阴性。

四、实训器材

1. 仪器设备：离心机、毛细管、试管、试管架、玻璃滴管、沉淀管、沉淀管架、剪刀、冰箱、凹玻片或滤纸。

2. 试剂：联苯胺无水酒精饱和液、冰醋酸、3%过氧化氢、高山氏试剂（将10%氢氧化钠3ml、30%葡萄糖10ml、吡啶3ml置于棕色试剂瓶内混合，放4℃冰箱12小时～24小时即可使用）、正常兔血清、发烟硝酸、生理盐水、抗人血清沉淀素血清、抗人血红蛋白沉淀素血清。

3. 检材：1/1000人血、1/2000动物血、1/1000检材浸液、血痕检材、血痕、唾液斑、果汁斑、高锰酸钾、铁锈。

五、实验步骤

步骤一：血痕预实验

剪取或刮取检材少许，放置于凹玻片或滤纸上；

加冰醋酸1滴，然后加联苯胺无水酒精饱和液1滴；

1分钟～2分钟后，若不出现蓝色反应，再加3%过氧化氢1滴，若立即出现绿色或蓝色反应，则为阳性，若无此颜色反应，则为阴性。

步骤二：血痕确证实验

取检材少许置于玻片上，用分离针将纤维分离或将血痕压碎。

盖上盖玻片，沿盖玻片边缘滴加高山氏试剂1～2滴（不要挤压或移动盖玻片）。在显微镜下观察，若产生桃红色星状、菊花状或针状的结晶，则为阳性反应。若结晶缓慢，可将玻片置于酒精灯上加热，促使结晶形成，冷却后再观察。

步骤三：血痕种属实验

1. 血痕浸出液的准备。剪取血痕检材$1cm^2$，剪碎后置于试管中，加0.5ml生理盐水；将试管置温室2小时，冰箱过夜，离心沉淀。

2. 浸出液蛋白质含量测定。取试管12支，分别加入生理盐水0.5ml、0.75ml、0.5ml、0.5ml、0.75ml、0.5ml、0.5ml、0.75ml、0.5ml、0.5ml、0.75ml、0.5ml。

取血痕浸出液0.5ml加入第1管，混合均匀后取0.5ml加入第2管，混合均匀后取0.5ml加入第3管……以此类推，直到稀释至第11管。这样血痕浸出液的稀释度从第1管起依次为1∶2、1∶5、1∶10、1∶20、1∶50、1∶100、1∶200、1∶500、1∶1000、1∶2000、1∶5000，如下表4-8所示：

表4-8　血痕浸出液数值表

管号	1	2	3	4	5	6	7	8	9	10	11	12
生理盐水 ml	0.5	0.75	0.5	0.5	0.75	0.5	0.5	0.75	0.5	0.5	0.75	0.5
血痕浸出液 ml	0.5	0.5	0.5	0.5	0.5	0.5	0.5	0.5	0.5	0.5	0.5	对照
稀释倍数	1∶2	1∶5	1∶10	1∶20	1∶50	1∶100	1∶200	1∶500	1∶1000	1∶2000	1∶5000	对照

用力振摇。若液面上刚刚出现少量稳定气泡的一管（此管内液体的颜色为稻草黄），其蛋白质含量约为1/1000，其他各管的蛋白质含量依此类推。

3. 环状沉淀反应的实验操作。取沉淀管13支，第1~6支各加入抗人血清沉淀素血清0.1ml，第7支加入正常兔血清0.1ml，第8支~13支各加入人血红蛋白沉淀素血清0.1ml。

用滴管分别取含量为1/1000检材浸液，空白检材浸液，1/1000人血，生理盐水，1/1000人血红蛋白浸液。按下表4-9加入各试管，使之与抗人血清沉淀素血清、抗人血红蛋白沉淀素血清、正常兔血清重叠。

表4-9 环状沉淀反应实验数值表

管号	1	2	3	4	5	6	7	8	9	10	11	12	13	结果判定
沉淀管上层	检材浸液1/1000	空白检材浸液	人血1/1000	狗血清1/200	猪血清	生理盐水	检材浸液1/1000	检材浸液1/1000	空白检材浸液	人血红蛋白浸液1/1000	狗血1/200	猪血1/200	生理盐水	
沉淀管	抗人血清沉淀素						正常兔血清	抗人血红蛋白沉淀素血清						
反应结果	+ + +	-	+ + +	-	-	-	-	+ ++ +	-	+ ++ +	-	-	-	对照正确检查为人血痕

立即观察各沉淀管中两种液体接触后有无白环出现，过15分钟、30分钟、60分钟各观察1次，记录白环出现的时间。如果60分钟内有白色沉淀环出现，则为阳性结果，说明检材上的血痕为人血。如果检材沉淀管60分钟后仍无白环出现，为阴性结果，说明检材上的血痕非人血。

【单元练习】

1. 什么是血痕的勘验？

2. 犯罪现场血痕的形态有哪几种？

3. 可疑血痕的预实验方法有哪几种？可疑血痕的确证实验方法有哪几种？

4. 如何对人血与动物血进行区别鉴定？鉴定方法有哪几种？

5. 红细胞血型的种类有哪些？

6. 检验ABO血型的方法有哪些？

7. 目前国内在血痕检验和亲子鉴定中常用的红细胞酶型有哪些？

学习任务五　了解毛发、精斑、唾液物证的检验

教学情境

2012年10月12日凌晨，某市一练歌房内发生一起入室抢劫、强奸案。一男子钻

门缝闯入练歌房，持刀威胁女服务员，并将其刺伤强奸，后坐下来喝酒，走时用毛巾将其动过的酒瓶、酒杯、门把手等物品一一擦拭，并抢走手机一部、现金余元。对于这一被犯罪分子扫擦灭迹的现场，勘查人员着重对现场上能反映暴力、强迫手段的血迹、受害人伤口、被刀划破的衣服进行了拍照、记录，提取了受害人穿的内裤，并根据犯罪分子在阴道内射精的情节，对受害人做了妇科检查，其内裤上和阴道内提取到精液，为侦破此案提供了关键的物证。

如何对案发现场的精斑发现、提取？采用何种手段对精斑进行检验？

✏️ 工作任务

一、毛发的检验

（一）毛发的形态

毛发的主要成分是角蛋白，从属性上来说是一种抗化学分解的硬蛋白，可以长期保存其特征，是司法检验中的常见客体。人体的头发和体毛统称为毛发。

一根完整的毛发由毛根、毛干和毛尖三部分构成。毛根生长在皮肤和皮下组织内部，毛干和毛尖生长在皮肤的外部，毛干是毛发的主要部分，毛干的末端为毛尖，二者无明显界限。人和哺乳动物的毛发具有共同的结构，一般通过肉眼观察外部形态可以进行辨别，形态相似肉眼无法辨别时可以通过显微镜进行辨别。

毛发的毛干组织可以分为三层：表皮层（外层）、皮质层（中间层）和髓质层（最里层）。

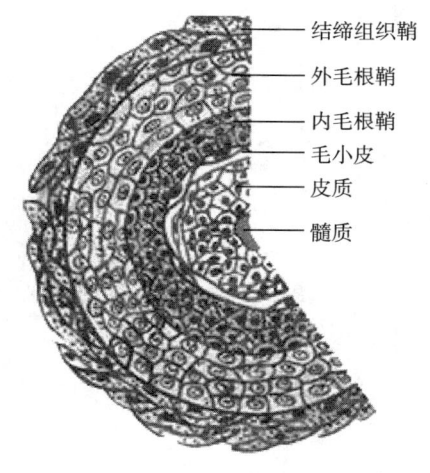

图4-8　毛发横截面示意图

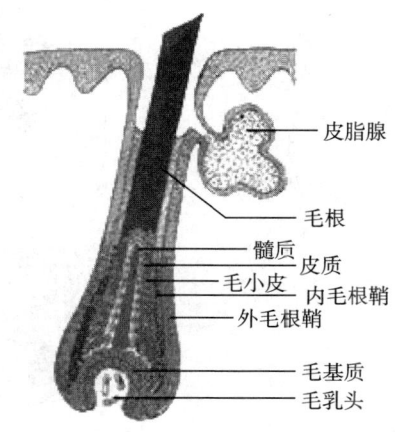

图4-9　毛囊结构示意图

毛发的表皮层也叫毛小皮，是毛发的最外层结构，由无色素鳞片状硬化扁平细胞组成，这些细胞相互重叠，近端细胞覆盖远端细胞，游离端指向毛尖，由于鳞片大小形状和重叠位置不同，形成了和毛轴垂直的冠状、刺状、鳞状三种不同花纹。人毛的毛小皮薄、短、亮，印痕呈细而不规则的纹理。动物的毛小皮厚、短、粗，毛小皮印痕的纹理呈粗锯齿状或斑纹状。综合毛发的其他形态特征就可以确定是否为人毛。

皮质层是毛干的中层结构，由有序排列的梭状皮质细胞组成，沿着毛轴平行排列。皮质层有黑素体和皮层梭两部分，黑素体含有自然的染黑色素，皮层梭由大小不一、不规则形状的空腔组成。人类毛发的皮质层很发达，占毛干的大部分，而动物毛的皮质层较窄，占毛干的一半或不到一半。

髓质层位于皮质层的内侧，为毛干的中轴部分，由退化的多角细胞组成。外形上一般为圆柱形，有中断，动物毛的髓质层一般为有图案的，连续不中断。人类头发的髓质比例（髓质层直径与毛发直径的比值）通常小于0.33，动物毛发的髓质比例通常大于0.5。

毛尖一般位于毛干的末端，完整的毛尖逐渐变细，末端钝圆，有毛小皮覆盖，如睫毛、眉毛、腋毛的毛尖。头发、胡须因为经常修剪的缘故，无原始毛尖，毛尖形态随着毛发的生长有变化。

毛根为毛干进入毛囊止于毛球的部分。

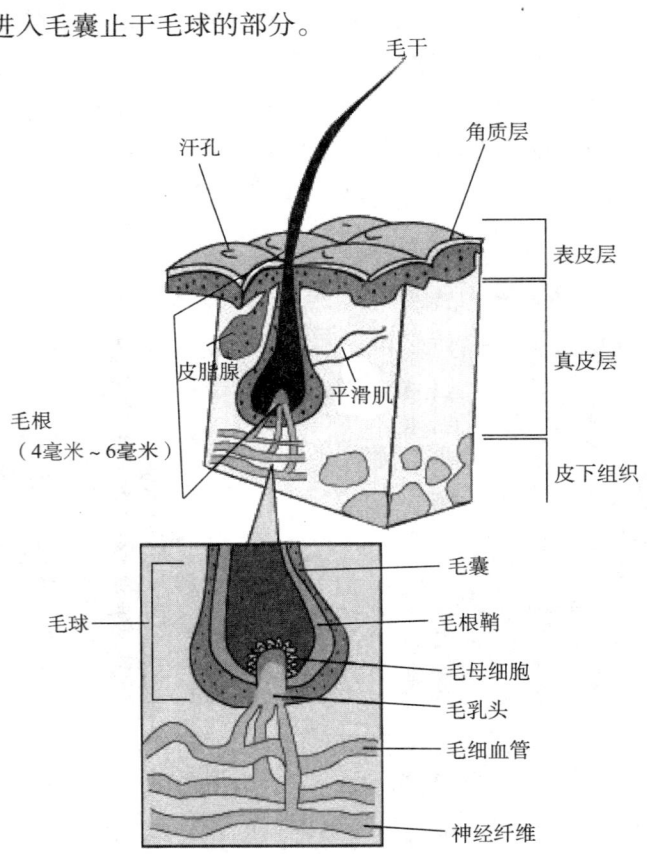

图4-10 毛根组织图

230

（二）毛发的生长

毛发的生长与脱落有一定的周期，哺乳类动物随着年龄的增长或者季节的变化会换毛。人类的毛发不是同时更换，是逐渐的脱落和不断替补。人体的毛发生长一般分为三个阶段：生长期，是毛发的最初生长阶段，毛囊活跃产生毛发；缓慢期，这一阶段毛发继续生长，但是根球茎萎缩，呈棒形，被推出毛囊外；休止期，毛发被推出毛囊外，自然脱落。

在人类的毛发中，一般认为头发的寿命最长，可达 2 年～3 年，腋毛 1 年～2 年，阴毛 1 年～1.5 年。毛发的生长速度取决于毛细胞的活性，因年龄、质地、生长部位不同而不同，夏季比冬季快，夜晚比白天快，与毛发有无修剪无关。毛发大概一个月可以生长 1 厘米左右。

（三）发现与提取毛发

在案发现场或者与案件有关的场所发现与案情有关的毛发，对于现场勘查有重要的意义。在有死者或者伤者的现场，一般以受害人为中心，在受害人手、身体和衣物上寻找可疑毛发。在强奸案件中应当从受害人的大腿两侧、外阴、口腔、现场床单、被褥、地板、家具等地方寻找有无可疑毛发。

收集毛发证据时，可使用明亮的灯光照亮整个搜索区域，毛发在斜射光线下易于被发现。发现毛发证据时可先拍照或录像固定其位置，再使用镊子、宽透明胶带、滚筒黏刷或者专用的证据真空吸尘器收集。收集到的毛发应尽量保持毛发原有的自然伸展状态，如果是用胶带或滚筒黏刷提取到的毛发，应当将胶带或滚筒及其黏附的毛发一起放入物证袋中。物证袋封面应注明检材编号、发现时间、地点等信息，提交检查。

为了和现场收集到的毛发做对比，应当从受害人、犯罪嫌疑人和其他可能在现场出现并留有毛发证据的人身上收集毛发做对照样本。所采取的用于做对照样本的毛发应当取自于身体的所有相关部分，以便与现场提取的待检毛发样本进行对比。所提取的对照毛发样本要有一定的数量。

（四）毛发的检验

1. 肉眼观察。用肉眼并借助放大镜观察毛发的形态、色泽、长度及有无附着物，判断是否为人体的毛发，属于哪一个部分的毛发。头发多呈直线形偶尔会有波浪形弯曲，上面有发脂，有的还会有染发剂；阴毛短粗有卷曲，有时会留有尿液痕迹等。

2. 毛发的显微镜比较检验。将用肉眼和放大镜观察过的毛发放在洁净的载玻片上，盖上盖玻片，放在显微镜下进行观察，检查有无血痕、精斑、尘埃、污垢等附着物。通过观察毛干的粗细变化、有无劈裂分叉、有无断面及断面形状，来判断毛发的理发时间及损伤情况。观察毛根端，看毛根端是否完整，有无破损，毛根周围有无毛囊附着，来判断毛发是自然脱落还是拔落。

通过用显微镜观察毛发的毛髓质、毛皮质、毛小皮的具体形态，可以对毛发是否来自于人体进行判断。观察毛发色素，通过对色素颗粒的形态、大小、数量、浓度、分布的观察判断是否属于毛发固有的色泽。一般来说人类头发的色素颗粒接近毛根部分色素较少，毛尖部分色素沉淀较多。人工染色的头发，色素颗粒分布不一致，肉眼检查无毛发固有色泽，有灰色或灰白色存在。

3. 毛发的实验检验。

（1）毛发的 ABO 血型检验。检验毛发的 ABO 血型通常利用热解离法，其原理与检验血痕相同。毛发上皮细胞膜上的血型物质能与相应的凝集素结合，形成抗原抗体复合物，在 56℃ 的条件下复合物中的抗体释放出来，用相应的指示细胞检测释放出来的抗体，便可测得毛发的血型。

（2）毛发的性别检验。如果在强奸案现场提取毛发，其血型与嫌疑人的相同，则需进一步做性别检验，如属男性毛发，很可能就是嫌疑人的毛发。鉴别毛发性别的最好方法是检验毛发上的 X 染色体和 Y 染色体。根据毛根的皮质细胞中 Y 染色体和 X 染色体的检出率，可以确定毛发的性别。通常以检测 Y 染色体为主，因为 Y 染色体的检出率男女性有很明显的差别。无 Y 染色体者为女性，有一个 Y，即为男性。检验方法：先用 40% 醋酸使附有毛囊的毛根软化，刮下毛囊，并用刀尖撕碎，分离毛囊上皮细胞，用甲醇固定三分钟，再用盐酸阿的平染色，在显微镜下观察，呈现一个荧光点即为 Y 染色体。

（3）毛发的微量元素分析。利用中子活化分析法测定毛发中某些微量元素，对于判断现场上毛发是否为嫌疑人的毛发，有一定参考价值。然而毛发中的微量元素往往受时间、部位等因素的影响而不很稳定，而嫌疑人毛发样本的提取部位和提取时间往往与现场毛发的生长部位和脱落时间存在差异，所以，通过检验毛发的微量元素判断现场毛发与嫌疑人毛发样本是否同源有一定难度。

（4）毛发的 DNA 分析。如果毛发有毛根，毛根中有细胞核就可以进行染色体 DNA 分析；毛发如无毛根，只有毛干，则不能进行染色体 DNA 分析，但可以进行线粒体 DNA 分析。一般只要有一个毛根或 1 厘米长的毛干，便可以进行 DNA 分析。但如果检材条件差，例如，毛根不是拔取，而是脱落下来的，而且时间长已经干瘪，或者毛干离根部较远（如阴毛尖部），就很难得到理想的结果。

二、精斑的检验

（一）精液的组成与性状

在性侵案件中精斑是一种常见的物证。精液是由前列腺、尿道球腺、尿道旁腺及睾丸分泌的粘液组成，其中 90% 以上为水分，由有机成分和无机成分组成，pH 值为 7.2～7.4 呈弱碱性。正常男性射精量为 2 毫升～6 毫升，1 毫升精液含有 2000 万到 1 亿个精子细胞，男性的平均射精量为 3 毫升，其中包含有约 3 亿个精子。通过对新鲜精液的检查可以判断男性有无生殖能力。通常认为精子密度低于每毫升 2000 万时为少精子症，生育能力明显下降；密度低于每毫升 1000 万，且每次排出精液中的精子总数不超过 5000 万时，基本上无生育能力。

新鲜精液为乳白色粘稠状，有特殊气味，成熟精子由头、颈、尾三个部分构成，全长约为 50 微米~70 微米，形态与蝌蚪相似。一般认为精子在子宫或输卵管内能够存活 3 个小时，活动能力强的精子可以存活 3 天~7 天，精子的活动能力是评价男性有无生育能力的重要指标。

（二）精斑的提取

在性侵案件的现场勘查中，确定精斑的位置对精斑的提取至关重要。精斑一般出现在受害人的大腿内侧、外阴、阴道或者下腹部、臀部，也可能出现在现场出现的衣物、被褥、地毯、手套、纸巾、泥土上。为确定精斑的位置，可以使用紫外线灯光对犯罪现场存在的精斑进行检测，精液在紫外线的照射下会出现荧光，由于尿液等其他液体也会在紫外线的照射下发出荧光，所以这种方法只是对精液的假定实验，确定是否为精斑还需要进行具体检验。

精斑的颜色受所附着载体的影响有所不同，在深色物体上，浓的精斑呈灰白浆糊状，稀薄的精斑无明显颜色，在浅色物体上，精斑呈形状不规则的黄色地图状。发现可疑精斑后，应当对其颜色、位置、形状、大小、分布情况进行拍照、录像记录。对于存在物品附着物的精斑可以直接提取，在人体上发现的不能直接提取的精斑可以用沾有生理盐水的脱脂纱布进行涂抹，使可疑精斑转移到纱布上。

（三）精斑的检验

1. 显微镜检验。用高倍显微镜直接观察提取的可疑精斑物证是检测精液存在与否最简单的方式。将疑似沾有精液的物品浸入水中，取水的少部分样本置于载玻片上，将水烘干，载玻片上会出现斑点，通过复式显微镜进行观察，若斑点的形状与精子的形状相同，则可以确定为精斑。

2. 酸性磷酸酶实验。精液中含有大量酸性磷酸酶，大约是其他人体液、分泌液的 100 倍以上，精斑中酸性磷酸酶相当稳定，对腐败及高热有较强的抵抗力。检验酸性磷酸酶，常用磷酸苯二钠实验。磷酸苯二钠实验的原理为酸性磷酸酶可分解磷酸苯二钠，产生萘酚，后者经铁氰化钾作用与氨基安替比林结合，产生红色醌类化合物，出现橙红色。酸性磷酸酶检验灵敏度很高，稀释 2 万倍的精液或含有少量酸性磷酸酶的物质均可呈阳性反应，被水洗过的淡薄精斑仍可呈阳性反应，十余年的陈旧精斑也可被检出。但是，阴道液及某些避孕药也呈弱阳性反应，所以实验时要作空白和阴性对照。破坏了的精斑，由于酶活性丧失，不会出现阳性反应，所以该实验只能作为精斑的定向实验。

3. 精浆中的 P30 检测实验。P30 是由前列腺细胞分泌的糖蛋白，是人精浆中特有的抗原成分，分子量为 30kD，故称其为 P30。P30 抗原性较强、性质稳定，在精液和精液与其他分泌液的混合斑中存在的时间较长。实验中将免疫豚鼠制得的抗 P30 血清，包被在硝酸纤维素膜上，再加精斑浸泡液，其中精斑便与抗 P30 血清结合，然后再加用酶标记的单克隆抗 P30 血清也与结合在第一抗体上的精斑结合，形成双抗体夹心复合物。再加适当标酶的底物，便出现有色的斑点，证明有精斑存在。这种斑点酶联免疫实验法，操作简便，结果可长期保存。

4. 精斑的 ABO 血型检验。人体的血型物质，不仅存在于红细胞上，而且也广泛地存在于组织细胞上。这种血型物质可用乙醇提取，所以称醇溶性物质。但人群中一部分人除有醇溶性物质外，还有不溶于乙醇而易溶于水的水溶性血型物质，它们存在于人体的体液、分泌液以及其他组织细胞中。唾液是人体含血型物质最丰富、最容易得到的物质，所以根据人唾液中是否含有 A、B、H 型物质将人群分为"分泌型"和"非分泌型"二种。水溶性血型物质的分泌是由一对等位基因 Se 和 se 控制的，Se 为显性，se 为隐性，纯合子 SeSe 及杂合子 Sese 的人为分泌型，而 sese 纯合子的人属于非分泌型。非分泌型的人约占 24%。当然精液、阴道分泌液等也有分泌与非分泌之分。

凡是能检验血痕 ABO 血型的方法均适合精斑的检验。精斑检验常用的方法有：热解离法和中和法。热解离法的原理、操作均与血痕检验相同。只不过因精斑的血型物质较强，所以吸收后洗涤剩余血清的次数增加。该方法能检验非分泌型。中和法的原理是血型抗原和相应的定量抗体结合，如有相应的抗原存在，其抗原和抗体结合后，必然使游离的抗体减少。通过检测剩余抗体的量（抗体效价）就可判定有无对应的抗原。

5. 精斑的 DNA 分析。精液中的精子含有 DNA，故可从有精子的精斑中提取精子 DNA，利用 DNA 指纹分析方法或聚合酶链反应（PCR）方法检测其多态性。这是对精液或精斑进行个人识别的最可靠技术。

三、唾液的检验

唾液是由唾液腺的分泌物组成，由腮腺、颚下腺、舌下腺通过人体导管流入口中，可以对口腔起到清洁和润滑作用。唾液中水分的比例占 99%，另外 1% 由无机物和有机物构成，包括钠、钾、氯、钙等无机物和粘蛋白、蛋白球、氨基酸、唾液淀粉酶、麦芽糖酶等有机物。正常情况下唾液无色、无味，pH 值为 6.8 ~ 7.1，成年人每天分泌 1 升 ~ 1.5 升的唾液。

1. 唾液证据的收集。在案发现场发现有犯罪嫌疑人用过的水杯、口罩、手帕、留下的烟头或者被害人身体上有嫌疑人留下的咬痕，一般都可以提取到唾液。唾液斑在白色背景上呈淡黄色，在紫外线的照射下呈淡青色荧光，可通过紫外线的照射确定唾液位置。将在案发现场提取到的含有唾液的样本，为避免新鲜唾液被分解破坏，应当先作煮沸处理或涂于纱布、纸上晾干再放在物证袋中，并做好记录，用于检验。

2. 唾液的确证检验。唾液中含有大量的淀粉酶，淀粉遇碘会呈蓝色反应，淀粉酶能将淀粉分解成糖，糖遇碘不发生蓝色反应。将已知淀粉溶液与检材提取液作用后，再加碘，若无蓝色反应，表示检材提取液已无淀粉存在，淀粉已被分解为糖，实验结果为阳性，据此即可判断检材提取液中有唾液淀粉酶，为唾液斑。如果样品溶液变成蓝色，证明样品中含有淀粉，实验结果为阴性，不是唾液斑。

3. 口腔黏膜脱落上皮细胞的检验。唾液中含有口腔黏膜脱落上皮细胞。将检材用生理盐水充分浸泡，弃去载体，离心取沉渣涂片，作 HE 染色，显微镜下检见鳞状口腔黏膜上皮细胞及食物残渣者可以帮助推断唾液斑的存在。

4. 唾液斑的血型检验。唾液属于人体的分泌液，含有水溶性 ABH 血型物质，可以通过对唾液的检测，测定唾液的 ABO 血型。新鲜唾液中有血型分解酶，收集新鲜唾液后应在沸水中煮沸 10 分钟以破坏此酶或直接制成唾液斑，晾干保存。唾液斑的血型检验可用吸收实验、中和实验、解离实验和混合凝结实验等，具体操作方法与精斑的血型检测方法相同。

5. 唾液斑的性别鉴定。通过对唾液斑中口腔黏膜上皮细胞的 X 或 Y 染色体的检验，可以判断被检唾液斑的性别，检测方法基本同血痕 X、Y 染色体检验法。

6. 唾液斑的 DNA 检验。通过对唾液中上皮细胞的检验，可以提取唾液的 DNA，利用 DNA 分型检验，可以检测出唾液的 DNA 所属的犯罪嫌疑人。

【参考文献】

1. 叶元熙主编：《生物物证技术》，法律出版社 2003 年版。

2. 徐立根主编：《物证技术学》，中国人民大学出版社 2011 年版。

3. 叶元熙主编：《法医学》，法律出版社 2000 年版。

【实训项目】

实验一：毛发的实验检验。

实验二：精斑的检验。

实验三：唾液的检验。

【单元练习】

1. 简述如何对毛发进行检验。

2. 简述如何对精斑进行检验。

3. 简述如何对唾液进行检验。

项 目 五

摄影、音像电子物证

学习任务— 掌握物证拍摄技术

教学情境

随着科技的发展，许多现代化的科学设备和技术被引入其中。例如物证摄影技术，虽然它在案件的侦破及现场勘查中应用的时间并不长，但它所具有的独特性及发挥出的重要作用越来越为人们所重视。特别是案件在侦破过程中出现久侦不破的状态时，办案人员首先希望的是能够重临案发现场，但由于种种原因的存在，使得现场不易长久保存，所以如何解决这一难题是至关重要的。刑事摄影技术综合了照相、录音、笔录等各种技术的长处，不仅画面直观、连续，而且内容客观全面。

工作任务

1. 物证拍摄概述。
2. 典型案件中物证拍摄技术的应用。

一、物证拍摄概述

（一）物证拍摄的概念和特点

1. 物证拍摄概念。物证拍摄是以案件现场为拍摄对象，按照现场勘查的有关规定，拍摄反映现场所处的位置、现场客体间的空间位置关系及自身状况的专门录像。

2. 物证拍摄特点。

（1）客观全面性。刑事技术人员所面对的案发现场错综复杂。刑侦人员对现场中的物证、痕迹提取是否全面、细致是至关重要的。由于受时间、环境和思维等方面因素的影响，使我们得到的现场资料不可避免地存在着主观性和片面性，加之某些现场所处地理环境特殊，保存起来非常棘手，所以在某种程度上给我们侦破案件的工作增加了难度。刑事录像利用电视摄像所具有的推、拉、摇、移的手法，将案发现场的原始全貌，即所有物体的外形结构、物与物之间的相对位置及关系、现场所处的地理位置及与周围环境的联系，以及办案人员对痕迹、物证处理的过程，自然而连贯地记录下来。而这一记录是不经过思维加工的，也不受人的观察力限制，正是这种无主观意念的客观记录，记录下了许多无法恢复，然而又存在疑点（有些是办案人员所遗忘、忽略或未发现）的现场状况。

（2）声像共存性。现场的记录方法有多种类型：照相、笔录、录音、录像。而刑事录像技术包容了照相的瞬间、录音的时间及笔录的空间。它较为成功地将现场原始全貌、中心细节以及环境气氛如实地记录在录像介质上。当录像重播于办案人员面前时，不光展示出记录的画面，而且也有现场同期声，将观看人的思路带到当时的情景，帮助他们活跃思想，使案件的侦破有所突破，并对将来破案后工作中经验、教训的总结及提高或为教学等提供多方面的资料。

（3）模拟再现性。模拟再现是指利用电视录像的技术，将办案人员对案件分析、推理的抽象思维信息，进行自我演示的过程，以声像共融的方式记录下来，并形象、直观地再现于所有办案人员面前。拍摄以其具有的客观全面性、声像共存性及连续顺延性的特性，将办案人员所分析、判断的案犯人数与现场变动容量的时间对比，案犯职业特点的刻画、案犯体态、年龄的推测、案犯作案时对周围环境的影响等方面的抽象思维信息转换成有形的电视画面，并利用录像所特有的慢放、暂停等手段播出，使人们对模拟现场中的重要细节有充分的时间进行观看、分析、研究。

（4）连续不间断性。由于案件的无规律性，办案人员除了对案件现场的表面物证痕迹进行发现及提取，还需要对其他一些杂乱无章的物证进行合理归纳，解析整理，以便发现、提取更有力的证据。而在归纳整理的过程中，往往有许多原始的值得再思考的证物需要变更、移动、提取。录像技术不但可以记录所提取的物证与周围环境的关联，而且还将全部的检验、提取的过程连续不间断地记录下来。它的连续不间断性能全面、无遗漏地将现场办案人员寻找、提取物证痕迹的过程记录下来，为今后分析案情性质、案件各环节形成顺序，及其对周围环境的必然影响等因素的再现，起着不可取代的作用。

（二）物证拍摄的原则和步骤

1. 物证拍摄原则。物证拍摄时不要让现场受到人为或客观因素的影响，尽可能多地收集信息，提高现场录像的质量，才可以保证现场勘查的迅速进行。录像时应遵循下列原则：先录原始的，后录变动的；先录地面的，后录高处的；先录易消失和易破坏的，后录不易消失和不易破坏的；先录急需移动恢复原状的，后录固定不变的；先录容易的、明显的，后录疑难的、隐蔽的；先录光照条件好的，后录光照条件差的。

2. 物证拍摄步骤。

（1）了解案情。拍摄人员到达现场后，应与其他勘验人员、保护人员一同了解案件的发生、发现时间、地点和经过、现场原始状况、变动情况及保护措施，出入现场的人员及原因，财产损失情况，人员伤亡情况，并对现场进行巡视，了解现场周围环境，根据现场环境、状况、内容，构思一个拍摄计划，想好拍摄的先后顺序、镜头的衔接和表述方法。

（2）理清拍摄顺序。拍摄顺序很重要，它直接关系到拍摄质量。拍摄人员要根据现场的实际情况，理清录像顺序。顺序理清楚后，拍摄人员需查找高清供电电源的电压和线路的电流容量，然后按顺序接好电源，接好照明灯具。如果在交流电源不可使用或者没有电的情况下，就要用电池灯，且电池要多筹备些，以防止现场勘查时间长，电池用尽没法继续工作。照明灯调试好后，再调试好摄像机，试录一下，用监视器观看试录效果。一切就绪后，就可以开始进行实地拍摄。

（3）认真录像。录像人员在现场勘查指挥员的指挥下进行工作，且要与灯光人员、现场勘查人员进行密切配合。一般来说，先拍摄方位录像再拍摄概貌和重点部位，最后拍摄细目录像。也可以先拍概览再拍重点部位最后拍摄细目，方位录像可以放在后面也可以放在中间，抽空进行拍摄。有的细目可以提取之后回单位进行拍摄。现场拍摄的过程当中要适当加入些解说，说明勘查程序、现场状况或者用笔录方式对拍摄的内容进行场记，作为后期制作编辑加工的依据。同时要随时用监视器观看录像效果，以便有不满意之处可及时进行调整。

（三）物证拍摄内容

1. 现场方位拍摄。现场方位拍摄是以整个现场和现场周围环境作为拍摄对象，反映犯罪现场所处的位置以及与周围事物关系的专门照相。

（1）现场方位拍摄要求。在对现场整个环境进行拍摄时，若现场附近具有明显特征或永久性标志，需将其拍摄进来，比如大型建筑、河流等。另外，拍摄时要能反映出季节、时间、昼夜等情况，若气候突变，要在拍摄中加以说明。

（2）现场方位拍摄内容。案发时间、地点、地形、案发地址；若案件发生在城市，需拍摄出案发所在的道路、车辆、人群、楼宇等情况，还包括现场所在的街区、门牌号、楼号、单元号、楼层、房间号、现场东南西北各方位的情况；若发生在山区或平原，应将地形地貌进行拍摄。

（3）现场方位拍摄的构图与拍摄方法。现场方位拍摄构图时应把中心安排在拍摄的视觉中心，对于地理位置较复杂、建筑设施较密集或面积较大的现场，要多侧面、多角度去拍摄。

现场方位拍摄要求将现场外部信息均反映出来，信息量较大，涵盖面积广，摄像机尽量置于高处，机位尽量选远一些和高一些。景别以远景和全景为宜，有些情况还需要用到空中进行拍摄。但若要反映具体的地址时，要将镜头拉近，对明显标志或单元号、门牌号等用特写镜头或安排在前景位置拍摄下来。

拍摄现场的周围环境时用摇镜头，在拍摄过程中用摇镜头时，摇动的速度要适中，尽量均匀，摇到重点部位时要停留一段时间，以示重点。再用推拉镜头将现场周围的环境拍摄下来，以表现现场物体之间位置关系。若用大远景拍摄现场时，拍摄时间要长一些，力求可以看清楚。若要更明确现场方位，可以在后期制作时将画面加上指示现场具体地点的闪烁镜头或加上绘制好的现场方位图。

2. 现场概貌拍摄。

（1）现场概貌拍摄的要求。现场概貌拍摄也叫现场概览拍摄，是以案件现场或现场中心地段作为拍摄内容，以此反映现场全貌以及现场内容各部分之间关系的专门拍摄。现场概貌拍摄要求全面、系统、完整地对现场情况进行拍录。有时现场情况较为复杂，这就要求拍摄人员尽可能进行详细的拍摄，宁可多拍也不要漏拍。拍摄时要反映出罪犯的出入路线和现场活动；若拍摄现场的房间，则应将房间的具体位置、房间与房间的位置关系、房间门窗开闭、破损状况等进行详尽拍摄。

（2）现场概貌拍摄内容。现场概貌拍摄要将整个现场状况客观、全面、真实地拍摄下来，比如现场的全貌，现场设计的范围，现场与案件有关的痕迹、物品、摆设、破损情况。有的现场为好几处，那么每一处的状态都要详细地进行拍摄，并将各现场之间的位置关系、相连通道等表现出来。

（3）现场概貌拍摄的构图和拍摄方法。现场概貌拍摄在室内拍摄时，它的构图应将现场中心或重点部位置于拍摄画面显要的位置，机位可选在房间的两个相对角上。为使观看者将现场空间在脑海中联系起来，拍摄时，可选某一物体作为连接各镜头的参照物，如尸体、破损家具、门、窗等。

现场概貌拍摄时，首先要将现场全貌拍摄下来，这就要求拍摄时要用摇镜头或移动镜头，再用推拉镜头将物品与环境之间的关系体现出来，同时痕迹物证也要体现出它与周围物品的关系。拍摄时，为使观看者能将现场情况紧密联系起来，应尽量使用连续不间断的画面，给人以亲临现场的感觉。另外，当现场为多处时，变化场景可使用跟拍方式，比如跟着车辆运动或者现场勘查人员的走动，将多处场景联系起来。

拍摄室内现场概貌时，应将房屋内的结构交待清楚，此处最好使用摇镜头进行拍摄。为使现场构图无明显变形，应将镜头固定在广角状态下，然后将镜头横向、纵向来回扫描，在来回拍摄时，应将各画面保持有1/3的重叠，同时将房屋内的进出口、窗户、现场可疑部位、痕迹、家具摆设等之间的关系一一呈现出来。摇摄时，速度尽量保持与人眼观察速度一致，但若某处包含的信息量较大时，摇摄速度要放得更慢一些。为了与观察者习惯保持一致，最好拍摄一个走进房间进门见到的现场情况的主镜头，后期制作时，将此主镜头放于室内现场拍摄所有镜头的首位，给观察者留以清晰、明确的印象。

3. 现场重点部位拍摄。现场重点部位拍摄是将现场重要部位或地段中的状况、特点以及痕迹、物品所在部位关系进行记录的专门拍摄，也叫现场中心拍摄。

（1）现场重点部位拍摄的要求。作为重点部位拍摄，它要求交待清楚现场重点部位的位置及与其他重点部位的关系，并客观、真实地体现重点部位的细节特征。在拍摄前，为避免同一内容出现在同一角度上，要有一个计划，可先启动摄像机但不进行拍摄，在拍摄机中观察拍摄效果，以便后期制作。

（2）现场重点部位拍摄内容。现场重点部位拍摄的内容没有固定的陈式模式，它需要根据不同的案件性质进行拍摄，也就是说重点部位拍摄需要反映出案件的特殊性。另外，即便是同类性质的案件，也会因其作案动机、作案手段、作案方式等的不同，其现场重点部位也不尽相同。因此，在拍摄现场重点部位时，应在现场勘查指导员的指挥下进行，并与现场勘查人员进行密切配合。

（3）现场重点部位拍摄的构图和拍摄方法。现场重点部位拍摄时要全面、系统客观地拍摄好现场重点部位或重点部位中的一切物品。现场重点部位拍摄构图时，要将现场的细节与周围事物联系起来。因此，应先使用全景拍摄来拍摄出整个现场情况，再用摇镜头拍摄重点地段、重点部位的状况，最后可使用推拉镜头反映现场痕迹、物体与周围事物的联系。由于拍摄镜头多变，为使拍摄物不发生变形，要灵活选择机位。

另外，现场重点部位拍摄有动静之分。例如，尸体拍摄、破损的门窗等拍摄是在静态侦查阶段进行；有些重要物品或与犯罪有关的痕迹物证位置以及要通过动态侦查才可确定为重点部位的，就要在动态侦查阶段或动态侦查之后再进行拍摄。

4. 现场细目拍摄。现场细目拍摄是记录现场发现的与犯罪有关的细小局部情况和各种物品、痕迹，反映其形状、大小、特征的专门拍摄。

（1）现场细目拍摄内容。现场细目拍摄时要对现场具有检验鉴定和证据作用的各种痕迹物证进行拍摄。例如，现场尸体的痕迹；作案工具的破损情况、形状、尺寸；案件现场的各种撬压工具和撬压痕迹、运输痕迹、翻动痕迹以及破坏痕迹；枪案中的枪弹痕迹等。

（2）现场细目拍摄技巧。细目拍摄多采用近景特写或显微镜头或用红外、紫外拍摄机，一般可以用拍摄机的微距档或加接筒和显微镜。拍摄时，首先把痕迹物证的原始状况与周围其他物体之间的相互关系拍摄下来，然后用全景镜头固定痕迹物证所在位置，再用推拉镜头拍摄与周围的联系，之后再移动拍摄。这样可以改变光照条件和拍摄位置、角度，保证被摄对象不变形，使之质感或特征都能清晰地反映出来。另外，为满足后期鉴定、比对的需要，拍摄时要加比例尺，比例尺色调要与被拍物保持一致，放置要平、正，并与被摄物处于同一平面上，确保其精准度。

二、典型案件中物证拍摄技术的应用

（一）凶杀案件现场拍摄

凶杀案件的现场勘查与拍摄重点是围绕尸体展开的，尸体发现的地点、血迹分布、现场遗留的痕迹等均为拍摄重点。因此，凶杀案件现场拍摄应包括现场客观情况拍摄和尸体检验情况拍摄两部分。凶杀案件现场拍摄应注意：发现尸体的地点和周边情况，尸体的位置和姿势；现场血迹的分布情况、现场遗留的痕迹；现场遗留物，例如凶器、作案人留下的物品、作案工具等的位置和状态；现场搏斗的痕迹；尸体所在的位置，应先拍尸体原始的位置，再拍尸体移动后的情况，如搏斗、行凶、移尸部位；尸体的姿态。总体来说，应由静到动、由表及里、逐步深入、连贯有序地逐步展开尸体拍摄。

凶案现场尸体的拍摄也要根据尸体检验步骤来进行。尸体检验包括尸表检验和尸体解剖两个环节。尸表检验中需要拍摄的项目有：尸体全身并附有衣着情况；根据不同的案件性质，有必要时，还要对尸体的裸体情况进行拍摄，以表现其伤痕的情况；尸体的辨认拍摄，以此来表现尸体的相貌特征，不要从尸体的头或脚一侧进行拍摄，防止影像变形；尸体的各个局部拍摄，如尸体附着物的位置及特征、尸体上各处的伤痕、尸斑、创口等情况，这些局部拍摄应按照比例照相规则进行。若在碎尸案件现场，拍摄应反映出尸块的情况，先拍摄发现各个尸块的位置和部位，在条件允许的情况下，将碎尸块拼接起来，对拼接的整体进行拍摄。对于尸体解剖时的拍照，应按照尸体解剖的步骤来照相，同时需要表现出尸体致命部位详细的解剖特征。

（二）盗窃案件现场拍摄

盗窃即用不合法的手段秘密取得他人、单位、国家的财物。盗窃案件现场拍摄应注意：被盗窃或被破坏的部位及现状，如家具被翻动或被破坏的情况；被移动的物品；遗留的犯罪工具、痕迹、物品的位置；作案工具的位置及其的特征；犯罪分子进出的路线；现场外围可能遗留的犯罪分子的足迹或运输工具的痕迹；等等。

（三）投毒案件现场拍摄

投毒案件现场一般有相应的毒害迹象，如现场留存的有毒气味、装有毒物的包装物或容器、吃剩的食物、呕吐物、排泄物、尸体等。投毒案件现场拍摄重点：拍摄受害者倒卧的具体位置和姿势，以及与投毒有关的痕迹和物证遗留部位所涉及的范围；拍摄呕吐物、排泄物、吃剩的食物、毒物、盛装毒物的器皿及部位状况的位置和特点；可疑的食物、药物等。若发现尸体，拍照者应拍摄尸体中毒的明显特征；还要注意观察现场有无遗书，遗书所在的位置和遗书的内容均要纳入拍摄范畴。

（四）爆炸案件现场拍摄

爆炸案件多发生在公共场所、交通工具、住宅中，其现场有炸点、爆炸残留物和

抛出物存在，同时爆炸破坏痕迹和烟雾燃烧痕迹可见。爆炸案件拍摄重点：炸点即为爆炸中心点，是放置炸药的具体位置，拍摄时要反映炸点的原始状况；有炸坑的要对其形状和口径进行拍摄并记录；炸点周围的痕迹特征要拍摄，主要包括高温高压作用下所产生的痕迹或烟痕；因爆炸而抛出的残片或爆炸物的破损程度、分布状况等需要进行拍摄；对于爆炸现场有高温高压作用痕迹且抛出较远、怀疑有可能是爆炸装置残片的物证要进行拍摄；现场死伤人员的位置和原始姿势进行拍摄；对于炸点中心的死者的残肢、衣物碎片需要进行复原后进行拍摄，此拍摄环节对于查明死者身份、分析作案动机起到关键的作用；若发生在公共交通工具上的爆炸，应对重点车厢中的旅客进行逐一照相。

【单元练习】 现场拍摄

一、实验目的

掌握现场拍摄方法与步骤。

二、实验场所

教学拍摄照相实验室。

三、实验内容

1. 设计刑事案件现场。

2. 现场拍摄。

3. 拍摄资料后期整理制作。

四、实验方式

4 名同学为一组，完成某一个案件的现场拍摄，并对拍摄资料进行整理与制作。

五、实验报告

以小组为单位提交实验报告，并提交现场完整拍摄。

学习任务二　掌握现场照相技术

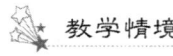 教学情境

一项完整的现场记录包含以下三方面内容：现场笔录、现场绘图、现场照相。现场笔录是以文字的方式来描述案件发生前、中、后在现场的所见所闻。它的最大优点是可以用文字连续、细腻地描绘案件现场，但缺少形象性，人们对案件的形象思维需要建立在自己的生活经验之上。现场绘图是用示意图的方式（比例或非比例），描绘出现场大体环境以及现场内部各物体所在的空间位置。现场绘图的方式虽然不受时空环境的限制，但并不能连续、细腻地反映案发现场的情况。现场照相则是将案件、事件发生的场所和与案件、事件有关的痕迹、物品，用照相的方法，客观、准确、全面、

系统地固定和记录的专门手段。此种方式最大的优势是可以直观地记录事件，它可以用生动、具体、快速的方式以及图像处理，来弥补现场笔录和现场绘图的不足。

工作任务

1. 现场照相概述。
2. 现场照相内容。
3. 现场照相的步骤和表现手法。

一、现场照相概述

（一）现场照相概念及特点

1. 现场照相的概念。现场照相是运用照相方法，对发生案件的地点和遗留犯罪痕迹、物证的场所，按照现场勘查的规定和办案工作的要求，把现场状况及痕迹物证的特点、位置等，如实地拍照下来。现场照相能为研究案情性质，分析作案手段，进行现场实验提供资料，能为技术检验、鉴定提供条件，能为起诉、审判提供证据。因此，刑事照相是利用感光材料和专门的照相方法，显示、固定、检验与犯罪有关的客体形象的一门科学技术，是以揭露和证实犯罪为目的的。

2. 现场照相的特点。现场照相从技术层面客观、形象、真实和及时地保留了现场，并能在案发等特定场合的记录和使用。另外，现场照相过程也因其特殊的证据价值而具备特殊性。

（1）照相程序的特定性。现场照相在现场勘查中起着重要的作用，进行现场照相时，必须按照现场勘查指挥者的命令进行，同时严格按照现场勘查的程序执行，即便照相过程中存在一些灵活性，照相程序仍然受到现场勘查程序的约束。

（2）照相工具的特殊性。在进行现场照相时，受到很多因素的制约。比如，拍摄范围不同，可能大到几十甚至上百公里（火灾现场），小到几毫米（微量物证）；光照条件不同；拍摄角度不同。为了客观、公正、准确地反映案件现场，不管外界条件多么恶劣，拍照时，需利用不同的器材进行拍摄，以求适应各种复杂的拍摄环境以及拍摄对象，确保拍摄质量，为案情分析、物证鉴定以及法庭证据提供准确的信息。

（3）照相方式的独特性。案发现场的多变性和现场照片的宝贵价值，都为现场照相的方法提出了极高的要求。用特殊的方法，可以避免照相本身存在的缺陷，能够让所拍摄对象有检验和鉴定的价值或意义。例如，可从多角度多方面对同一物体或现场进行拍摄，表现出主体物的不同面或不同背景，以弥补单张照片单面表现出来的局限性；利用连续拍摄的方法，将大范围中的大主体尽可能较大范围成像且不变形；在近距离拍摄痕迹、物证时，尽可能让相机的镜头光轴与痕迹、物证所在的画面垂直，以此可避免照相时出现的近大远小的变形图片。

（4）记录现场的完整性。在拍摄现场照片时，往往是以案发时间点呈横向形式展开，照片能再现出现场由于案发而产生变动的客观情况，并能真实反映出客观状况所表露或掩盖的事实。因此，现场照相要从不同角度、不同距离、不同方位进行全面拍摄，拍摄的过程中不应加入拍摄者自己的主观意志，既要客观拍摄出事物的现状，又要合理反映出与现场相矛盾的证据，以供案件进一步侦查时进行参考。因此，记录现场的完整性一般都是由完整的现场图册组成。

（二）现场照相的要求

1. 及时。案件发生后，为避免现场遭到客观因素或人为因素破坏，现场照相人员必须以最快速度到达案发现场，在较短的时间内进行现场照相，并要保护好现场，以便下个阶段的侦查工作开展。

2. 准确。照相时，照片中的影像应较准确，同时要尽量将影像调节到最清晰状态。若照片中的影像模糊不清，就会影响照片要表达的案发现场的事物状态。

3. 客观。现场照相要以还原案件真实现场为前提。照相时，根据照相要求，真实、客观地进行拍摄，切不可以照相者的主观意识对现场加以修饰和摆设，现场中的物体不可随意移动位置，力求客观真实反映现场原状态，达到揭示犯罪现场实质的目的。

4. 完整。现场拍摄出来的照片往往会由多幅相互关联的照片组成，这些完整的画面汇集成一组图册，每张图片都从某个角度或某个主题体现案件的特点，画面与画面之间又有一定的关联性，以求完整体现出现场的真实面貌，将案件特点突显出来。

（三）现场照相的设备与相关器材

1. 相机。作为现场照相的相机，单镜头反光式照相机为首选。前提条件为该类相机性能好、质量过关、较耐用。通常使用的135单镜头反光照相机具备自动曝光、自动测光的功能，配有标准镜头及28毫米~85毫米的微距变焦镜头。在案件条件允许的情况下，可使用旋转式照相机，它可使镜头在拍摄时从一端向另一端匀速旋转，机身可以保持不动，拍摄的视角广，基本无变形现象。此类相机也很适合现场方位照相和室内概貌照相。

2. 滤光镜。适用于现场照相的滤光镜种类很多：黑白照相用滤光镜；彩色照相用色温镜；红外线照相用滤光镜、偏振镜、UV滤光镜。同时，不同密度的红、黄、蓝、绿滤光镜，红外、紫外、偏振、色温转换滤光镜均应配备齐全。

3. 光源。现场照相时应配备两只闪光指数在28以上的电子闪光灯，且要配备备用电池。在闪光灯的选择上应选用体积小、重量轻、方便携带、闪光指数高并具有自动控制曝光和输出功率控制的小型闪光灯。同时，2米~5米的同步线或同步感应器不可或缺。有条件的情况下，还可配备小型聚光灯、现场勘查灯和碘钨灯。

4. 近摄装置。现场照相近摄装置有：近摄皮腔、近摄接圈、近拍镜、微距镜头、反向接圈反装镜头、旋转式双向无极可变摄影接环。当使用近摄镜头时，应使用带有微距功能的定焦或变焦镜头；近摄镜头应选择与相机镜头匹配、成像清晰、相差较小的近摄镜头；近摄接圈和皮腔或者近摄调焦导轨应与相机相匹配，拍照时的倍率为 1∶10 ～ 1∶1 左右。镜头反装时，必须有反向接圈，它是与相机机身和反装镜头相连的装置。反向接圈安装后，镜头的调焦功能不可再用，应将镜头的距离标尺调到最近物距上。

5. 附属设备。比例尺，现场照相应备有黑底白刻度、白底黑刻度、彩色或者透明比例尺。比例尺的最小单位为毫米，刻度的误差不超过 1%。还应该备有钢卷尺、皮尺。

金属三脚架，要选择优质且坚固的三脚架且三脚架的云台可以在三维方向上转动。

感光材料，现场照相应备有全色片、盲色片、彩色负片等，有条件时还可配备红外、紫外片等感光材料。

其他器具，现场照相应备好暗房袋、快门线、痕迹物证编号标签、简易背景幕和柔光、反光、遮光器。偏远地区还应配备好黑白冲洗器具。

以上现场照相设备和器材应有序安放在专用的箱包中，并要时常检查这些设备，保证设备的完整性、可使用性和可靠性。以便接到任务时可随身携带使用。

二、现场照相内容

现场照相是为了真实、客观地反映现场的位置、情况以及环境。照相时应将受害目标、犯罪分子实施犯罪行为时留下的痕迹或物证、犯罪行为涉及的整个空间等进行有序地记录。以下就从现场方位照相（现场所处的地理位置）、现场概貌照相（现场内部整体情况）、现场重点部位照相（现场中重要部位的原始状况）和现场细目照相（现场发现的各种痕迹、物证）这四个方面阐述现场照相的内容。

（一）现场方位照相

现场方位照相是指以整个现场和现场周围环境为拍摄对象，反映犯罪现场所处的位置及其与周围事物关系的专门照相。现场方位照相除了强调现场所处的地理位置之外，也从另一层面反映出案发现场的气候和季节等信息。

“10.17”盗窃案现场方位，⊗为现场中心所在位置

图 5 - 1　方位照相示例图

1. 取景要求。现场方位照相时，取景的范围要大，拍摄点要高（视点应尽量选在较高且较远处）；尽量显示出现场与周围环境的关系；将现场周围的陪衬物体现出来；为了能够快速且准确地定位，拍照取景时，应将永久性或半永久性的特殊标志进行凸显，以反映现场环境和他们之间的相对位置关系；应将现场安排在画面视觉中心，以中、远景来表现。

2. 用光要求。现场方位照相主要使用自然光，以保证拍摄光照的匀称性。在光照方向上多使用前侧光、正面光或侧光。除必须外，现场方位照相可在白天补拍。如要进行夜间拍照，可将相机固定后打开快门，用闪光灯进行游动曝光或使用闪光灯同步进行配光。

3. 拍照方法。现场方位照相应尽量用一个镜头（一幅画面）展现被拍景物。若受拍照距离和镜头视场限制时，可采用回转连续拍照法或直线连续拍照法。注意，在拍摄连续照片时，画面的衔接处要避开现场重点部位，衔接处重叠部位应为整个画面的1/4或1/5左右，画面的调焦距离、用光、曝光应一致，画面的拍照间隔时间不应太长。

（二）现场概貌照相

现场概貌照相是指以整个现场或现场中心地段为拍摄内容，反映现场的全貌以及现场内部各部分关系的专门照相。现场概貌照相需反映出物体相互之间的关系以及案件的性质。它拍摄的范围较方位照相狭窄些，但具体涉及的内容要多一些，它可将现场内部因案发而产生的状态呈现给观察者，让观察者对现场有一个完整清晰的印象。

1. 取景要求。拍摄现场概貌图时，应以反映现场的整体状态及其特点为重点，应把现场中心或重点部位置于画面的显要位置；尽量避免重要场景、物证相互遮挡或重叠。现场概貌照相要求完整地反映出现场内部物体的位置以及相互关系，因此在取景时应力求完整，并选择较高较远的拍摄位置。同时，在拍摄时不可以对现场内物体进行移动，在主体物不会发生明显变形的前提下，可以使用广角镜头进行拍摄。

2. 用光要求。现场概貌照相光照应均匀，尽量使用白昼光进行照明；当现场光照不均匀时，也可用隐蔽的配光法调整或改善光照效果；前侧光或正面光为宜；相机的镜头应避开光源的直射。

现场概貌照相用光应遵循以下几个原则：室外现场概貌照相用光与拍摄方位的用光相同；逆光拍摄时镜头前应带遮光罩，并给主要部位补光；室内现场光照弱或者不均匀时，应使用闪光灯或其他灯光进行照明，但要注意，在使用闪光灯或其他灯光进行照明时应尽量选用反射光照明，用直射光照明时应注意配光角度。

3. 拍照方法。现场概貌照相一般应采用相向拍照法和多向拍照法进行拍摄，也可连接拍照。运用相向拍照法、多向拍照法时，拍照距离、镜头的俯仰角度和用光均应保持一致。

室外现场概貌之一
（相向拍照　○犯罪人口）

室外现场概貌之二
（相向拍照　⊗现场中心所在部位）

图 5 - 2　室外现场概貌照相示例图

（三）现场重点部位照相

现场重点部位照相是记录现场上重要部位或地段的状况、特点以及与犯罪有关的痕迹、物品与所在部位的专门照相。它能反映出现场各个局部之间的联系。对于重点部位的确定则要根据具体的案件情况而定。

1. 取景要求。拍照主体是案发中心部位，可反映犯罪嫌疑人手段或手法的情况；拍照时应以清楚反映现场重点部位的状况、特点及其与周围痕迹物证的关系为重点，确定拍摄距离和角度，以中、近景居多。另外，在拍照时不能移动现场内任何物体。

2. 用光要求。光照要求均匀且柔和；光照方向多为前侧光或正面光。

（四）现场细目照相

现场细目照相是记录现场上所发现的与犯罪有关的细小局部状况和各种痕迹、物品，以反映其形状、大小、特征等的专门照相。细目照相尽量在现场直接拍摄完成，若拍摄条件有限，可将原始遗留位置固定之后进行移动再拍摄。对于细目照相，还需要填写《现场勘验检查提取痕迹、物品登记表》，根据所拍照的物证逐一进行登记，并写明照相人、照相方法等，然后再由见证人审核并签字。

图 5-3　现场重点部位示例图

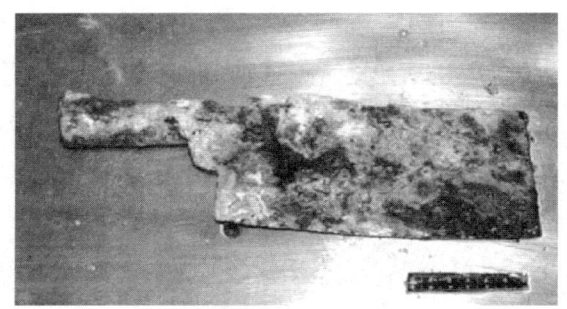

图 5-4　现场细目照相示例图

1. 取景要求。现场细目照相时要对拍照画面进行合理布局，拍照时被拍主体应占拍照画面的 1/3 以上。细目照相时有很多痕迹、物证非常细小，可以用近摄装置进行拍摄。

具体要求：

（1）拍照的主体是单个痕迹或物证，应用特写的形式拍摄出物体的特征且保证物体不变形。

（2）拍照用于检验鉴定的细目照片应进行垂直、比例照相，做到物面与焦面平行或光轴与物面垂直（如图 5-5），若不能垂直，应加方框比例尺以便后期处理制作。

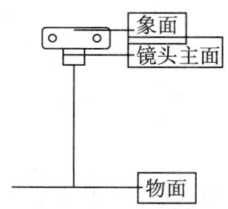

图 5-5　现场细目照相操作简图

（3）在条件不具备的情况下，可进行偏角摄影，但后期需要矫正。

（4）拍摄痕迹、损伤时，要反映出痕迹、损伤的形态、特征与所在位置。若取景范围太小，可用扩大拍照范围拍摄补充画面的方法对痕迹、损伤进行定位。

（5）现场上同类型痕迹、物证较多时应当编号，并将号码摄入画面。

2. 用光要求。现场细目照相应根据被摄痕迹或物证的状态、颜色、表面形态和需要表达的主题等不同，合理选择光源种类、光照强度和光照角度。可使用单向配光法（高反差）、均匀式配光法（有色痕迹或物证）、双向明暗配光法（立体痕迹）。

光照方向多为正面光、前侧光和侧光。

3. 拍照方法。凡是反映痕迹、物证形态与特征的照片，必须进行测量摄影。拍照时应注意：

（1）比例尺一般应放置于画面或特征下方居中部位。

（2）比例尺应与被拍物的主要特征在同一水平面上。

（3）比例尺应与相机光轴垂直。比例尺上不得有反光。

（4）要根据被拍物体颜色和使用的感光片种类选择比例尺种类。深色物体选用黑底白刻度的比例尺；浅色物体选用白底黑刻度的比例尺；全色、盲色负片选用黑白比例尺；彩色负片选用彩色比例尺；使用透射光拍摄透明客体应选用透明比例尺。

（5）要根据被拍物体长度来选择比例尺的长度（如表 5 – 1）。

表 5 – 1　比例尺与物证或痕迹尺寸

被拍物长度（mm）	＜50	50～150	150～500	＞500
比例尺长度（mm）	≥30	≥50	≥100	≥物体长度50%

（6）拍摄具有检验鉴定价值的重要痕迹时应加放直角比例尺，拍摄步幅时，应在步幅两侧放置贯通画面的比例尺。

以上四个部分构成了现场拍照的基本内容，在拍摄现场情况时，各有优势。方位照相反映了现场与外部之间的联系；概貌照相反映了现场内部各物体之间的联系；重点部位照相反映了现场各个局部之间的关系；细目照相反映了单个物证、痕迹的特征。不同的照相内容只能对现场的情况进行部分反映，要想完整地展现现场真实情况，一套完整的现场照片以上四部分均缺一不可。

三、现场照相的步骤和表现手法

（一）现场照相的步骤

1. 现场照相前的准备。由于案件性质、现场拍摄条件各不相同，为了保证在各种条件下，现场照相能顺利进行，拍摄前充分的准备必不可少。

（1）物质准备：

照相机。通常使用的135单镜头反光照相机具备自动曝光、自动测光的功能，配有标准镜头及 28 毫米~85 毫米的微距变焦镜头，能适用各种范围和广度的现场取景拍摄。

胶卷。胶卷有使用的有效期限，应及时进行检查，以免使用过期胶卷给拍照带来不必要的麻烦。从冰箱取出的胶卷应注意其清晰度达到均衡后才可使用。同时，随行带上一卷盲色片，便于拍摄痕迹相关的痕迹物证。

灯具及其他配件。闪光灯选择较大指数为宜。其他附配件详见"现场照相的设备与相关器材"部分。

以上现场照相设备和器材应有序安放在专用的箱包中，并要时常检查这些设备，保证设备的完整性、可使用性以及可靠性。出现场时用较短的时间井然有序地快速检查整理好后，即可赶赴现场。

（2）了解案情。拍摄人员到达现场后，应与其他勘验人员通过现场发现和保护人员一同了解案件的发生、发现的时间、地点和经过，现场原始状况、变动情况及保护措施，出入现场的人员及原因，财产损失情况，人员伤亡情况，抢救伤者对现场面貌造成影响的情况。

（3）熟悉现场。照相者了解现场案发大致情况后，需要对现场进行初步观察。熟悉现场是进行现场拍照的前提条件，在观察和熟悉现场的过程中，需按照现场勘查的规定进行。为了不污染现场，观察时应戴好手套、脚套，不移动现场中的任何物体，不在现场留下无关的痕迹。观察和熟悉的内容包括现场周围的环境、现场所涉及的范围、现场有无抛散物以及抛散物所涉及的地段等。对于刑事案件现场，还要注意观察有无存在明显特征的现场出入口，有无留下作案时将现场物体移动的痕迹等。

（4）固定现场。这个环节可和熟悉现场环节同时进行。在巡视和观察现场的同时（详细勘查开始之前），迅速准确地对现场概貌状况进行拍照固定。

（5）现场构思。根据现场状况，明确现场拍摄的内容、重点，构思安排多个画面、镜头的组合结构和对整个现场的表述方法。构思内容应包括以下几个方面：由于现场照片要构成一组有序的图册，拍摄时要考虑内容和内容之间的衔接；要考虑每张照片的主题，每张照片如何选择拍摄点及如何用光；拍摄的顺序及进度等。

（6）制定拍照计划。当两人以上共同承担复杂现场的拍照或录像时，应共同研究制定拍摄计划，统筹安排拍摄内容的先后顺序，并明确分工具体任务和责任范围。随着现场勘查的不断深入，可能会出现一些新情况，照相人员要根据现场变化了的情况对所拍摄照片不断进行修正，以保证所拍照片能客观、真实、清晰地反映现场的状况，为案件进一步侦查打下良好的基础。

（7）照相顺序。为避免痕迹和物证的损坏，照相时应遵循一定的拍照顺序，并根据现场勘查的情况，按照轻重急缓顺序进行拍照，确保拍照顺利进行。

（8）查漏补缺。整个现场拍摄完毕后，应检查有无漏拍、错拍和技术失误。如需对现场全部或部分保留时，应及时向现场指挥人员提出。

2. 现场照相顺序。

（1）先拍概貌，后拍中心、细目。为了使现场拍照在逻辑上形成一致，拍照者到达现场并经过初步观察后，就应将现场的概貌进行拍照，使现场外部或内部的整体情况得到反映。

（2）先拍原始，后拍移动。现场拍照要求拍照者对现场进行客观真实的拍照，这样才能原始地将方位照相、概貌照相和重点部位照相所表现的原始现场再现出来。因此，拍摄者不能随意移动现场的任何物品。但在现场细目照相时，可在前三种照相内容中保留了原始状态拍照后，再根据需求进行移动后的拍摄。另外，方位照相的拍摄范围较广，现场勘查的情况很少能对其产生明显的影响，因此，拍照者可根据现场的具体情况将现场方位照相放到现场勘查结束之后再进行也是可以的。

（3）先拍易破坏消失的，后拍不易破坏消失的。对于现场容易被破坏的物证或痕迹，比如易挥发的水渍脚印、易消失的雨中泥脚印、雪地中遗留的立体痕迹等，由于其不易留存且短时间易消失，必须及时进行拍照将它们固定下来。

（4）先拍地面，后拍上部（先拍低后拍高）。在作案现场，地面上往往会有遗留的痕迹、各类散落的物品或物质，他们容易受到人们踩踏而损坏或因人们的接触而移位，因此应先将地面上的痕迹或物证拍照固定下来。若地面上的痕迹或物证拍照有一定的困难，可以先用绳索等物体将其圈扣起来，进行保护，待其他对象拍摄完之后，再来拍照。

（5）先拍易，后拍难。对于现场所遗留的特征较清晰的痕迹或物证，光照条件较好的，可在较短时间完成拍照的，应优先考虑进行拍照；对于模糊的痕迹或物证，甚至是肉眼难于观察的，光照条件较差的，应放在整体的现场勘查结束之后，再利用较充裕的时间进行调光、配光和曝光，反复进行试拍，以求拍摄出较完整清晰的照片。

（6）现场方位的拍摄，应根据情况灵活安排。根据案件性质的不同，每个案件的现场情况都会各有特点，拍照者需根据案件性质对案件的现场方位进行选择并拍照固定。如在进一步的现场勘查中，案件的性质发生了变化，拍照者也要根据现场勘查的变化，重新定位现场方位，对以前拍摄过的照片进行更新或完善。

（二）现场照相的表现手法

1. 单向拍照法。单向照相法是以现场某一被拍对象或现场某一侧面为主要目标，从单一方向进行拍摄。应用范围：现场方位照相、现场概貌照相、现场重点部位照相和现场细目照相，但单向照相法较多用于现场重点和细目照相，简称"单向法"。调焦时，要求整个画面中的景或物都是清晰的，即除了主体物要清晰成像外，不同区域、不同距离上的物体也要清晰入镜。此方法最简单且快捷。

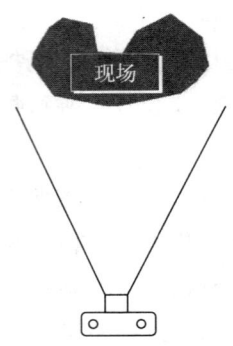

图 5 - 6　单向拍照法

2. 相向拍照法。相向照相法是从大致相对的方向和大致相等的距离分别拍摄两张照片，反映被拍中心部位或目标及其前后的物体或痕迹物证分布的状况和它们的相互关系。多用于现场方位、概貌和重点部位的拍摄。此方法可以从不同角度来反映被拍主体，体现被拍主体的不同面和不同背景之间的关系，同时可以对单一面拍照观察不全面进行弥补。

使用此方法拍照有以下几个注意事项：

（1）尽量避免从不同方向拍照而使物体出现变形现象。比如有尸体存在的现场，不宜从尸体的头或脚方向取景，尽量从其两侧相对应的方向取景，并将相机的镜头垂直于尸体的腰部，以此来保证拍摄尸体时不会有较大的变形。

（2）尽量避免相对光源进行拍照。除了太阳、电灯等我们常说的光源以外，在室内拍摄中，正对天空的门窗、甚至利用闪光灯照相正对的反光较强的玻璃、镜面都会反射到镜头中形成光圈，都会使照片拍摄不清晰，造成拍照失败。若因环境的限制，镜头要正对光源方向来取景时，应使用遮挡光的方法或者将相机升高，由高至低俯视取景来避免光晕的产生。

（3）两方拍照点的拍照条件要相同。为了保证两次拍照所曝光的画面影调一致，两个拍照点至中心物体或场景中心的距离和高度应保持一致。在进行后期编排时，应将它们对应放在一起（以左右或上下形式出现），并用文字加以解释说明。

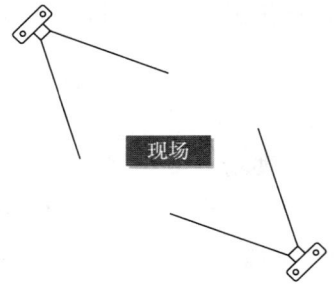

图 5 - 7　相向拍照法

3. 多向拍照法。多向照相法是以现场被拍物为主要目标，从三个或三个以上不同的方向，以相等的距离对被拍物进行拍摄。多用于现场方位、概貌和重点部位的拍摄。此方法能够反映出被拍主体三个以上不同方面以及不同背景之间的关系，通常用于对较复杂的现场环境或者较复杂的地理条件进行拍摄。

此拍照方法要按照以下方法进行：

（1）根据现场环境的状态或者被拍对象的位置，规划好拍摄点的位置和数量，三相交叉和十字交叉等多向方位均可。

（2）每个拍摄点到被拍物或拍摄中心的距离大致保持一致。

（3）在多向拍摄过程中，不同拍照画面的取景要处理好局部和整体的关系，突出重点。

（4）同一现场所拍照的画面应将其光照、距离等条件基本保持一致，在进行后期编排时，应将它们编排在一起，并用文字加以解释说明。

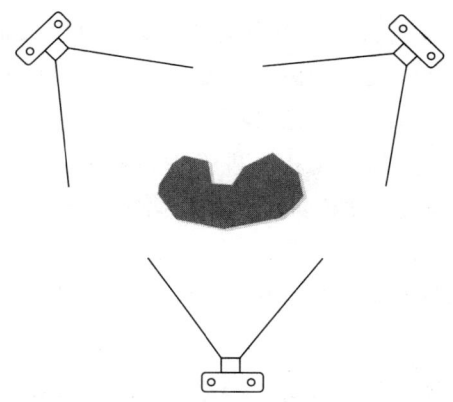

图 5 - 8　多向拍照法

4. 回转连续拍照法。回转连续照相法是将相机固定，只转动相机改变拍摄角度，将被拍对象分段拍照，然后将分段拍摄的照片拼接在一起成为一幅长条形且完整的照片的方法。此方法多用于拍摄现场方位和概貌这些场面较大、拍摄时无退路且照相机涵盖力不足，或为了防止被摄物体因广角镜头拍摄而造成影像比例失调的明显变形现象而使用的拍照方法。

使用此方法拍照要注意以下几个事项：

（1）拍照相机应使用具有旋转功能的三脚架进行固定，照相机镜头视场角不大于55度。

（2）拍摄切入点应选择正对中心并可以体现现场全貌的位置，取景时要把被拍对象放置于画面的中心或较凸显的位置上。

（3）由于后期制作要将所有画面进行拼接，因此重点物品或痕迹应避开画面的拼接线。

（4）相邻照片需要重叠，重叠区应为整个画面的1/4～1/5。

（5）同一现场或场景，拍照的画面控制条件应尽量保持一致。

（6）拍照时利用调焦技术来获得较大景深并将所拍摄的画面做一次性调焦和收缩光圈处理。

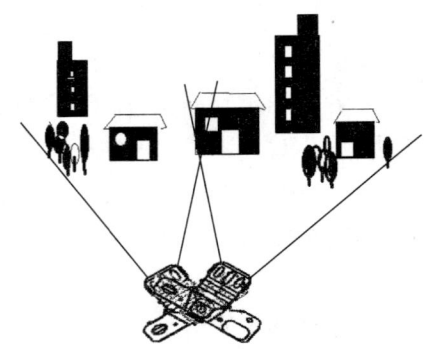

图 5 - 9　回转连续拍照法

5. 直线连续拍照法。直线连续照相法是将相机垂直于被拍对象，相机的焦平面和被拍物平面平行且等距，沿着被拍物由其一端向另一端直线移动，将被拍对象分段拍照，然后将分段拍摄的照片拼接成长条形照片的拍照方法。此方法多用于现场方位照相、现场概貌照相、现场重点部位照相和现场细目照相，并用于拍摄现场地段成行的足迹、血迹、长条形车轮压痕、横向或纵向的标语字迹等。

使用此方法拍照要注意以下几个事项：

（1）拍照相机应使用具有旋转功能的三脚架进行固定，照相机镜头视场角不大于55 度。

（2）拍照时相机镜头和被拍物的物距必须相等且相机镜头光要垂直于被拍物面。

（3）确定好被拍物体拼接线时，重点物品或痕迹应避开画面的拼接线。相邻照片需要重叠，重叠区应为整个画面的 1/4 ~ 1/5。

（4）同一现场或场景，拍照的画面控制条件应尽量保持一致。

（5）若某客体需要进行比对检验，拍照时必须进行比例拍照。

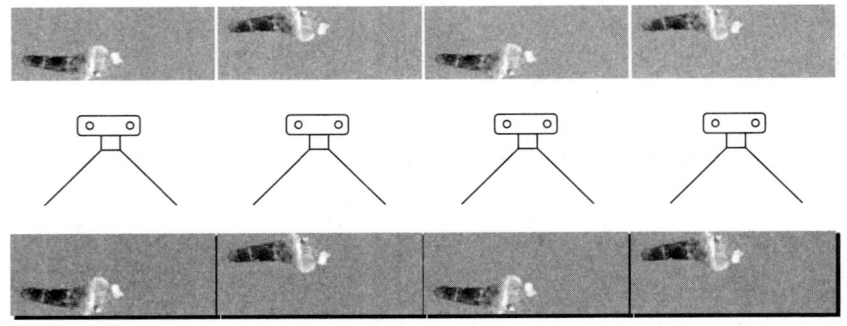

图 5 - 10　直线连续拍照法

6. 测量拍照法。测量照相法是在被拍现场和痕迹物证的适当位置放置比例尺，将被拍对象与比例尺一同摄入画面，以测定现场客体间的距离或痕迹物证的大小的拍照方法。多应用在现场细目照相当中。

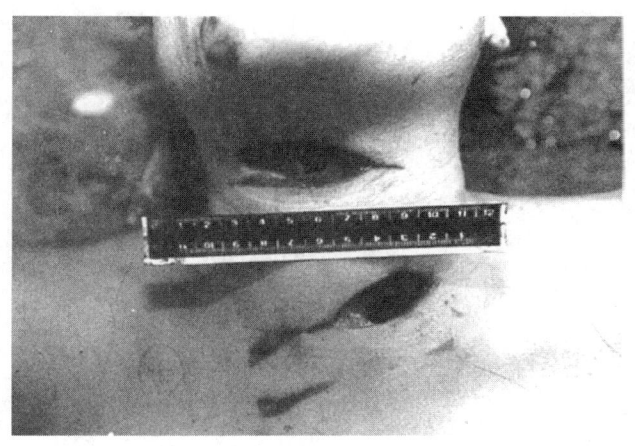

图 5 - 11　测量拍照法

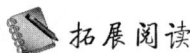 拓展阅读

制作现场照片案卷

现场照片应体现出什么地点发生了什么性质的案件；侵犯的对象是什么；犯罪分子采取了怎样的手段；案件造成了怎样的后果；在现场哪些部位留下了痕迹或物证，这些痕迹或物证之间有什么联系，他们对揭示犯罪有什么意义。要想人们对整个现场状况和案件性质有直观的了解，制作现场照片案卷的工作必不可少。现场照片案卷的制作是现场照相工作中最后一项工作，它包括照片裁切、编排、粘贴、标注和文字说明等，是一项专业性非常强且很细致的工作。刑事照相人员除了要具备一定的照相技术之外，还要具备侦查、现场勘查、刑事技术及办案程序等相关知识，否则，很难按案件要求制作出符合现场办案所需的现场照片。

一、现场照相卷宗的构成

按照中华人民共和国公共安全行业标准《刑事照相制卷质量标准》，一套完整的现场照片卷宗应包含：案卷封面、封二、案情简介、目次、照片正文。卷宗在装订时按照上述的顺序装订成册。

（一）封面

卷宗封面应包括：案卷编号；份号；密级；案卷题名（包括案件发生的地域、案件名称和案卷内容）；拍摄单位落款（制作机关）；制成时间。需要注意的是案件名称应与现场勘查笔录和现场图的案件名称一致，一般需要包括被侵害对象和侵害结果。

也可使用案件性质和案件代号作为案件的名称。

185±0.5　　　　　　单位：mm

机密　　　　　　　　　（　　）公刑现照字第　号

份号：

××地区

××案

现场照片

××公安局

年　月　日

封　面

现场地点：

案件名称：

案件性质：

拍照时间：

拍照人：

制卷单位：

制卷人：

审签人：

年　月　日

本卷共　页　　照片　张

本卷共　份

封　二

（二）封二

封二以列表的方式逐一填写，比较简洁地把案件情况、卷宗制作等有关内容表达出来。主要内容有：现场地点，需要使用当地正式名称，应精确到门牌号，例如某市某区某街道（路）某号等；案件名称；案件时间；拍照时间；若拍照人有几个人同时参与，应按照主次排列出来；制卷单位；制卷人；审签人，一般为现场勘查指挥人；案卷页数，卷内照片张数，案卷份数等。所有内容填写完毕后，经领导审核并加盖单位公章，其卷宗材料正式生效，具备法律效力。

（三）案情简介

案情简介的内容应包括：报案时间、案件发生或发现时间、地点，报案人及被害人的姓名、职业、住址及案件发生、发现的经过等情况。在书写案情简介时要求文字表达精炼准确，通俗易懂，力求与现场勘查笔录、现场绘图、现场拍摄（解说词）等材料一致。当刑事案件现场照片与现场勘查笔录等组合反映已经勘验的现场时，现场照片卷宗的案情简介内容可以省去。

（四）目次

一般说来，复杂现场、特大重大案件现场，拍摄的内容比较多，其段落层次较复杂，这时制卷时就要编写目次。目次，即卷宗内容的目录，便于我们查找卷宗的内容。编写目次时对本段落拍摄的内容要高度概括，反映一张或一组照片的中心含义。对于一些特大案件（如杀人、移尸、分尸、抛尸等）也可以按第一现场、第二现场等设置总目录，再在每个现场下编写次目录。目次的内容应包括各段落层次的标题、所在的页码。标题与所在的页码之间用"……"号连接。

例1：现场情况

　　　尸体姿势、衣着

　　　尸体损伤

　　　尸体解剖

例2：第一现场

　　　第二现场

　　　第三现场

（五）照片正文

现场卷宗正文是通过照片来直观表达案件内容的，照片正文通常有以下几个部分组成：现场照片的组合；解释性的标引线；标志、符号、代号；注释、说明性文字。

二、现场照相卷宗规格及版面要求

（一）纸张规格

一般使用 $200g/m^2 \sim 250g/m^2$ 的卡片纸或白板纸，若是电脑打印案卷，则使用 $90g/m^2 \sim 150g/m^2$ 的白色纸张进行打印。也可使用幅面尺寸为 A4 型 $210mm \times 297mm$ 的照片打印纸或者彩色相纸。当正页粘贴不下一个层级的多幅照片时，可在翻口接上续折页，上下两边不可接续折页。折页是扇形折，折页的幅面长度要与正页保持一致，宽度一般为182mm，折页连续数量不超过7页为宜。

（二）粘贴规格

粘贴时，照片间距不得小于5mm；画幅尺寸相同或相近的两张或两张以上的照片在同一页面上横向并列时，要粘贴整齐（照片上下两边应平齐）；竖向并列时，左右两边应平齐。另外，粘贴照片时要注意照片的方向，现场指纹照片应指尖向上；足迹照片为足尖向上；其他细目照片均应与所属主画面反映的方向一致且应靠近所提取的位置粘贴。

不应使用浆糊粘合照片。照片粘合剂要使用不与照片乳剂、成色剂产生化学反应而使照片变色的粘合剂。粘合剂应点涂于照片背面的四角或周围，用量不宜过多，点涂位置不宜过分靠边，不要全面涂抹。粘贴好的照片要及时压紧并固定，压紧前应在折页之间衬纸，以防照片的乳剂受潮后相互粘合。

照片应在图文区内粘贴。图文区为156mm×225mm，即上白边（天头）为37mm±1mm，下白边（地脚）为35mm±1mm，左白边（订口）为28mm±1mm，右白边（翻口）26mm±1mm，除连接片与横幅长照片可占用左右白边或横跨两个版面外，其他照片均应在图文区内粘贴。

（三）装订规格

照片装订前要填写好页码；照片装订规格统一为左装式平订平装本；照片卷的厚度要控制在20mm以内，若案件复杂，现场较多时，预计装订照片会超过此厚度时，应按照内容分类为卷一和卷二等来分别装订；装订时要根据图文区的厚度，在订口一侧将适当厚度的衬条加夹进去；装订后应贴好封卷脊，案卷厚度超过6mm时，应在卷脊上竖行印贴上与封面内容相同的卷名。

按照以上规则进行装订，装订好的照片卷应该整齐、清洁、平展且牢固。

（四）版面要求

排版要求照片的几何形状以横向矩形为主，但在装订中也可根据被拍主体的形状或拍照表现手法的要求来配置少量方形、竖幅或圆形的幅画；在照片装订的图文区内，合理配置画面，并留出一定的空间位置，约占图文区的1/4～2/5左右，这样使版面显得既不拥挤也不松散。总而言之，对于照片的排版来说，要做到严肃、统一、灵活、多样且不宜过分讲究对称，以免显得呆板。

三、现场照相卷宗制作的步骤和规则

现场照片卷宗的制作要按照以下步骤逐一进行：选取照片，冲洗放印照片，编排照片，粘贴，符号标引，文字说明，装订，签审。

（一）现场照片的选取

在印放照片前要对所摄的底片进行挑选，把需要放大的照片选出来，再把挑选出来的照片放入文件夹中等待冲洗或印放，同时避免边放边洗，造成遗漏或重放。

（二）现场照片的印放

印放的照片必须清晰、规范，符合刑事照相的要求。对于电脑打印照片案卷应用 $90g/m^2 \sim 150g/m^2$ 的白色纸张进行打印。也可以使用照片打印纸或彩色照相纸。

1. 现场照片的筛选要求。照片中体现主题内容的景物和特征的要清晰逼真，且需要较大的景深范围；痕迹物证照片的比例尺不应变形，若为按照倍数制作的照片，比例要准确；彩色照片的色彩不应失真或明显偏色，应接近实际颜色，因检验鉴定需要而增强或降低照片的反差度除外；照片衔接处的放大倍率、密度、反差、景调、色彩应保持一致；照片接线处应避开画面重要部位和尸体；照片应使用光面的相纸进行制作；照片要求清洁、平整，不应有明显的划痕、白点或污渍；照片一律不留白边，也不应裁切花边。

2. 现场照片的尺寸要求。照片的形状应遵循以横幅为主的原则过行，竖幅矩形不宜过多，也可穿插少量的方形或圆形，但不应有菱形、三角形等其他几何形状，更不可以将主体剪留去除背景；照片长∶宽的比例应在8∶5左右。剪裁照片时，可以根据主体形状和版面组合来确定；照片尺寸可根据案件的主题和拍照内容来进行编排。

属于主要画面的方位、概貌、重点部位照片和直接反映案件性质的重要细目照片，尺寸应为127mm×203mm（5英寸×8英寸）或89mm×127mm（3.5英寸×5英寸）左右；属于辅助画面场景、特写照片，尺寸应为89mm×127mm或63mm×39mm（2.5英寸×3.5英寸）左右；属于痕迹画面的痕迹物证照片，应按比例尺放大（详见表5-2）。其他痕迹物证只要能清晰反映其特征和形象即可，一般在63mm×89mm或89mm×127mm左右；连接照片宽度不小于89mm（3.5英寸），长度不大于305mm（12英寸）。

表5-2　痕迹物证放大比例表

痕迹	指纹单	掌纹	足迹	弹头痕	弹底痕
倍率	3	1	0.5	10	4

3. 照片编排。照片编排是在卡纸上将不同内容的现场照片组合、排列、划分层次和编辑，使现场照片可以有逻辑地、连贯地排在一起，从而达到全面、系统、完整、真实地再现犯罪现场的目的。它可用传统冲印照片按标准粘贴而成，也可以由数码相机拍照再通过电脑编排按顺序打印而成。

（1）现场照片编排原则。卷宗照片的组合编排要以系统连贯、直观简明、突出重点、表述整体为原则。照片编排要强调逻辑性，思维要连贯，不能有跳跃。要尽可能用图片来说明问题，能用一张照片就能反映、说明问题的，坚决不用两张照片。要围绕现场中心开展工作，特别是对于现场的状态、犯罪中心、进出口、侵害的目标、痕迹物证的分布等重要点加以表现。编排要有主有次，强调现场的完整性，如现场环境、现场的状况特点、重点部位的情况、现场痕迹物证的分布等都能在卷宗中得到体现。

（2）现场照片编排方法。现场照片的编排应根据案件现场情况和照片数量而定。简单现场，照片数量较少，可根据现场方位、概貌、重点部位的顺序，结合细目照片进行编排；现场复杂，拍摄内容较多的，可按照片的内容分类编排；现场范围较大、涉及场所多、细目内容多的案件，可根据案发地或按犯罪实施的先后顺序，划分段落进行编排。

（3）现场照片编排重点。要把反映案件性质的重点部位照片和可以揭露或证实犯罪的痕迹、物证照片作为重点进行编排。需要标引定位的照片应与所在重点部位的主画面进行配合，不可在案卷中孤立存放。

4. 现场照片的标示与符号。现场照片的标示与符号的使用，是为了突出照片不太明显或需要重点显示的主体物的位置、物体与痕迹或物证之间的关系，或让相互关联的照片有机地整合在一起，给人留以完整、系统的印象。通常用标引线、符号、代号进行标示，他们的颜色应为黑色或红色，符号、代号还可以根据情况使用白色标画，标引线和符号要指向准确且位置清晰。

（1）标引线。标引线是刑事照相卷宗照片注释性说明的线条，凡主画面与若干附属画面组在同一或相邻版面上时，非经标引不能表达主题内容与位置关系的，则要应用标引线进行标引。

标引线应为连续的单线线条，线条的宽度不宜超过 0.8mm；标引线以用红色或黑色为宜，同时要考虑标引线与照片之间的色彩差别，尽可能加大色差，若在标引时碰到照片的颜色与标引线的颜色一致时，此时要改变标引线的颜色以便于辨认；标引线标引说明时其走向要平行于卡纸的一边进行，必要时可以用折线，但弯折处必须为直角，一条标引线的折角最多不得超过两处；标引线之间不得相互交叉；标引线的线端指向要准确，不得离被标引的位置太远，不得把线端画在较小的标引对象上。

（2）符号、代号。符号、代号是刑事照相卷宗为表达现场及现场上痕迹物证而采用的约定式记号，用之可以直接地标示现场、现场重点部位、细目或痕迹物证的具体位置，现场方位、概貌照相的坐标方向，明示一些在画面上隐含的目的物或画面上无法反映出来的痕迹物证。

符号、代号通常用红色、黑色或白色颜料标画，线条宽度不得大于 0.5mm，长度不得超过 5mm；符号、代号要规范、清晰、醒目，标画的位置要准确到位，前后一致，记号种类不宜太多太杂；符号、代号可直接在照片画面上标示，对一幅画面要标志标画的符号、代号较多或不宜在画面上标注符号、代号时，要应用标引线引至画面外的图文区进行标注。

表5-3 常见的标志、符号、代号图例及标注含义

图例	标注含义
⊕	标示现场或现场中心所在部位
△ ▲	标示痕迹、物证所在的部位
⇧ ↑ ↑ →	标示方向或痕迹、物证的特征

续表

图例	标注含义
① ② ③	标示物体、痕迹、物证
○ ○	标示类型相同的多处痕迹、物证

5. 文字说明。为了将照片更准确、客观地反映出拍摄者的意图，可以使用文字说明来解释所拍摄的内容，符号、代号所表示的内容，以及拍摄时所使用的技术手段和特殊方法。以下情况需要进行文字说明：照片内容非文字说明不能形象表述或难以理解的；经标引或附图解后仍不能清楚准确地反映照片内容的；对案件定性至关重要，必须附以文字加以说明的；已在照片上标注符号、代号的，用文字夹说明其符号、代号所表达的内容含义；用相向、多向、十字交叉等方法拍摄的多张万位、概貌照片和通过特种光源、技术手段显现拍摄的痕迹物证照片，要对拍照手段、方法、拍摄条件等加以文字说明；因抢救被害人、灭火、当事人（事主）无意出入现场，或自然力量（如风、雨、雪等）无法抗拒而造成现场破坏的，要附以文字说明；划分段落层次的照片卷，应在段落层次前附以概括内容的文字标题。

文字说明基本要求：文字说明内容要通俗易懂，简明扼要，严密准确，客观真实，表达规范，要与勘查笔录、现场绘图、尸检报告、现场拍摄等材料上的表述一致；文字说明要用标准汉语；文字说明中的计量统一用阿拉伯数字书写，计量单位采用 GB 标准单位或符号标注；文字说明的字迹应采用计算机打印，通常用宋、楷字体，字的大小根据内容而定；文字说明通常书写在照片下方或靠右侧，文字说明的使用以需要与必要为原则。

6. 装订。照片卷宗的装订以左装式平订平装本为准，若一个现场的内容较多，一本卷宗装订厚度太厚，应分列第一卷、第二卷等加以装订。装订前在卡纸上填写页码，用专用装订线顺序装订，为防止装订后卷宗的厚度变化，在装订口衬以等厚度的长条形的卡纸片，装订后的卷宗应牢固、整齐、清洁、平整，为便于查找，在卷宗的脊背处要贴上卷脊，卷脊题名与案卷封面题名相同。若分列多卷，则在同一题名下标注第一卷、第二卷等以示区别。

7. 签审。照片卷宗制作完成后，需要参与现场勘验人员进行审核，保证所有现场材料的一致性，对于确应修改的内容要经共同商量后再行决定。照片卷宗由现场勘查指挥人员签发，在封二生效标识域加盖公章后，卷宗才具备法律职能。

【单元练习】

现场照相的内容与方法训练。

一、练习目的

1. 掌握现场照相基本内容。

2. 了解现场照片卷宗的制作过程。

二、练习内容

1. 设计一个刑事案件现场，根据现场情况制定现场内容的拍摄计划。

2. 从现场照相表现形式出发，选择恰当的照相表现手法进行拍照。

3. 照片卷宗的制作。

三、练习器材

数码相机、电子闪光灯、三脚架、比例尺。

四、练习方式

学生每 2 人一组，每一小组设计一个刑事现场并根据现场内容选定恰当的拍照表现手法进行拍照，并参与照片卷宗的制作。

五、练习报告

每小组写一份报告，要求说明设定的现场情况、练习的目的、练习的内容、练习的方法、练习的步骤和报告小结。

学习任务三　掌握人身辨认照相技术

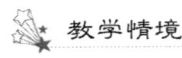 **教学情境**

为了固定、记录犯罪嫌疑人的犯罪事实，增强侦破案件的证据力，辨认照相越来越成为一种重要的间接证据。多数重大或特大案件，都会进行辨认现场照相。辨认照相作为一种间接证据，能够直观地证实犯罪嫌疑人的作案情况，揭露犯罪，为审判提供必要的证据。

工作任务

1. 人身辨认照相概述。

2. 人身辨认照相拍摄方法。

一、人身辨认照相概述

人身辨认照相是刑事照相的一种，主要用于在押犯登记，反映犯罪嫌疑人的相貌、体态特征，通缉在逃犯，查对前科，识别和认定犯罪嫌疑人等。因此犯罪嫌疑人照相质量的好坏对于刑事案件侦查和刑事案件诉讼都起着举足轻重的作用。它为辨认人身的同一认定等司法活动提供条件。

（一）人身照相的性质

人身辨认照相因为其特殊的作用和目的，因而它不同于摄影界常用的"人相摄影"

一词。它从属于人相摄影，但与人相摄影又有所区别：①拍摄对象不同。人相摄影广泛适用于广大公民。而人身照相则仅局限于犯罪嫌疑人这个特殊群体。②拍摄用途不同。③表现手法和拍摄要领不同。人相摄影，通过对人物形象的反映，深刻揭示人物的性格特征和内心世界。并通过刻画具体的、鲜明的人物形象，创造典型人物，以获得不同于一般人相摄影的效果。优秀的人相摄影作品可以给人们以美的艺术享受。人相摄影可以变换视角，化妆、修饰、美化被拍摄对象。而犯罪嫌疑人照相着重记录其相貌特征、人体特征（包括生理、病理、人为特征等），必须客观真实地反映犯罪嫌疑人的体貌特征，不允许做任何修饰。

（二）人身辨认照相的内容

1. 正、侧免冠半身照片。此方式是为了记录犯罪嫌疑人或罪犯的体貌特征。人的体貌特征包括生理、病理或人为特征。人的相貌特征具有特定性和稳定性。特定性是指人的相貌由无数特征组成，这些特征千差万别；稳定性是指人的面貌形态，不随年龄的变化而发生质的变化，总保持基本形态。这些特点为同一认定和人身辨认提供了条件。

2. 特写照片。为了记录犯罪嫌疑人或罪犯的特殊特征。包括文身、永久伤痕、斑、瘤等。

（三）人身辨认照相的要求

人身辨认照相要求清晰逼真地反映犯罪嫌疑人或罪犯的体貌特征，不允许拍照人员做任何修饰。此要求为侦查破案、技术鉴定和诉讼判决提供合格的照片，用以识别和认定犯罪嫌疑人和进行罪犯登记。每一个犯罪嫌疑人或罪犯均需拍摄正面和左侧面半身免冠照片各一张。照片要求下面齐胸第二纽扣以上，左右肩臂取全，上部包含完整发型，还要把脸型、颅骨正侧形状、发际、前额、眉弓、眼、鼻、胡须、雀斑、伤疤、麻子、瘤子、痣、颈、肩、胸、右耳等特征，真实客观地反映出来。若有习惯戴帽子、戴眼镜的，应先去掉眼镜或帽子进行拍照，然后再戴上眼镜或帽子拍摄一张照片，作为参考图像进行保存。擅长化装的犯罪嫌疑人或罪犯，还应拍摄化装后的参考图像。对犯罪嫌疑人或罪犯身上的特殊特征，比如文身等，还应拍摄局部特写照片。

拍摄正面免冠半身像，要求拍照时照相机镜头的中心、胶片中心点和被拍照人下唇三点成一线；被拍照人的姿势要端正，头部不能上仰或下俯，不能戴墨镜，面部表情应处于正常放松状态；被拍照人两耳应外露一致，两眼平视镜头，两肩平衡，两手自然下垂；被拍照人前额中心、下颌中心、胸牌中心及背景中线应成一条垂直线。

拍摄左侧面免冠半身像，要求犯罪嫌疑人或罪犯的双肩、躯干的姿势与拍照正面照片时相同；头颈向右转80度，相机镜头的中心轴线对准被拍照人的左耳部位，且耳朵不应被头发遮掩；被拍照人的前额、眼、鼻、嘴的轮廓和耳部要在照片画面中充分表现；若在特殊情况下，也可拍摄右侧面像。

二、人身辨认照相拍摄方法

（一）人身辨认照相的拍摄

1. 照相机的选择。用 135 单镜头反光照相机拍照时，取景时要考虑时间视差问题，要求拍摄者掌握好拍摄时机，避免被拍摄对象闭眼、皱眉等；用 120 双镜头反光照相机拍照时，取景时要考虑并校正空间视差，因为双反机为旁轴取景；用 120 单镜头反光照相机拍照时，同 135 单反机一样要考虑时间视差问题。由于 120 单反机底片尺寸大，镜头素质好，因而成相好，做此类用途摄影更适宜。尤其是 6cm × 4.5cm 画幅最好，可以直接印相。

2. 拍摄镜头的选择。犯罪嫌疑人照相同人相摄影一样，在镜头选择上应首选人相镜头，或者选用变焦镜头的人相段。通常把焦距为标准镜头的 1.5 ~ 2 倍的镜头叫人相镜头（肖像镜头）。所以用不同画幅的相机应选用不同焦距的人相镜头。有一种专用的人相镜头，内设柔焦装置，可以掩盖被拍摄对象的斑痕、皱纹等缺陷。然而此种镜头不能用来为犯罪嫌疑人照相用，原因是它不符合人身辨认照相的要求。

此外，变焦镜头的人相段同人相镜头（定焦头）都可以完成人身辨认照相这项工作，但定焦头更好，有以下几个原因：首先，从定焦镜头素质来说，中焦距定焦头的素质是除标准镜头以外最高的，它的明锐度、镜头分辨率、最大光圈、对变形和各种像差的校正、色彩还原和色彩饱和度等方面指标均好于其他镜头。其次，从镜头构造来看，中焦镜头的构造较简单、镜片数较少，因此，中焦镜头较变焦镜故障率低。而且中焦镜头的体积和重量较轻巧。然后从价格来谈，85mm、F/1.2 或 85mm、F/1.4 的中焦镜比同品牌 80mm ~ 200mm、F/2.8 的变焦镜价格低些，85mm、F/2 或 100mm、F/2.5 的中焦镜比 80mm ~ 200mm、F/4 的价格低些。因此，可以说，中焦镜比变焦镜会便宜些。再次，从拍照效果来看，由于普通变焦镜头镜片多，最大口径小，拍人相时往往要在光照强度较大时才会有较好的效果，而人们往往在光照强度较低时眼睛才睁得大，脸部的肌肉才松弛，皱纹才舒展，因此在光照强度低处拍人相（包括犯罪嫌疑人照相），使用中焦定焦镜头效果会优越得多。即使是涵盖人相段的恒定光圈的专业变焦头，其成像质量也无法同相同档次的中焦定焦头比拟。最后，从拍照距离来看，135 单反相机使用 85mm 定焦头拍照，镜头距被拍对象有 0.8m 处；用 100mm 定焦头拍摄在 1m 处；135 镜头在 1.5m 处。定焦头的拍照距离是不变的，而变焦镜只需要变焦，人相就满幅，摄影者通常不自觉站远。尤其是对人身辨认照相，"敬"而远之的潜意识，加上使用变焦镜会使摄影者离被拍者越来越远。从而使拍出的人相产生透视压缩的效果。

3. 照明配光。犯罪嫌疑人照相配光要做到光照均匀、柔和，相貌轮廓清楚，富有层次和立体感。这里需要指出的是彩色摄影对光源色温有严格要求，如果用白炽灯、碘钨灯照明，就要在摄影镜头前加色温转换镜或使用灯光型彩色负片。使用色温为5200K 的光源拍照最好，因为这样就可以直接使用日光型彩色负片拍照。

4. 背景、标志牌的选择。犯罪嫌疑人照相背景一般选灰色。肤色较白的人可用深灰色做背景，较黑的人可选用浅灰色做背景。背景照明要均匀、平淡，突出头部轮廓。背景制作时，要选用 60cm×109cm 中灰色、无反光的平整背景板，用粗线绘图笔划出50cm×100cm 的粗线边框，并以 1cm 为间距绘成纵横细线；在全宽 50cm 的正中，即25cm 处制作一条有标志的中线，有边框 5cm 内留出空白。同时，要求被拍照人身后要附加能表示人身高、体态和比例的米尺，上端线为 200cm，要求悬挂高度与实际高度完全一致；拍照时，要求被拍照人以站立姿势站立在背景前，双胛骨紧靠背景，客观地表现被拍照人被拍照的各部位比例且尽量减小阴影。

标志牌也叫胸牌，标示犯罪嫌疑人或罪犯的编号、拍照单位。被拍照人胸前要求挂胸牌，制作胸牌时选用一块 20cm×30cm 的木板，均匀涂上无光黑漆，上下两个横边标明 1cm 宽度的黑白比例尺，拍照时把胸牌悬挂在被拍照人前胸适当位置，并用白色笔在胸牌上注明被拍照人的姓名和编号等。除了以上要求，人身辨认照相时对标志牌并无其他特殊要求。

5. 光圈、快门与对焦点的选择。人身辨认照相一般选择小光圈增加景深保证鼻子、耳朵处于清晰范围。快门速度应选不低于 1/125 秒的速度，因为此速度在人相摄影中可以凝固运动。若低于此速度，建议使用三脚架，保证相机稳定，保障摄影清晰度。人身辨认照相同人相摄影一致，均是以眼睛为对焦点。

6. 感光材料的选择。人身辨认照相一般选择中速黑白全色片或彩色负片，由于此种用途照片通常不需要放大到比 3R 更大的尺寸，所以中速片足以满足要求。值得一提的是，选择彩色负片要选用色彩还原真实的负片，这样才能客观、真实地反映犯罪嫌疑人面部皮肤颜色和细节特征。

（二）人身辨认照片后期加工与档案资料分类

1. 人身辨认照片的后期加工。人身辨认照相的照片制作应按标准工艺进行，正片尺寸大小要求 45mm×60mm，要保证照片能长期保存而不褪色、不变质。

（1）彩色照片。由于彩色冲扩工艺的复杂，冲卷一定要按该胶卷的推荐工艺配方或可行的替代工艺配方到专业店去冲，而不能图便宜快速冲卷。对扩片的要求：一是色彩还原准确、真实、不偏色。二是密度适中，细节表现清晰。

（2）黑白照片。冲卷时宜用罐显，避免划伤底片。选用反差柔和，对强光部分反映较好的冲洗配方。要按使用胶卷推荐配方、时间、温度进行显影、定影。如胶片推荐使用配方与所使用显影配方不符时，建议先做实验，按结果确定冲卷时间。扩片时应选用中等反差相纸及显影液，以确保面部细节特征有好的表现。

2. 人身辨认照片档案资料分类。

（1）单一分类：

按案件性质分类。A 类：抢劫、抢夺、故意伤害。B 类：强奸、猥亵。C 类：诈骗、盗窃公私财物。D 类：扒窃。E 类：其他违法犯罪。

按犯罪嫌疑人或罪犯年龄分类。A 类：16 周岁以下。B 类：16～25 周岁。C 类：25～35 周岁。D 类：35 周岁以上。

按犯罪嫌疑人或罪犯的身高分类。A 类：1.66 米以下。B 类：1.66 米～1.75 米。C 类：1.75 米以上。

（2）综合分类。在单一分类的基础之上，以其中一大类为基本规范，配合其他分类方法进行分类。如以案件性质分类为基础，每个性质的案件中又可以按照年龄进行二次分类，再在年龄分类的基础上更进一步按照身高进行再次分类。

【单元练习】

人身辨认照相。

一、实验目的

1. 了解人身辨认照相的内容。

2. 学会人身辨认照相的基本拍照方法。

二、实验内容

1. 了解人身辨认照相的专用器材和拍照方法。

2. 拍摄人身照片。

三、实验器材

数码相机、三脚架、调焦镜头、打光灯、比例尺。

四、实验方式

学生 4 人一组，在人身照相室内实验。

五、实验方法（略）

六、实验报告

学生以小组为单位写出实验报告，每人交两张人身拍照相片，要求为不同类型的人身。

学习任务四　掌握图像物证及其检验

✦ **教学情境**

随着科学技术的发展而开始起步的图像检验，是作为审查和判断图像证据是否可信的一种技术手段，随着《刑事诉讼法》将视听资料作为证据使用、计算机图像处理软件的不断更新，图像检验的应用范围越来越大，检验中将会出现更多新的问题需要我们去不断学习与探索。

📝 **工作任务**

1. 图像概述。
2. 静态图像的检验。
3. 动态图像的检验。
4. 人像照片检验。
5. 伪变造图像的检验。

一、图像概述

（一）图像的概念

所谓图像，是指客观世界的物体及其周围景物发出或反射的光线，经光学元件的折射或反射，在光化学或光电、电磁等材料上形成的影像。图像能客观反映物质的空间状态、物质形态以及物质所处环境。通常图片的类型有：照片、幻灯片、电影、电视图像等。

（二）图像的形成

图像可分为静态图像和动态图像两种。如利用照片固定影像记录事物状态的为静态图像；电影、电视所播放的画面则是利用连续变化的多幅影像记录事物状态的动态图像。了解图像的形成，可帮助我们正确使用图像证据。图像形成包括成像、记录存储和再现三个过程。

1. 成像。成像是指光学器件（通常为镜头）将三维空间的景物在某一固定平面形成影像的过程。利用光学元件形成的影像是自然界客观存在的，与使用何种光学元件、利用何种感光材无关。只不过使用不同光学元件可以得到不同质量、不同形态的影像。

2. 记录与存储。图像的记录、存储是将光学器件形成的影像以物质的形式固定下来的过程。通常利用感光材料进行记录或存储影像，再利用光学元件形成实像。感光材料主要包括光化学材料和光电、电磁材料两大类。常见的照相底片、电影胶片以及磁带、磁盘、光盘等都可以用来记录图像。光化学材料记录、存储影像，是通过化学试剂与被感光和未被感光的光化学物质间相互化学作用，再利用光学元件在化学材料上将不可见潜影转化为可见牢固影像；光电、电磁材料则利用电子感光器件，将成像光线转换为大小、频率不同的电信号，再经电磁转换和算法，将成像位置的电信号变为电子数据，此种方法记录的影像也可任意地被删除和被覆盖。

3. 再现。图像再现是指将被感光材料记录和存储的影像，转换为能够被人眼清晰、完整地观察到的图像的过程。再现方式主要有冲制照片、屏幕影像、打印成像和印刷等。各再现方式之间因现代科技的发展，可实现互相转换，即使用某种方式记录、存储影像，也可方便地转换为其他存储方式。另外，若使用电子照相机形成的照片，因其未利用胶片来感光，所以不需要使用暗房便可直接得到照片，这种方式既是影像的记录、存储形式，也是再现形式。

二、静态图像的检验

静态图像是与摄录机所摄取的动态图像相对应的。它是指用传统或数码照相机所拍摄的，以纸质或计算机的显示屏作为展示平台的静止图像。纸质作载体的通常被称为照片，计算机显示的通常被称为图像。随着科技的发展，数字图像易被伪造和篡改，利用伪造、添加、删改的静态图像进行违法犯罪活动的案例越来越多。因此，静态图像的检验问题已成为一项常规性的检验工作。

计算机图像处理软件的强大功能，为图像的变造、伪造提供了多种方式，这也给静态图像检验提出了更高的要求。检验人员可使用观察和检验图像中的光照条件（光照方向、光照角度、光质效果）、透视比例关系、分辨率、反差以及图像的边缘特征等是否具有整体一致性来进行检验。

（一）光照条件检验

自然光照下，各物体将均匀地接收到光的照射，物影的大小受光照方向和拍照角度的影响，物影的浓淡受光照性质（气候变化所形成的阴、晴、雨、雪而导致光的直射和散射差异）影响。但无论如何影响，物体的阴影和投影是朝一个方向且相互平行的。

灯光下，各物体亮度随照明光源的距离远近变化而变化，越近越明亮。物影浓淡受灯具直射、散射性质及照明距离远近影响，且物体投影是以灯为中心呈辐射状向周围扩散。

无论是自然光还是灯光，在一次拍照形成的同一个画面中，各物体所接受的光照条件是一致的。直接观察受检图像，如果画面中的各景物所受光的光照方向不同、光照角度不同或光照的直散射的性质出现了差异等，其中任一项差异都可以肯定此图像存在伪造的情况。

（二）图像比例关系检验

照相机的成像和对影像的记录，要将三维空间压缩在二维空间的范围内，一方面要表现出近大远小的影像透视效果，另一方面也要表现出影像清晰的一定纵深范围。图像比例某种程度上反映了影像透视原理和相机成像的景深效果。

影像的透视关系会随镜头焦距的变化而变化：镜头焦距越短、物距越近，则近大远小的效果越明显，反之则越不明显。伪造图片者在添加景或人物图像时往往会忽略比例关系。原图像中景物与人的比例和现实中的比例关系肯定存在差异。这些差异便是我们检验的重点。

另外，照相机能够拍照清晰的范围有限。图像中最清晰点，前后有一段清晰范围，以调焦点为中心（图像中最清晰点），前清晰范围为整个景深范围的1/3，后清晰范围为2/3，不可能出现超长的景深范围，也不可能出现前后清晰中间不清晰的图像效果。造假者在伪造图像过程中也会忽略景深的问题而露出破绽。

（三）色彩差异性检验

虽然不同性质的照片，不同物体在同一画面中所处的位置不同，在直射光或散射光下所呈现的反差也有所不同，且照片中不同物体受周围物反射光影响会出现偏色现象，但就同一画面来说，其整体偏色现象及反差应是一致的，局部的差异是能够根据周围的环境进行解释的。在对图片进行伪造时，想让图像中物体的色彩与反差保持一致是非常困难的。虽然用肉眼观察色调与反差效果表象上呈现一致，但将照片放大后直接观察即可发现其差异。若经过拼接、遮盖等方式所进行的伪变造图像，使用图像处理软件对图像整体色调与反差进行调整时，也能发现色彩与反差的不同。

（四）图像局部分辨率检验

利用显微镜对照片可能变造区域采用适当地放大倍率进行观察，可查看图片线条是否连贯、图像分辨率是否一致、图像之间的衔接是否正常。若为伪变造图像，在显微镜下，图像之间衔接的细小差异及线条的微小错位都能观察到。另外，在显微镜中可观察到粘贴的局部图像与周围图像呈现出的不同模糊效果。

三、动态图像的检验

动态图像的获取方式大致分为两类：第一类是随机提取的，如银行、交通枢纽、饭店、宾馆等公共场合的电子监控设备中记录的可反应案件真实情况的动态图像；第二类则是绑架、杀人、贩毒、抢劫等大案发生后，司法行政机关办案人员在诉讼中形成的，拍摄其收集、获取证据过程并记录案件真实情况的动态图像。当对案件进行审查时，若发生异议，就需检验其真实性。

动态图像的检验主要包括对声音、图像信号的连续性进行检验。

（一）动态图像连续性检验

1. 语音连续性检验。

（1）物理检验。将动态图像进行播放时，播放装置运转，边听其声音，边观察荧光屏信号，除正常操作留下的信号外，若发现其他尖峰信号或"咯嗒"声，则需注意音频有无再接点，若发现信号电平有跳跃式变化，也可能是被剪辑的标志。

（2）听觉检验。审听动态图像中的音频时，要注意音频内容是否与案件（或图像）相关联。注意音频中说话人的说话方式；语言的流利程度及口音；说话人是感情流露还是受控制的宣读，是流畅地对白还是有所结巴等。

（3）综合检验。除了以上两种方法，我们知道在动态图像中，声音背景中还可能涉及音乐、电话铃、广播、汽车或火车鸣笛声等，这些声音具有一定的真实性，我们可以好好利用它们。另外，任何人在对特定音节发出两次相同音时，也不可能出现完全相同的语言形态。如果在编辑语音时，将某人的语音音节进行复制，放在另一个地方使用，这两个音节音谱必定会完全相同。

2. 视频连续性检验。动态图像若是客观真实地反映事物状态，视频信号应该是连贯无修改的，但由于科技的发展，利用技术处理能改变动态图像顺序和状态，从而改变事件的发生状态。因此，我们要对动态图片的视频连续性进行检验。

（1）重放观察。动态图像可利用反复地重放来发现问题。若重放中在排除机器设备障碍和记录材质质量后，发现明显闪烁跳动，便有镜头插接嫌疑。

（2）画质对比。同一动态画面若出现明显像质差异可推定为是由不同档次摄录设备进行拍摄的。因为，每台摄录设备的技术指标均为固定的，高级摄录设备不可能拍出低质量画面，低级摄录设备也拍不出高质量的画面。

（3）慢镜头播放。连续的动态画面，不可能在短时间内使被摄主体或背景中参照物出现的角度、位置变化、光线强弱、色温以及透视效果发生巨大改变。若重放慢镜头发生了以上一系列的变化，则可确定为同一场景不同时间或不同机位进行拍摄的。

（4）快镜头观察。将动态画面所属的快镜头单独拿出来分析，若调焦过程没有从模糊到清晰这样一个变化过程，则可推定为动态图像经过编辑处理。因为自动调焦拍摄时，调焦速度会略慢于镜头移动速度，画面将呈现出模糊到清晰的一个变化状态。

3. 音、像同步检验。音、像同步检验的目的就是要将动态图像中音、像是否为同期原始记录进行检验。

（1）检验语音与说话人口型是否一致。此方法要检验两个要点：①画面中说话人说话时的口型与发声的语音是否一致；②观察画面中人物行为动作或面部表情与语音语态是否一致。再结合语音连续性和视频连续性来判别动态图像的音、像是否为同期原始形成的。

（2）检验背景声音与画面音像是否一致。在不能清晰地观察到说话人某一处语音是否与其口型或动态动作一致时，可以利用图谱分析法将录下的语音部分和空白处背景噪声相比较。若背景噪声不同或间断，在排除了摄录时使用定向话筒后，可以认定画面外语音为非同期录音。

（3）检验噪声是否一致。根据噪声形式，可以把噪声分为两类：一类是与信号大小有关的噪声，称为调制噪声；另一类是与信号存在无关的噪声，称为本底噪声，或背景噪声。

一般来说，摄录设备可在磁带两条声道上记录音频信号，并可将信号分别输出。相反，同期录音只录在一条声道上。若原版带为首次使用的空白带录制的动态图像，画面中的对话同时记录在一条声道上，则两种类型的噪声应完全不同，且空闲声道因未使用而无任何音频信号；若同一摄录机同时将对话双方音频信号分别记录在两声道

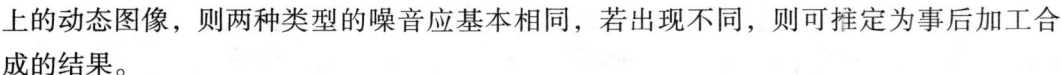

上的动态图像，则两种类型的噪音应基本相同，若出现不同，则可推定为事后加工合成的结果。

（二）动态图像真实性检验

1. 人物识别。通常利用监视器抓拍的动态画面，如宾馆、银行、饭店等，会因拍摄设备、拍摄角度、拍摄环境的限制，动态图像中人物不能得到清晰、完整的体现，故需要鉴别画面中人物是否为涉案人时，可采用人像照片检验技术进行检验。对于画面中人物正面的图像可将其转化为以帧为单位的静态图像进行鉴别；对于动态图像中连续记录人物习惯性动作、姿态、行为举止等运动状态，可采用辨认方式进行。

2. 同期语言识别。若要检验画面中说话人与画面外特定人的语音是否同一，可利用声纹鉴定，将动态图像中音频信号分离出来，然后将分离后的音频信号进行声纹鉴定。

3. 人与景的关系识别。由于科技的发展，动态图像可通过后期编辑加工的方式，实现不同场合与人物的结合，或按要求将某特定场合或人物去除、改变人物所处场合、更换人物头像，以上方式都使动态图像呈现出非客观性。电影中的抠蓝技术也源于此方式。

以帧为单位修改画面内容的加工方式，是基于静态图像编辑处理方式进行的，可结合图像检验的方法来检验；若利用人与景合成方式进行编辑，可利用动态图像连续性检验方法进行鉴别。

四、人像照片检验

人像照片检验是利用人体头、面部生理解剖特征，通过对送检两张（或两张以上）人像照片中所反映出的人的面部外貌静态特征的检验，确定送检人像照片中所反映的人身是否同一的一项专门检验技术。

（一）人像面部特征

人像照片检验的主要依据是人体头、面部生理特点所反映出的外貌静态特征，如头部外形特征，头发特征，脸型特征，五官形态特征（包括眼、眉、鼻、口、耳的形状和位置特征），生理、病理、伤痕特征和其他特征（包括胡须、皱纹、颈、喉结的形态特征）等。

（二）支持人像照片检验的依据

1. 面部特征的特定性。面部特征的特定性是指一个人与所有其他任何人相区别的各种面部外貌特征的总和，它反映了人与人之间面部外貌特征的不可重复性。

2. 面部特征的稳定性。面部特征的稳定性以人的骨骼、软组织及其他生理状况为基础，它既包括了性别、遗传等先天因素，也包括了生长发育、生活环境及从事职业等后天因素，这些因素使人的面部外貌特征多种多样，具有各自的特殊性。任何两个人，面部外貌特征完全相同是不可能的。

另外，在对人像进行拍照时，会受到人物的姿势、表情、角度、感光效果等因素影响，使人物面貌特征有不同程度变化，尸体的面部器官变形也会引起面貌特征改变。这些都会对人像照片检验带来影响。

（三）人像照片检验过程

1. 准备工作。在进行人像照片检验前，应对被照相人的病史、整容史进行了解。条件允许时，可收集被照相者不同年龄阶段的照片作为样本。选取比对照片时，尽量选择拍照年龄、拍照条件、拍摄角度相近的照片。若检材不清晰，可使用暗房或图像处理技术将照片利用清晰化、去污损、修复破损、改变色调等方式进行处理，但不管如何使用后期处理方法，也不得将照片中人像面貌进行改变。制作正面照片可以面部瞳孔间距为基准，制作侧面照片可以瞳孔或发际线至下颌边缘间距为基准。

2. 分别检验与比较检验。

（1）分别检验。先选择各类特征，按顺序逐个予以代号或符号标示，再在旁边注明代号的具体特征名称，如各种相貌特征的形态、位置、大小等再分别予以确认，并就这些特征的总和各自能否构成人像的特定性做出初步判断。

（2）比较检验。可认真观察视频人像与样本人像的同部位特征，分别仔细分析，将各种形态特征在比对表中进行确认，并逐个进行比较，以确定符合点和差异点，为综合评断打下基础。比较检验一般采取特征对照法，也可辅之以画线比较法；若检材与样本照片的条件一致，还可以进行几何测量、拼接比对，或重叠比较。比较检验能发现检材照片与样本照片在人像面部外貌特征方面所存在的符合点及差异点。

3. 结论及价值评估。同一认定有两种情况：对人的同一认定和对物的同一认定。它们均具有法律效力，可成为揭露犯罪、证实犯罪的证据。图像资料的检验多数是通过图像来对人进行同一认定；有些也是属于对物的检验，如鉴别钞票、鉴定车辆型号等。但对物同一认定的目的也是以物来找人。

（1）肯定的结论。经过前一个分析与比较检验的步骤之后，需对符合点和差异点这两方面进行综合评判。若比对发现符合点较多，且质量较高，差异点可以结合人面部特征或拍摄因素进行分析后，若差异点的形成可以得到理由较充分的解释，即可做出肯定同一的结论。

（2）否定的结论。对先后出现的客体检验证实存在本质性差异，此差异只能由不同客体形成。虽然存在相似性的符合，但也只是种属特征符合或一般特征符合。可能存在相似性符合却并不能改变问题本质。在进行动态图像检验时，若比对发现差异点较多，又无法给出充分解释，则可得到否定同一的结论。

（3）推断性结论。推断性结论分两种：可能同一和可能不同一。先后出现客体种属特征符合，特殊特征有较多符合，但特殊特征也有重大差异，可给出可能同一的结论；种属特征相符，特殊特征多数不符，但少数重要特征相符，可给出可能不同一的结论。若在人像检验中出现检材质量不高或关键点不明晰时，可以给出推断性结论。

五、伪变造图像的检验

（一）伪变造图像的概念

伪造图像即是伪造者为达到自己的意图，利用图像后期加工制作技术改变图像画面内容的方式，伪造出来的图像实则为无中生有，全凭人工合成。变造图像是指变造者将图像局部画面内容进行消除、删除、添加、替换、缩放、移位等而形成的假图像。变造、伪造图像的出现，阻碍了诉讼的公正，因此应得到及时、准确的识别。

（二）伪变造图像的特点

1. 色彩差别。伪变造文件的各部分内容来自于不同的原始文件，不同文件的纸张和墨迹的色彩可能存在较大的差别，虽然可以为了尽量减小伪变造件的差异，进行一些细微的调整，且在一般情况下，这种差异用肉眼难以分辨，但用图像处理软件中的颜色拾取工具，则可提取文件不同部位相同色彩的颜色数值进行比对。若此数值发生明显的差异，则能确定该图像是否为伪变造的图像。

2. 文字或图像透视关系差别。伪变造文件会使用拼凑的方法对原文件进行改变。在拼凑过程中，原文件相关文字或图像大小不尽相同，因此要统一对文字和图像进行调整。调整时，可能出现长宽比例失调，使拼凑部分的透视关系与原始图像不同。若为变造文件，相对来说针对替换页的检验方法较为简单。该类文件的替换页和原始页往往是用不同种类或同种类不同型号的打印机（复印机）打印（复印）的。因此，在替换页和原始页上会呈现出换页的特点，这些特点主要表现在：字的大小、字体、每行字数多少上的差别；字间距、行间距、页边距上的差别；笔画边缘效应强弱的差别；打印墨粉或墨水成分上的差别；墨迹形成时间上的差别；打印机具的磨损等个体特征上的差别等。

（三）伪变造文件的检验方法

对于伪变造文件的检验，应采用综合且系统的方法，从多方面、多层面进行检验，依据各方面的检验结果，综合评定文件的真伪。常用的检验方法有：

1. 观察法。观察法是最常用、最简单的方法之一。主要是利用放大镜或显微镜，借助可见光和各种特种光线来检验可疑文件。观察可疑文件是否存在计算机伪变造文件的特点（方法详见本书静态图像检验）。在观察印文和签名的过程中，可以收集相同印文内容的真实印文和签名的样本进行比较。如果有多份可疑文件，可观察多份文件上的印文或签名的位置、方向、颜色深浅、组合关系以及印文的残缺或漏白等特征是否一致，并判断是否是由该枚假印文来伪变造出一系列文件的事实。

2. 比较法。比较法是较为通用的方法。对于换页文件而言，可以测量同一份文件各页纸张上的字间距、行间距、页边距是否相同；不同页纸张或墨迹的颜色数值、透视关系是否相同。对于伪造印文和签名的文件，可以测量多份文件上的印文和签名的大小、倾斜角度、搭配比例关系以及不同页检材上多枚印文的位置组合关系等是否相同。

3. 理化检验法。这种方法主要是检验多份文件上的墨迹或同一份文件中不同页上的墨迹种类和墨迹形成的时间是否相同，再结合几种通用的方法来判定是否伪变造多份文件的结论。

4. 还原法。此方法主要适用于变造签名的检验。如果怀疑签名进行过图像编辑软件的处理，可对可疑文件上的签名进行反向操作，反向操作后再看可疑签名与样本签名或多份文件上的签名能否完全重合，借以确定是否存在变造事实。

学习任务五　了解声音及其鉴定

★ 教学情境

声像鉴定对检材种类、质量和数量的要求和条件较高，这既保证了鉴定结论的科学性和可靠性，又符合声像鉴定的司法审查的要求。由于现场语音检材的获得比较复杂，特别是刑事案件中的相关语音检验材料很难由侦查员的意愿所决定。因此，侦查人员一定要有意识地在侦查、讯问等环节中积极、主动地收集高质量的语音样本，以保证语音材料的证据价值。语音样本来源是否可靠，收集方法是否科学、正确，直接关系到鉴定结论的准确性。特别是在收集语音比对样本时，若不按照科学的方法进行收集，接下来的比对工作就可能没法开展。

📝 工作任务

1. 声音与语音。
2. 语音的鉴定。

一、声音与语音

（一）声音

1. 声音的概念。声音是声波通过任何物质传播形成的运动。它由机械振动产生声波，再通过介质（固体、液体、气体等）传播并能被人或动物听觉器官所感知的波动现象。如图 5 – 12 所示的声音传播的路径。

声音作为一种波，频率在 20 Hz ~ 20 kHz 之间的声音是可以被人耳识别的。同时，它在介质中传播时是按照密波到疏波再到密波这种循环交替的形式进行传播的（如图 5 – 13）。最初发出振动（震动）的物体叫声源。另外，声波在不同介质中，传播速度是不同的，介质的密度越大则传播速度越快，例如声音在海水中的传播速度就比在空气中传播速度快。

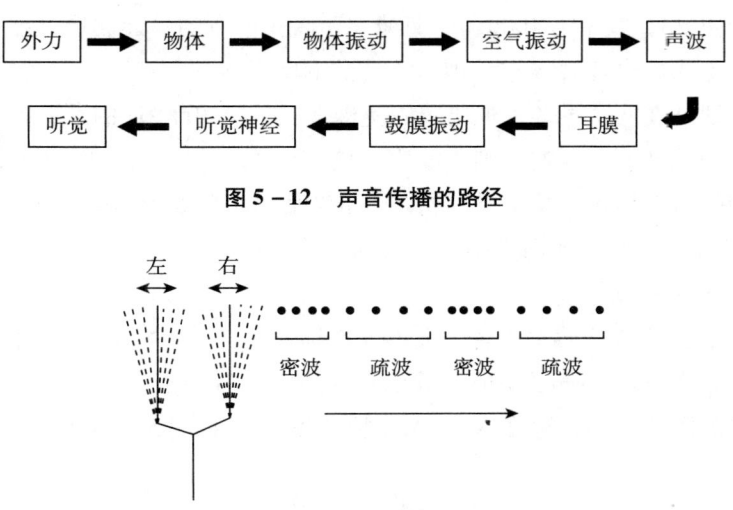

图 5 - 12　声音传播的路径

图 5 - 13　声波传送时疏密情况示意图

生活经验告诉我们，声音会有强弱之分，声音的能量也有大小之分。影响声音强弱和声音能量大小的与以下几个概念密不可分。

（1）声功率与声功率级。声源辐射出声波的同时，是向外做功的。声功率是指单位时间内，声波通过垂直于传播方向某指定面积的声能量，单位为 W。在噪声监测中，声功率是指声源总声功率。

声功率级是指声源的声功率与基准声功率之比的常用对数乘以 10。声功率级可以用公式表示为 $Lw = 10 \times lg\ (W/W_0)$。

（2）声强与声强级。声强是指单位时间内，声波通过垂直于传播方向单位面积的声能量，用 I 表示。自由平面声波或球面波，声强与声压的平方成正比，与声阻率成反比。

声强级是指声音的声强与基准声强之比的常用对数乘以 10。声强级可以用公式表示为 $LI = 10 \times lg\ (I/I_0)$。

（3）声压与声压级。声压是由于声波的存在而引起的压力增值。声波在空气中传播时形成压缩和稀疏交替变化，所以压力增值是正负交替的。但通常讲的声压是取的均方根值，叫有效声压，故实际上总是正值，因而习惯上把有效声压简称为声压，用 P 表示。对于平面波，声压和质点运动速度成正比。另外，人耳能听到的最低声压是 0.0002μbar，这个极限称为可闻阈（又称听阈）。当声压增大到 200μbar ~ 2000μbar 时，人耳会产生不适，甚至出现痛感，因此把这个范围称为痛阈。

声压级：是指声音的声压与基准声压之比的常用对数乘以 20。声压级可以用公式表示为 $Lp = 20 \times lg\ (p/p)$。

（4）响度与响度级。响度是人耳判别声音由轻到响的强度等级概念，它不仅取决于声音的强度（如声压级），还与它的频率及波形有关。响度的单位为"宋"，1 宋的定义为声压级 40dB，频率为 1000Hz，且来自听者正前方的平面波形强度。如果另一个声音听起来比 1 宋的声音大 N 倍，即该声音的响度为 N 宋。

响度级是建立在两个声音主观比较的基础上，选择 1000Hz 的纯音作基准音，若某一噪声听起来与该纯音一样响，则该噪声的响度级在数值上就等于这个纯音的声压级（dB）。响度级用 LN 表示，单位是"方"。如果某噪声听起来与声压级为 40dB，频率为 1000Hz 的纯音一样响，则该噪声的响度级就是 40 方。

2. 与声音相关的术语。

（1）响度：人主观上感觉声音的大小（俗称音量），由"振幅"（单位：分贝 dB）和人离声源的距离决定。振幅是声波震动离开平衡位置的最大位移，振幅越大响度越大，人和声源的距离越小，响度越大，不同振幅的波形如图 5 - 14 所示。

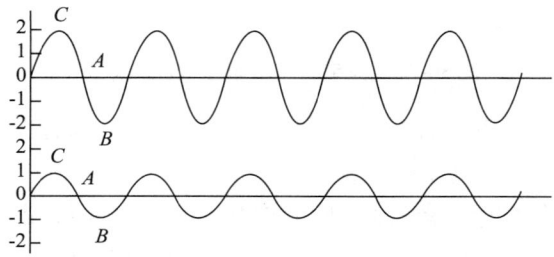

图 5 - 14　不同振幅的波形图

（2）音调。声音的高低（高音、低音），由"频率"决定，频率越高音调越高（频率单位赫兹，Hz）。人耳听觉范围 20Hz ~ 20 000Hz。20Hz 以下称为次声波，20 000Hz 以上称为超声波。

（3）频率。频率是每秒经过一给定点的声波数量，它的测量单位为赫兹，是以海因里希·鲁道夫·赫兹的名字命名的。此人设置了一张桌子，演示频率是如何与每秒的周期相关的。1 千赫或 1000 赫兹表示每秒经过一给定点的声波有 1000 个周期，1 兆赫就是每秒钟有 1 000 000 个周期。

（4）音色。音色又称音品，波形决定了声音音色。声音因不同物体材料的特性而具有不同特性，音色本身是一种抽象的东西，但波形把这个抽象的东西进行直观的呈现。音色不同，波形则不同。典型的音色波形有方波，锯齿波，正弦波，脉冲波等。不同的音色，通过波形完全可分辨出来。

（二）语音

1. 语音的概念。语音，即语言的声音，是指人类通过发音器官发出来的、具有一定意义和目的的，用来进行社会交际的声音。它是语言符号系统的载体，由人的发音器官发出，负载着一定的语言意义。语言虽是一种声音，但又与一般的声音有着本质的区别：语言利用语音实现它的社会功能（沟通、交流等）。语言是音义结合的符号系统，语言靠声音和语音意义将其紧密联系起来。

2. 影响语音的基本要素。语音和声音一样，都受到音高、音强、音长、音色等基本要素的影响。（如图 5 – 15）。

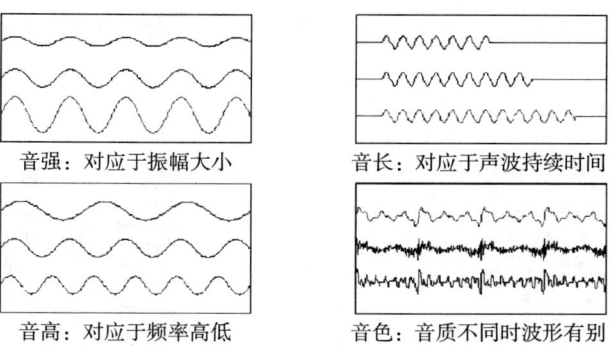

图 5 – 15　影响语音（声音）的基本要素

（1）音高。声音的高低。它取决于音波的频率，即发音体在每秒钟内振动的次数。振动的次数多，频率大，声音就高，反之就低。而频率的大小和发音体（声带）的长短、厚薄、松紧有关。声带短、薄、紧，发音时频率就大，声音就高，反之就低。弦乐器，弦细而短，音高；如果弦粗而长，就低。一个人声音的高低是靠控制声带的松紧来调节的。

（2）音强。声音的强弱。它与音波振幅的大小成正比。振幅是发音体振动幅度的大小，即气粒子离开平衡位置最大的偏移度，与气压的大小成正比。语音的强弱取决于说话时用力的大小。用力大，呼出的气体对声带冲击力强，振幅大，声音就强，反之就弱。

（3）音长。声音的长短，它取决于发音体振动时持续时间的长短。振动时间长，声音就长，反之就短。

（4）音色。声音的音品与品质，它具有特色与个性，即声音的本质。它是由音波波纹的曲折形式不同造成的，是一个音素区别于其他音素的基本特征。造成不同的音色的因素有以下三种：发音体不同、发音方法不同、共鸣器的形状不同。共鸣又叫共振，一个静止的发音体，遇到一个频率与之振动频率相同或相近的声音时，会受到感染而发音，这种现象叫共鸣。这个受感染而振动的发音物体，叫共鸣器。乐器、人类的发音器官都是以空腔作共鸣器的。各种乐器因为共鸣器形状不同，而形成不同的声音。

音色决定每个人说话声音的不同：每个人声带的长短、松紧、厚薄不同（发音体），每个人的口腔、鼻腔的大小形状不同（共鸣器），每个人说话时用气的强弱、运气的方法、口腔舌头控制的情况等不同（发音方法），从而形成了各人的声音特色。

二、语音的鉴定

（一）语音鉴定的技术支持

1. 语图仪的构造及原理。语图仪的出现，可以把以往只能用来听的语音变为具体的在图谱上的"可视语言"。它是一种动态音频频谱分析仪，其原理是把声音信号转变为可见图谱，然后从图谱中观察有关声音信号的频率、幅度、时间等参量关系。（如图 5 - 16）。

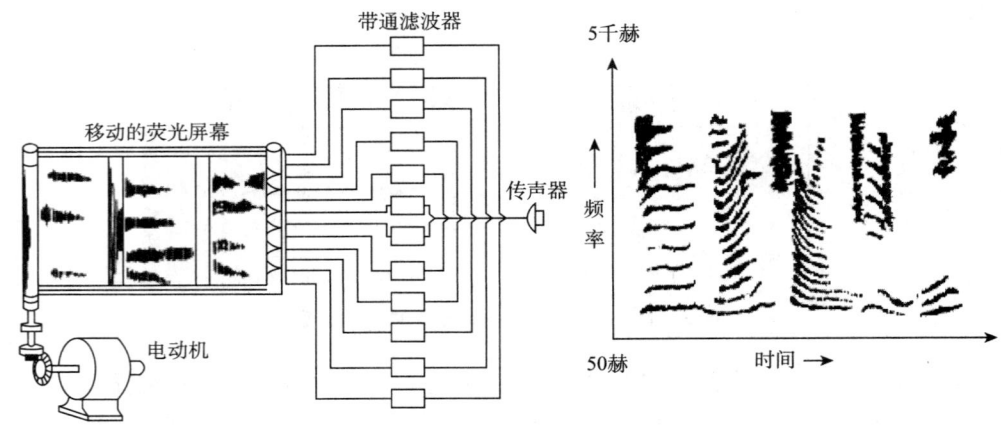

图 5 - 16　语图仪设备构造图

（1）信号记录器。此设备能将语音信号记录下来后再进行分析，它如同录音设备，将语言信号录入在磁带或磁盘上，然后循环放音，输送给频谱分析器。信号记录器有多种频率范围，提取人可以按需选择。若在数字电路中，信号记录器会以数字方式存储，再经过数字模型转换至存储器上，进行下一步分析。

（2）频谱分析器。此设备为频谱仪的核心，它主要由调制器、载频振荡器和带通滤波器组成，调制器信号经载波器调制后，再与带通滤波器耦合，能将信号记录器中的信号转化为频谱来被识别和提取，达到频谱分析目的。

（3）频谱显示器。它是语图仪的终端，目的是将分析结果显示为语谱图（如图 5 - 17）。一般来说，谱图的方式有两种：①电子扫描显示。此显示方法的优点是可快速显示语音分析情况，适应快速分析的要求，缺点是不可以获得永久性记录。②机械绘图显示。由专门记录器在记录纸上绘出谱图，将分析进程和结果一同绘制出来。

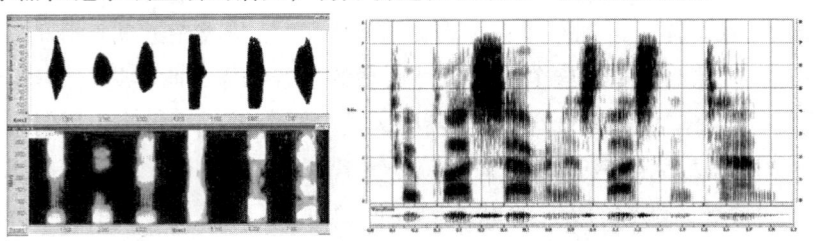

图 5 - 17　语音的时域波形和语谱图

2. 语图种类。对于信号记录器记录下的语音信息，频谱分析器可用六种不同方式分析。

（1）宽带三维语图。简称宽带语图，带宽为 300Hz，用较宽的滤波器带宽来分析语音，具有良好的时间分辨率，但频率分辨率较差。如图 5-18（b）。

（2）窄带三维语图。简称窄语图，带宽为 45Hz，它显示语声信号动态谐波结构，即显示信号的基频和各次谐波根据时间变化的情况，具有良好的频率分辨率，但时间分辨率差，不利于观察共振峰的变化。如图 5-18（a）。

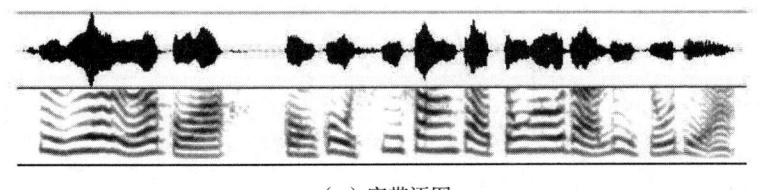

（a）窄带语图

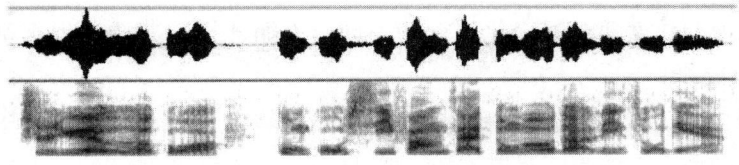

（b）宽带语图

图 5-18　同一语音的两种语谱图（a 为窄带语谱图，b 为宽带语谱图）

（3）等强度线语图。它利用灰度的变化分出层次，将动态范围为 42dB 强度分为七级，强度每差 6dB 用虚线画出轮廓，并予以相应灰度，像地形图。此语图的优点是很容易观测不同共振峰相对强度，并且频率位置在 42dB 范围内的能量很弱的语言，也许在宽带图中无法显示，而在等强度线语图中可以显示。

（4）时间波形语图。时间波形表示语声信号的时域性，图形的纵向表示幅度，横向表示时间。从纵、横两方面将幅度、时间分别扩展开，所得到的时间波形图便能很好地观测。

（5）振幅曲线语图。此语图实际上显示的是语音信号振幅随时间变化的曲线走向。实际操作中，振幅曲线可用来观测音强，也可用来精确定位语音音节中声母与韵母的分界。

（6）功率谱语图。此图也叫断面谱语图，此图谱也就是即时频谱。既然称之为即时频谱，也就意味着它只代表某个确定时刻的频域特性，而不代表语音信号的整体频域。

3. 语谱图的基本特征。语谱图中的花纹有横杠、竖直条和乱纹等组成。横杠是与时间轴（横轴）相平行的黑色斜纹，他们是共振峰，横杠对应的频率和带宽可以确定相应的共振峰频率和带宽。在语谱图中有无横杠的出现，是判断语音是否浊音的重要标志。竖直条又称为冲直条，是语谱图中与时间轴垂直的窄黑条。每一根竖直条相当于基音，条纹之间距离表示基音，条纹的起点相当于声门脉冲起点。条纹越密集表示基音的频率越高。

（1）宽带语谱图特征。宽带语图共振峰颜色的浓淡代表语音能量的高低，也就是声音的大小，即对应的是语音四要素之一的"音强"。语音在重复播放模式下经过设备传输之后，从宽带语图共振峰颜色的浓淡和能量曲线可以看出语音能量的增强或者减弱，这实际上表现为语音音量的增大和减小。

（2）共振峰频率特征。共振峰的频率能够充分反映出语音的本质特点，它是作为认定语音是否同一的重要依据。它实际上是指共振峰在三维谱图上所处的频率位置。不同的人发同一个音，相对应的共振峰频率是不同的。

（3）带宽特征。带宽数值的大小代表声波在此处共鸣效果的强弱程度，带宽越窄，也即数值越小，则表示共鸣效果越强，反之则共鸣效果越弱。

（4）振幅曲线特征。此特征反映的是讲话时语音强度随时间变化而变化的规律。不同人讲话由于口音、发音习惯、发音方式、生理条件等不同因素，这些都能决定每个人说话时的声调强度随时间变化规律的不同，因而让振幅曲线的形态都有明显的个人特征。

（5）音节内过渡段特征。此特征主要包括两个方面：一方面指音节中声母和韵母之间的一段高度动态性的与韵母共振峰能平滑衔接的浊音区间；另一方面是鼻韵母音节的主要元音向鼻尾过渡段，称为后音渡。

（6）音节间过渡特征。此特征是指两音节连接较紧密（只就前音节为非鼻韵母音节，后音节为非零声母音节的情况）。前音节韵母尾部到后音节声母开端之间的一段声音的过渡形态。

（二）语音检材和样本的采集

语音样本作为声纹鉴定中比对检验的重要因素，其使用价值的大小，与语音样本提取的质量高低是分不开的。因此，提取高质量的语音样本对语音的鉴定至关重要。

1. 提取语音样本的要求。声纹表现的是动态的语音特征。人类发音的动态过程是人的发音器官在心理支配下，并利用动力定型而表现出来的。人的语音作为一种技能与行为习惯，它容易受到人的心理过程（如动机、情绪、意志）的影响，也可受生理条件的制约。因此，即便是同一人在不同时期或不同状态下发出同一语音都是可变的。由于语音检材的可变性导致收集的语音检材质量常常是我们无法控制的。所以，我们应尽量按一定的要求提取，无论是检材还是样本，都应在录音质量、语音录制器材、录制方式和方法等方面提出更高的要求，以便在语音样本的收集上创造出最佳的供给条件，为正确的鉴定结论奠定基础。

准备提供声纹鉴定的语音样本必须符合以下要求：

（1）语音的可靠性。语音的可靠性是指提取到的语音样本的来源、提取的方式必须是经过认真核实、确实是待检人的语音。在现场进行当面提取时，收集人员要注意被提取者录音时的语音是否与其正常交流时一样，要避免被录音者故意压低、调高声音或改变习惯性的语音语调。

（2）语音的清晰化。语音的清晰化是指提取的语音样本中待检人的言语语音清晰可辨。来源不明、取样情况不了解、语音模糊不清的语音样本都会影响声纹鉴定的结果。因此，收集声音检材或样本时应避免在空旷的室内录音，以防回音（图谱上共振峰被破坏），在环境噪音低的情况下进行录音，可以让声纹图谱清晰，录音的失真度会降低。

（3）语音样本可比性。语音样本可比性是指语音样本在反映语音检材特性的范围和形成条件方面，尽量与语音检材相同或相近。它要求语音样本的录音设备应尽量与语音检材的相同或相近，也要求最好语音样本中有与检材内容相同的语句或语词。如果语音样本中没有被录音者相同的语句或语词，即使语音样本的话音数量很多，也难以进行对比。

（4）语音样本充分性。语音样本充分性是指与检材中内容相同的语句或词语在语音样本中应达到一定的数量。来自不同录音环境下的语音样本能够足够多的话，就可以将被录音者的语音特性利用更多的机会进行重复再现。重复再现的次数越多，鉴定人就能够更好地把握由于语音检材和语音样本语音录制设备的不同、被录音人受心理过程（动机、情绪、意志等）而造成语音检材和语音样本中相同语句和语词的语音不同变化规律，以此来准确鉴定同一说话人在不同情况下的语音特性。因此，为了达到样本充分性这一要求，鉴别普通人的语音一般需要样本中存在被录音人的长为 10 分钟 ~20 分钟的自叙或谈话录音；同时还需要有 3~5 个与语音检材相同的语句或 10 个以上的相同语音词语。

2. 语音样本的提取要点。按照声纹鉴定中语音提取的步骤来说，应该是首先提取被鉴定人的录音样本，然后从对应案件的录音材料中选出带有相同音节或语音词语的具有可比性的样本，再将两次提取的语音导入语图仪，将得出的声纹图进行比对，根据语音的音长、音强、频率等特征来分析，最后确定是否同一。因此，语音样本提取在声纹鉴定中占有至关重要的地位，掌握提取语音正确的方法，可为声纹鉴定工作带来可靠且高质量样本，提高鉴定效率。

语音样本的提取一般分为录制前准备工作和录制两个阶段。

（1）录制前准备工作。

第一，选定样本语音、语句。在进行样本的提取前，应充分了解清楚语音检材的内容，对于语音中较为清晰或易辨认的音节、字词进行记录，从这些音节、字词中确定好要选取哪些片段用作同一认定，并再将这些选定的音节、词句编辑成一段文字，将其作为语音样本提取内容。

第二，选定录制设备。录音设备包括录音录像机，记录介质（如磁带），传声筒等。品牌、质量、性能等不同的录音设备，都会在录音效果或录音特点上有所差异，录制出的语音特征会在一定程度上有所改变，从而使录制语音整体上引起相应的变化。因此，我们尽量选取与录音检材相同的录音设备，若在实际工作中确实没有条件找到与录制检材相同的录音设备时，也应该选取录音质量优于录制检材的录音设备。

另外，在磁带的选取方面，由于时间越长的磁带其带基越薄，那么相对应的抗磁化能力越弱。因此，尽量选择空白录音磁带，盒式录音磁带一般选择 C－30 或 C－90 的磁带。

第三，选定录音场所。录音场所对录制效果起着至关重要的作用。录音时，应选取较为安静且周围布置有一定桌椅等家具的场所进行。因为，如果在空旷的环境中录音，录制语音的回音会影响语音本身的质量。有回音的语音在图谱仪上的图案比正常录制情况下语音的图谱仪显得宽厚。

第四，选定录音方式。语音录音方式的选择主要是依据语音样本使用方式来进行的。语音样本使用方式一般分为公开提取或秘密提取两种。如果为公开提取，便可选择直接录音方式（录制时录制设备不用遮盖）；如果因案件需求，采用秘密提取方式，便要使用隐蔽录音方式，在录制前将录音场所布置好，录音设备可以用薄布将其遮掩。

（2）录制。

第一，被录音对象自述。录音开始，可直接引导或要求被录音者用其正常的说话方式、说话习惯、口音等来自述简历或叙述案情。自述时间约为 10 分钟。

第二，录制与检材相关语音内容。在之前的准备阶段已经确认好需要录制的内容。在此环节中，便可将所想编排的文字内容出示给被录音人，并指引或要求被录音人以正常语音状态，使用与语音检材相同的口音、语态重复说几遍。重复录音既能将被录音者语音稳定地表现出来，又能使被录音者难以伪装。

第三，辨听录音效果。录音结束后，提取人必须及时对录音样本的效果进行辨听。若辨听过程中发现出现了不清晰语音、被录音者故意伪装、因录音环境干扰等使样本语音质量下降的情况就要及时纠正。

第四，作好语音样本提取记录。语音样本提取完毕后，应将提取情况以笔录的方式记录下来，记录的主要内容如下：

语音样本录制的时间、地点、被录音人情况、提取人姓名和单位名称；提取语音样本的录音器材，即录音机、录音磁带的型号、规格；提取语音样本的方式、方法；被录音人在录音时的情绪（有无改变口音、语音、伪装等情况）；录制的语音内容、时间长短；检查语音样本录制效果；记录语音样本的保存方法。

3. 提取语音样本应注意的问题。为了保证语音样本录制质量，除了前述工作要完成外，还应注意以下一些细节问题：

（1）录音时保证稳定的电压（使用 220V 电源）。若使用电池，一定要使用电力充足的新电池，来确保语音录制时电压平稳。

（2）录音前清洁好录音设备的录音磁头。

（3）检查录音磁带的新旧状态。一般而言，录音时要求使用空白录音带。录音过程结束后，将录音带放入干燥且洁净的固定盒中，避免阳光的直射、潮湿、高温、灰尘和化学试剂等因素的破坏。

（4）录音时要注意平时我们在生活中可能容易忽视的噪音干扰，如电风扇、空调转动发出的声音；使用电脑（如打字敲击键盘的声音）的声音；转椅、脚步声等。

（5）录音时传声器要靠近且正面朝向说话人（距离以 15 厘米～30 厘米为宜）。录音同时，还应密切关注被录音人的状态（情绪、表情、口音等）是否正常自然。特别在提取拘留犯语音过程中，必要情形下，我们可以采用秘密录音方式来避免被录音人掩饰、伪装、改变个人口音和说话方式。隐蔽录音时，提取人还要将比对的词语、语音融合到讯问中，然后再以公开提取方式让被录音人按要求直述。

（三）语音鉴定步骤

1. 审听。录音材料收集完毕后，鉴定人要对全部录音资料进行审听，若有需要可以反复审听。

2. 选定语音特征。选定语音特征时要选取表现明显且稳定性强的特征作为鉴定依据。一般来说，必须选取的是音节内和音节间过渡段特征和共振峰走向及频率特征，这两个特征最为稳定，价值较高。振幅曲线、谐波线等形态不会很稳定，有必要时也可节选用作参考。

3. 绘图。为了给比较检验提供图谱，将选出的特征音节，用语图仪或带有频谱分析功能的计算机，做出语图或提取出特征数据，语图的种类和数量可根据鉴定需求来定。

4. 分析比较。分析比较时可对照特征音节的同类特征进行比较，找出相同点或差异点。比较的过程中，要对总体特征和局部特征进行兼顾；同时，也要注意一般特征和个别特征。

5. 综合评定。分析比较后，如果全部特征反映一致，则可得出认定结论，若全部特征反映完全不一致，则可做出否定结论。若特征反映不完全相同，则可进行进一步分析：稳定性强、价值高的本质特征相同，仅仅是稳定性较差的一般特征有差异，则仍可认定；稳定性强、价值高的本质特征相同，但差异在个人语音变动允许范围内，且可以给出差异的合理解释，仍可认定；本质特征差异大，做否定结论；各种特征无法判别，也可做出倾向性结论。